RESEARCH ON
CHINA
BULK
MINERAL
SOURCES AND
COPING
STRATEGIES

中国大宗矿产品来源和
应对策略

RESEARCH ON CHINA BULK MINERAL SOURCES
AND COPING STRATEGIES

魏礼群 / 总顾问
郭 濂　陈文玲 / 主编
杜 帅 等 / 执行主编

社会科学文献出版社
SOCIAL SCIENCES ACADEMIC PRESS (CHINA)

《中国大宗矿产品来源和应对策略》
编委会成员

总 顾 问： 魏礼群

主　　编： 郭　濂　　陈文玲

执行主编： 杜　帅
　　　　　　戴彦德　李新创　林如海　朱吉茂　白云生
　　　　　　刘向丽　田　青

特别顾问： 姜　洪　王力红　戴必青　刘家林　卢坤华
　　　　　　叶佛容　段之吉　吴敬儒　吴炳璐　赵奎明
　　　　　　高建军　沈良军　刘　涛　俞晓岚　谢钟毓
　　　　　　康绍邦　侯惠群　张伟星　闫卫东　向运川
　　　　　　于向东

撰 稿 人： 韦莉妮　孙欣如　王　聪　梁　旭　董　博
　　　　　　朱跃中　梁　琦　杨　光　杨　晶　郭敏晓
　　　　　　刘建国　柏林霖　吕振华　张松波　王晓波
　　　　　　周　勋　贺佑国　叶旭东　王　震　段德炳
　　　　　　徐爱华　杨长华　姜国峰　熊　慧　朱　妍
　　　　　　徐爱东　范润泽　任卫峰　俞中华　陈　超
　　　　　　袁　帅　张　明　闫丽蓉　高　言　黄鹏飞
　　　　　　郑　旭　滕　魁　陈明汉　罗　强　孟　侨
　　　　　　王旭鹏　常云博

写作机构简介

中国国际经济交流中心

中国国际经济交流中心,是经中华人民共和国政府批准成立的国际性经济研究、交流和咨询服务机构,是集中经济研究领域高端人才并广泛联系各方面经济研究力量的综合性社团组织。中心由国家发展和改革委员会主管,中心理事长由国务院前副总理曾培炎先生出任。中心的主要业务范围和服务领域是:经济问题研究、开展经济交流、促进经济合作、提供咨询服务。

国家开发银行研究院

国家开发银行研究院(金融研究发展中心),成立于2006年,是总行职能部门,研究院院长由胡怀邦董事长担任,常务副院长由郭濂主任担任。研究院的宗旨:以产业研究为基础,以宏观经济研究为依托,以金融创新为手段,以国家战略(国内外)为目标,推动金融理论发展和金融产品创新,促进经济社会全面、协调、可持续发展,服务国内企业"走出去"。研究院的研究内容:宏观经济研究,开发性金融理论研究,金融市场研究,行业、区域研究,国内战略研究和国际战略研究等。

总　序

智库是生产知识和思想的组织，是公共决策的参与者、战略谋划的提供者，体现了一个国家的软实力。许多国家的智库直接影响国家政治、经济、社会、军事、外交、科技等方面的重大决策，被誉为继立法、行政、司法和媒体之后的"第五权力中心"。

在我国，随着党和政府对完善决策机制的重视程度不断提升，智库在决策体系中占据着越来越重要的位置。智库最重要的功能是服务决策，正是基于这样的目的，中国国际经济交流中心（英文名称为 China Center for International Economic Exchanges，英文缩写为 CCIEE）于 2009 年 3 月成立，国务院前副总理曾培炎同志担任理事长，多位在国家战略和政策研究方面有着丰富实践经验的同志担任副理事长。作为智库，CCIEE 把为党中央和国务院提供决策支持作为重要目标，同时也为各级地方政府和企业提供战略咨询服务。

CCIEE 的研究特色突出，以国家重大战略问题研究为主攻方向，坚持全局性、战略性、长远性和前瞻性，牢牢树立精品意识，力求形成具有较高价值、较大影响力和较强应用性的研究成果，发挥智库在决策中的重要作用。CCIEE 成立之时就设立了中国国际经济研究交流基金，每年安排 20 多个研究题目，支持中心内外的专业人员开展研究。这些研究题目主要是根据我国当前发展阶段面临的新形势、新特点、新任务提出来的，选题范围涉及政治、经济、社会、文化、生态、外交等领域，既有发展问题，又有改革问题，既有国内问题，又有国际问题，既有近期必须解决的问题，又有长远发展需要预为之谋的问题。为了使这些研究产生更大的社会影响，我们每年都公开出版其中的一部分成果。《CCIEE 智库丛书》是我中心推出的全新品牌，每年由 CCIEE 学术委员会从众多研究成果中评选出一批优秀成果，出版成册，以期对国家和部门决策及社会舆论产生积极影响。

目 录

总报告

中国大宗矿产品来源和应对策略研究 …………………………… 003
   一　行业凸显的几大重点问题 ……………………………………… 003
   二　对于化解行业困局的几点思考 ………………………………… 005
   三　行业发展的具体建议 …………………………………………… 007

分报告

中国铁矿石资源来源和应对策略研究 ………………………………… 017
   一　绪论 ……………………………………………………………… 017
   二　中国钢铁产业发展及铁矿需求预测 …………………………… 019
   三　中国铁矿产品供给分析 ………………………………………… 022
   四　中国铁矿产品贸易分析 ………………………………………… 029
   五　铁矿石定价机制演变及影响 …………………………………… 038
   六　中国铁矿产品供求平衡分析及预测 …………………………… 046
   七　中国企业海外铁矿资源开发的状况及预测 …………………… 048
   八　中国铁矿资源保障存在的主要问题 …………………………… 054
   九　中国铁矿资源保障应对策略 …………………………………… 056

中国煤炭资源来源和应对策略研究 ········· 062
　一　中国煤炭供需现状 ········· 062
　二　煤炭供需存在的主要问题 ········· 071
　三　煤炭需求预测 ········· 074
　四　国内煤炭生产潜力分析 ········· 084
　五　国外煤炭可供来源分析 ········· 086
　六　研究结论及应对策略 ········· 095

中国石油供需形势与应对策略研究 ········· 099
　一　中国石油需求分析 ········· 099
　二　中国石油供应分析 ········· 107
　三　保障石油安全的思路与对策 ········· 116

中国天然气资源来源和应对策略研究 ········· 121
　一　快速发展的中国面临着能源需求与供给巨大挑战 ········· 121
　二　天然气的性质与用途 ········· 128
　三　中国天然气发展现状 ········· 131
　四　世界能源及天然气供需现状 ········· 137
　五　2020~2025年天然气供给与消费 ········· 141
　六　中国天然气来源现状及评价 ········· 148
　七　建议 ········· 158

中国铜矿产品的来源和应对策略研究 ········· 170
　一　绪论 ········· 170
　二　课题主要研究方法 ········· 172
　三　中国铜矿产品需求分析 ········· 173
　四　中国铜矿产品供给分析 ········· 177
　五　中国铜矿产品贸易分析 ········· 183

六　中国铜矿产品供求平衡及对外依存分析 …………………… 194
　　七　中国铜资源保障存在的主要问题 …………………………… 197
　　八　中国铜矿产品资源保障应对策略 …………………………… 199

中国铝矿产品的来源和应对策略研究 …………………………… 204
　　一　绪论 ………………………………………………………… 204
　　二　课题主要研究方法 ………………………………………… 206
　　三　中国铝矿产品需求分析 …………………………………… 206
　　四　中国铝矿产品供给分析 …………………………………… 210
　　五　中国铝矿产品贸易分析 …………………………………… 219
　　六　中国原铝消费平衡及对外依存分析 ……………………… 226
　　七　中国铝土矿和氧化铝供应面临的主要挑战 ……………… 228
　　八　提高中国铝土矿资源保障程度的对策 …………………… 234

中国镍矿产品的来源和应对策略研究 …………………………… 240
　　一　绪论 ………………………………………………………… 240
　　二　课题主要研究方法 ………………………………………… 242
　　三　中国镍矿产品需求分析 …………………………………… 243
　　四　中国镍矿产品供给分析 …………………………………… 245
　　五　中国镍矿产品贸易分析 …………………………………… 250
　　六　中国镍矿产品对外依存分析 ……………………………… 257
　　七　镍矿产资源保障存在的主要问题 ………………………… 258
　　八　中国镍资源管理及海外开发的历史成功经验和失败教训 … 261
　　九　中国镍矿产品资源保障应对策略 ………………………… 262

中国稀土矿产品的来源和应对策略研究 ………………………… 264
　　一　绪论 ………………………………………………………… 264
　　二　课题主要研究方法 ………………………………………… 266

三　中国稀土矿产品供给分析 ………………………………………… 266

　　四　中国稀土矿产品需求分析 ………………………………………… 275

　　五　中国稀土产品贸易分析 …………………………………………… 277

　　六　中国稀土矿产品供求平衡 ………………………………………… 280

　　七　国内外政经和产业发展战略分析 ………………………………… 282

　　八　中国稀土矿产资源健康发展存在的主要问题 …………………… 288

　　九　海外稀土资源管理的历史经验和教训 …………………………… 290

　　十　中国稀土产品资源保障应对策略 ………………………………… 292

中国铀矿资源来源和应对策略研究 ……………………………………… 294

　　一　研究对象 …………………………………………………………… 294

　　二　中国天然铀需求情况分析 ………………………………………… 295

　　三　中国天然铀供给情况分析 ………………………………………… 298

　　四　中国寻求海外铀资源概况及国际合作的重点方向 ……………… 315

　　五　应对策略与建议 …………………………………………………… 323

　　附件：海外铀资源开发主要目标国家的投资环境 …………………… 326

中国大宗矿产品供需预测

——模型架构专项 ………………………………………………………… 382

　　一　铜预测模型说明 …………………………………………………… 384

　　二　铝预测模型说明 …………………………………………………… 402

　　三　电解镍预测模型说明 ……………………………………………… 420

　　四　稀土预测模型说明 ………………………………………………… 443

　　五　石油供需预测 ……………………………………………………… 462

　　六　天然气供需预测 …………………………………………………… 482

　　七　钢铁预测模型说明 ………………………………………………… 496

　　八　煤炭供需预测 ……………………………………………………… 513

总 报 告

中国大宗矿产品来源和应对策略研究[*]

随着国家间经济利益博弈的加剧，全球矿产资源竞争愈发激烈，境外矿产资源利用成本日益增加，资源利用难度和风险显著加剧，煤炭、铁矿石、铜等大宗矿产品传统的粗放式发展模式陷入瓶颈，面临复杂的转型挑战，我国大宗矿产品整体资源形势依旧十分严峻。

一 行业凸显的几大重点问题

（一）国内资源开发增速与国民经济发展速度错配，许多大宗矿产品的补充主要依靠进口实现，一定程度上影响了国家资源安全及经济安全

回顾2013年前三季度，经济累计增速达到7.7%，规模以上工业增加值累计增速由年初的9.3%增长到11月底的9.7%，房地产施工增幅保持在14%~16%，宏观经济持续上行、下游工业产品产量增加，对大宗矿产资源的需求提出了更高的要求。然而我国大宗矿产品资源普遍存在禀赋较差、资源分布不均、开采受限、开采困难、环境成本高、生态破坏严重等问题，资源的开发速度与经济增速一直无法合理匹配，难以长效支撑国民经济健康有序发展。2012年国土资源部数据显示，主要矿产资源剩余开采年限均少于60年，其中，原油、天然气、铁矿、铜矿的剩余开采年限分别为22年、45年、59年、54年。为弥补资源缺口，我国大宗矿产品大量依赖于进口，形成了较高的对外依存度，并在国际定价上缺乏主动权，大宗矿产品资源保障安全在较大程度上受到国际局势及资源出口国政治经济形势牵制。

---

[*] 本文作者单位：国家开发银行研究院。

(二)"中国式"产能过剩困局难解,政策实施效果短期内难以显现

2008年金融危机以后,在国家产业政策的鼓励下,地方政府为拉动地区GDP发展,以土地优惠、税收优惠等手段鼓励投资者进入本已过热的领域,使行业产能出现井喷式增长,形成"中国式"产能过剩困局。资料显示,2013年底,钢铁、电解铝、铜矿、煤炭产能利用率分别为83%、80%、80%、87.7%,虽然较2012年有所提高,但仍明显低于国际通常水平。而在技术进步淘汰落后产能的过程中,随着原料消耗、能源消耗量的减少,还逐渐形成隐性的产能过剩压力。更为重要的是,由于我国市场配置的功能尚未完全发挥,以此为根基的产能过剩治理政策短期内效果难以显现。

(三)矿企税费负担较大,生存处境艰难

矿业企业受传统计划经济影响很深,历史包袱和社会负担本已十分沉重,加之税费改革后,税费水平的整体提高,推高企业成本,使得矿企生存处境再度处于艰难境地。第一,税费过高,不利于吸引投资,长此以往,我国矿业发展竞争力整体被削弱。数据显示,矿企税负普遍达到25%左右,成为成本中的重要组成部分。第二,近年来,矿产品价格一路走低,原材料价格日益提升,矿企利润空间不断被压缩。

(四)粗放式开发模式及监管不到位,造成生态环境严重破坏

随着社会发展对于矿产资源需求的不断提升,有更多的企业进入到资源领域开拓市场,该行业因无门槛束缚,无序开发的恶势得以扩张,突破环境承载力极限,引发地表塌陷、粉尘污染、地下水水位下降、水土流失加剧等一系列生态问题,本国民众生产生活受到严重威胁。除此之外,政府对环境管理的缺位也是造成环境破坏的一大祸首。目前,环境保护及管理职能主要落在环保、国土、煤炭、林业等部门,存在职能交叉多、死角大的问题,缺少一套完整统一的监管体系,这使得治理工作"有人盯、没

人管"，监管职责无法落实到位。另外，生态监管刚刚处于起步状态，还存在像业务主管和环监部门各自为战等现实问题，使得生态治理效果短期内暂未显现。

（五）现实阻碍重重，企业"走出去"步伐放缓

受国际政治格局动荡、贸易保护主义抬头、对象国加强外资投资监管和提升环境保护要求等条件约束，我国矿业企业"走出去"的外部环境普遍恶化，加上企业"走出去"缺乏国家层面的统一规划，中资企业在矿源地相互竞争、内耗严重，自身专业化程度不足、"水土不服"，使得"走出去"出现困难，中国企业对海外矿业投资的狂热出现"降温"。2013年前三季度，中矿联共受理中国企业境外矿业投资项目103例，较上年同期减少8%；中方协议投资额31.36亿美元，同比减少10.9%。中国矿企海外投资经历了探索期、巩固期、快速发展期，现在已进入持续期，也是矛盾比较多的时期。

二 对于化解行业困局的几点思考

（一）规范矿业权市场管理、改革矿业权流转体制，进一步挖掘国内资源潜力

由于我国矿产资源具有国家属性，决定了矿业权的出让为国家垄断。国家出让的一级市场，具有垄断经营性质，然而参与的矿业权人和管理者却存在矿产资源国家所有观念淡薄、矿业权市场观念不强、资源型资产观念缺乏、法制观念不强等问题。这些思想观念上的差距，造成矿产资源所有权错位，矿业权乱位，管理权越位，市场要素缺位，不仅使矿业权市场扭曲，而且严重阻碍矿业权市场的发展。未来建议进一步加强矿业权市场运作中的地质调查评价技术、矿产资源储量管理、矿产保护和合理利用、矿业资本运作、矿产环境管理、矿产资源信息系统建设等的技术规范和标准体系建设，规范矿业权市场。另外，建议一方面鼓励矿业权（勘探权、采矿权）的进一步放开，制定合理的利益分配机制；另一方面进一步鼓励民营资本参与矿业权招标工作，通过提高民营资本矿业权中标率来提高民

营资本参与积极性、激活矿业权出让市场。我国中西部地区矿产资源丰富，而开发能力及开发资金有限，可通过鼓励民营资本直接参与矿业权直接转让，矿业权信托，矿业权抵押，矿业权有价证券的转让、抵押、信托等，一方面完成当地的资源开发，另一方面提供资金来源，带动经济发展。在此过程中，最重要的是加强风险管理，对参与的民营企业进行尽职调查，防范国外热钱及投机者涌入垄断我国命脉行业，威胁我国资源安全。

（二）加大外汇储备对国际大宗矿产资源收储，加快推动大宗矿产资源战略储备完善

全球经济总体放缓，成为我国购买战略资源的重要时机，可考虑在保证外汇储备的安全性、流动性和保值性的基础上，加大我国外汇储备对国际大宗矿产品资源的投资，即鼓励外汇储备通过直接购买、股权参与等途径，加大投资境外大宗矿产品以及富有资源的矿产所在地，补充国内大宗矿产资源供给，拓展外储投资途径并提高投资回报率。在具体操作中，根据国家不同发展阶段的战略需求，确立大宗矿产品主要战略储备对象、规模和周期，根据实际情况，逐步完善资源战略储备，提升我国大宗矿产品战略资源保障安全度。

（三）应高度重视大宗矿产品的金融属性，完善衍生品市场，逐步提升矿产品国际定价权

随着大宗矿产品的交易规模及范围的不断扩大，大宗矿产品的价格越来越多地受到地缘政治、投机炒作等非供求因素影响，金融属性日趋凸显，把握定价权需要兼顾其金融属性和工业品属性。

第一，从交易量上看，由于大量对冲基金等风险资本参与到期货市场交易中，期货的交易量已经远远超越现货的交易量。2010年全球铜消费量为1849吨，而同年纽约商品交易所（COMEX）活跃的期铜合约日平均交易量就达到25620.73手，按每手25000磅折合为290534吨，已经远超过实体企业套期保值的需求。衍生市场的巨量交易是大宗矿产品价格形成的重要驱动力。第二，从价格走势上看，期货价格对现货价格的引导效应日

趋明显。期货市场较现货市场对信息的反应更加快速灵敏，其价格发现的功能更加完备，带动现货交易价格跟随波动。第三，从期货合约的交易者构成来看，来自金融领域的投机者活跃度远高于实体经济领域中套期保值者，使得衍生市场价格波动剧烈并向现货市场传递。第四，大宗矿产品价格对利率、汇率、货币供应量等金融指标的反应更加敏感。

鉴于以上，把握大宗矿产品的定价权显得尤为重要，具有经济意义和政治意义。近年来，国内在探索大宗矿产品的国际定价权方面有了一些比较有意义的尝试。比如，2013年第三季度，"中国版"铁矿石期货合约在大连商品交易所挂牌交易，产品设计把握少投机、低风险、稳运行、重实效的原则，以含铁量62%的进口铁矿石粗粉作为交易标的，实行更能反映国内现货市场特点的供需关系、避免指数期货因被动地跟随指数而存在脱离供求关系的实物交割，允许铁矿石精粉替代交割。铁矿石期货交易使得交易信息更加公开、透明，这将有利于铁矿石逐步建立国际定价。然而由于国际垄断的长期存在，掌握大宗矿产品的定价权还需要一个漫长的过程。尽管如此，基于60%的铁矿石交易发生于我国的基本事实，做期货还是比不做期货强，早做比晚做强，在国内做比在国外做强。未来，应结合国内外政策环境和发展实际，加强大宗矿产品衍生品交易市场建设，不仅针对铁矿石，还应就国际重要大宗矿产品设计出更符合国内特征的衍生品种，使交易品种不断系列化和层次化，逐步提升我国大宗矿产品交易市场在国际市场上的影响力。

三　行业发展的具体建议

（一）煤炭行业

煤炭是我国的主体能源，在一次能源生产和消费中的比重一直维持在70%左右，对推动经济社会发展和提高人民的生活水平做出了突出的贡献。我国正处于工业化和城市化快速发展阶段，能源消费量持续增长，煤炭需求量不断增加，预计未来煤炭占一次能源消费的比重略有降低，但其作为我国主体能源的地位不会改变。

从供需角度，我国煤炭资源总量比较丰富，但人均占有量低，且存在较严重的资源开发布局矛盾、产业集中度低、资源开发利用严重影响生态环境等问题，加之外部进口煤质量下降，使得煤炭资源在目前的开发和利用方式下，难以保障经济社会长远发展的需要。鉴于此，我们的建议如下。

（1）建议国家制定审批权限下放政策①的配套政策，避免一放就乱，加剧煤炭过剩。

（2）加快煤炭运输通道建设，为增加煤炭供应提供支持。

①加快蒙西—华东、山西中南部、蒙冀铁路建设，争取按原有计划按时投运，为增加湖南、湖北、江西、河南的煤炭供应和关闭小煤矿提供支持。

②建设"疆煤东运"大通道，为今后大力开发新疆②的煤炭做好准备。

（3）清理不合理收费，暂缓出台煤炭资源税从价计征，或将持续发展基金、矿产资源补偿费、矿业权使用费等收费项目并入资源税，降低煤炭企业的税费压力。

（4）出台有效的"退出政策"，鼓励落后煤炭企业退出市场，加快落后产能淘汰步伐。

（5）支持煤炭、电力企业发挥各自优势，合资、合作建设煤电一体化项目，实现煤电一体化经营，减少行业利益冲突，稳定能源市场。

（6）加快发展煤炭深加工产业，促进行业发展。

（二）铁矿石行业

钢铁工业是国民经济的支柱产业，铁矿石是钢铁工业的主要原料。随着我国钢铁工业的快速发展，我国铁矿资源需求日趋扩张，然而受国内资源储量和开采条件制约，国产铁矿石产量远不能满足钢铁生产需求，只能通过进口来进行补充，使得铁矿石对外依存度常年保持在高位。除此之外，21世纪以后，国际铁矿石由过去数十年的买方市场演变为卖方市场，三大矿业公司趁势构筑国际铁矿开发和贸易垄断格局，掌握价格话语权，挤压我国钢铁企业，使得我国钢铁工业面临巨大挑战。鉴于此，我们建议

---

① 2013年5月国家将低于120万吨/年的煤矿核准权限下放地方投资主管部门。

② 新疆煤炭资源丰富，具备大规模开发的资源条件。新疆煤炭开发对于保障我国煤炭长远稳定供应具有重大意义。

利用"两种资源、两个市场"来合理配置国内资源和国际资源。一方面，积极支持国内铁矿资源的勘查和开发力度，加大原材料供应；另一方面，加快推进海外铁矿资源投资，以产业链模式支持我国企业"走出去"，从外交、金融等方面给予支持，增加海外权益矿产份额，打造中国品牌。

（1）加强资源节约与综合利用，推行减量化用钢，提高钢材利用效率，减少资源浪费。

（2）制定《海外矿产资源开发利用总规划》，对铁矿石的海外开发进行国家层面的总体规划，制定具体开发方案，杜绝因"一哄而上"和盲目跟风现象而造成的"走出去"乱象，保障"走出去"企业的权益。

（3）鼓励我国钢企以产业链模式"走出去"，同时支持以资源开发、钢铁产能布局、基础设施建设一条龙的产业链捆绑模式"走出去"，全面实现"走出去"企业的盈利。

（4）加快钢铁产业结构调整，推动钢铁产业兼并重组，提高产业集中度，同时加大钢铁行业对外开放及产业转移力度，把握好环保、信贷、管理"三闸门"，多措施化解过剩产能。

（5）通过推进现货平台建设、改进现有定价机制的缺陷，尝试提出更加公平、合理的进口铁矿石定价机制和模式，积极研究金融产品的作用和影响，做好政策和制度准备，适时推出我国铁矿石期货等铁矿石金融产品等措施，逐步建立客观反映供求关系的进口铁矿石定价机制。

（三）有色金属行业

1. 铝

铝资源是关系经济社会发展的重要战略资源，是国家安全发展的基石之一。我国对氧化铝、铝土矿资源需求的不断攀升都缘于电解铝产能的过快增长。改革开放以来，中国铝工业进入快速发展时期，特别是进入21世纪后，中国工业化、城市化加速发展，以及世界制造业向中国转移，推动铝的消费快速提升，铝行业发生了翻天覆地的变化，铝产业链上下游产能规模扩张的速度超过了历史上任何时期及任何国家。然而，我国铝资源依然需要从国外进口，由于是从现货市场直接购买，我国企业完全处于丧失话语权的被动地位。未来如果进口氧化铝和进口铝土矿价格先后出现飙升行情，中国铝工业最终将难以负担。

因此，中国铝工业未来的发展方向应该是通过各种途径来设法提高资源保障能力。一是，立足国内。加大铝土矿的勘探力度，提高国内资源的利用效率。二是，科技创新。通过开发利用低品位矿的技术，开发利用煤铝共生资源和高铝粉煤灰资源，充分利用国内铝矿资源。三是，国际合作。积极开发海外资源，以外部资源弥补内部资源的不足。

2. 铜

铜矿产资源是关系经济社会发展的重要战略资源，是国家安全发展的基石之一。铜资源消费几乎渗透到国民经济的各个部门，研究落实好铜资源的保障策略，直接关系到资源产业乃至我国国民经济的健康、可持续发展。鉴于行业困局，我们建议：大力发展循环经济，提高资源综合利用水平，鼓励低品位矿、共伴生矿、难选冶矿、尾矿和冶炼渣等资源的开发利用；促进铜冶炼企业原料中各种有价元素的综合回收和冶炼渣的综合利用，提高对资源的综合利用和回收水平。

3. 镍

我国属"贫镍"国家，尽早形成自己的镍资源储备体系对于保证不锈钢乃至航天、军工业稳定发展至关重要。镍资源消费的主要领域是不锈钢，研究落实好镍资源的保障策略，直接关系到我国不锈钢工业的健康、可持续发展。对于镍资源，建议加强废不锈钢、废旧电池、废合金等含镍品种的回收，尽快完善废镍回收利用体系，加强资源的循环利用。

4. 稀土

不同于铜、铅锌、镍等有色金属中国对外依存度高，稀土资源禀赋全球。第一，向全球提供超过90%以上的稀土精矿。我国稀土企业小、散、乱，在国际竞争中处于明显的劣势，处在产业链的低端，附加值低。而稀土矿山开采和分离工艺简单，在价格有利的情况下，供给具有无限弹性，形成产能严重过剩，我国稀土精矿产能利用率不足50%，稀土冶炼分离产能利用率不足50%，并促发了灵活的黑产业链的形成，从而走私严重。

未来稀土产业的发展具有国外开采加速、稀土供应格局多元化，稀土减量使用技术及替代产品开发成为技术热点，国外稀土公司进行市场"内部化"运作趋势明显等特点。

中国稀土矿产资源健康发展存在的主要问题是缺乏明确的战略规划和顶层设计；宝贵资源未得到有效利用，产业发展以牺牲环境为代价；产业结构不合理，缺乏有效的监管和调控机制；稀土应用水平较低，亟待重大技术突破和创新。

为此，课题组有针对性地提出以下政策建议。

一是，制定国家稀土资源战略规划，加强统一规划和协调管理。建立国家、地方、行业协会"三位一体"的产业管理体系。对关系国防工业和国家关键产业的稀土元素进行批量的战略储备，由国家每年进行有针对性的采购并建立稀土战略储备基地，加强对战略资源的有效管控。

二是，加强稀土生产技术、装备、工艺改造升级，通过科技进步降低"三废"对生态的破坏。国家要制定严格环境标准，治理稀土行业普遍存在的环境污染问题，切实做到对资源环境的保护性开发和利用。

三是，改革稀土矿产资源开发利用和全产业链管理模式。具体来说，稀土矿产资源分矿种管理，逐步放开轻稀土管理；树立良好的价格预期，促进稀土功能材料发展；建立稀土矿产资源追溯机制；加强技术、装备引进，逐步向高端布局等方面做出调整。

四是，加快企业兼并重组，尽早淘汰落后产能，推动企业集约化经营，提高产业集中度。积极组建行业联盟，该联盟参照 IFM 或欧佩克等国际组织的模式进行组建，将拥有现有各部门的一定功能，通过联盟自律，改变现有产业混乱的现状，促进稀土产业的健康、可持续发展。加快基础研究、技术创新，推广稀土应用。

（四）石油行业

石油是我国经济社会发展的重要基础性能源。"十一五"以来，伴随工业化和城镇化进程，我国石油消费量持续快速增长，已成为仅次于美国的第二大石油进口国，进口压力不断加大。从保证油气持续供应和价格平稳，不会对经济社会平稳运行和持续发展带来负面影响的国家油气安全目标出发，建议如下。

（1）开展区域性能源合作，建立互利的集体石油安全体系。促进建立石油供需双方的多边和双边合作，建立供需双方的长期经济利益共享为基础的石油安全机制。

(2) 建立和完善石油储备体系。

要继续加快国家石油储备体系的建设，制定石油储备法律法规。扩大石油储备规模，全面开工建设国家石油储备二期项目，增加国家储备，发展民间储备，把防止石油供应中断能力提高到更高的水平。加快开展成品油储备体系建设，作为原油储备的补充，共同构建合理的石油储备体系，同时，参照原油商业储备的做法，尽快研究制定成品油商业储备办法和制度。

(3) 逐步建立和完善包括预警应急法律法规体系、组织机构和决策机制、信息采集分析发布系统、不同品种不同级别的应急预案和国际互助合作协议在内的石油预警应急体系。

该石油预警应急体系，具有以下功能：准确判断油气安全运行状况；做好能源供应重大突发事件的应急指挥和综合调度，采取与之相配套的应急措施，发挥其防范和应对能源安全风险的功能；加强日常演练，及时妥善处理突发的油气供应紧张和中断。

(4) 建立全球能源资源信息服务平台，系统收集掌握主要资源国资源基础、开发状况、投资环境、法律政策等信息，适时跟踪分析我国及主要能源消费国和国际能源、金融市场动态，预警预测能源市场变化和能源安全形势，通过信息发布引导市场投资、交易、消费行为，同时为制定实施国家能源安全战略提供决策服务。

（五）天然气行业

我国的能源储量主要特点是"多煤、少油、缺气"，在一次能源结构中，从2012年的数据来看，天然气所占的比例仅为4.7%。虽然天然气所占比例不大，但是"十一五"之来，国家开始大力推广和鼓励清洁能源的使用，天然气消费量增速明显加快。天然气的消费量远远超过国内产量，形成巨大缺口。对此，我国应从各个角度、各个层面予以应对。

(1) 突破非常规天然气资源勘探开发利用技术瓶颈，促进核心设备研发和国产化，推进非常规天然气科学、可持续发展。

(2) 重点开发鄂尔多斯盆地、四川盆地、塔里木盆地和南海海域四大气区，并在上述区域建设200亿吨以上大型天然气生产基地，持续提高新增探明储量，保障天然气供给。

（3）根据全国天然气管网布局，加快建设储气工程设施建设，改善储气能力严重滞后的问题，保障天然气调峰应急需求。

（4）统筹规划主干管线，逐步完善区域管网。

第一，重点建设西北通道、"鄂尔多斯—安平管道"，加快构建沿海主干管道。第二，加快建设区域管网，重点完善长三角、环渤海、川渝地区管网，基本建成东北、珠三角、中南地区等区域管网。第三，根据煤层气资源分布和市场需求，统筹建设以区域性短距离中压管道为主体的煤层气输送管网，服务于周边区域。

（5）大力发展LNG接收站，建设国际油气通道，推动资源价格谈判进展，保障进口来源安全。

第一，抓紧建设LNG接收站，扩大已建LNG接收站储存能力，快速提高进口能力，保障进口来源。第二，加紧建设西北（中国—中亚）、东北（中俄）、西南（中缅）三大管道气进口通道，稳步周边天然气市场供应。第三，尽快突破长期不决的中俄天然气价格谈判，推动东线建设尽快进入实质性操作阶段。

（6）鼓励天然气在电力、工业、交通领域的广泛使用，提高资源利用率。

第一，适度放宽天然气发电，鼓励东部地区率先实现天然气替代煤，实现能源消费结构优化。第二，鼓励和支持天然气分布式能源，充分发挥天然气调峰能力，发展天然气发电与风电、太阳能发电等可再生能源的综合互补利用，弥补储能技术和智能电网尚未成熟的不利因素。同时，加快上述项目的推动示范进度。第三，鼓励天然气在东部地区的工业部门作为工业燃料替代煤炭。第四，利用天然气经济性高、清洁、高效的特点，大力发展天然气应用于交通领域，鼓励LNG汽车和船舶燃料等高效天然气利用项目。

（六）铀

铀资源是国家重要的战略性能源矿产资源，是核工业的"粮食"，在国民经济和国防建设中占有重要的地位。我国的铀资源相对短缺，在目前国家大力发展核电的基础上，面对国内铀资源的相对短缺，如何使得铀资源能够保障国内核电的持续发展，是一个迫切需要解决的问题。

（1）鼓励与民营资本及外资的合作，补充国有资本投资的资金不足。

（2）将金原铀业公司改造成为中国铀业股份有限公司，建成以市场为导向的开放性多元投资产业发展平台，实现专业化主导与社会化协作紧密协同，建立规范有序的铀矿资源开采秩序，加快铀矿勘查开发进程。

（3）解决历史遗留问题

2011年，28家铀矿企业实施政策性关闭破产，服务对象3.9万人（3.3万人离退休）全部划拨"中国核科技信息与经济研究院"。而政策划拨的补贴费用不足以支持上述人员的住房公积金、统筹外费用、抚恤金等费用。该事项引起诸多恶劣影响，使得铀行业无法轻装上阵，铀行业产能受到制约。

一是，在实行一个开发责任主体的情况下，由新组建的中国铀业股份有限公司承担。参股各方按其出资比例分担社区和省局年度费用缺口，并直接划到指定账户。同时积极争取国家政策支持，由中央财政补助社区运行费用以及相关离退休人员的住房公积金、统筹外费用、抚恤金等费用，补助社区基础设施改造资金。同时，在事业单位分类改革中，明确省局为公益一类事业单位，落实其经常性费用支出、在职人员事业费和离退休人员经费的财政资金渠道。条件成熟时，将省局和社区一并移交地方，中央财政补助的各项支持费用通过中央财政转移支付的方式一并划转。

二是，在天然铀产业参与各方不同意参股组建中国铀业股份有限公司，政府又实行市场放开的情况下，本着公平竞争的原则，由市场参与各方共同发起成立我国铀矿冶历史遗留问题处理基金，并制定基金管理办法。基金的募集方式为：先期募集20亿元，由政府确认的市场参与方同等分担，用于维持3~5年内社区和省局的正常运行，启动实施基础设施改造，同时，对从国外进口的天然铀，按吨金属每年提取1万~2万元，作为基金来源的重要补充。国内市场参与方形成天然铀产能时，按吨金属每年提取10万元，作为后续基金的主要来源。此外，还继续参考上述第一种解决办法，争取国家政策支持和中央财政补助。

分 报 告

中国铁矿石资源来源和应对策略研究[*]

一 绪论

(一) 课题研究的背景、目的和现实意义

1. 课题研究的背景

钢铁工业是国民经济的支柱产业,铁矿石是钢铁工业的主要原料。目前我国炼钢生产中有90%左右的原料来自铁矿石冶炼的生铁,其余为废钢和少量合金料。

随着我国钢铁工业的快速发展,我国铁矿资源不足的矛盾越来越突出。2003年我国超过日本成为铁矿石第一进口大国,当年进口铁矿石1.48亿吨,其对应生铁产量占全国生铁产量的48%左右;2012年我国进口铁矿石增长至7.44亿吨,使用进口铁矿生产的生铁产量占全国产量的比例上升至70%左右。受国内资源储量和开采条件制约,国产铁矿石远不能满足钢铁生产需要,进口铁矿石数量将长期维持较高水平。预计2020年,国内铁矿产量仍只能满足钢铁生产需要的30%左右,其余部分依赖进口,进口铁矿石数量将达到8.5亿左右。

21世纪以来,国际铁矿石由过去数十年的买方市场演变为卖方市场,三大矿业公司趁势构筑国际铁矿开发和贸易垄断格局,主导更加有利于卖方的国际贸易市场规则,在近几年铁矿石定价指数化和铁矿贸易金融化的过程中推波助澜。国际铁矿石市场形势的变化对我国钢铁工业产生的负面作用和影响安全运行的状况始终没有得到缓解,我国钢铁工业面临巨大的挑战。

但事实上,铁矿不属于稀缺资源。世界铁矿资源相当丰富,目前探明

---

[*] 本文作者单位:国家开发银行研究院、冶金工业规划研究院。

铁矿储量达 1500 亿吨，含铁量 730 亿吨；储量基础 3400 亿吨，含铁量 1600 亿吨。按储量基础计，满足现有全球钢铁产能的静态保证年限在 100 年以上。世界铁矿资源勘探具有潜力，铁矿资源总量估计在 8000 亿吨以上。

世界铁矿资源已探明储量和预计潜力表明，世界铁矿扩大生产能力具有资源基础。世界铁矿生产发展趋向取决于世界钢铁生产的需求，世界铁矿开发尚有很长的发展道路，开发存在巨大潜力。

2. 课题研究的目的和现实意义

开展中国铁矿石来源和应对策略的研究的目的是基于上述钢铁工业铁矿原料保障及世界铁矿资源禀赋的现实背景，着眼于钢铁工业的可持续、健康发展，在系统性分析研究的总体工作思路下，结合我国钢铁工业中长期发展预测，着力解决钢铁工业铁矿原料保障存在的突出瓶颈制约，探讨中国铁矿产品资源保障应对策略。

通过本课题研究得出的主要观点旨在为国家相关政府部门、金融机构、钢铁行业提供政策和决策参考，进一步改善和优化我国钢铁工业铁矿原料保障局面，因此本研究具有重要的现实意义。

（二）课题的研究范围和技术路线

1. 课题的研究范围

课题研究范围涉及研究主体及研究主题、研究内容。

研究主体为中国钢铁工业。如何加强钢铁工业铁矿原料供应保障是课题研究的核心主题。课题研究涉及多方面、多角度内容，主要包括：宏观经济展望；钢铁工业现状及发展；国内及世界铁矿资源开发状况、供给潜力；中国企业海外铁矿资源开发的状况；铁矿国际贸易；铁矿石定价机制及影响；钢铁工业铁矿资源供求平衡的现状及未来预测，铁矿资源保障存在的问题；等等。

2. 课题研究的技术路线

研究铁矿来源和保障需要把握钢铁工业，而把握钢铁工业要站在宏观经济的高度；研究铁矿来源和保障要用发展的眼光，需要借鉴过去、了解当前、预期未来；当今全球经济一体化的步伐加快，全球配置资源是必然结果，课题研究要从国内扩展到世界。系统性、全面性是课题研究的基本要求。基于上述工作思路确定本课题研究的技术路线，概括如下几个方面。

①结合两个背景。将课题研究置于国家宏观经济形势和国内钢铁工业形势背景下，准确把握中国钢铁发展走势。

②分析两种资源禀赋、开发状况及潜力。分析中国及全球铁矿资源的禀赋、开发状况及潜力，作为课题研究全球及中国铁矿原料可供性的基础层面。具体分析铁矿资源供给的影响因素，作为探寻解决问题路径的基础依据。

③结合钢铁发展研究结论预测全球及中国钢铁工业铁矿需求增长的过程。结合废钢资源利用分析，作未来供需平衡预测。

④系统研究中国及世界铁矿贸易市场、相关铁矿出口国的政策及其影响、国际贸易市场定价机制及其影响。

⑤客观评估中国参与全球铁矿资源开发的进程。

⑥系统梳理中国铁矿资源保障存在的主要问题，从国家、行业层面提出中国铁矿资源保障应对策略。

二　中国钢铁产业发展及铁矿需求预测

（一）中国钢铁产业发展预测

钢铁产业发展预测涉及宏观经济及下游产业发展形势，本部分阐述关于钢材需求的预测依据和结果，在此基础上，推算国内粗钢、生铁产量，作为铁矿石供需平衡预测分析的基准参考。

1. GDP 消费强度法

十八大明确提出"2020年实现国内生产总值和城乡居民人均收入比2010年翻一番"的目标，2014~2020年GDP年均增速仍将保持6.7%的水平。

以2015~2020年GDP年均增长6.8%为预测基数，第三产业在GDP中的比重超过第二产业且比例不断提升作为预测条件，预测2020年全国钢材需求量为7.14亿吨。

2. 下游行业预测分析法

钢铁工业要适应我国经济结构调整、转型升级的要求，必须满足下游产业转型升级所带来的对钢铁产品新的、更高的要求。根据对下游建筑、机械等用钢行业的调研和测算，预测2020年全国钢材需求量为7.76亿吨。

3. 我国钢铁需求预测综合结论

根据以上两种方法预测，加权平均后，中国钢材消费量有可能在2017年达到峰值7.63亿吨，之后平缓下滑，到2020年消费量7.5亿吨。粗钢产量8.5亿吨，生铁产量7.6亿吨。

4. 我国钢铁供需形势总体判断

目前国内钢铁产能过剩的现象较为突出，已引起全社会的关注。不解决钢铁产能过剩问题，供需平衡的格局就不会稳定，并会对市场产生负面影响。需要国家和钢铁行业出台相关政策以引导钢铁行业回归至合理的供需平衡区间。

（1）解决钢铁产能过剩是当务之急

产业过剩是指一定时期内，投资形成的生产能力因超过市场需求而导致的工业部门产能大量闲置的现象，直接的伴生结果是价格竞争激烈，产业利润减少乃至大面积亏损，严重的会导致企业倒闭，造成社会财富巨大的损失。对钢铁产业而言，产能过剩明显加剧了资源、能源供应瓶颈的压力。

国际上通常采用产能利用率来作为评价产能过剩与否的主要指标，美国将78%~83%的产能利用率作为正常区间，如果在较长时间内低于75%，则认为出现严重的产能过剩；日本将78%的产能利用率作为评价标准，若长时间低于此临界值，则认为出现严重的产能过剩。参考主要产钢国家产能利用率的评价水平，结合我国钢铁工业实际，行业内普遍认为我国正常的产能利用率应在85%或以上。2012年我国炼铁、炼钢产能分别为9亿吨、9.7亿吨，生产利用率分别只有73.1%、73.9%，并仍有在建项目，钢铁产业产能过剩状况十分突出，解决钢铁产能过剩是当务之急。

（2）转变经济发展方式及产业相关政策将持续发挥导向作用

十八大明确指出了实现经济持续健康发展的道路与方式，推进经济结构战略性调整是加快转变经济发展方式的主攻方向，对于钢铁行业而言加快推动结构调整既是国家转变经济发展方式的需要，也是市场倒逼企业转型发展的必然选择。面对现实形势，国家针对性地出台了多项相关产业政策，把化解产能过剩矛盾作为当前和今后一个时期最紧要的工作重点和目标，把加大环境保护、淘汰落后、节能减排、结构调整等作为着力点，努力推进钢铁行业运行在健康、可持续的发展轨道上。

(3) 钢铁产业实现供需平衡是大势所趋

钢铁产业是国民经济的支柱产业，以满足国民经济发展的需要为宗旨，因而必然要与国民经济发展协调一致。钢铁产业实现供需平衡同时是转变经济发展方式的集中体现，是大势所趋。通过积极化解钢铁产能过剩的相关措施，贯彻落实钢铁产业结构调整相关政策，我国钢铁产业供需平衡的良好局面是能够实现的。因此，预计"十二五"末及2020年的生产规模将与全社会钢铁需求量保持协调一致，过剩钢铁产能将得到大幅度压缩并理性退出市场，钢铁工业面临的资源、能源紧张局面可得以缓解和改善。

(二) 中国铁矿产品需求预测

1. 需求情况分析

铁矿石是钢铁工业的基础大宗原料，中国铁矿需求量与生铁产量直接相关。2003年，中国生铁产量为2.14亿吨，推算铁矿石需求量为3.38亿吨；2012年，中国生铁产量为6.58亿吨，推算铁矿石需求量为10.5亿吨。十年间，中国铁矿石需求量增长了2倍多。具体如图1所示。

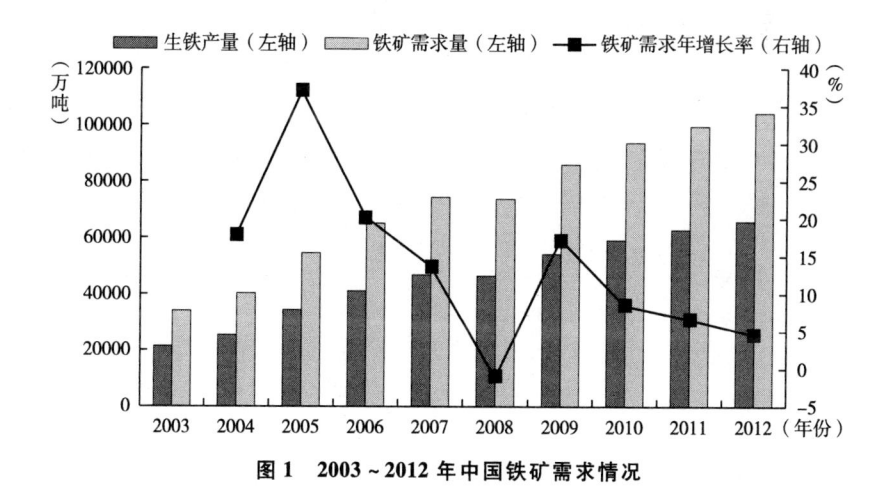

图1 2003~2012年中国铁矿需求情况

2. 未来需求预测

我国钢铁工业立足于国内市场需求，以满足国民经济健康持续发展和经济结构调整需要为目标。我国钢铁生产主要受经济增长速度、经济发展方式和下游用钢行业发展升级等因素影响。

根据2020年国内生铁生产规模为7.6亿吨的预测，平衡计算得出我国2020年铁矿石需求量为12.2亿吨。

三 中国铁矿产品供给分析

（一）铁矿储量及分布

1. 世界储量及分布

世界铁矿石储量1700亿吨，其中铁含量800亿吨。全球铁矿石资源分布不均衡，集中分布在少数国家和地区，澳大利亚、巴西、俄罗斯、中国、印度、美国、乌克兰、加拿大、委内瑞拉和瑞典10个国家的铁矿石储量约占世界总储量的86%（见表1）。

表1 世界铁矿石储量情况

单位：百万吨，%

序号	国家	原矿储量	铁储量	矿石储量占世界比重
1	澳大利亚	35000	17000	20.6
2	巴 西	29000	16000	17.1
3	俄罗斯	25000	14000	14.7
4	中 国	23000	7200	13.5
5	印 度	7000	4500	4.0
6	美 国	6900	2100	4.1
7	乌克兰	6500	2300	3.8
8	加拿大	6300	2300	3.7
9	委内瑞拉	4000	2400	2.4
10	瑞 典	3500	2200	2.1
11	其他国家	23800	10000	14
	世界总计	170000	80000	100

资料来源：美国地调局。

2. 中国储量及分布

截至2011年底中国铁矿石查明资源储量为744亿吨，基础储量为192.76亿吨（其中，储量56.67亿吨）。虽然中国铁矿资源丰富，但在当前的技术经济条件下，适宜经济开发利用的储量比例并不高，已开发利用资源不足1/3。

我国铁矿资源最突出的特点是贫矿多、富矿少，绝大多数矿石入炉前都需选矿处理。富铁矿石查明资源储量（铁矿石品位大于48%）仅有10.64亿吨，仅占全部铁矿石查明资源储量的1.4%。全国铁矿石查明资源储量平均品位仅为33%，比世界铁矿石平均品位低11个百分点。

我国除天津市等个别地区外，绝大部分省（市、自治区）或多或少地都拥有铁矿资源，但又相对集中于辽宁、四川和河北三省，这三省铁矿石资源储量合计占全国总量的49%。全国有六个资源储量在10亿吨以上的大矿区：鞍本矿区、冀东矿区、攀西矿区、五台—岚县矿区、白云矿区和宁芜矿区，合计资源储量占全国总量的一半以上。我国各主要省份铁矿资源储量情况如图2所示。

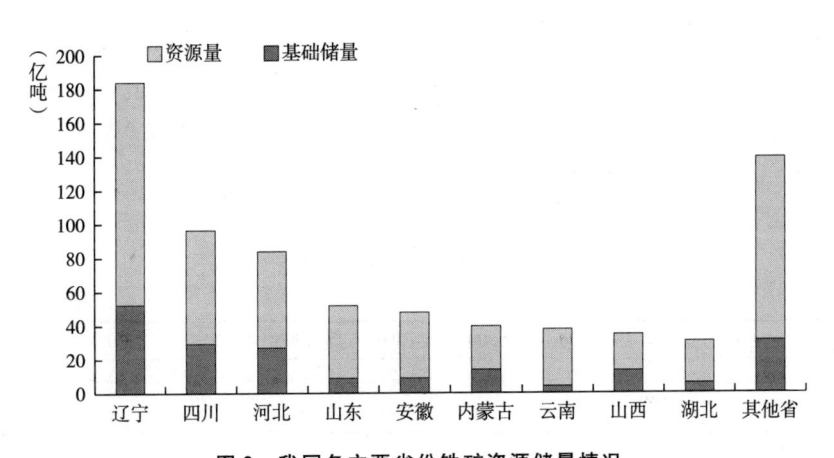

图2 我国各主要省份铁矿资源储量情况

（二）铁矿产量分析

1. 供给现状

（1）世界

伴随着全球钢铁行业发展，铁矿石产量逐年上升，从2000年的9.5亿

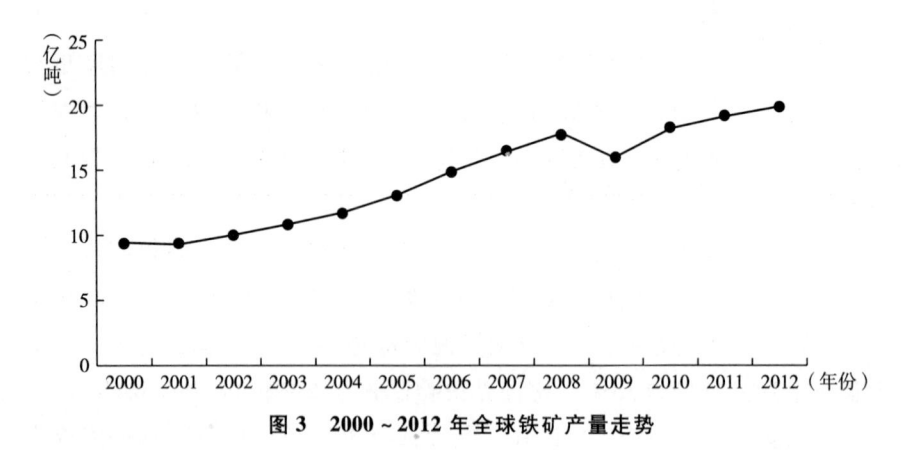

图 3　2000~2012 年全球铁矿产量走势

吨增至 2012 年的 20 亿吨，实现了翻番，年均复合增长率 6.4%。

全球铁矿石主要生产及出口大国有澳大利亚、巴西、印度和加拿大等，各国铁矿石生产情况如下。

①澳大利亚

澳大利亚主要铁矿石生产公司为力拓、必和必拓及 FMG，主要生产矿山均位于西澳皮尔巴拉地区。

澳大利亚铁矿石产量从 2005 年的 2.6 亿吨增至 2012 年 5.24 亿吨，增幅超过 100%，其产量占全球产量的比重也从 2005 年的 19.9% 升至 2012 年的 26.2%，具体如表 2 所示。

表 2　2005~2012 年澳大利亚铁矿生产情况

单位：百万吨，%

年　　份	2005	2006	2007	2008	2009	2010	2011	2012
产　　量	260.4	271.8	296.6	358.2	390.8	431.2	476.3	523.5
占全球比重	19.9	18.1	18.0	20.0	24.4	23.6	24.8	26.2

②巴西

巴西主要铁矿石生产公司为淡水河谷，占巴西铁矿石总产量的 80% 以上，其次还有 CSN 公司、MMX 公司、巴西铁资源公司（Ferrous Resources do Brasil S.A.）和英美资源公司等。主要生产矿山位于巴西北部的帕拉州和南部的米纳斯吉拉斯州。

巴西铁矿石产量从 2005 年的 3.61 亿吨增至 2012 年 4.18 亿吨，增幅

15.8%，其产量占全球产量的比重从 2005 年的 27.5% 降至 2012 年的 20.9%，具体如表 3 所示。

表 3　2005~2012 年巴西铁矿生产情况

单位：百万吨，%

年　　份	2005	2006	2007	2008	2009	2010	2011	2012
产　　量	360.8	334.1	372.5	377.0	293.7	397.4	420.8	418.0
占全球比重	27.5	22.3	22.6	21.1	18.4	21.7	21.9	20.9

③印度

印度主要铁矿石生产公司有 NMDC 公司、SAIL 公司、塔塔钢铁有限公司、Sesa 公司、MSPL 公司和 Essel 矿业公司等。主要生产矿山位于恰蒂斯加尔邦、卡纳塔克邦、加尔克汉德邦、奥里萨邦、果阿邦。

印度近年铁矿石产量波动较大，进入 21 世纪以来高企的铁矿石价格带动了印度国内的铁矿开发，铁矿年产量一度升至 2.2 亿吨，但 2011 年以来，印度开始提高矿石出口税，限制铁矿石出口，并整顿国内非法开采矿山，2012 年产量降至 1.35 亿吨。印度铁矿石产量占全球产量的比重也从 2009 年最高的 13.7% 降至 2012 年的近年低点 6.8%，具体如表 4 所示。

表 4　2005~2012 年印度铁矿生产情况

单位：百万吨，%

年　　份	2005	2006	2007	2008	2009	2010	2011	2012
产　　量	142.7	180.9	206.9	223.0	218.6	212.0	196.0	135.0
占全球比重	10.9	12.1	12.5	12.5	13.7	11.6	10.2	6.8

④加拿大

加拿大主要铁矿生产公司有加拿大铁矿石公司（IOC）、魁北克卡地尔采矿公司（QCM）和瓦布什（Wabush）矿业公司。加拿大铁矿公司大部分为外资拥有，主要股东有力拓集团、安赛乐米塔尔和 Cliffs 自然资源公司。主要生产矿山多数位于拉布拉多地槽。

加拿大近几年铁矿石年产量保持在 3500 万吨左右，占全球的比重约为 2%，具体如表 5 所示。

表5 2005~2012年加拿大铁矿生产情况

单位：百万吨，%

年　　份	2005	2006	2007	2008	2009	2010	2011	2012
产　　量	34.5	34.3	31.4	33.8	29.7	33.7	35.9	38.2
占全球比重	2.6	2.3	1.9	1.9	1.9	1.8	1.9	1.9

⑤南非

南非主要的铁矿石生产商有昆巴（Kumba）铁矿石公司和阿斯芒（Assmang）公司，主要生产矿山有赛申铁矿、Kolomela铁矿、Khumani铁矿和Beesheok铁矿。

南非铁矿石产量从2005年的3790万吨增至2012年6140万吨，增幅62%。南非近年铁矿石产量占全球产量的比重基本维持在3%左右，具体如表6所示。

表6 2005~2012年南非铁矿生产情况

单位：百万吨，%

年　　份	2005	2006	2007	2008	2009	2010	2011	2012
产　　量	37.9	37.8	40.4	45.0	53.4	55.3	55.7	61.4
占全球比重	2.9	2.5	2.4	2.5	3.3	3.0	2.9	3.1

（2）中国

我国铁矿采选业经过长期发展，目前已形成年产铁矿石16亿吨能力的生产体系，形成鞍山—本溪、西昌—攀枝花、冀东—密云、五台—岚县、包头—白云鄂博、鄂东、宁芜、酒泉、海南石碌、邯郸—邢台、承德等重要铁矿原料基地，铁矿石原矿规模居世界第一。

我国铁矿石产量从2000年的2.2亿吨升至2012年的13.1亿吨，年均复合增长率为16%。

我国铁矿资源区域分布不均，造成我国铁矿石产量分布也不平衡。

从区域产量来看，华北、西南、东北三个铁矿资源丰富的地区产量较高，三个地区产量占全国总产量的80%以上，其中仅华北地区铁矿石产量就占全国产量的一半以上。近年来，西南地区所占比重逐年上升，东北地区所占比重有所下降。以上地区近年铁矿产量占比情况如图5所示。

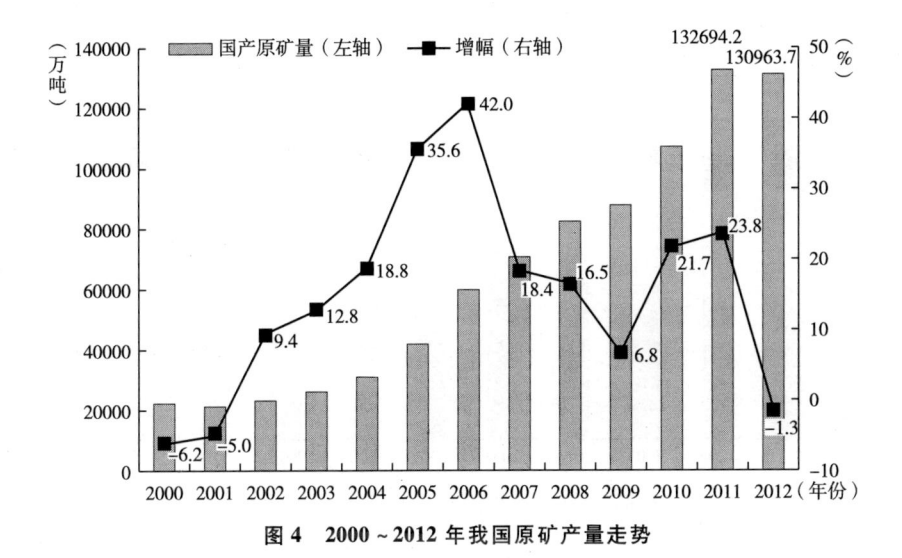

图4　2000~2012年我国原矿产量走势

图5　主要铁矿生产地区产量占全国比重

从省市产量来看，华北地区的河北省是我国的铁矿石生产大省，年产量占全国总产量的40%以上。此外，四川、辽宁、山西、内蒙古等也是我国主要的铁矿石生产省份，以上五省产量占全国铁矿石总产量的75%以上。近年来，四川铁矿产量占全国的比重明显上升，而辽宁则出现了明显的下降。以上地区近年产量占全国比重情况如图6所示。

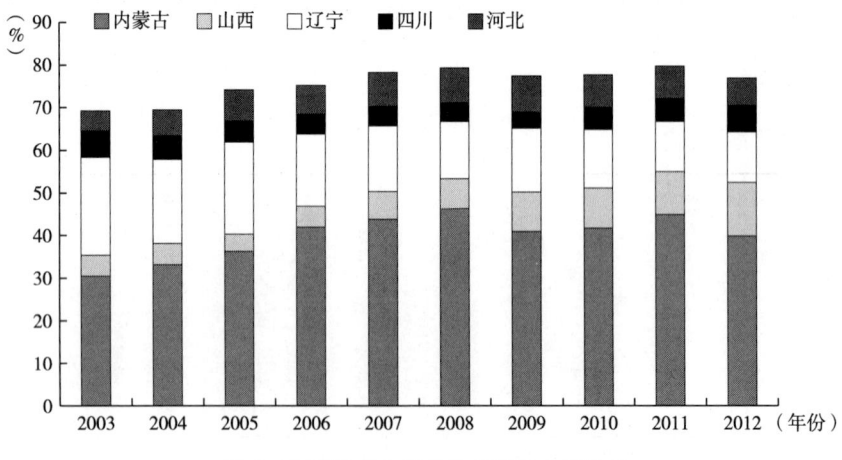

图 6　主要铁矿生产省份产量占全国比重

2. 影响铁矿供给的因素分析

全球铁矿石总供应量由许多独立矿山供应量组成,因此,影响铁矿石供给的因素即影响单个矿山产量的因素。市场旺盛的需求会抬高矿石价格,从而刺激投资者新建矿山或对现有矿山进行扩能改造,而矿山生产能力又受其资源条件所限。对这些因素细分,可将影响铁矿供给的主要因素归纳为以下几点。

（1）资源禀赋

一个矿山合理的生产规模受其资源量及资源赋存条件影响,但全球铁矿资源丰富,从全球范围来看,资源禀赋不是制约产量的因素。

（2）供求关系

供求关系主要是通过影响铁矿石市场价格来对铁矿石供给产生影响。当市场供不应求时,铁矿石价格会上升,这会刺激矿石生产商多生产矿石,同时也会带动投资者进行矿山建设或扩能项目的投资。

（3）投资状况

投资主要是指用于铁矿山项目建设或扩能的投资,这部分投资将使铁矿石供应能力增加,从而影响铁矿石供应量。而投资也主要是受矿石市场效益影响。

3. 供给预测

未来全球铁矿石产量仍将呈增长态势。根据目前各国铁矿石生产情况及拟建、在建铁矿项目情况等,预计2015年全球铁矿产量将达到23.4亿吨,2020年达到27.55亿吨,具体如表7所示。

表7 未来全球铁矿石产量预测

单位：百万吨

序号	国家	2012年	2015年e	2020年e
1	澳大利亚	524	700	800
2	巴西	418	510	650
3	中国	358	370	370
4	印度	135	140	150
5	俄罗斯	103	107	130
6	乌克兰	76	78	80
7	南非	61	72	75
8	美国	52	53	50
9	加拿大	38	60	120
10	伊朗	37	40	40
11	其他国家	198	210	290
全球合计		2000	2340	2755

四 中国铁矿产品贸易分析

（一）铁矿贸易现状

1. 国内

（1）国产矿石贸易主要活跃区域

受我国东北、华北和华东等地钢铁生产量大且地区自产铁矿石难以满足钢铁生产需要的影响，国产矿贸易主要活跃区域为北方地区，铁矿石主要生产省份——河北、辽宁及内蒙古主要是满足本区域矿石消费需求，旺盛的消费需求也使这些地区的贸易交易较国内其他地区更为活跃。

（2）国产矿贸易定价方式

国产矿的价格受多种因素制约，价格的变化主要取决于矿山生产成本和市场供需变化情况。此外，下游钢材产品价格、进口铁矿石数量及其价格等因素也会对国内铁矿石市场价格产生影响，最终国产矿在何种价格上成交取决于双方的博弈和供需平衡等多种因素。

（3）国产矿石贸易结构分析

国产铁矿山中，约30%的矿山被国内钢铁企业控制，这部分矿石直接供钢铁企业使用，剩余70%属于非钢铁企业所有，这部分在市场上销售，没有固定的销售场所和交易平台。其中一小部分是钢厂和矿山之间的直接交易；其余较大的部分是中间贸易商从矿山采购，再向钢厂供货。目前，国内主要的铁矿石市场有：河北唐山、邯郸、邢台、迁安地区；辽宁北票、弓长岭地区；山西代县地区；山东鲁中、金岭地区；广东怀集地区；江苏镇江地区；湖北大冶地区；安徽繁昌地区。

（4）我国国产铁矿石贸易流向分析

目前，从全国范围来看，我国铁矿石产量以区域消费为主，铁矿石跨区域贸易量较小，各省市的自产铁矿石基本上也由本区域消费，同时受区域铁矿石价格差异及需求影响，有小部分矿石运往附近省份。铁矿资源丰富的东北地区由于铁矿石产量大，除满足本区域钢厂对铁矿石的需求外，小部分矿石外运至华北地区。华北地区的河北省的铁矿石产量居全国之首，但由于河北省钢铁产量大，本地区的自产铁矿石仍然难以满足需求，需从东北地区、华北地区采购；内蒙古铁矿石产量较大，在满足当地需求外，仍有大量铁矿石流向华北地区的河北、山西等省。华东地区铁矿石产量较小，但钢铁企业生产规模大，铁矿石需求也大，除进口铁矿外，仍需从邻近省市采购。其余西北、西南、华中地区的铁矿石也以区域消费为主，跨区域流向量不大。

2. 进口

（1）进口量及进口价格

从历史上看，我国进口铁矿石贸易历史可大体分为两个阶段，分别为2002年以前的平稳低价阶段和2002年以后的价格快速增长阶段。中国进口铁矿石贸易价格及数量走势如图7、图8所示。

可以看出，随着中国这一主要铁矿石进口国需求的旺盛，全球铁矿石价格不断上扬。1990~2002年期间，中国进口的铁矿石量不到1亿吨，而这段时间铁矿石的价格也主要在30美元/吨上下波动；而2002年之后，中国进口铁矿石量呈直线上升，在2012年达到了历史新高7.44亿吨，铁矿石年平均价格在2011年达到了最高的163.8美元/吨。铁矿石进口量和进

图 7　中国进口铁矿石价格走势

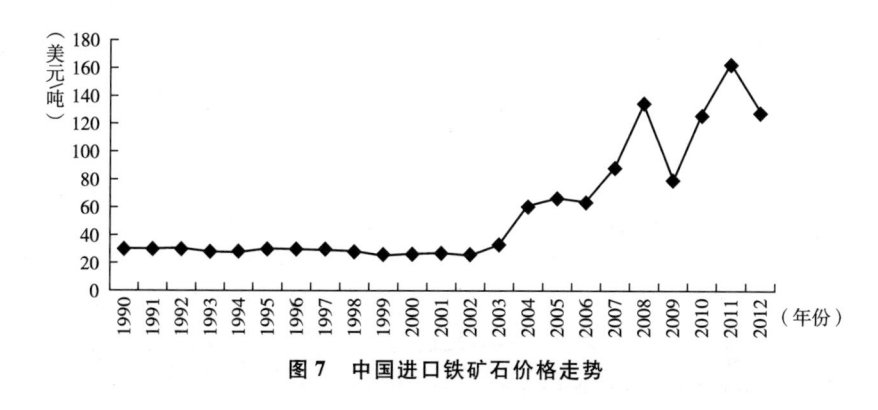

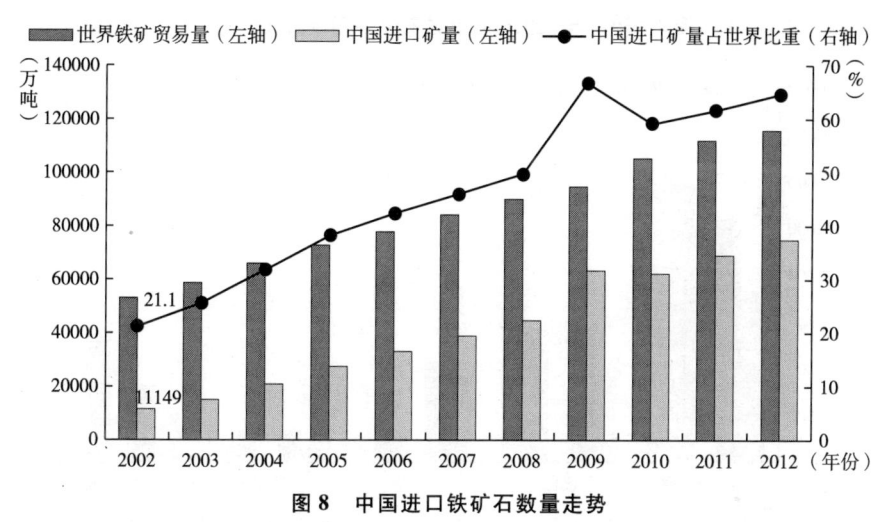

图 8　中国进口铁矿石数量走势

口价格较 2002 年之前均大幅上涨。

（2）铁矿石进口来源分析

2012 年我国进口铁矿石来源国达到 70 个，其中进口量超过 3000 万吨的国家有 4 个（占总进口量的 79.2%，下同），超过 1000 万吨但少于 3000 万吨的国家有 5 个（9.8%），超过 500 万吨但少于 1000 万吨的国家 6 个（6.1%），超过 100 万吨但少于 500 万吨的 12 个（3.9%），少于 100 万吨的国家 43 个（0.9%）。2012 年我国进口铁矿石来源国及占比如图 9 所示。

2012 年我国铁矿石进口主要来自澳大利亚、巴西、南非和印度，进口量分别为 35146.5 万吨、16422.3 万吨、4063.3 万吨和 3305.6 万吨，合计占总进口量的 79.2%，2008~2012 年我国主要铁矿石进口来源国数量及占比如图 10、图 11 所示。

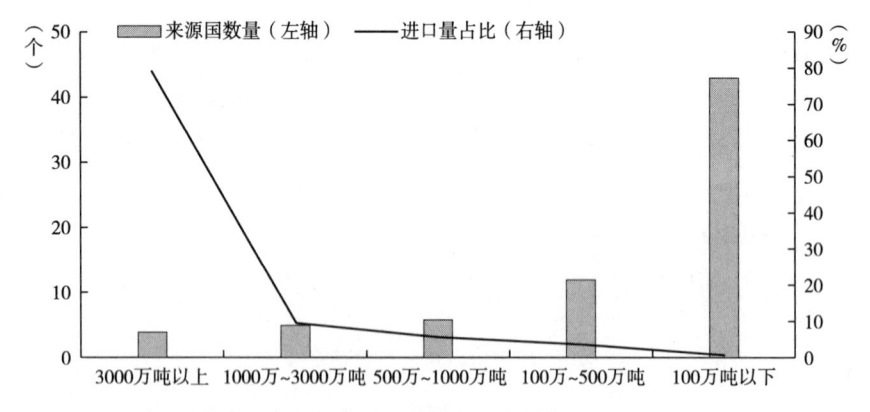

图 9　2012 年我国进口铁矿石来源国及占比分析

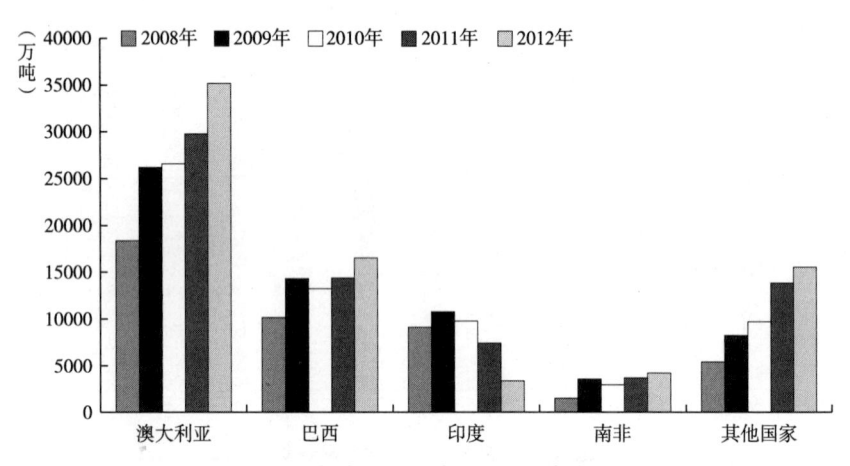

图 10　2008～2012 年我国主要铁矿石进口来源国进口量变化

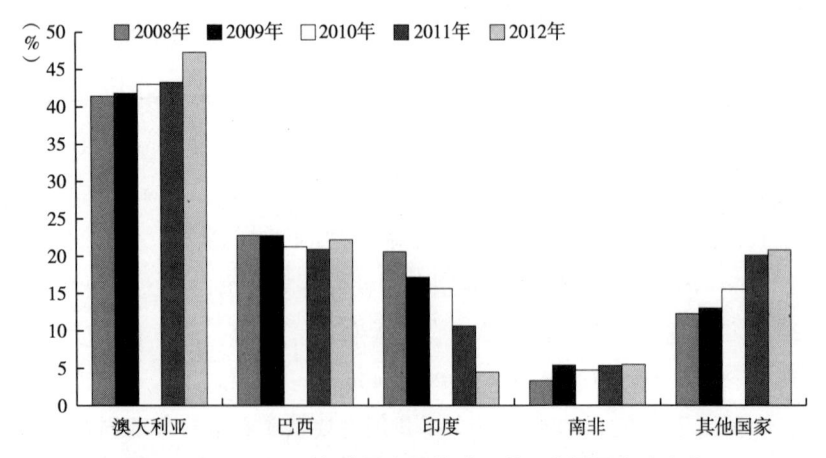

图 11　2008～2012 年我国主要铁矿石进口来源国占比变化

可以看出，近几年我国从澳大利亚及"其他国家"进口的铁矿石数量增长明显，所占比重也有所增加；从巴西和南非进口的铁矿石数量基本稳定（巴西在1.5亿吨左右，南非在3500万吨左右），所占比重也基本维持稳定（巴西占22%左右，南非占5%左右）；印度由于国内需求增长，铁矿石出口关税增加，且禁止铁矿的大量非法开采，对我国铁矿石出口量大幅下降，我国从印度进口铁矿石量从2009年的10734.4万吨下降到2012年的3305.6万吨，下降了69.2%，同期占我国总进口量的比重也从2009年的17.1%下降到了2012年的4.4%。

总体来看，我国铁矿石进口来源更趋多元化，但仍主要依赖于澳大利亚、巴西、南非和印度四国的格局没有发生实质性改变，且南非在2012年取代印度成为中国第三大铁矿石进口国。

（3）进口矿贸易品质

我国进口铁矿石主要以粉矿和块矿为主，铁矿石全铁品位基本处于62%~67%，矿石杂质主要以 SiO_2、Al_2O_3 和 CaO 为主，以及 S 和 P。进口粉矿、块矿的化学成分如表8、表9所示。

表8 进口粉矿化学成分

单位：%

种 类	TFe	SiO_2	Al_2O_3	P	S	CaO	MgO
里澳多西粉矿	65.7	4.12	0.84	0.03	0.007	0.05	0.06
卡拉加斯粉矿	67.5	0.7	0.74	0.036	0.008	0.01	0.02
MBR粉矿	67.7	1.38	0.75	0.05	0.015	0.076	0.06
沙米丘粉	64.81	4.18	0.47	0.043	0.069	0.026	0.01
印度白兰粉	64.5	2.75	2.48	0.05	0.01	0.02	0.1
库利安诺宾粉	63.5	2.76	0.92	0.083	0.035	0.02	0.07
纽曼粉矿	64	3.7	1.95	0.07	0.015	0.06	0.1
伊朗粉矿	62.01	1.97	0.85	0.056	0.058	0.06	0.1
杨迪粉矿	58.33	4.92	1.15	0.036	0.01	0.11	0.15
南非伊斯科粉	65	4	1.35	0.06	0.01	0.1	0.04
卡罗尔湖粉矿	66.8	3.76	0.13	0.004	0.04	0.39	0.25
哈默斯利粉	64	3.75	2.1	0.062	0.035	0.1	0.063
罗布河粉矿	56.84	5.43	2.5	0.051	0.015	0.26	0.48
果阿粉矿	62.21	4.37	0.83	0.049	0.0056	0.05	0.11

表 9 进口块矿化学成分

单位：%

种 类	TFe (%)	SiO$_2$ (% Max)	Al$_2$O$_3$ (% Max)	P (% Max)	S (% Max)
FMG-高品块矿	61.1	2.8	1.3	0.05	0.025
印度 Sesa Goa 块矿	63.5	3	3.5	0.06	0.03
印度 MMTC Doni 块矿	65	3	3	0.08	0.05
南非 Assmang 块矿	65	4.5	1.5	0.048	0.025
罗布河块矿	56.6	5.3	2.74	0.04	0.01
恰那块矿	64	3.6	2	0.06	0.05

（二）影响铁矿贸易的因素分析

1. 钢铁产业对铁矿需求

国内钢铁矿山联合企业所占比重并不高，表明自产矿比例低。在铁矿市场价格高启的时代，自产矿的生产负荷高或满负荷运行。因此，钢铁产业对于铁矿需求的增长将首先导致国内贸易量及进口矿的同步增长。铁矿需求增长的幅度和持续时间将影响国内铁矿贸易及进口矿的市场状况。当需求增长时，价格上升，贸易矿投入市场的量增加；反之，价格回落，贸易矿投入市场的量减少，部分矿山企业放慢生产节奏，甚至处于停产和半停产状态。

2. 国内铁矿生产供给

国内铁矿生产供给制约国内铁矿贸易量的增长。国内铁矿市场价格对国内铁矿生产供给有一定的调节作用。国内铁矿生产以中小矿山为主，经过多年开发，地表及浅部铁矿资源消失较多，矿山开采技术条件日益变差，当铁矿市场价格上涨时，虽然通过调整生产计划可实现增产，但生产限制环节多决定其增产幅度有限。当铁矿市场价格回落接近矿山边际成本时，中小矿山减产或停产。因此，当国内铁矿市场价格上扬、需求大幅增长时，国内铁矿贸易增长的幅度对进口矿增长的幅度会造成影响。

3. 国内、进口铁矿市场竞争力度

国内铁矿与进口铁矿的市场优势有所不同。国内矿矿山成本高，但相对于进口矿更接近用户，运至国内用户的物流费用相对较低。来自主要铁

矿生产贸易国的进口铁矿矿山成本低，但远离中国用户，运至国内用户的远洋运输、港口中转物流费用高。主要铁矿生产贸易国输出铁矿至国内的市场价格在相当程度上决定了国内生产贸易矿的市场价格，从而间接影响国内铁矿对市场的供给，事实上形成主要铁矿生产贸易商获取超额利润基础上的市场供应平衡格局。

4. 矿石品种

我国国内矿山生产的多为铁精矿，粒度细、单一烧结性能差，目前进口铁矿品种以粉矿为主，烧结透气性高，特别适合烧结配矿。国内钢铁企业采购铁矿需要兼顾一定比例的进口矿，并不能采取完全采购国内铁精矿的方案，也就是说存在配矿品种的选择，这对国内铁矿生产贸易也有一定影响。

（三）相关铁矿出口国的政策分析

1. 澳大利亚

澳大利亚是世界上最大的铁矿石出口国，占全球铁矿石海上交易量的近四成。国际金融危机以来，中国加大了对澳大利亚矿产资源的投资力度，包括中信泰富在内的大型钢铁企业都在澳大利亚投资了铁矿，目前，这些企业在澳大利亚共有19个铁矿石项目。一旦资源税开征，将增加我国企业投资澳大利亚矿业的风险，并对投资回报率产生影响。

目前，澳大利亚议会下议院已通过政府提议的矿产资源税法案，资源税仅针对铁矿和煤矿，税率为30%，比之前的提议下调了10个百分点。该议案计划在提交上议院投票通过后于2012年7月1日开始实施。业内预计，征收资源税虽然会增加大型矿山成本，但是对铁矿石价格的影响十分有限。

此次澳大利亚下议院通过的资源税法案主要针对大型矿山。根据法案，该税收不适用于年应税利润低于5000万澳元的小型企业，利润率低于11.5%的企业也免于交税，且税率由最初的40%降为30%。此外，该法案对折旧、抵扣等方面也做了详细规定。

尽管开征资源税对矿石价格难有较大影响，但是业内人士指出，中国在澳大利亚已投资或即将投资的矿山将受到资源税制约。一旦方案出现调整，导致开采成本上升，中国在澳投资矿山企业的经营风险也将增大。

2. 巴西

巴西是全球第二大铁矿石出口国，巴西矿产资源归国家所有，即联邦政府所有，因此进行矿业活动必须经过政府的授权批准。巴西实行土地所有权与矿产资源所有权分离的原则。

巴西的税收建立在法制基础上。首先，对于一些带有根本性的税收制度，如税种的设置及其分属哪一级政府征管等，由联邦宪法作了具体规定，州和市仅对所管辖的税种享有部分的立法权。其次，税制调整的决定权在联邦国会，所有税收法令必须经过国会通过才能生效，总统无决定权。最后，关于减免税，巴西减免税提案只有通过国会批准才能生效，不管是直接税还是间接税的减免，税法都作了明确规定，政府不能够任意地减免。

3. 印度

目前印度是我国的第四大铁矿石供应国，占我国进口矿总量的5%左右。

目前印度对于铁矿石出口限制主要是采取上调出口关税的措施。2007年印度首次对铁矿石出口征税，2009~2011年印度先后4次上调铁矿石出口关税，粉矿税率提高至30%，块矿税率由5%提高至30%。

除上调关税外，印度还采取其他措施限制铁矿石出口。例如，2010年4月，印度铁道部调高铁矿石出口铁路运费，受限制政策的出台及本国需求不断增加的影响，印度出口至中国的铁矿石数量呈下降趋势。我国众多中小企业主要以采购印度现货矿为主，印度不断上调关税对我国中小企业造成较大冲击。预计未来3~5年，我国从印度进口铁矿石数量仍将呈下降态势。

印度矿出口税上调有可能使印度矿在国际铁矿石市场上的竞争力减弱，为澳矿和巴西矿让出市场空间。

4. 南非

南非是矿产极为丰富的国家，黄金、铂金、锰、铬、钻石、铀、煤和铁矿石的产量都很大，矿业是南非的重要经济部门。国家对矿业的税收政策主要为：所得税，非金矿产税率49.44%；预扣税，股票15%；资源费，矿产品售价的1%~4%，目前，铁矿山可以不缴；增值税，14%，出口为零；进口费，中间商品5%~7.5%，资本商品5%；地区服务收费按业务过程买卖或租赁款项收 0.11%~0.13%；工资税工资额的 0.9%，雇主雇员并付。

5. 加拿大

加拿大幅员辽阔，矿产资源十分丰富。就矿产品种而言，加拿大居世界第一，共有60多种矿物。加拿大采矿业也十分发达，位居世界前列，碳酸钾和铀的产量均居世界第一，钴产量居世界第二，镍、铜、锌、铝、石棉、钻石、镉、钛精矿、盐、铂族金属、钼、石膏等金属和矿物的产量均居世界前五位。矿业是加拿大国民经济的支柱产业之一，加拿大在矿产勘探开发、生产和出口方面均居世界领先地位。

加拿大铁矿石产区主要集中在魁北克北部和拉布拉多之间的"拉布拉多槽"一带。在加拿大矿业权可以进行转让，基本要求是矿业权转让需按法规规定，以书面形式由当事人执行。矿业立法特别强调书面形式，否则没有强制力。勘区证的转让则不要求法规同意，一些管理当局，包括安大略省则要求签发采矿租约的权威部门的书面认可。在加拿大，首先获取矿权的往往是个人或小型矿业公司。小型公司由于资金有限，往往只做一些初步的勘探工作，一旦发现矿体，便将矿权转让给大型矿业公司。现在，大型矿业公司越来越依赖于从小型矿业公司收购矿权。政府对矿权转让不予干预，矿权转让所得一部分是现金，一部分从利润中分成取得（最高可达50%）。

综合来看，多数铁矿主要生产贸易国的矿业、税收政策保持稳定，一些国家如澳大利亚的矿业、税收政策调整尚不至于影响其国家矿业的总体发展，但能够影响到输出铁矿的成本和矿业效益。

（四）铁矿贸易形势展望

1. 国内

当前，中国经济已进入重工业加速发展的工业化中期阶段，又适逢经济全球化和新的国际分工导致国外制造业加快向中国转移，固定资产投资和汽车、房地产、装备制造业等主导产业较快增长，使得中国全社会对钢铁产品的需求将在相当长的时间内保持在相对较高的水平上。因此，今后较长一段时期内，中国钢铁业还有较大的发展空间，从而使铁矿石贸易也将在一段时间内持续发展。

目前国内铁矿对外依存度高，矿石缺口还是主要问题，国内矿贸易还不会因铁精矿单一主导品种的状况而受到限制。另外，国内钢铁企业也在一定程度上积极介入国内铁矿开发和并购矿山。初步估计国内铁精矿贸易量还会增长，但占生产量70%的比例会逐步有所下降。

2. 进口

钢铁工业确定了充分利用国外铁矿资源的基本策略，未来5~10年乃至更长的时期内进口铁矿数量将继续维持在高位，进口铁矿贸易会长期存在。全球相关地区铁矿开发在一定程度上会拓宽贸易渠道和增加供给，我国在境外铁矿合作开发项目建设步伐也在加快，我国进口铁矿多元化贸易局面将有所改善，但大幅度改变仍存在不确定性，权益矿的比例也难以在短期内得到快速提升，需要国内企业坚定地贯彻"走出去"战略，付出更多的努力，才能改变进口贸易格局中中方处于受制于人的被动局面。

五　铁矿石定价机制演变及影响

（一）铁矿石定价机制演变

1. 长协谈判的形成和发展

（1）长协定价机制的产生

20世纪60年代日本的钢铁工业在获得大规模发展之前，大多数铁矿石矿山由钢厂直接投资兴办或者仅在北美和西欧市场上出售产品。1965年以后，铁矿石的国际贸易开始获得较快发展，由于主要采取海运发货方式，铁矿石国际贸易主要是指海运贸易，与最初的国内市场或者周边地区市场价格并没有太大的关系。随着日本钢铁工业的蓬勃发展和贸易全球化，铁矿石国际贸易也日渐成熟，到80年代初逐渐形成了其特定的交易惯例和价格机制，即年度定价长协机制。

铁矿石长协定价机制决定年度铁矿石价格的谈判开始于1980年（1981财年），此后谈判机制逐步稳定并延续了近30年。其框架是：铁矿石供需双方长期协议"定量不定价"，价格一年一谈，确定"首发价"后，其他矿山公司和钢厂进行确认跟随。在长协合同中确定供货的数量或采购的数量，期限一般达到5~10年，甚至20~30年。根据惯例每年第四季度开始，由世界主流铁矿石供应商与其主要客户进行谈判，决定下一财政年度铁矿石价格，价格一经确定，双方则依照谈定的价格在一年内执行。铁矿石需求方中的任意一方与铁矿石供应方中的任意一方价格达成一致后则谈判结束，国际铁矿石供需双方均接受此价格为新财年的价格。这一谈判模式即"首发—跟风"模式；且计价基准为离岸价，同一品质的铁矿石各地涨幅一致，同一类型各品质铁矿石涨幅一致，即"离岸价、同涨幅"。

传统的铁矿石年度长协谈判主要在全球三大铁矿石生产商和全球各大钢铁企业之间举行。在中国采购崛起之前，世界铁矿石长协谈判是三大矿山和日、韩、美、欧的几家大钢厂之间势均力敌的垄断博弈，这些钢厂和矿山之间还彼此交叉持股。根据传统的谈判习惯，国际铁矿石市场分为亚洲市场和欧洲市场。其中，亚洲以日本的新日铁和韩国的浦项为代表，欧洲以德国阿赛洛为代表与世界铁矿石主要供应商澳大利亚必和必拓、力拓以及巴西淡水河谷公司，分别确定亚洲市场和欧洲市场的铁矿石产品价格。作为全球最大的铁矿石进口国，2003年底（2004财年度谈判）宝钢作为中国钢企的代表加入到了铁矿石谈判的队伍中，而宝钢的加入以及中国对铁矿石的巨大需求量逐渐成为改变铁矿石长协谈判格局的因素之一。

2008年由于海运费的大幅上涨，以及现货价远高于长协价等因素，各大巨头纷纷表示出对现行定价机制的不满，积极谋求对自身有利的定价方式。最终"首发—跟风"和"同涨幅"的规则被打破，在淡水河谷谈定首发价后，力拓单独争取到了更大的涨幅；原有的铁矿石谈判机制面临再一次变革。2009年度的谈判是空前的"马拉松"，在日、韩钢厂与三大矿确认了"首发价"后，中国方面没有执行"跟风"的规则，不承认日、韩接受的33%的跌幅，并与三大矿山之外的FMG达成了价格略低的协议。但实际上，中国协议钢企大多按照日、韩协议价购买长协矿，但长协的执行比例大幅下降，有一部分资源不得不以现货价购买，铁矿石长协谈判就此破裂。

（2）铁矿石传统长协定价机制转向更为灵活的定价机制

在2010年3月，全球第一大铁矿石生产商淡水河谷率先宣布改变原有的销售政策，执行更为灵活的铁矿石定价模式——原有年度基准定价机制改变为季度定价。

2010年4月三大矿山公司在打破了一年一度的铁矿石谈判模式之后，

将之改成季度定价模式的同时也发展出了指数定价。所谓指数定价,就是钢厂和矿山约定以前3个月指数平均价格,确定下一季度长期合同铁矿石价格,指数由第三方咨询机构公布。从2010年起,三大矿山开始通过指数定价的方式,对每个季度或每个月的铁矿石价格进行调整,所使用的指数主要参考现货市场的价格走势。目前国际上已有不少机构率先推出了铁矿石价格指数,并且得到了实际运用,如TSI指数、普氏指数、金属导报MBIO指数等。尤其是普氏指数,被矿业巨头纷纷引用,成为主流定价标准。不久前普氏指数收购了在铁矿石套期保值业务上领先于其他同类服务商的TSI指数,进一步加强了其垄断地位。这在一定程度上也反映出铁矿石定价服务市场的激烈竞争局面。

表10 铁矿石价格与定价机制变迁

时　间	事　件
1950年以前	现货交易为主
20世纪60年代早期	供给短期合同出现
20世纪60年代以后	长期合同为主
1975年	铁矿石输出组织成立,改签长期合同为短期合同
1980年	年度合同谈判机制形成
2003年底（2004财年）	宝钢代表中国企业加入年度长协谈判
2008年	"首发—跟风"模式被打破——力拓单独定价
2009年	"首发—跟风"模式再度打破——中国没有接受33%的跌幅
2010年	三大矿山改为季度定价,指数定价模式随之产生
2011年	月度定价渐成趋势
2012年	指数定价渐成趋势

2. 指数定价的形成

（1）目前主要价格指数介绍

①普氏铁矿石指数

2008年4月,荷兰普氏能源资讯推出了普氏铁矿石指数,并开始在全球范围内推广,而在此之前铁矿石指数并未引起市场关注。普氏采集的价格为中国主要港口的铁矿石CFR现货价格,并将这些价格经过相关处理标准化为至中国青岛港口固定品位的参考价格。

Platts IOdex铁矿粉指数是按美元计价,以成本加海运费（CFR）运往中国青岛等主要港口的品位62%并含有标准杂质每干公吨（dmt）的铁矿粉现货价格。Platts IOdex 铁矿粉指数以62%品位的铁矿粉为指标，其他品位的铁矿粉价格将被转为62%品位相等价格，主要规定为：最低发货量3.5万干公吨；合同发货期在4~8周内；FOB价格、海运费和其他价格将被转为CFR价格。普氏还根据至五个基本原产地流动性最强的路线发布了每日货运净价。

②TSI指数

环球钢讯（SBB）在2008年5月推出了铁矿石价格指数，主要发布两种铁矿石现货参考价格，分别为含铁62%和58%的铁精粉中国港口CFR进口价。SBB通过相关产品公司采集铁矿石现货的实际成交价格，并将这些交易价格按一定要求换算成参考价格制定的产品规范标准，并剔除不符合规范的信息，最后对这些标准化数据加权平均得到最终的参考价格。

③金属导报（Metal Bulletin）MBIO指数

MBIO指数的制作采集了钢厂、铁矿石供应商和贸易企业三方面的价格和成交数据，排除异常数据，对不同产地、不同品位、不同港口的成交数据经过相关标准化处理而成。该指数是以中国青岛港口的62%品位的铁精粉价格为基准，58%~66%品位的铁矿石价格都将会被换算为62%品位的价格，再按照交易量加权平均，最后得出该铁矿石指数。

④中钢协铁矿石价格指数（CIOPI）

2011年10月10日，中钢协正式发布中国铁矿石价格指数（CIOPI）。中国铁矿石价格指数由国产铁矿石价格指数和进口铁矿石价格指数两个分项指数组成，均以1994年4月价格为基数（中国的钢材价格指数和CRU价格指数都是以此时间为基点）。该指数按周发布，同时在每月底将对上月的中国铁矿石价格指数变化趋势进行分析并发布。其中，进口铁矿石价格指数，以进口量最大的粉矿为基础并折算为含铁品位62.0%的干基粉矿价格来计算，样本采集则以中钢协会员企业和中国五矿化工进出口商会会员企业报送的进口铁矿石数量和到岸价格为依据，样本采集覆盖范围可达进口量95%以上。未来中钢协可能将加大指数的发布频率，如每周两次，以解决时效性较差的问题。

(2) 现货交易平台模式的发展

①新加坡 Globle Ore

2012 年，必和必拓（BHP Billiton）在新加坡推出铁矿石现货交易电子平台——环球铁矿石（Globle Ore）。

Globle Ore 是必和必拓复制了其在煤炭电子交易平台——环球煤炭的交易模式而推出的。Globle Ore 计划在新加坡注册，受新加坡法律监管。

②北矿所交易平台

2012 年 1 月 16 日，由中国钢铁工业协会、中国五矿化工进出口商会、北矿所共同发起设立的中国铁矿石现货交易平台正式启动。3 月 20 日，澳大利亚 FMG 加入；3 月 30 日，力拓加入；4 月 17 日，巴西淡水河谷加入。随着必和必拓的签约，国际四大铁矿石供应商已经全部加入这一由中方发起成立的铁矿石现货交易平台。必和必拓、力拓、淡水河谷、FMG 等矿山企业，宝钢、鞍钢、首钢、武钢等钢铁企业，中钢、五矿等贸易企业已经加入该平台，前期完成了规则制定审核、软件开发调试、会员签订等工作，3 月 29 日近百家境内外企业参与平台测试，5 月 8 日正式上线运行。目前，该平台已有国内外会员 152 家，其中国内会员 120 家，国外会员有 32 家。

2012 年 5 月 8 日至 2013 年 3 月 29 日，中国铁矿石现货交易平台总申报 1496 笔，总申报数量 1.27 亿吨。其中，买盘申报 352 笔，买盘申报数量 4218.38 万吨，卖盘申报 1144 笔，卖盘申报数量 8510.73 万吨；总成交 108 笔，总成交数量 1144.33 万吨，美元成交额 12.84 亿美元，人民币成交额 16.52 亿元。

3. 期货、掉期等金融衍生产品的发展状况和趋势

(1) 铁矿石期货交易

2009 年新加坡交易所率先推出了铁矿石掉期交易，以填补市场空白，但铁矿石一直是世界上没有相关期货市场的最大单一商品。2011 年 8 月 12 日，新加坡商品交易所推出了铁矿石期货，这是继 2011 年 1 月 29 日印度商品交易所（ICEX）和大宗商品交易所（MCX）推出首个铁矿石期货后，全球第二个推出铁矿石期货的交易所。铁矿石期货以及掉期交易的推出与成熟，为全球的铁矿石供应商、贸易商以及终端用户寻求规避风险的途径。

①印度铁矿石期货

全球首个铁矿石期货交易品种是由印度商品交易所（ICEX）和印度多种商品交易所（MCX）联合推出的，是以矿石指数 TSI 为结算价格的矿石期货（IOF）。印度推出的铁矿石期货将每月交割，以标准品位 62% 的铁矿石为交割对象，以 100 干吨铁矿石为交易单位，初始保证金比例 8%。ICEX 使用的结算价格为 TSI 指数，该指数跟踪的是折算为品位 62% 的天津港铁矿石到岸价格。但由于印度铁矿石期货合约以卢比计价，且仅限国内贸易商进行交易，存在一定局限性。

②新加坡铁矿石期货

新加坡商品交易所期货合约以中国青岛港 62% 品位铁矿石（CFR）作为交易标的，合约大小为 100 吨，采用现金交割方式进行交割。新交所推出的铁矿石期货合约将以美元计价，面向全球的投资者开放。新交所铁矿石期货合约将依据 Metal Bulletin 提供的铁矿石指数进行结算，该指数是参考铁品位 62% 粉矿到青岛的到岸价格。该合约将以现金结算，以 100 吨为一手。基于较小交易单位的设计，能够使铁矿石供应及价值链上各种规模的贸易商都能够参与到期货交易中，有效降低合约方的风险。此外，还能够更好地与广泛交易的铁矿石掉期合约竞争，掉期合约是以 500 吨为交易单位。新交所的目标是吸引中国、印度、新加坡、日本和韩国的贸易商参与到铁矿石期货交易中。

③中国铁矿石期货

2013 年 10 月 18 日，中国大连商品交易所推出铁矿石期货，中国版铁矿石期货正式登上历史舞台。

（2）铁矿石掉期

掉期交易是指在买进或卖出某种货币或商品的同时，卖出或买进同种货币或者商品，掉期交易没有专门的市场，是交易双方私下进行的，一般都是非标准化合约，不能像期货合约和期权合约那样上市交易。互换与掉期本身都起源于外汇市场，现在已逐步扩展至商品市场。从本质上来讲，掉期交易更类似于套期保值，只是不同期限、相同金额的两笔相反的交易，本身并不属于衍生产品。掉期交易是买与卖有意识地同时进行；买与卖的货币、商品种类相同，金额相等；买卖交割期限不相同。

2008 年 5 月，瑞士信贷和德意志银行在三大铁矿石指数推出之后共同开发了铁矿石 OTC 交易市场（场外交易市场，又称柜台交易市场，没有规定的成员资格，没有严格可控的规则制度，没有规定的交易产品和限制，主要是交易对手通过私下协商进行的一对一的交易），推出了第一份现金结算的铁矿石掉期交易合约。起初的这份铁矿石掉期交易是以铁矿石普氏指数为交易标的，以一年掉期合同为准，每月结算，合同的基准是澳大利亚—中国的 CFR 和印度—中国的 CFR，也就是基于海运指数和铁矿石价格变化而设计的产品。掉期合约的场外交易特性使其类似于一对一的对赌协议，由于铁矿石掉期合约推出之初金融资本依然是主要力量，德意志银行在产品中既扮演中介商的角色，又扮演交易对手的角色。

（二）进口铁矿石定价机制对钢铁行业的影响分析

1. 各种定价模式的简单分析

表 11　铁矿石定价机制的对比

定价方式	优势	劣势	对钢企影响	对矿企影响
传统年度定价	价格基准稳定，交易各方容易锁定成本	谈判周期过长，对市场供需变化难以及时反应，协议价与现货价严重背离	基本上能够锁定全年的原料成本，降低钢企的经营风险	锁定全年的经营收益，但难以享受现货价上涨的收益
季度定价	能够及时反映现货市场的价格波动	谈判频繁，供需难以达成一致	钢企成本波动，增加经营风险	能够享受部分现货价上涨的红利
指数定价	无谈判成本，及时反映现货市场变化	价格波动频率和振幅加大，容易被卖方和第三方机构操纵	原料成本难以控制	享受收益的同时，也承受一定的价格风险
现货+协议混合定价	较为合理反映现货市场波动	协议价难以确定，容易被操纵	锁定部分成本	享受部分现货涨价的红利

2. 如何完善现有定价机制的研究

商品市场定价机制的演进取决于相关实体经济的市场化程度。以原油为例，其供给垄断程度较铁矿石更低，且需求的广度、深度和持久性较铁矿石更高，原油定价经过了"殖民定价体系""OPEC 官方定价""以供需为基础的多元定价""期货定价"等几个主要阶段，历经50多年。我们应该从维护国家利益、有利于钢铁行业发展的角度，仔细研究铁矿石长期合作机制与现货化定价的路径选择。

从历史上看，某一国家的铁矿石消费存在显著的阶段性特征，即工业化和城市化初期开始增长，中期维持高位，末期逐年下降并逐步被废钢替代。日本在20世纪六七十年代通过海外购买权益矿并构建长协定价机制，保障了铁矿石的稳定供应。事实证明，日本没有选择铁矿石现货化定价是符合其国家利益和钢铁行业强周期特征的。

从现实条件看，铁矿石现货市场主要在中国，产生现货市场的主要原因是市场集中度低、买家众多且分散。三大矿山在海运铁矿石市场上处于自然垄断状态，成本低、产量大且市场占有率高，具有绝对的定价权。短期来看，铁矿石现货化定价既无法扭转资源保障劣势，又增加了钢铁生产企业成本控制的难度；长期来看，没有一定的资源保障作基础，无论采用什么定价模式，铁矿石采购成本都无法得到有效控制。

2010年淡水河谷、力拓和必和必拓三大矿山均放弃有40多年历史的长期定价机制，进入一个全新的指数定价时代。这可能是铁矿石价格走向"现货+期货市场"模式的一个过渡。相对于年度谈判和"现货+期货市场"的定价模式，拟与现货市场挂钩的季度短期定价合约本身从表述上就为"现货+期货市场"的定价模式留有余地。因此，若一旦拟与现货市场挂钩的短期合约最终确认，国际铁矿石市场最终的演变结果很可能是"现货+期货市场"的交易模式。理论上讲，"现货+期货市场"的交易模式归还了市场的自主权，也有助于降低国际铁矿石交易成本和各种类型的交易障碍。

走出年度长协机制，逐渐由季度定价逐渐过渡到"现货+期货市场"的定价模式，对供需双方都将有利。一方面，相对于年度协议定价，季度定价和"现货+期货市场"定价模式增加了铁矿石市场的灵活性，使得价格更能反映市场变动状况，调节市场供需，促进优胜劣汰，而非如长协机制单纯依赖价格博弈；另一方面，季度定价和"现货+期货市场"的定价模式使铁矿石供需双方能够根据市场价格信号做出投资决策，缓解铁矿投资不足对铁矿石价格的干扰。

六 中国铁矿产品供求平衡分析及预测

（一）铁矿供求平衡状况分析

2012年中国生产生铁65790.5万吨，消费铁矿石成品矿为10.5亿吨，其中，进口矿使用比例近70%。2008~2012年我国矿铁平衡如图12所示。

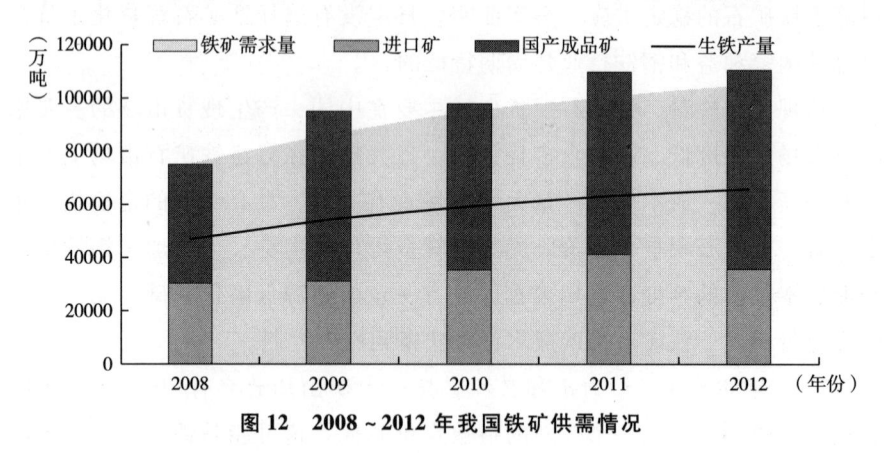

图12 2008~2012年我国铁矿供需情况

（二）废钢资源利用分析及预测

1. 废钢资源利用状况

2012年，我国废钢资源消耗总量约8500万吨，同比减少近1000万吨，降低12.7%。其中，社会废钢4423万吨，占比52.0%；生产系统内部废钢3580万吨，占比42.1%；进口废钢497万吨，占比5.85%。2000年以来，我国废钢资源情况如表12所示。

表12 2000~2012年我国废钢资源情况

单位：万吨

| 年份 | 粗钢产量 | 铁钢比 | 铁矿石消费量 | 废钢总量 | 来源 ||| 利用外部废钢相当于替代铁矿石 |
| | | | | | 生产系统内部废钢（循环利用） | 外部废钢 |||
						社会废钢	进口废钢	
2000	12850	1.03	19221	3597	1299	1788	510	3676.8
2001	15103	0.97	21266	4210	1334	1897	979	4601.6

续表

年份	粗钢产量	铁钢比	铁矿石消费量	废钢总量	来源			利用外部废钢相当于替代铁矿石
					生产系统内部废钢（循环利用）	外部废钢		
						社会废钢	进口废钢	
2002	18225	0.94	24956	4413	1344	2284	785	4910.4
2003	22234	0.96	29516	5691	1530	3216	945	6657.6
2004	27279	0.92	36692	6023	1700	3300	1023	6916.8
2005	35579	0.97	50301	6909	2220	3675	1014	7502.4
2006	42102	0.96	60384	7088	2750	3800	538	6940.8
2007	49490	0.96	68465	7349	2700	4310	339	7438.4
2008	50049	0.94	68467	7419	2860	4200	359	7294.4
2009	56784	0.96	83059	8989	3040	4580	1369	9518.4
2010	62665	0.94	90005	8895	3210	5100	585	9096
2011	68327	0.93	96027	9577	3500	5400	677	9723.2
2012	71654	0.92	105000	8500	3580	4423	497	7872

2000年全国社会废钢及进口废钢折算替代铁矿石约3700万吨，相当于当年钢铁生产铁矿石节约16%。2012年全国社会废钢及进口废钢折算替代铁矿石约7900万吨，相当于当年钢铁生产铁矿石节约7%。

2. 废钢资源利用预测

伴随着粗钢产量的不断增长，我国废钢资源的供应步伐并没有相应地跟上，废钢资源一直处于供应紧张状态。而从铁钢比来看，其下降趋势也比较明显。未来，铁水及其代表的高炉—转炉流程产量比例下降的趋势也是比较明显的。但从我国国情来看，虽然2020年前废钢资源供应紧张的局面将会得到一定程度的缓解，但从总体来判断，我国粗钢生产中高炉—转炉流程占主体地位在相当长的时期内不会发生根本改变，废钢利用难以取代铁矿石在钢铁工业炉料结构中的绝对主导地位。

3. 铁矿对外依存度分析预测

以下通过分析我国生铁产量、铁矿消费量、铁矿进口量等变化情况，得出我国近年铁矿石对外依存度。

表 13　2000～2012 年我国铁矿石对外依存度测算

单位：万吨，%

年 份	生铁产量	铁矿消费量	铁矿进口量	铁矿消费比例构成 国产矿	铁矿消费比例构成 进口矿
2000	13101	19221	6997	63	36
2001	14541	21266	9230	57	43
2002	17074	24956	11149	55	45
2003	20231	29516	14813	50	50
2004	25185	36692	20809	43	57
2005	34473	50301	27526	45	55
2006	41364	60384	32630	46	54
2007	46945	68465	38306	44	56
2008	47067	68467	44382	40	60
2009	54375	87423	62786	29	71
2010	59022	91461	61877	33	67
2011	62969	102173	68647	35	65
2012	65791	105000	74402	38	72

根据对我国未来铁矿需求量及国内矿产量的预测，预计我国未来铁矿石对外依存度如下。

预测 2020 年国内生铁生产规模 7.6 亿吨，铁矿石消费量 12.2 亿吨，进口铁矿石 8.5 亿吨。国内钢铁工业铁矿原料对外依存度仍在 70% 左右。

上述铁矿石平衡预测表明，国内钢铁生产较长时期内的进口矿量将保持在 8.5 亿吨以上，铁矿原料对外依存度居高的形势将长期存在。

七　中国企业海外铁矿资源开发的状况及预测

（一）海外铁矿资源开发的状况

我国境外铁矿资源投资可划分为以下三个发展阶段。

第一阶段（1980～2000 年）：我国钢铁总量不大，铁矿石价格较低，资源对钢铁工业的影响并不特别突出。境外资源投资进展缓慢，仅成功开展两宗境外铁矿合资开发和收购，分别是中钢澳洲恰那铁矿和首钢秘鲁马科纳铁矿。

第二阶段（2000～2008 年）：我国钢铁产量快速扩张，资源需求量急剧增长,铁矿石价格持续高速攀升,对钢铁工业安全运营带来一定冲击。各企业逐渐重视资源保障体系建设,形成了境外铁矿合资开发和收购的热潮(见表14)。

第三阶段(2008年至今):我国钢铁产量的进一步增长,钢铁行业对原料稳定供应和市场风险关注程度日益提高,特别是国家应对经济危机一揽子政策措施的逐步落实,企业较为密集地"走出去"实施境外资源开发(见表14)。

表14 我国境外铁矿资源开发进程一览

序号	国家	国外矿山名称	中方	合资时间	成品矿(万吨/年)
1980~2000年					
1	澳大利亚	恰那铁矿	中钢	1987	1000
2	秘鲁	马科纳铁矿	首钢	1992	700
小计					1700
2000~2008年					
1	澳大利亚	帕拉布杜东坡铁矿	宝钢	2002	1000
2	巴西	Agua Limpa铁矿	宝钢	2001	600
3	澳大利亚	威拉拉	唐钢、武钢、马钢、沙钢	2004	1200
4	澳大利亚	Karara铁矿	鞍钢	2007	1000
5	澳大利亚	Sino铁矿	中信泰富 中冶集团	2006	2400
6	阿根廷	希拉格兰德铁矿	中冶集团	2007	143
小计					6343
2008年至今					
1	澳大利亚	Cape Lambert铁矿	中冶集团	2008	1105
2	澳大利亚	Midwest矿业公司	中钢集团	2008	1500
3	澳大利亚	Mount Gibson公司矿山	首钢	2008	700
4	澳大利亚	Aquila矿业公司	宝钢	2009	

续表

序 号	国 家	国外矿山名称	中 方	合资时间	成品矿（万吨/年）
2008 年至今					
5	澳大利亚	CXM 矿业公司	武钢	2009	1000
6	澳大利亚	FMG 公司	湖南华菱	2009	5500
7	澳大利亚	Bungalow Magnetite 铁矿	包钢	2008	500
8	澳大利亚	伊斯坦鑫山	重钢	2009	1000
9	巴 西	EBX 集团 MMX 公司铁矿	武钢	2010	950
10	俄罗斯	别列佐夫铁矿	西洋集团	2005	500
11	塞拉利昂	唐克里里	山钢 中铁物资	2010	1200
12	利比里亚	利比里亚邦矿	武钢 中非基金	2010	1000
13	马达加斯加	solala 铁矿	武钢广新	2008	542
14	几内亚	西芒杜铁矿	中方联合体	2010	9500
15	加拿大	Bloom lake 铁矿	武钢	2009	800
16	加拿大	世纪铁矿（阳光湖、邓肯湖、阿提卡玛根项目）	武钢	2011	6700
17	加拿大	Lac Otelnuk 项目、December Lake 项目	武钢	2011	5000
18	秘 鲁	邦沟铁矿	淄博宏达	2009	1500
19	越 南	贵沙铁矿（Quy Sa）	昆钢	2005	300
20	喀麦隆	洛比铁矿	中钢	2008	417
21	加 蓬	贝林加铁矿	CMEC	2004	3000
22	加拿大	Kami 铁矿项目	河北钢铁	2012	800
23	加拿大	Tuktu 铁矿项目	新兴际华	2012	
24	加拿大	Astray－X	新兴铸管	2012	
25	墨西哥	ZANIZA 铁矿项目	新兴汉方	2013	1000

（二）海外铁矿资源开发项目特点和存在问题

1. 资源量大，规划开发规模大，但富矿资源少，实际投产量小

目前中国企业投资国外铁矿项目资源量近千亿吨，但多以需选贫矿资源为主；规划规模超过 5 亿吨，权益矿量达到 2.7 亿吨，但截至目前已投产矿山项目仅 10 余个，实际形成权益成品矿年供应量仅 8000 万吨左右，不足进口总量的 10%，与日本、欧洲等国家的 50% 以上相比，差距巨大，我国为此也付出了沉重代价。

2. 配套基础设施比较薄弱，对矿山开发形成制约

项目大部分位于非洲、拉美等不发达地区，如西芒杜铁矿项目、邦矿项目等，或位于自然环境条件恶劣地区，如别列佐夫铁矿项目、武钢加拿大项目等，项目建设困难因素较多。另外，外部配套基础设施薄弱，矿山开发需投入大量资金建设配套铁路、港口、水、电等基础设施，或者基础设施被第三方控制，开发进度受到很大制约。

3. 项目开发前期研究工作不足

项目前期研究工作大部分存在不足，表现为勘探程度不够、地质情况不明及未作选矿试验等，不仅增加了后续资源开发风险和不确定性，还给工程进度带来了不利影响。

（三）海外铁矿资源开发的竞争力分析

1. 项目普遍投资高

近年来国际铁矿投资强度大致可分为以下档次：
①低投资水平：100 美元/吨成品矿以下；
②中等投资水平：100~200 美元/吨成品矿；
③高投资水平：200~400 美元/吨成品矿；
④超高投资水平：400 美元/吨成品矿以上。

据统计，目前我国海外项目总体平均投资水平处于国际铁矿投资中等偏上水平，约 20% 的生产规模处于国际铁矿高投资水平。

2. 生产成本高，抗风险能力弱

中国企业投资国外铁矿项目普遍存在配套基础设施投资大、运距长、建设成本高、采选成本高等因素影响，项目成本普遍偏高，与国际主要铁

矿石生产商下属铁矿项目平均 30 美元/吨的成本相比，竞争优势较弱。国际铁矿石价格一旦大幅度下跌，部分项目或将面临亏损。

（四）海外铁矿资源开发的经验与教训

第一，矿产资源开发是一项持久、艰苦而科学的工作，切忌不顾主客观条件"一哄而上"。近年来，由于铁矿石价格处于高位，铁矿企业利润丰厚，大量资金涌入铁矿业，但大多数企业忽略了铁矿资源开发存在的投资大、资金回收期长的特点。

第二，前期尽职调查工作不深入，前期基础工作深度不够，未能及时发现项目开发存在的资源、技术、投资、政治、合同等风险，导致企业蒙受损失。

第三，与项目所在国社区和工会关系处理不当，导致项目收购及开发过程中阻碍重重，难以快速完成目标，特别是近年来，资源民族主义全球高涨，若不正确处理与当地社区和工会的关系，会导致项目进展不顺，严重影响我国与友好国家的外交关系。因此，项目开发经营要属地化，并注意了解项目所在国的法律和政策，尊重当地民族习惯和宗教信仰。

第四，国内企业在海外要加强合作，而不是互相恶性竞争。

（五）海外铁矿资源开发的机遇和挑战

1. 海外铁矿资源开发的机遇

（1）我国企业掌控海外资源量大，可实现规模开发

我国海外掌控资源量近千亿吨，是实现规模开发的基础。

（2）我国政策鼓励和支持企业实施"走出去"战略

国家先后出台多项政策鼓励积极利用两种资源，在坚持国内矿产资源开发的基础上，大力实施"走出去"战略，推进境外资源保障体系建设。2005 年颁布的《钢铁产业发展政策》、《钢铁产业调整和振兴规划》（国发〔2009〕6 号）和《钢铁工业"十二五"规划》等政策文件均明确指出，鼓励有条件的大型企业到国外独资或合资办矿，加强境外资源合作开发。

（3）我国钢铁行业铁矿石对外依存度高，需长期依赖进口矿

我国钢铁产能大，国内铁矿石产量不能满足需求，需大量进口铁矿石，且此状态还将持续多年，也为我国企业实施"走出去"战略提供了市

场机遇。

2. 海外铁矿资源开发的挑战

（1）项目所在地配套基础设施薄弱，制约项目开发进程

我国企业目前在海外拥股（或独资）的矿山中，大部分位于一些经济不发达国家，如利比里亚、加蓬、几内亚、塞拉利昂、喀麦隆等。这些国家在矿山开发所需的供电、交通运输等配套基础设施方面条件很差，严重制约了矿山的开发进程。

（2）掌握矿权的企业资金实力不够，无力进一步开采

目前有些企业在国外虽有探矿权或采矿权，但是这些企业的资金实力有限，而开发这些矿山又需要大量的资金投入，因此，这些企业也没有进一步的矿山开发行动计划。

（3）企业合作伙伴开发能力或动力不强

有的企业在海外是以合资企业的方式与国外（或国内）其他企业共同开发一个矿山，但由于合作伙伴的资金实力弱或开采意愿不强（只想将该矿作为矿业储备，而不进行开采），从而影响矿山项目的开发。

（4）资源所在国的相关政策对矿山开发不利

这些政策包括环保要求、审批手续和当地劳动力的雇佣比例等。有的矿山所在国对环保的要求较高，从而影响项目的开发进程和经济效益；有的国家采矿审批手续复杂，要求严格，也制约了矿山的开发进程。此外，有的国家矿业开发劳动力问题难以解决。比如，澳大利亚对外来劳工要求很高，而本国的劳动力又相对紧张，且成本太高；非洲一些国家矿业相关技术人才太少，而其又要求企业在用人时，本国人所占比例不应低于80%，这就造成了企业的用人困难、成本高，从而制约了矿山的开发。

（5）矿山最终产品的平均生产成本相对较高，市场竞争力不强

有的企业所掌握的境外铁矿资源，由于其最终矿产品的成本（FOB）偏高，抵抗铁矿石市场价格风险的能力较弱，企业不敢贸然投资大量资金对该矿进行开发建设。

（6）铁矿石价格下跌预期是企业海外铁矿开发的主要挑战

目前铁矿石价格只有110美元/吨，较年初的160美元/吨下降了31%，且在目前下游钢铁需求不旺和全球铁矿石供大于求的态势下，铁矿石价格仍有下降空间。而我国海外掌控资源大多为需选贫矿，成本相对较

高,一旦铁矿石价格跌破成本线,投产之日即亏损之日。因此,铁矿石价格下跌预期是企业海外铁矿开发的主要挑战。

(六) 海外铁矿资源开发进程预测

根据我国企业掌控海外资源情况及开发进程预测,到"十二五"末,我国海外权益矿量可达到1.1亿吨,到"十三五"末,我国海外权益矿量有望达到2.5亿吨。

八 中国铁矿资源保障存在的主要问题

(一) 国内铁矿石产量远不能满足需求

2012年我国铁矿原矿产量13.1亿吨,已连续多年位居世界第一,但我国铁矿石以贫铁矿为主,估算成品矿仅3.58亿吨,而2012年我国粗钢产量为7.17亿吨、生铁产量6.57亿吨,消费成品铁矿石为10.5亿吨。2012年我国成品铁矿产量约占铁矿石总消费量的1/3,国产铁矿远不能满足国内钢铁行业的需求,需大量进口铁矿石。

(二) 铁矿对外依存度长期居高,受国际铁矿石贸易垄断影响大

自2003年起,我国超过日本成为世界第一大铁矿石进口国,且2012年我国铁矿石进口量高达7.44亿吨,是2003年进口量(1.48亿吨)的5倍,对外依存度约70%,已严重影响到我国钢铁行业的安全稳定运行。

同时,我国铁矿石进口来源国集中,主要来自澳大利亚、巴西、南非和印度,2012年从上述四国进口量分别为35146.5万吨、16422.3万吨、4063.3万吨和3305.6万吨,合计占总进口量的79.2%。

目前世界铁矿供应市场集中度高,三大矿业公司铁矿石贸易量占全球贸易量的60%以上,呈高度垄断之势,并一手导演了铁矿石定价机制的演变,撕破了执行多年的年度长协定价机制,强推基于指数价格的季度定价、月度定价,进而推出铁矿期货,使得铁矿石这一大宗商品的金融属性逐步呈现,而定价所依赖的普氏指数存在样本数据不透明、代表性不强、

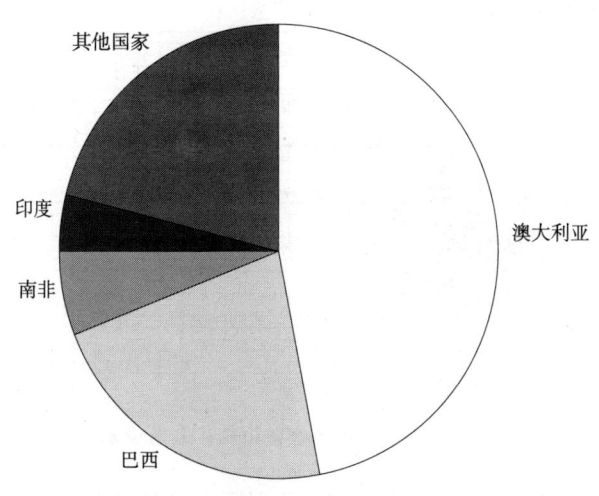

图13 我国铁矿石进口来源国占比

易被人为操控等问题，作为最大用户的中国钢企被迫接受，损失惨重。

（三）国内资源开发缺乏比较优势

2012年我国原矿产量已达13亿吨，根据矿山"先富后贫"的客观规律，浅部品位较高、易采易选铁矿资源逐步枯竭，相当部分矿山陆续转入地下开采，难选矿、低品位贫铁矿利用增加，损失贫化率上升，原矿平均品位不断下降。特别是近几年铁矿石需求旺盛，价格上涨，促使国内低贫矿资源大量投入开发利用，采选综合边际成本大幅上升。2012年我国重点冶金矿山平均精矿制造成本达到453.47元/吨（见图14），约相当于72美元/吨，而我国冶金矿山以中小矿为主，特别是近年来超贫磁铁矿的开发，导致精矿边际成本大幅上升，与国际主要铁矿石生产商相比没有比较优势，在未来铁矿石价格趋跌形势下，铁矿石产能将受价格抑制明显。

目前矿产资源开发税费并存，名目繁多，且计算复杂。据统计，目前各种税费占到国产矿生产成本的25%左右，给矿山企业生产运营带来了巨大的压力，不利于企业的持续发展。

（四）权益矿比重低，挑战国际铁矿贸易垄断格局能力不强

目前，我国海外投资铁矿山中已投产的产量仅8000万吨左右，占我国

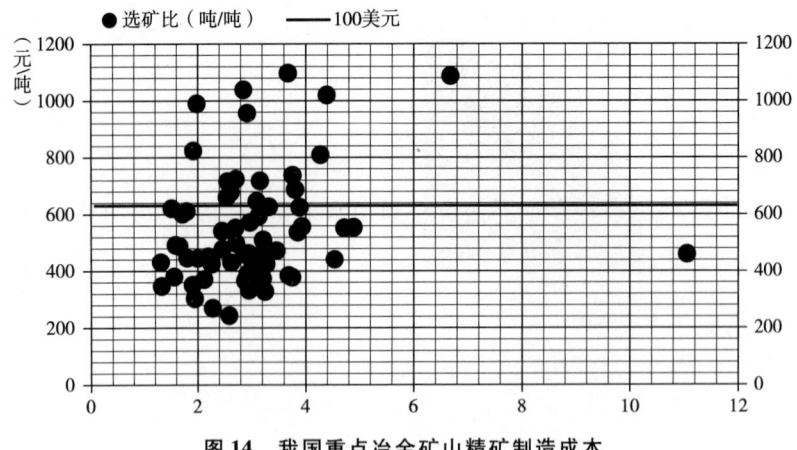

图 14 我国重点冶金矿山精矿制造成本

年度进口铁矿总量的比例不到10%，而国际上其他铁矿石进口大国，如日本在海外的权益铁矿比例高达60%。

九 中国铁矿资源保障应对策略

（一）国家层面

1. 国内铁矿供应方面

我国铁矿原矿生产规模居世界第一，成品矿生产规模3.5亿吨，是钢铁工业持续稳定运行的重要保障。国产矿的基础地位在任何时期都动摇不得，需大力巩固与加强。

（1）制定配套政策，支持国内铁矿资源开发

①加大铁矿资源税费政策支持力度和税费改革。国内铁矿石开发需要国家从财政政策方面予以积极扶持：暂不上调资源税；减免铁矿生产环节增值税；燃油税实行先征后返；对于采用充填方法采矿最大限度地解决环境破坏问题的给予税收优惠；对资源勘查阶段的矿山企业，给予宽松的矿权获取政策，国有矿山以转注资本金形式获取矿权。

②加大对冶金矿山企业维简费的提取额度，以弥补一些老矿山技改资金的不足，结余允许用作周边的风险探矿。对铁矿资源高效开发和利用先进工艺技术、生态环境保护和矿山灾害预防控制的重大技改项目，给予财政重点扶持。

③要继续完善铁矿资源保护政策,严禁大矿小开、一矿多开、乱采滥挖,严格审查新建铁矿采选项目的开发利用方案,对矿产资源相对集中、资源禀赋和开发利用条件好的地区进行重点规划和统筹安排,限定铁矿石的最小开采规模,防止重大建筑压覆重要矿床,严格审查铁矿山开采回采率、选矿回收率和共伴生矿产的综合利用水平是否达到批准的矿山设计或者矿产资源开发利用方案的要求等。对当前尚不能经济地开发利用的大中型、低品位贫矿或难选冶矿床,要采取有效措施予以保护,不得进行破坏性开采。

④制定和完善铁矿山生态环境保护政策。保证良好的生态环境是矿山可持续发展的支撑条件和根本保证。必须分析研究矿山的环境容量(环境承载能力),尽量减少废料的排放,推行清洁生产技术,保护资源并使废物减量化。

(2) 加强资源节约与综合利用,推行减量化用钢

依托科技进步和政策引导推进减量化用钢,提高钢材利用效率,是降低社会钢材消费量的努力方向,有利于控制钢铁生产总量,进而可以减轻钢铁生产对铁矿原料支撑条件的瓶颈压力,需要重点开展以下两个方面的工作。

①加大 400~600MPa 高强度钢筋、经济性断面钢材等升级产品的推广应用力度。

②国家制定鼓励使用减量化用钢的鼓励优惠政策,完善产品使用国家标准,积极推进全社会减量化用钢。

2. 进口铁矿供应方面

(1) 开展资源外交、创造良好的政治环境

发挥国家政治、外交影响的作用,从国家层面加强与资源大国良好的外交关系,确立双边的市场经济关系,完善相关的双边政策,如投资政策、税收政策等;对于欠发达而资源丰富的国家,在条件允许的情况下可考虑采取贷款换资源或投资换资源的外交策略。

(2) 鼓励企业继续实施"走出去"战略,建立稳定的铁矿石供应渠道

我国海外掌控铁矿资源已取得一定成绩,但我国掌控的资源普遍存在外部配套条件差、所在国政策限制等不利因素,使得开发和运营成本较高,特别是铁矿石价格的大幅波动,使得我国企业进退两难,海外铁矿项

目进展缓慢，且国际矿业公司为保持垄断地位，大肆唱空未来铁矿石价格，以达到阻止新兴铁矿项目投资开发的目的。而在目前铁矿供应市场高度垄断的格局下，必须坚定不移地实施"走出去"战略，对已掌控资源要加大国家支持，使之尽快投产，形成产能，改变我国铁矿石供应结构。

①以产业链模式支持我国钢企"走出去"。

化解国内钢铁产能过剩，向海外转移是重要途径之一。在钢企"走出去"的过程中，铁矿石的开发只是其中的一部分，炼钢除了需要铁矿石之外，还需要焦煤、石灰石等。此外，如果钢企考虑提升其综合竞争力，发展特种钢，还会对镍、铬、锰等金属有所需求。因此，应将其他相关矿产品的勘探与开发也列入"走出去"的支持范围内，统筹考虑与实施。同时，要支持以资源开发、钢铁产能布局、基础设施建设一条龙的产业链捆绑模式"走出去"，有利于加快系统开发资源和布局钢铁产能。

②统筹考虑矿山开发过程中的各项配套工程。

针对矿山开发基础设施差的国家，在矿山资源开发的同时，要统筹考虑基础设施建设。从国家层面统一协调，为矿山开发企业引入战略合作者，项目建设期间，矿山开发企业和基础设施建设企业捆绑起来一起"走出去"，建设供电、铁路和港口等基础设施；项目运营期间，矿山企业与运输企业联合经营铁矿石运输保障系统，从而既减小了矿山开发企业的投资风险，又解决了矿山开发的外部配套条件的制约，此外，其他中资企业从项目开发中也能获得利润。

③支持购买国外合作者股份。

由于我国对境外铁矿石依存度高的情况在短期内难以解决，因此，应加强对铁矿资源的掌控力，尤其是条件比较好的资源。对于资金实力较弱或开发意愿不强的合作者，可通过国家层面的外交手段，支持中国企业获得矿权，购买其所拥有的股份，扩大中国公司在合作公司中的话语权。

（3）完善和改革国有企业考核机制

国有企业是我国实施"走出去"战略的重要主体，但矿山项目存在投资大、建设周期长的特点，因此投资回收期长、见效慢，目前的国有企业考核机制不利于国有企业实施"走出去"战略。建议完善和改革现有国企考核机制，调动企业实施"走出去"战略的积极性。

（4）加强矿产资源开发利用总体调控

建立国家对外铁矿石资源开发协调机制，对境外资源开发工作进行协调，杜绝"一哄而上"和盲目跟风现象，保证国外铁矿资源开发项目的有序开展。

（二）行业（产业）层面

1. 加快钢铁产业结构调整，化解过剩产能，提高产业集中度

①推动钢铁产业兼并重组，提高产业集中度。

加快推动钢铁产业兼并重组，提高产业集中度是解决我国钢铁工业结构性矛盾的关键措施。兼并重组，从行业角度看，有利于优化生产力布局、淘汰落后产能、加速产业转型升级；从企业角度看，有利于优势企业在更大范围内有效配置资源，集中力量开展技术创新和技术改造，打造具有较强竞争力的国际化企业集团。因此，各地工业主管部门首先须摸清家底，真正掌握本地区钢铁企业的基本情况，在此基础上研究制定本区域内钢铁企业的兼并重组方案。同时，对已确定的兼并重组企业应加强管理，使兼并重组得到贯彻落实，避免整而不合，确实提高产业集中度和企业竞争能力。

②加大钢铁行业对外开放及产业转移力度。

钢铁产业向能源、资源丰富地区以及目标消费地区转移是世界钢铁产业发展趋势，也是我国钢铁行业发展的必由之路。国内转移，可进一步利用西部地区的资源和市场潜力，科学规划，合理布局，增量发展，有序推进西部地区钢铁产业的健康发展；同时发挥沿海沿河区域的水运优势，既便于铁矿石原料的输入，又便于钢铁产品的出口，对企业降低成本和提升核心竞争优势具有十分重要的作用。国外转移，则应选择铁矿资源丰富和经济发展迅速、市场需求旺盛的国家或地区作为优先选择目标，如非洲、拉美或印度等。

③调整产品结构，转变增长方式，从规模效益型向品种效益型转变，加大新产品研发，提高钢材质量，提升钢材性价比，减少钢材消耗，减少国内钢材需求。

2. 加强国内矿山企业建设，保障供给

①加大地质勘查力度，增加查明铁矿资源情况。

铁矿资源是未来矿山发展的基础条件，从总体来看，我国铁矿资源储量丰富，分布广泛，是铁矿资源大国，且仍有较大的勘查潜力，初步判断可以支撑国内矿山一定时期内的发展，但也面临着开采难度增加、品位变低等挑战，势必会影响到未来的矿山发展。

经过近60年的勘查，中国中部、东部地区铁矿资源分布格局基本明朗，西部铁矿成矿远景初步掌握，但勘查程度较低，勘查深度较浅，绝大部分矿床勘查深度在500米以浅。总体上讲，铁矿勘查程度东部、中部高，西部低，浅部高、深部低。西部部分地区甚至还是勘查空白区，500米以浅还有很大的找矿空间。

因此，要加大投资和政策支持力度，加强地质勘查工作，增加查明铁矿资源，以作为铁矿资源开发的有力支撑。

②加速有竞争力的矿山企业建设。

2012年我国原矿产量已达13亿吨，根据矿山"先富后贫"的客观规律，浅部品位较高、易采易选铁矿资源逐步枯竭，相当部分矿山陆续转入地下开采，难选矿、低品位贫铁矿利用增加，损失贫化率上升，原矿平均品位不断下降。特别是近几年铁矿石需求旺盛，价格上涨，促使国内低贫矿资源大量投入开发利用，采选综合边际成本大幅上升。2012年我国重点冶金矿山平均精矿制造成本达到453.47元/吨，约相当于72美元/吨，而我国冶金矿山以中小矿为主，特别是近年来超贫磁铁矿的开发，导致精矿边际成本大幅上升，在未来铁矿石价格趋跌形势下，铁矿石产能将受到明显的价格抑制。因此，未来重点要支持和减速建设有竞争力的矿山企业。

3. 逐步建立客观反映供求关系的进口铁矿石定价机制

①推进现货平台建设，改进现有定价机制的缺陷。

随着铁矿石长协定价机制退出市场，取而代之出现了各种国际铁矿石市场定价短期定价方式，指数定价已成为现行的主流定价模式，目前国际上主要的铁矿石指数包括普氏指数、TSI指数、MBIO指数等。上述指数在反映铁矿石价格的透明性和公正性上受到市场质疑，现行的指数定价机制并不能得到参与方的广泛认可，在此定价机制下我国处于极其被动的局面，给我国铁矿市场发展带来消极影响。在此背景下，推进我国现货平台建设，充分发挥北矿所促进铁矿石市场交易的公平、公正、公开的原则，探求国际铁矿石公平、合理的定价机制显得尤为重要。

②尝试提出更加公平合理的进口铁矿石定价机制和模式。

继 2010 年铁矿石长协定价体系崩溃后，2011 年以必和必拓为首的铁矿石巨头继续推进铁矿石的现货交易，在新加坡推出现货交易平台——Global Ore，铁矿石协议短期化、定价指数化、交易金融化已成事实。

从目前进口铁矿石定价机制来看，国际上采用的指数定价很难真正的代表市场真实价格，为此，构建一个更加合理、公平的铁矿石贸易机制，形成公平、公开、透明的价格机制显得至关重要，可适时考虑利用北矿所为平台，将国内钢厂的现货市场采购更多转向该平台操作，以提升现货市场供应量和采购量，促使铁矿石供应方加大在现货市场的投放量，采购方国内钢厂提高铁矿石现货采购量，同时，提高现货平台服务质量，为供需双方公开、透明交易搭建平台，通过供需双方公平交易，发现铁矿石现货交易的价格，用此来指导铁矿石价格的形成，以此尝试提出更加公平、合理的进口铁矿石定价机制和模式。

③积极研究金融产品的作用和影响，做好政策和制度准备，发挥我国铁矿石期货的价格发现和风险管理的功能。

自 2009 年 4 月新加坡交易所推出了铁矿石掉期合约的 OTC 结算服务以来，铁矿石金融衍生品市场发展迅速，未来国际上将会有越来越多的商品交易所提供铁矿石期货及掉期交易，铁矿石金融化趋势会越来越强。

在面对铁矿石期货、掉期等金融市场快速发展的背景下，我国钢铁行业应该积极应对，做好政策和制度准备，以积极的姿态迎接铁矿石产品的金融化，同时，钢铁企业要努力学习新知识，转变经营模式，自身修炼好"内功"，抓紧培养金融方面人才，利用此类产品的套期保值工具，充分发挥金融衍生品的市场功能，合理规避整个产业链上价格波动所带来的风险。

中国煤炭资源来源和应对策略研究[*]

一 中国煤炭供需现状

(一) 煤炭在我国一次能源中的地位

煤炭是我国的基础能源和重要原料,直接或间接地以各种形式渗透到人们生产生活的方方面面,攸关国计民生和国家能源安全。我国是世界上最大的煤炭生产和消费国,也是世界上少数几个以煤为主要能源的国家之一。目前,我国煤炭产量和消费量分别占世界的45%和48%,占我国一次能源生产和消费总量的77%和68%,分别比世界其他国家或地区平均水平高出56个百分点和49个百分点。

随着我国经济社会快速发展和人民生活水平不断提高,能源消耗量越来越大,导致资源与环境约束日益增强,成为制约经济社会可持续发展的主要因素之一。大力调整能源结构,稳步发展传统能源,加快发展新能源和可再生能源,充分利用国际国内"两种资源、两个市场",实施多元化战略,提高能源供应保障能力,是我国经济社会可持续发展的必由之路。从国内化石能源资源禀赋条件、新能源发展基础和国际能源环境来看,煤炭在我国一次能源消费结构中的比重将逐步下降,但未来几十年内其作为主体能源的地位不会改变。

(二) 煤炭生产现状

近十年,在我国煤炭市场需求大幅增加、价格上升、行业效益好转等

---

[*] 本文作者单位:国家开发银行研究院、中国煤炭工业发展研究中心。

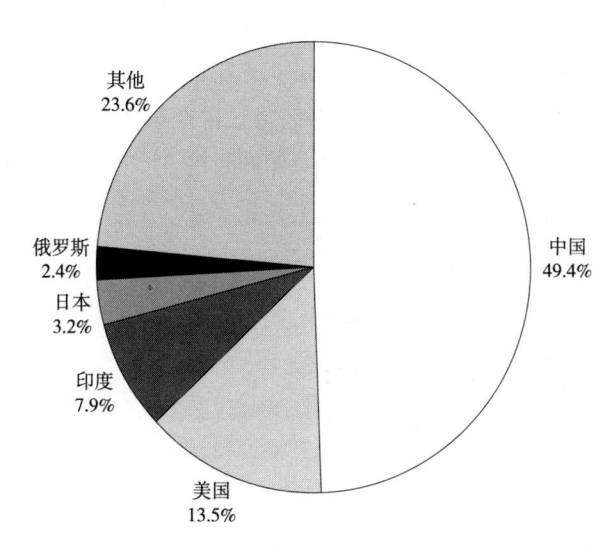

图1 2011年主要国家煤炭消费占世界的比重

多重因素引导下，煤炭产量连年大幅度增长。2012年全国煤炭产量为36.5亿吨，比2002年增加21亿吨，年均增长超过2亿吨。煤炭产量超过亿吨的省区从十年前的4个上升到9个，分别为内蒙古、山西、陕西、河南、贵州、山东、安徽、新疆、云南，总产量29.5亿吨，占全国的81%。2012年第二季度以来，受煤炭需求不振等因素影响，大型煤炭企业调整生产计划，小煤矿陆续减产，煤炭产量增幅逐月回落。

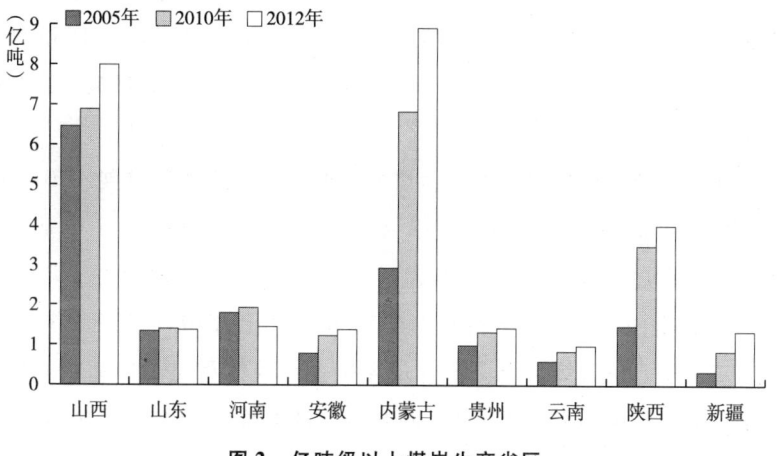

图2 亿吨级以上煤炭生产省区

从区域分布上看，2012年东部煤炭产量4.7亿吨，占全国的13%，其中，山东、河北、黑龙江三省煤炭产量3.3亿吨，占东部产量的70%，占全国总量的9%；中部煤炭产量12.2亿吨，占全国的33%，其中，山西、河南、安徽煤炭产量11.16亿吨，占中部产量的91.5%，占全国总产量的31%；西部煤炭产量19.6亿吨，占全国的54%，其中，内蒙古、陕西、贵州、新疆、云南、宁夏6省煤炭产量17.8亿吨，占中部产量的91%，占全国总产量的49%。

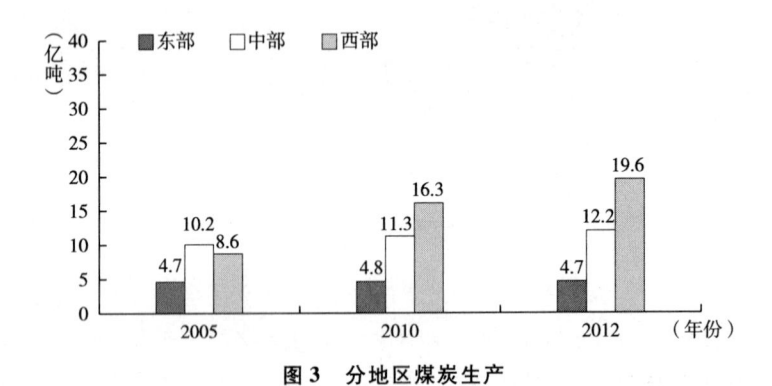

图3 分地区煤炭生产

从生产结构上看，近年来国家加快了大型煤矿建设和小煤矿整顿关闭，煤炭生产结构显著优化。"十一五"累计整顿关闭小煤矿9574处、淘汰落后产能近5.3亿吨。2011～2012年整顿关闭小煤矿1057处，淘汰落后产能7581万吨，2012年小煤矿生产能力下降到6.5亿吨。截至2012年大型煤矿850处，产量23.7亿吨，占全国的65%；中型煤矿1500处，产量6.6亿吨，占全国的18%；小型煤矿9563处，产量6.2亿吨，占全国的17%。

大型煤炭基地建设快速推进，煤炭企业兼并重组取得进展。2012年14个大型煤炭基地生产煤炭33亿吨，占全国的90%。其中，12个基地超过亿吨，如神东超过7亿吨、蒙东超过4亿吨、新疆基地超过1吨。截至2012年底，全国煤矿企业数量减少至7500家，比2010年减少1500家。山西、河南、陕西三省煤炭资源整合及煤矿企业兼并重组工作基本完成，煤矿企业数量分别由兼并重组前的2000家、500家和538家减少到130家、30家和106家。

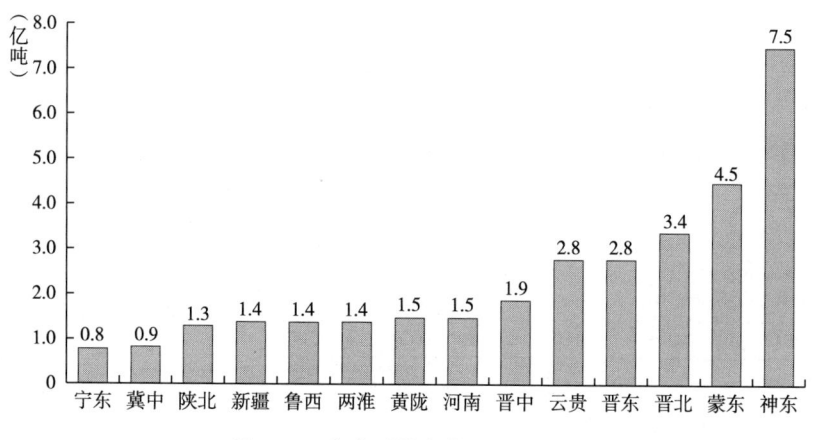

图 4　14个大型煤炭基地煤炭产量

（宁东 0.8、冀中 0.9、陕北 1.3、新疆 1.4、鲁西 1.4、两淮 1.4、黄陇 1.5、河南 1.5、晋中 1.9、云贵 2.8、晋东 2.8、晋北 3.4、蒙东 4.5、神东 7.5）

（三）煤炭消费现状

2012年以来，国际政治经济形势严峻复杂，国内经济困难加大，特别是5月以来，煤炭需求回落、价格下降、全社会库存煤快速上升，市场供大于求趋势明显，企业贷款回收困难、经营难度加大。

当前煤炭供大于求的局面，有供应量继续较快增长的因素，更主要的是经济增速放缓所引起的需求增幅快速下降，是我国经济自主宏观调控的正常反应，也是经济结构调整和发展方式转变的必然结果。从我国煤炭消费结构来看，重工业耗煤约占煤炭消费总量的95%，其中电力、钢铁、建材、化工等主要耗煤工业占80%以上。2012年以来，我国宏观调控政策效果进一步显现，结构调整取得新进展，重工业增加值增幅较快下降，主要耗煤工业产品产量增速大幅回落。2012年上半年，重工业增加值同比增长10.1%，增幅回落4.6个百分点；火力发电量、生铁和水泥产量分别同比增长2.6%、2.9%和5.5%，增幅同比回落9.9个、5.5个和14.1个百分点。2012年我国一次能源消费总量36.2亿吨标准煤，煤炭消费量37.3亿吨，约占68%。电力、钢铁、建材、化工是我国四个主要耗煤行业，2012年消费量约占全国的85%，其中电力工业用煤占55%。

表 1　四大耗煤行业煤炭消费量

单位：亿吨，%

项目	2005 年 消费量	比重	2010 年 消费量	比重	2012 年 消费量	比重
电力	11.68	50.4	17.88	53.7	20.61	55.3
钢铁	2.62	11.3	4.35	13.1	4.75	12.7
建材	3.02	13.0	4.19	12.6	4.74	12.7
化工	0.95	4.1	1.3	3.9	1.5	4.0
其他	4.91	21.2	5.55	16.7	5.7	15.3
合计	23.18	100.0	33.27	100.0	37.3	100.0

（四）煤炭进出口现状

1. 我国煤炭进口现状

2002 年以前，我国只有少量煤炭进口，进口数量维持在 200 万吨左右，2002 年进口量首次突破 1000 万吨。之后，随着国内电力、钢铁、建材、化工等主要耗煤行业的快速发展，煤炭供应出现区域性和时段性紧张，尤其在运输"瓶颈"制约和煤炭价格不断上涨的影响下，促使东南沿海的广东、浙江、江苏、福建、广西等省区持续加大进口量。特别是 2008 年以来，国际煤炭市场低迷，国际国内煤炭价差扩大，促使我国自 2009 年起进口量急剧增加，当年进口量达到 1.26 亿吨后，2012 年急剧增加到约 2.9 亿吨，是 2005 年煤炭进口量的 11.1 倍。

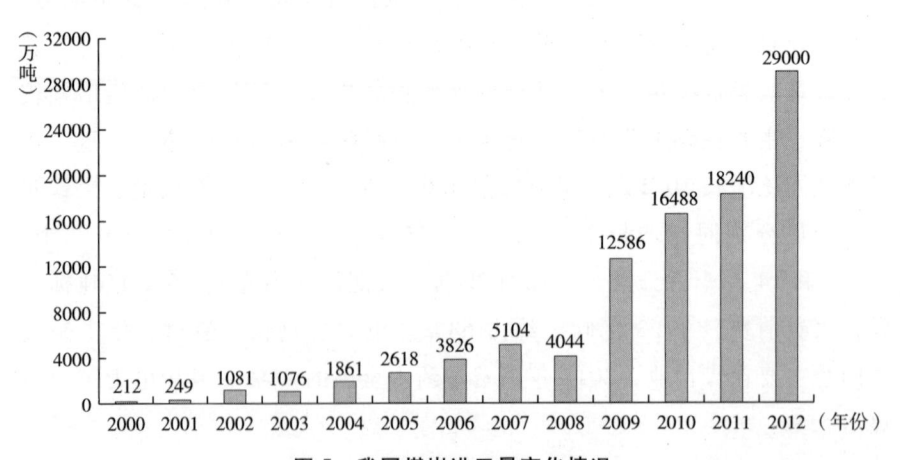

图 5　我国煤炭进口量变化情况

中国进口的煤炭主要来自印度尼西亚、澳大利亚、俄罗斯、越南、蒙古、朝鲜、加拿大等国家。澳大利亚是世界上最大的煤炭出口国，也是我国传统的煤炭进口来源国。2002年以后澳大利亚对中国煤炭出口迅速增长，并一直维持在500吨以上的水平。2011年中国从澳大利亚进口煤炭3256万吨，占煤炭进口总量的17.9%。随着世界煤炭贸易市场逐步好转，与中国毗邻的越南加大了煤炭开发和出口力度，越南煤炭多为露天开采，成本较低，且距离中国较近，海上运输方便，是中国进口煤炭的理想来源地。近两年印尼对我国出口量也急剧增加，2010年起，已超过澳大利亚成为我国第一大煤炭进口来源国，2012年中国从印度尼西亚进口煤炭1.18亿吨（包括褐煤），占煤炭进口总量的41%。

表2　2005~2012年分国别煤炭进口量

单位：万吨

年　份	2005	2006	2007	2008	2009	2010	2011	2012
全　国	2618	3826	5104	4044	12586	16488	18240	28900
澳大利亚	589	690	128	354	4395	3696	3256	5946
朝　鲜	280	249	204	254	360	464	1117	1187
俄罗斯	90	99	27	76	1178	1159	1057	2019
加拿大	123	15	10	56	409	520	450	836
美　国	0	0	8	15	80	477	490	931
蒙　古	254	235	324	404	600	1659	2015	2213
南　非	0	0	0	0	73	700	926	1428
印度尼西亚	244	517	2462	1156	3031	5503	6441	11847
越　南	1020	2008	1903	1691	2408	1805	2207	1741
哥伦比亚	0	0	0	0	0	378	130	—
其　他	19	14	38	37	50	127	151	752

2. 我国煤炭出口现状

从20世纪50年代初至70年代末，我国年均煤炭出口量仅200万吨左右。改革开放后至80年代中后期，由于国民经济快速发展，国内煤炭需求迅速增加，煤炭供应极其紧张，再加上当时煤炭出口配套基础设施不完善，出口能力小，煤炭出口量增长缓慢。为鼓励出口创汇，"七五"期间我国建设了一批出口煤生产基地，新建和扩建一批铁路干线及运煤港口，提高了煤炭出口能力，煤炭出口量稳步增长。1987年煤炭出口量首次突破1000万吨，达到1313万吨。20世纪90年代中后期，受国内经济结构调整和亚洲金融危机影响，国内煤炭市场疲软，煤炭企业积极开拓国际市场，促进了煤炭出口量较快增长。2000年我国煤炭出口量上升到5506万吨，比1995年增加2644万吨，年均增长近530万吨。

2000年以后，随着亚洲走出金融危机，煤炭需求回升，在国际油价居高不下导致澳大利亚煤炭出口到东南亚地区海运费用上升的情况下，我国煤炭出口量急剧增长。到2003年，我国出口量达到历史最高水平9388万吨，比2000年增加3882万吨，占国际煤炭贸易总量的比例由1991年的5.0%上升到13.1%，仅次于澳大利亚居世界第二位。

从2003年开始，我国经济进入新一轮快速增长期，煤炭供应再次出现紧张局面，为保障国内能源稳定供应，国家先后多次下调直至取消了各类煤炭产品出口退税，并征收出口关税，使得煤炭出口逐年大幅下滑。到2010年，我国出口量下降到1903万吨，比最高时减少了7485万吨，年均减少约1070万吨。根据最新数据，2012年我国煤炭出口量跌至928万吨，比最高时的2003年减少了8460万吨，年均减少约940万吨，预计未来十年我国煤炭出口量还将保持较低水平。

经过多年的市场开拓，我国煤炭出口高峰时出口到全球60多个国家和地区，基本形成了"亚洲为主、欧洲为辅"的市场格局。亚太地区是中国最主要的煤炭出口市场，其次是欧洲、南美和北美等地区。其中，亚洲市场又主要集中在日本、韩国、中国台湾，2012年其占我国煤炭出口总量的97.5%。

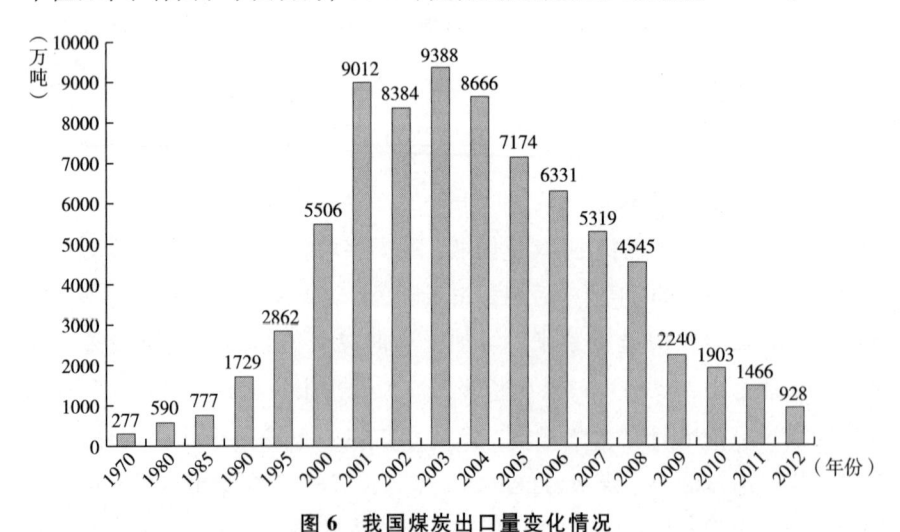

图6　我国煤炭出口量变化情况

表3 我国主要煤炭出口市场

单位：万吨，%

年　份	2005	2006	2007	2008	2009	2010	2012
韩　国	2123	1917	1925	1655	988	724	373
日　本	2318	2061	1560	1337	640	647	405
中国台湾	1623	1326	1269	1060	493	443	127
小　计	6064	5304	4754	4052	2121	1814	905
占出口总量比重	84.5	83.8	89.4	89.2	94.7	95.3	97.5

（五）煤炭运输现状

经过多年建设，我国基本形成了晋陕蒙宁能源基地煤炭外运、北煤南运、出关以及进出西南等四大运输通道；东西横向铁路、公路与沿海运输相衔接形成供应华东和华南的水陆联运大通道；南北纵向铁路与长江干线、京杭运河相沟通形成供应沿江地区的水陆联运大通道。

铁路是我国主要的运煤方式。铁路煤炭运量占全国煤炭产量的62%，占铁路货物运量的58%。2001～2012年，铁路煤炭运量持续保持快速增长。煤炭占货运量的比重持续上升，从2000年的41.4%提高到2005年的48.1%，2009年的52.7%，2010年的55.1%，2011年57.9%，2012年的58.1%。2012年6月起铁路煤炭运量同比开始出现下降，2012年铁路货运量完成38.89亿吨，比2011年减少2785万吨，同比下降0.7%；煤炭运量完成22.60亿吨，同比减少915万吨，下降0.4%。2013年1～4月，铁路煤炭运量完成76414万吨，同比减少2448万吨，下降3.1%，煤炭运输继续呈现低迷状态。

表4 铁路煤炭运输基本情况

年　份	营业里程（千米）	铁路基建投资（亿元）	总货运量（万吨）	煤炭运量（万吨）	占总货运量比重（%）
1995	54616	461	159200	67357	42.3
2000	68650	527	165500	68545	41.4
2005	75438	880	268349	129038	48.1

续表

年 份	营业里程（千米）	铁路基建投资（亿元）	总货运量（万吨）	煤炭运量（万吨）	占总货运量比重（%）
2010	91000	7091	363000	199887	55.1
2011	93250	4690	391700	226900	57.9
2012	98696	5185	388915	225985	58.1

我国铁路煤运通道的主干网络主要包括围绕大同（含蒙西）、神府、太原（含晋南地区）、晋东南、陕西、河南、山东、两淮、贵州、蒙东（黑龙江东部）十大煤炭主产区的煤炭运输线路，其中以"三西"煤炭外运通道为重中之重。2012年"三西"地区煤炭外运量89780万吨，占煤炭运输总量的39.7%，占出省煤炭总运量的68%以上。

1. "三西"煤炭外运通道

北通路：大秦、朔黄、丰沙大、京原、集通以运输动力煤为主，从晋北、陕北和神东基地至京津冀、东北、华北、华东地区，以及从秦皇岛、天津、黄骅、京唐等港口下水。

中通路：石太、邯长主要运输晋东、晋中煤炭基地的焦煤、无烟煤，至华东、中南地区及从青岛港下水。

南通路：太焦、侯月、陇海、西康、宁西以运输焦煤、肥煤和无烟煤为主，从陕北、晋中、黄陇和宁东基地至中南、华东地区及从日照、连云港等港口下水。

2. 新疆煤炭外运通道

总体思路为"一主两辅"的框架方案，"一主"为利用兰新线扩能方案，"两辅"为临哈线和大南湖—敦煌—西宁—成都线。

兰新第二双线规划以客为主、客货兼顾的铁路，全长1776千米（既有线全长1892千米），同时将既有线改建为可以适应万吨的重载线路，煤炭外运能力逐步达到2亿吨。

临哈线临河—策克段已经建成运营，全长755千米，哈密—策克段（全长695千米）已完成可行性研究。新疆目标利用该线外运部分煤炭去往华北地区。

大南湖—敦煌—西宁—成都线尚处于进入前期研究阶段。

2012年新疆煤炭产量1.39亿吨，调出2000万吨，主要销往甘肃西部、青海北部等临近地区。

3. 蒙西华中铁路

为满足湖北、湖南、江西等华中地区煤炭需求和便于蒙陕甘宁能源"金三角"煤炭外运，中国铁路建设投资公司与中国神华、中煤能源等15家机构共同出资成立蒙西华中铁路公司，建设北起东乌铁路浩勒报吉站，途经内蒙古鄂尔多斯、陕西榆林、延安、渭南，山西运城，河南三门峡、南阳，湖北襄阳、荆门、荆州，湖南岳阳，江西宜春、新余，江西吉安等地市，南至京九铁路吉安站的煤运通道，铁路全长1817公里、运力2亿吨，投资1589亿元。

铁路等级为国铁Ⅰ级，浩勒报吉—岳阳段为双线，岳阳—吉安为单项预留双线条件。规划设计输送能力2亿吨，建成运营初期输送能力1亿吨。建设总工期5年。

2012年1月，国家发改委批准了蒙华铁路工程项目建议书。该铁路是"北煤南运"新的国家战略运输通道，是衔接多条煤炭集疏运线路、点网结合、铁水联运的大能力、高效煤炭运输系统和国家综合交通运输系统的重要组成部分。荆州至岳阳段2012年底已开工，预计全线2017年前后投运。

二 煤炭供需存在的主要问题

（一）煤炭资源支撑难以为继

我国煤炭资源总量较丰富，但人均占有量低，仅为世界平均水平的2/3。2012年我国煤炭产量达到36.5亿吨，约占世界总产量的一半，占同期世界煤炭产量增量的70%以上。按照目前生产规模，我国煤炭资源储采比不足世界平均水平的50%。加之在市场需求刺激下，部分大型煤矿采肥丢瘦，小煤矿乱采滥挖，破坏和浪费资源的现象较为严重。据不完全统计，全国矿井资源回收率平均不足40%，资源富集地区的小型煤矿仅为10%~15%。在目前的开发和利用方式下，煤炭资源难以保障经济社会长远发展。

(二) 煤炭资源配置不合理，煤矿企业准入门槛低

资源是煤矿企业发展的基础，在资源价格走向市场和采取竞争手段配置过程中，由于准入门槛低，一些不具备办矿条件的企业和个人利用其经济实力上的优势参与矿业权竞争，导致炒卖资源牟利情况屡禁不止。部分地方管理部门将整装煤田人为分割，配置给多个主体开发，加剧了资源分散程度。由于没有完善的煤矿企业准入制度，煤炭资源开发队伍鱼龙混杂，资源浪费严重。矿业权不合理配置的现状增加了资源整合、兼并重组的成本，不利于行业的持续发展和大型煤炭企业集团的建设。同时，一些国有煤炭企业由于历史包袱沉重，缺乏资金而拿不到矿业权，资源后备保障能力严重不足。

(三) 煤炭开发布局矛盾加剧

晋陕蒙宁甘新煤炭资源丰富，是我国煤炭主要的生产区和调出区，但水资源极为短缺，煤炭资源大规模开发与水资源短缺的矛盾越来越突出。2012年晋陕蒙宁甘新煤炭产量达到19.5亿吨，占全国的60.2%；比2005年增加7.5亿吨，占同期全国煤炭产量增量的84.3%。华东、中南地区经济较发达，是我国煤炭的主要消费地区，但资源储量少，产需缺口不断扩大，保障稳定供应的压力越来越大。

(四) 产业集中度低

我国煤矿企业数量多，平均规模小，缺乏一批对全国煤炭供需平衡和市场稳定具有明显调节能力的大型煤炭企业。全国现有各类煤矿企业1.1万个，平均产量不足30万吨，前4家煤炭企业集团市场占有率仅为25%。煤炭产业集中度过低，组织结构过于分散，国家宏观调控难以奏效。此外，煤炭企业和煤炭运输企业、主要用煤企业难以做到对等谈判和公平交易，不利于产业协调发展。

(五) 煤炭开发利用严重影响生态环境

我国是世界上最大的煤炭生产和消费国，已成为世界温室气体排放大国，二氧化碳年排放量占全球的25%。近年来，煤炭产量增长得很快，高

强度的资源开采带来的地表沉陷、地下水和地表水体影响、土地占用等问题越来越突出。"三废"和共伴生资源综合利用优惠政策落实不到位，影响煤炭企业发展综合利用的积极性，煤矸石、矿井水、瓦斯以及与煤伴生矿产等资源综合利用滞后，行业污染治理技术水平不高，加剧了矿区生态环境恶化。煤矸石、粉煤灰等固体废弃物利用率仅60.9%，全国累计堆放的煤矸石总量超过45亿吨；矿井水利用率仅59%，尚未全部做到达标排放；瓦斯抽采利用率只有32%，大量瓦斯被排空；沉陷区土地复垦只有36%左右，矿区生态环境保护和治理发展远远跟不上煤炭生产开发的需要。未来一段时间，煤炭产量还要增加，且新增部分主要集中在西北地区，当地环境容量和生态承载能力更加脆弱，经济欠发达，干旱少雨和荒漠化问题严重，资源开发与环境保护矛盾日益加大。

（六）煤炭市场疲软影响煤炭供应

2012年下半年以来，我国宏观调控政策效果进一步显现，结构调整取得新进展，重工业增加值增幅较快下降，主要耗煤工业产品产量增速大幅回落，煤炭消费量增幅快速回落。2012年，全社会用电量同比增长5.5%，增幅回落6.5个百分点。同时，煤炭净进口量持续增加，2012年，全国进口煤炭2.89亿吨，比上年增加6624万吨，增长30%。煤炭价格大幅下跌，2012年12月26日秦皇岛5500大卡动力煤市场价格为625元/吨，比2011年同期下降约200元/吨，比6月27日下降135元/吨。煤炭价格的下降直接挤压了煤炭企业的利润空间，部分企业出现亏损，直接影响到扩大再生产的投入，对保障煤炭安全稳定供应带来不利影响。

（七）进口煤质量下降

2005年国家将炼焦煤进口关税下调为零，2008年除褐煤外煤炭进口关税下调为零，2012年连褐煤进口关税也取消了，相当于进口没有门槛。除中国外，世界主要产煤国家以露天矿为主，生产成本很低，加上廉价的海运造成我国进口煤炭猛增，印尼、越南、美国等国家的高灰、高硫、低热值煤也大量涌入，2012年2.89亿吨煤炭进口量中褐煤达到5400万吨，占18.7%，进口煤炭质量明显下降，不利于节能减排。

三 煤炭需求预测

在进行能源和煤炭需求预测时，指导思想是：一是，满足国民经济发展对能源需求；二是，正确认识中国经济社会发展所处的历史阶段及能源需求总体趋势；三是，充分考虑经济结构调整、机械化开采和节能降耗等对能源需求的影响；四是，适应世界能源变革趋势和中国能源结构调整方向，优先发展清洁、高效、优质能源和开发利用新能源；五是，合理控制能源消费总量。

（一）间接法预测

1. 能源消费弹性系数法

"十二五"期间，在严峻的世界经济形势下，我国面临人民币升值、出口空间萎缩、通货膨胀、内需乏力等诸多不利因素，经济增长速度与前十年相比将有所放缓。但从中长期来看，我国经济保持较快发展的基本态势没有改变。根据我国经济社会发展各阶段的特点，预测2011~2015年和2016~2020年GDP年均增速分别为8.5%~9.5%和7%~8%。

当前我国正处于工业化、城市化发展中期阶段，工业重型化的特征还将保持相当长的时间，客观上决定了我国能源消耗强度难以突降，而是随着工业化、城市化进程的推进，呈逐步下降的趋势。根据我国工业化、城市化进程不同阶段的特点，预测2011~2015年和2016~2020年能源弹性系数分别为0.60和0.45。

综上分析，2011~2015年和2016~2020年我国能源需求年均增速增长速度分别为5.1%~5.7%和3.2%~3.6%。以2010年一次能源消费量32.5亿吨标准煤为基数，2015年和2020年能源需求量分别为41.68亿~42.88亿吨标准煤和48.67亿~51.17亿吨标准煤。

表5 未来能源需求量预测

项 目	2011~2015年	2016~2020年
GDP平均增长速度（%）	8.5~9.5	7~8
能源消费弹性系数	0.6	0.45
能源需求增长速度（%）	5.1~5.7	3.2~3.6
期末能源需求量（亿吨标准煤）	41.68~42.88	48.67~51.17

2. 人均能源消耗法

人均能源消耗是指一定时期内，一个国家或地区平均每人消费的能源量。人均能源消耗法是通过对历史人均能耗分析，预测未来人均能耗，并通过对人口的预测，求出预测期内能源需求总量。

随着我国工业化和城市化进程加快推进，未来较长时期内工业部门人均能耗和居民生活用能将呈较快增长趋势。2010 年，我国城市化率为 47.5%，与中等发达国家 70% 以上的城市化率相比，还存在很大的差距，也低于与我国人均 GDP 相当的发展中国家的城市化水平。预计 2020 年我国城市化率将达到 60% 左右，意味着将有 3 亿农村人口进入城市生活。由于城市化水平提高，我国生活能源需求将有较大幅度的增长。但是，我国人口众多，经济发展与资源制约的矛盾极为突出，不可能重蹈发达国家高消耗的工业化之路，人均能耗水平也不可能与之相比。因此，预测 2015 年和 2020 年我国人均能耗分别为 3~3.1 吨标准煤和 3.50~3.65 吨标准煤，增长速度逐步降低。

据有关机构预测，未来我国人口增长速度将进一步减缓，人口总量高峰将出现在 2030 年前后，此后出现小幅减少。2015 年和 2020 年全国人口分别为 13.7 亿人和 14 亿人。综上分析，预测 2015 年和 2020 年我国能源需求量分别为 41.1 亿~42.47 亿吨标准煤和 49 亿~51.1 亿吨标准煤。

表 6　人均能耗及能源需求总量预测

指　　标	2015 年	2020 年
人均能耗（吨标准煤/年）	3~3.1	3.50~3.65
人口数量（亿人）	13.7	14
能源需求量（亿吨标准煤）	41.10~42.47	49~51.1

3. 国内生产总值单位能耗法

国内生产总值单位能耗法是通过总结国民经济总量与能源消费量之间的关系，分析单位产值能耗变动趋势，从而在未来一定经济增长的基础上，预测能源的需求总量。预测的步骤是：①选取基期的 GDP 和能源消耗总量，计算单位产值能耗；②根据设定的 GDP 增长率测算预测期 GDP 总量；③考虑各种节能因素，测算预测期内单位产值能耗；④根据预测期 GDP 与单位产值能耗测算当年能源需求量。

2010 年，我国 GDP 达到 40.1 万亿元，能源消费量总量为 32.5 亿吨标准煤，按当年价格计算，单位 GDP 能源消耗量为 0.81 吨标准煤/万元。随着科技进步、产业结构优化升级以及能源节约力度不断加大，我国未来单位 GDP 能耗将呈逐步下降趋势。《国民经济和社会发展第十二个五年规划纲要》明确提出，2015 年单位国内生产总值能源消耗比 2010 年下降 16%，年均下降约 3.43%。按 2010 年价格水平，预测 2015 年、2020 年我国 GDP 将分别达到 60.3 万亿~63.1 万亿元、84.6 万亿~88.6 万亿元；单位 GDP 能耗分别为 0.68 吨标准煤/万元、0.58 吨标准煤/万元；能源需求量分别为 41 亿~42.91 亿吨标准煤、49.07 亿~51.39 亿吨标准煤。

表 7　能源需求量预测

指　标	2011~2015 年	2016~2020 年
GDP 年均增长速度（%）	8.5~9.5	7~8
期末 GDP 总量（万亿元）	60.3~63.1	84.6~88.6
期末能源消耗强度（吨标准煤/万元）	0.68	0.58
期末能源需求量（亿吨标准煤）	41~42.91	49.07~51.39

4. 除煤炭以外的一次能源可供量预测

除煤炭以外的一次能源包括石油、天然气等化石能源和核电、常规水电、风电、太阳能、生物质能等非化石能源。根据我国能源结构调整方向，在预测煤炭以外的一次能源可供量时，均按最大可供量预测。

表 8　除煤炭以外的一次能源可供量

单位：亿吨标准煤

年　份	2010	2015	2020
石　油	6.17	7.57	9.00
天　然　气	1.43	3.06	3.99
常规水电	2.30	2.78	3.68
核　电	0.24	0.94	1.85
风　电	0.17	0.55	0.86
太　阳　能	0.00	0.05	0.11
生物质能	0.09	0.40	1.25
合　计	10.40	15.34	20.73

5. 间接法预测结果

根据能源消费弹性系数法、人均能源消耗法、单位国内生产总值能耗法三种方法预测结果,2015年全国能源需求量分别为41.68亿~42.88亿吨标准煤、41.10亿~42.47亿吨标准煤、41.00亿~42.91亿吨标准煤,2020年全国能源需求量分别为48.67亿~51.17亿吨标准煤、49.00亿~51.10亿吨标准煤、49.07亿~51.39亿吨标准煤。

表9 全国能源需求预测结果及推荐需求量

单位:亿吨标准煤

年 份	2015	2020
能源消费弹性系数法	41.68~42.88	48.67~51.17
人均能源消耗法	41.10~42.47	49.00~51.10
单位GDP能耗法	41.00~42.91	49.07~51.39

根据预测的石油、天然气、核能、常规水电、风电、太阳能和生物质能等一次能源的可供量及各能源品种的折标准煤系数,2015年、2020年除煤炭以外的一次能源可供量分别为15.34亿吨标准煤、20.73亿吨标准煤。

用全国能源需求总量减去除煤炭以外的一次能源可供量,即为同期煤炭需求量。近年来,我国原煤发热量一直保持在4600大卡/千克左右。随着煤炭洗选加工比例不断提高,煤炭产品逐步实现分级利用,低热值煤将会做到物尽其用,加之褐煤产量有较大幅度的增长,未来商品煤发热量提高的可能性不大。因此,2015年、2020年煤炭需求实物量按4600大卡/千克折算。

表10 2015年煤炭需求量预测

项 目	能源需求量 (亿吨标准煤)	其他能源 可供量 (亿吨标准煤)	煤炭需求量 标准煤量 (亿吨标准煤)	煤炭需求量 实物量 (亿吨)
能源消费弹性系数法	41.68~42.88	15.34	26.34~27.54	40.08~41.91
人均能源消耗法	41.10~42.47	15.34	25.76~27.13	39.20~41.28
单位GDP能耗法	41.00~42.91	15.34	25.66~27.57	39.05~41.95

表11 2020年煤炭需求量预测

项 目	能源需求量 (亿吨标准煤)	其他能源 可供量 (亿吨标准煤)	煤炭需求量 标准煤量 (亿吨标准煤)	煤炭需求量 实物量 (亿吨)
能源消费弹性系数法	48.67~51.17	20.73	27.94~29.91	42.52~45.52
人均能源消耗法	49.00~51.10	20.73	28.27~30.37	43.02~46.22
单位GDP能耗法	49.07~51.39	20.73	28.34~30.66	43.13~46.66

(二) 主要耗煤部门法预测

目前，电力、钢铁、建材和化学工业耗煤量约占全国煤炭消费总量的80%，是我国四大主要耗煤行业。主要耗煤部门法是建立在对主要煤炭消费部门产品产量发展、节能机械化开采等进行预测的基础上，考虑的因素较全面、可靠性较高，在国内外煤炭需求预测中得到了广泛使用。

1. 电力工业煤炭需求量预测

煤电发电量。2010年全国火电发电设备利用小时数为5031小时。考虑到水电、风电等可再生能源发电设备利用率的不确定性，煤电装机利用小时数按5000小时测算，则2015年、2020年煤电发电量分别为4.30万亿~4.80万亿千瓦时、5.10万亿~5.60万亿千瓦时，占全部发电量的比重将分别下降到70%~75%和66%~67%。

煤电平均单耗。2010年平均发电煤耗为312克标准煤/千瓦时。"十二五"期间将继续实施"上大压小"政策，进一步淘汰火电落后产能2000万千瓦；同时，将采用高效适用技术实施煤电提效工程，对煤耗偏高的1亿千瓦在役煤电机组进行改造。这些政策措施的实施，将进一步促进煤电单耗下降。预测2015年、2020年煤电平均发电煤耗将分别下降到305克标准煤/千瓦时和300克标准煤/千瓦时。

发电用煤量。2010年全国6000千瓦及以上燃煤电厂发电耗用原煤量15.9亿吨，折合标准煤10.2亿吨，平均发热量约为4500大卡/千克。根据各阶段煤电发电量和平均发电煤耗，预测2015年、2020年发电用煤量分别为13.12亿~14.64亿吨标准煤、15.30亿~16.80亿吨标准煤。随着煤炭洗选加工比例提高，电煤发热量将有所上升，但由于褐煤等低热值煤用于发电的数量不断增加，发热量不会大幅提高。发电用煤平均发热量按4500大卡/千克测算，2015年、2020年发电耗用原煤量分别为20.40亿~22.77亿吨、23.80亿~26.13亿吨。

供热用煤量。2010年全国6000千瓦及以上燃煤电厂供热耗用原煤量1.7亿吨。根据《电力工业"十二五"规划》，将在符合条件的大中型城市适度建设大型热电机组，在热负荷稳定的工业园区和中小型采暖城市建设背压式热电机组，新增热电装机7000万千瓦，到2015年供热机组容量达到2.3亿千瓦。预测2015年、2020年供热耗用原煤量分别为2.1亿~

2.2亿吨和2.4亿~2.5亿吨。

综上分析，2015年、2020年电力工业煤炭需求量分别为22.50亿~24.97亿吨和26.20亿~28.63亿吨。

表12 电力工业煤炭需求量预测

年 份	2010	2015	2020
1. 全国装机容量（亿千瓦）	9.66	13.9~14.9	17.70~18.7
其中：煤电装机容量（亿千瓦）	6.55	8.6~9.6	10.2~11.2
2. 全国发电量（万亿千瓦时）	4.2	6.1~6.4	7.7~8.4
其中：煤电发电量（万亿千瓦时）	3.4	4.30~4.80	5.10~5.60
3. 煤炭需求量（亿吨）	17.6	22.50~24.97	26.20~28.63
其中：发电用煤（亿吨）	15.9	20.40~22.77	23.80~26.13
供热用煤（亿吨）	1.7	2.1~2.2	2.4~2.5

2. 钢铁工业煤炭需求量预测

从世界发达国家工业化进程来看，当工业化基本完成时，人均年钢产量为0.7~1吨，人均钢铁蓄积量为10吨。目前，我国人均年钢产量不到0.5吨，人均钢铁蓄积量仅为3.5吨。未来较长时期内加强铁路、公路、机场、农田水利、区域治理等重大基础设施和人民生活福利设施建设，将带动钢铁需求继续增长。

"十二五"期间，在钢铁工业结构调整、抑制高耗能产品出口等因素共同作用下，钢铁需求增速将逐步下降。预测2015年、2020年我国粗钢产量将分别达到7.4亿~7.7亿吨、7.8亿~8.1亿吨，"十二五""十三五"期间年均增速分别为3%~4%和1%。由于我国城市化起步较晚，房屋、汽车等在较长时期内不会大量进入报废回收期，铁钢比还会保持在较高水平。预测2015年、2020年铁钢比分别为0.94和0.93，届时生铁产量将分别达到7.0亿~7.2亿吨、7.3亿~7.5亿吨。

预测2015年、2020年，全行业入炉焦比将分别下降到380千克和360千克，焦炭需求量分别为2.66亿~2.74亿吨、2.63亿~2.70亿吨，折合炼焦用煤分别为3.54亿~3.64亿吨、3.50亿~3.59亿吨；全行业喷煤比将分别提高到150千克和180千克，喷吹煤需求量分别为1.05亿~1.08亿吨、1.31亿~1.35亿吨；随着钢铁企业对工业锅炉余热利用程度的提高，燃料用煤增长缓慢，分别达到 0.31 亿吨、0.32 亿吨。

综上分析，2015 年、2020 年钢铁工业煤炭需求量将分别达到 4.90 亿~5.03 亿吨、5.13 亿~5.26 亿吨。

表 13　钢铁工业煤炭需求量预测

单位：亿吨

年　份	2010 年	2015 年预测	2020 年预测
粗钢产量	6.37	7.4~7.7	7.8~8.1
生铁产量	5.97	7.0~7.2	7.3~7.5
煤炭需求量	4.35	4.90~5.03	5.13~5.26
其中：炼焦煤	3.30	3.54~3.64	3.50~3.59
喷吹煤	0.75	1.05~1.08	1.31~1.35
燃料煤	0.30	0.31	0.32

3. 建材工业煤炭需求量预测

根据发达国家的经验，水泥需求量在人均累计消费 10~12 吨、年人均消费 600~700 千克时达到饱和，随后消费量呈缓慢减少趋势。与发达国家相比，中国目前水泥人均年消费量已经超越发达国家饱和时期的人均水平，人均累积消费量也已经大大超过发达国家当时的水平。由于我国水泥行业底子比较薄弱，并且山地、高原、沙漠较多，建设难度较大，建筑物平均寿命短，木结构和钢结构建筑少，同时我国水泥的产品质量构成中，低强度等级水泥多，这些因素使得我国达到同样的建设成熟度时，水泥消费量会更高。

随着我国城市化进程的推进和人民居住条件的改善，对住房、基础设施的需求将继续增长。按照工信部 2010 年公布的《水泥行业准入条件》，新型干法水泥熟料年产量超过人均 900 千克的省份，停止新建扩大水泥产能的项目，这将对水泥产能增长起到较大的约束作用。2015 年、2020 年全国水泥产量将分别达到 22 亿~23 亿吨、24 亿~25 亿吨，年均增速分别为 3%~4% 和 1.5%；墙体材料分别达到 8800 亿~9000 亿标准块和 9200 亿~9500 亿标准块；石灰产量分别达到 1.9 亿~2.0 亿吨和 2.0 亿~2.2 亿吨。

据中国建筑材料工业规划研究院预测，2015 年、2020 年吨水泥平均煤耗将由 2010 年的 99 克标准煤分别下降到 91 标准煤、85 克标准煤；每万标准块墙体材料煤耗将由 2010 年的 0.82 吨标准煤分别下降到 0.75 吨标准煤、0.70 吨标准煤；吨石灰煤耗将由 2010 年的 174 千克标准煤分别下降到 160 千克标准煤、150 千克标准煤。

表 14 建材工业煤炭需求量预测

年 份	2010	2015	2020
建材工业耗煤量（亿吨）	4.19	4.39~4.57	4.41~4.60
1. 水泥耗煤量（亿吨）	2.61	2.83~2.96	2.86~2.98
水泥产量（亿吨）	18.82	22~23	24~25
平均单耗（kgce/t）	99	91	85
2. 墙体材料耗煤量（亿吨）	0.98	0.92~0.95	0.90~0.93
墙体材料产量（亿标准块）	8500	8800~9000	9200~9500
平均单耗（kgce/万块）	820	750	700
3. 石灰耗煤量（亿吨）	0.41	0.43~0.45	0.42~0.46
石灰产量（亿吨）	1.7	1.9~2.0	2.0~2.2
平均单耗（kgce/t）	174	160	150
4. 其他产品耗煤量（亿吨）	0.19	0.21	0.23

综上分析，2015 年、2020 年建材工业煤炭需求量将分别达到 4.39 亿~4.57 亿吨、4.41 亿~4.60 亿吨。

4. 化学工业煤炭需求量预测

农业部门的大量研究结果表明，我国以仅占世界 9% 的耕地面积，养活了占世界 20% 左右的人口，与粮食生产中化肥的使用关系密切，化肥在粮食增产中的贡献率达到 50% 左右。今后随着我国经济的发展和人口增长，粮食需求会不断增加，合成氨产量仍有增长空间，但增速较慢。据相关部门预测，2015 年、2020 年全国合成氨产量分别为 5200 万吨、5400 万吨，以无烟块煤为原料的每吨合成氨能耗将由 2010 年的 1.13 吨标准煤下降到 2015 年的 1.05 吨标准煤、2020 年的 1 吨标准煤。

预测 2015 年、2020 年煤制油产量分别为 300 万吨、500 万~800 万吨，煤制天然气产量分别为 150 亿立方米、400 亿立方米，煤制甲醇产量分别为 2000 万~2200 万吨、3000 万~4000 万吨，煤制二甲醚产量分别为 400 万~500 万吨、800 万~1000 万吨。

综上分析，2015 年、2020 年化学工业煤炭需求量分别为 2.12 亿 ~ 2.19 亿吨、3.35 亿 ~ 3.76 亿吨。

表 15　化学工业煤炭需求量预测

年　份	2010	2015	2020
化学工业煤炭需求量（亿吨）	1.3	2.12 ~ 2.19	3.35 ~ 3.76
1. 合成氨耗煤量（亿吨）	0.72	0.76	0.76
合成氨产量（亿吨）	0.51	0.52	0.54
2. 甲醇耗煤量（亿吨）	0.3	0.40 ~ 0.44	0.6 ~ 0.8
甲醇产量（亿吨）	0.16	0.20 ~ 0.22	0.3 ~ 0.4
3. 二甲醚耗煤量（亿吨）	0.08	0.12 ~ 0.15	0.24 ~ 0.3
二甲醚产量（万吨）	287	400 ~ 500	800 ~ 1000
4. 烯烃耗煤量（亿吨）	0	0.12	0.18 ~ 0.24
煤基烯烃产量（万吨）	0	160	240 ~ 320
5. 煤制油耗煤量（亿吨）	0	0.09	0.15 ~ 0.24
煤制油产量（万吨）	0	300	500 ~ 800
6. 煤制天然气耗煤量（亿吨）	0	0.50	1.3
天然气产量（亿立方米）	0	150	400
7. 化学工业其他耗煤量（亿吨）	0.13	0.13	0.12

5. 其他用煤需求预测

其他用煤总体上呈逐步下降趋势，其他用煤包括生活、采掘业、交通运输仓储和邮政业、农林牧渔水利业、批发、零售业和住宿、餐饮业以及其他行业用煤。2010 年其他用煤为 5.9 亿吨。其他用煤总体上呈逐步下降趋势，预测 2015 年、2020 年其他用煤需求分别为 5.2 亿 ~ 5.4 亿吨、4.7 亿 ~ 4.8 亿吨。

6. 主要耗煤部门法预测结果

通过以上对电力、钢铁、建材、化工四大耗煤行业以及其他用煤的分析预测，2015 年、2020 年全国煤炭需求总量为 39.11 亿 ~ 42.16 亿吨、43.79 亿 ~ 47.05 亿吨，分别比 2010 年增加 5.79 亿 ~ 8.84 亿吨、10.47 亿 ~ 13.73 亿吨。

表 16　主要耗煤部门法预测全国煤炭需求

单位：亿吨

年　份	2010	2015	2020
煤炭需求总量	33.32	39.11～42.16	43.79～47.05
1. 电力行业	17.58	22.50～24.97	26.20～28.63
2. 钢铁行业	4.35	4.90～5.03	5.13～5.26
3. 建材行业	4.19	4.39～4.57	4.41～4.60
4. 化工行业	1.30	2.12～2.19	3.35～3.76
5. 其他行业	5.90	5.20～5.40	4.70～4.80

（三）预测结论

根据能源消费弹性系数法、人均能源消耗法、单位国内生产总值能耗法、主要耗煤部门法预测结果，2015年全国煤炭需求量分别为40.08亿～41.91亿吨、39.20亿～41.28亿吨、39.05亿～41.95亿吨、39.11亿～42.16亿吨，2020年全国煤炭需求量分别为42.52亿～45.52亿吨、43.02亿～46.22亿吨、43.13亿～46.66亿吨、43.79亿～47.05亿吨。

综合以上各种方法预测结果，推荐2015年、2020年全国煤炭需求量分别为39亿～42亿吨、43亿～47亿吨。

表 17　2015年煤炭需求量预测结果

项　目	能源需求量 （亿吨标准煤）	其他能源 可供量 （亿吨标准煤）	煤炭需求量 标准煤量 （亿吨标准煤）	煤炭需求量 实物量 （亿吨）
能源消费弹性系数法	41.68～42.88	15.34	26.34～27.54	40.08～41.91
人均能源消耗法	41.10～42.47	15.34	25.76～27.13	39.20～41.28
单位GDP能耗法	41.00～42.91	15.34	25.66～27.57	39.05～41.95
主要耗煤部门法	—	—	25.70～27.71	39.11～42.16
推荐需求量	41～43	15.3	25.7～27.7	39～42

表 18　2020年煤炭需求量预测结果

项　目	能源需求量 （亿吨标准煤）	其他能源 可供量 （亿吨标准煤）	煤炭需求量 标准煤量 （亿吨标准煤）	煤炭需求量 实物量 （亿吨）
能源消费弹性系数法	48.67～51.17	20.73	27.94～29.91	42.52～45.52
人均能源消耗法	49.00～51.10	20.73	28.27～30.37	43.02～46.22

续表

项 目	能源需求量 （亿吨标准煤）	其他能源 可供量 （亿吨标准煤）	煤炭需求量	
			标准煤量 （亿吨标准煤）	实物量 （亿吨）
单位 GDP 能耗法	49.07～51.39	20.73	28.34～30.66	43.13～46.66
主要耗煤部门法	—	—	28.77～30.92	43.79～47.05
推荐需求量	49～51	20.7	28.3～30.88	43～47

四 国内煤炭生产潜力分析

我国煤炭资源总量虽然比较丰富，但分布不均，一些地区资源赋存条件差或者自然灾害严重或者兼而有之，呈现出明显不同的区域特点，将全国 25 个产煤省区分为 6 类，通过对各区域合理生产规模进行综合分析，得出全国在资源、安全、机械化开采、生态环境和经济约束条件下的合理生产潜力。

（一）生态环境约束型

晋陕蒙宁甘青地区煤炭资源十分丰富、煤层埋藏浅、开采条件好，煤炭开发规模基本不受资源、安全生产和机械化开采约束，该区地理位置相对优越、煤质好，经济方面的约束也比较弱，但该区地处我国干旱、半干旱气候带，水资源短缺，地表植被覆盖率低，生态环境先天不足，煤炭开发规模主要受生态环境承载能力的制约，其中水生态环境约束是该区最关键的约束，约束后合理生产潜力 26 亿吨/年～31 亿吨/年。山西在"十二五"期间就会受到生态环境的约束，应科学布局、控制新井开工规模，同时要加强矿区生态环境治理力度。

（二）安全生产和机械化开采约束型

云贵地区资源比较丰富，具有较大开发潜力，资源基本不受约束，但该地区资源开采条件差，大部分矿区瓦斯含量高，主要受安全约束，云南、贵州合理生产潜力在 3 亿吨/年左右。预计云南、贵州"十三五"期间产量将接近 3 亿吨，需要加强煤矿安全管理和技术改造。

（三）资源和安全生产约束型

冀鲁豫皖苏资源比较丰富，但开发强度大，开采时间长，可供新井建设的资源不多，部分矿区资源进入枯竭期，部分矿区资源自然灾害严重，生产开发规模主要受资源和安全生产的约束。这些省份的合理生产潜力为 6.2 亿吨/年，其中，河北为 0.85 亿吨/年、山东为 1.5 亿吨/年、河南为 2.15 亿吨/年、安徽为 1.5 亿吨/年、江苏为 0.2 亿吨/年。2010 年该地区产量为 5.9 亿吨，已超过合理生产规模，预计 2020 年前产量能够保持在 6 亿吨左右，2030 年前后下降到 5 亿吨左右，资源约束特征将显现。

（四）资源和机械化开采约束型

辽吉黑受资源和机械化开采双重约束。辽宁、吉林所剩资源不多，黑龙江虽资源较丰富，但资源分布比较分散，瓦斯含量高，且开采条件差，资源约束条件下开发能力 2.3 亿吨/年；受安全和机械化开采约束的生产能力为 6000 万吨/年，东三省的合理开发规模为 1.7 亿吨/年。其中，辽宁为 0.55 亿吨/年、吉林为 0.35 亿吨/年、黑龙江为 0.8 亿吨/年。2010 年产量 2 亿吨，已超过合理生产潜力，其中约 3000 万吨属于应淘汰的落后能力，2020 年产量下降到 1.7 亿吨。

（五）资源约束型

川渝湘鄂赣闽桂京资源匮乏，开采技术条件比较复杂，短期内资源可满足 3 亿吨/年开发能力。由于绝大部分资源受安全生产、机械化开采等因素制约，煤炭生产开发规模呈递减态势，合理生产潜力为 1.6 亿吨/年。其中，四川为 0.5 亿吨/年、重庆为 0.3 亿吨/年、湖南为 0.45 亿吨/年、湖北为 0.1 亿吨/年、江西为 0.2 亿吨/年、北京为 0.05 亿吨/年。预计 2015 年煤炭产量为 2.45 亿吨、2020 年为 1.93 亿吨，"十二五"和"十三五"是淘汰落后产能的关键时期，"十四五"达到合理开发规模。

（六）经济及外运约束型

新疆煤炭资源丰富，可满足 10 亿吨/年以上的开发潜力。在此规模下，基本不受生态环境、安全生产、机械化开采等因素的约束,经济约束是制约其开发规模的决定因素。随着科技进步和社会发展,经济约束将逐渐减弱,特别是国家促进新疆跨越式发展战略的实施和出疆能源输送通道的建设,新疆煤炭资源优势必将得到发挥,生产开发规模将逐步扩大,但这一过程是渐进的,不宜"跃进"。根据新疆及周边省区和东部煤炭需求,预测2015年新疆煤炭开发规模在2亿吨/年左右,2020年为3亿吨/年。

综上分析,我国煤炭合理生产潜力为42亿吨/年左右。若未来煤炭生产量超过合理开发规模,相关矿区生态环境将进一步加速恶化,积极的一面是依靠技术进步和加大投入从源头控制污染及进行末端治理,做到提高合理开发规模;但当前述措施难以奏效或效果欠佳的情景出现时,部分矿区生态环境遭到严重破坏将难以避免。

五 国外煤炭可供来源分析

世界近代煤炭工业是从18世纪60年代英国的工业革命开始的,经过200多年的发展,现今的煤炭工业已经成为很多国家保障本国能源安全的基础工业。尤其是21世纪以来,世界煤炭工业发展十分迅猛,煤炭产量连年增长。预计未来较长一段时间内,煤炭仍将是世界重要的化石能源,是保障世界能源安全的主力之一。

(一)世界煤炭工业基本情况

1. 世界煤炭资源情况

煤炭是世界上储量最丰富、分布最广泛的化石能源资源,其作为基础能源利用途径多样。截至2011年底,世界煤炭资源探明储量为8609.38亿吨,其中无烟煤和烟煤4047.62亿吨,占世界的47.01%;亚烟煤和褐煤4561.76亿吨,占52.99%。按2011年世界煤炭产量计算,煤炭资源储采比为108.8年,远高于石油的58.6年和天然气的63.6年,是世界化石燃料资源中储采比最高的燃料。

与石油和天然气资源赋存区不同,煤炭资源广泛分布于世界各地。从区域分布来看,世界煤炭资源主要分布在北半球北纬30°~70°,其中欧洲、亚太、北美为世界煤炭资源储量最丰富的地区。美国、俄罗斯、中国、澳大利亚、印度、德国等16个国家可采储量8760亿吨，占世界的84.7%。

表19 2011年底世界主要产煤国家煤炭储量

单位：亿吨，%

储量排序	国 别	资源量	占世界比重	储采比
1	美 国	2373	22.9	239
2	俄 罗 斯	1570	15.2	471
3	中 国	1500	14.5	43
4	澳 大 利 亚	764	7.4	184
5	印 度	606	5.9	103
6	德 国	407	3.9	216
7	乌 克 兰	339	3.3	390
8	哈萨克斯坦	336	3.2	290
9	南 非	302	2.9	118
10	蒙 古	223	2.2	719
11	哥 伦 比 亚	68	0.7	79
12	加 拿 大	66	0.6	97
13	越 南	65	0.6	130
14	波 兰	57	0.6	41
15	印 尼	54	0.5	14
16	希 腊	30	0.3	53
合 计		8760	84.7	

2. 世界煤炭生产情况

世界煤炭产量从20世纪50年代至80年代末总体增长平稳，但各地区增长率很不平衡。欧洲国家产量急剧下降，但中国、澳大利亚、印度、印尼、南非和美国等国增长较快。90年代后，由于政局不稳、经济崩溃，苏联和东欧国家煤炭产量骤减，世界煤炭产量出现下滑趋势。进入21世纪，随着中国、印度等国家经济的快速发展，世界煤炭产量大幅增长。2011年世界煤炭产量达到79.11亿吨，比2001年增加29.99亿吨，年均增长4.86%。

2011年，中国、美国、印度、澳大利亚等15个主要产煤国家煤炭产量72.2亿吨，占全世界的93.8%，世界前五大产煤国分别是中国、美国、印度、澳大利亚和俄罗斯，占世界比例分别为45.7%、12.9%、7.6%、5.4%和4.3%（见表20）。

图 7　世界煤炭产量变化趋势

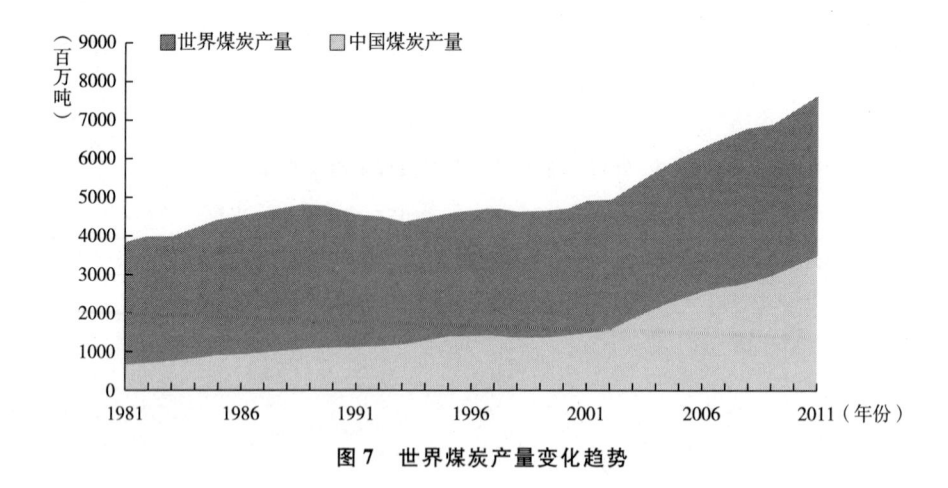

表 20　1990～2011 年主要产煤国家煤炭产量

单位：亿吨，%

序号	国别	1990 年	2000 年	2005 年	2010 年	2011 年	占世界比例
1	中　　国	10.8	13.84	23.5	32.4	35.2	45.7
2	美　　国	9.34	9.74	10.26	9.84	9.93	12.9
3	印　　度	2.23	3.35	4.28	5.74	5.88	7.6
4	澳大利亚	2.1	3.12	3.75	4.24	4.16	5.4
5	俄 罗 斯	3.95	2.58	2.98	3.22	3.34	4.3
6	印　　尼	0.11	0.77	1.53	1.94	3.25	4.2
7	南　　非	1.75	2.24	2.44	2.54	2.55	3.3
8	德　　国	4.27	2.01	2.03	1.82	1.89	2.5
9	波　　兰	2.15	1.63	1.6	1.33	1.39	1.8
10	哈萨克斯坦	1.31	0.75	0.87	1.11	1.16	1.5
11	乌 克 兰	1.65	0.81	0.79	0.77	0.87	1.1
12	哥伦比亚	0.2	0.38	0.59	0.74	0.86	1.1
13	加 拿 大	0.68	0.69	0.65	0.69	0.68	0.9
14	希　　腊	0.52	0.64	0.7	0.58	0.58	0.8
15	越　　南	0.05	0.12	0.33	0.44	0.45	0.6
合　计		41.11	42.67	56.3	67.4	72.2	93.8

全世界目前有亿吨级产煤国 10 个，分别是中国、美国、印度、澳大利亚、俄罗斯、印尼、南非、德国、波兰和哈萨克斯坦。1990～2011 年，煤炭产量增长最快的是印尼，年均增长率达到 17.5%，其次是中国、印度、澳大利亚和南非；美国煤炭产量十分平稳，长期稳定在 10 亿吨左右；德国、波兰、俄罗斯和哈萨克斯坦整体呈下降趋势。

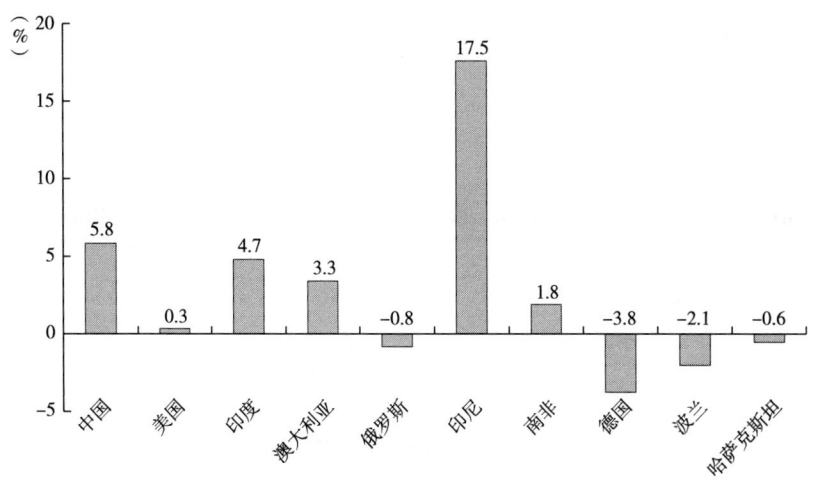

图 8 亿吨级产煤国煤炭产量年均增长率

3. 世界煤炭消费情况

20世纪90年代前，世界煤炭消费量增长平稳，年均增速约1.8%。20世纪90年代后期，由于环境问题日益受到世界各国的关注，为抑制化石燃料使用所排放的温室气体，许多国家尝试减少煤炭使用量，转用天然气代替煤炭，加之苏联和东欧国家经济崩溃和组织结构调整以及亚洲金融危机的影响，世界煤炭消费量增长缓慢，1989～2000年世界煤炭消费量年增速仅为0.53%。进入21世纪，亚太地区发展中国家经济迅速发展，在发电和炼铁用煤需求的拉动下，世界煤炭消费量由2001年的48.25亿吨猛增至2011年的74.49亿吨，增速迅猛。其中，发电用煤是世界煤炭消费的最主要形式，占世界煤炭总消费量的75%。

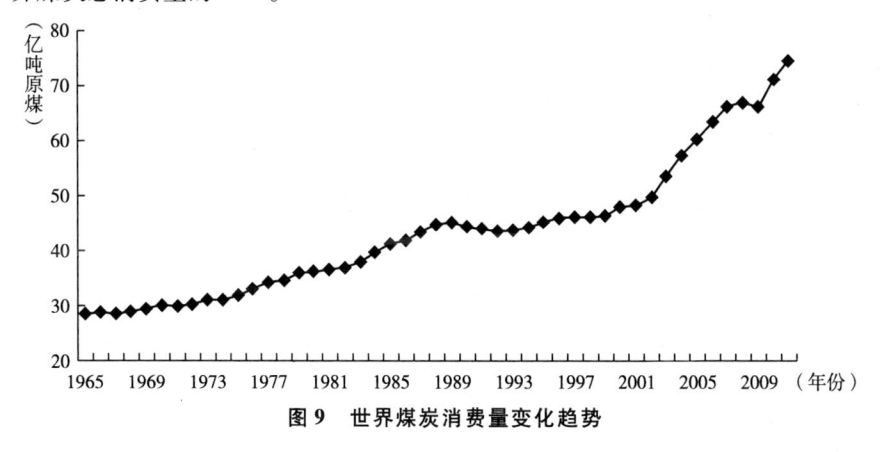

图 9 世界煤炭消费量变化趋势

按区域分布来看，世界96%以上的煤炭消费量集中在亚太、北美和欧洲地区，以上三个地区煤炭消费量分别占世界总消费量的68.55%、14.32%和13.40%。其中，亚太地区的发展中国家经济迅速发展，其煤炭消费量占世界总消费量的比重持续快速上升，是拉动世界煤炭消费量快速增长的主要原因。中国、美国、印度、日本、南非、俄罗斯、韩国、德国是世界前八大煤炭消费国。2011年，上述八国煤炭消费量达到59.50亿吨，占世界总消费量的83.19%。其中，中国消费量达36.79亿吨，占世界的49.39%，是世界煤炭消费量最大的国家。

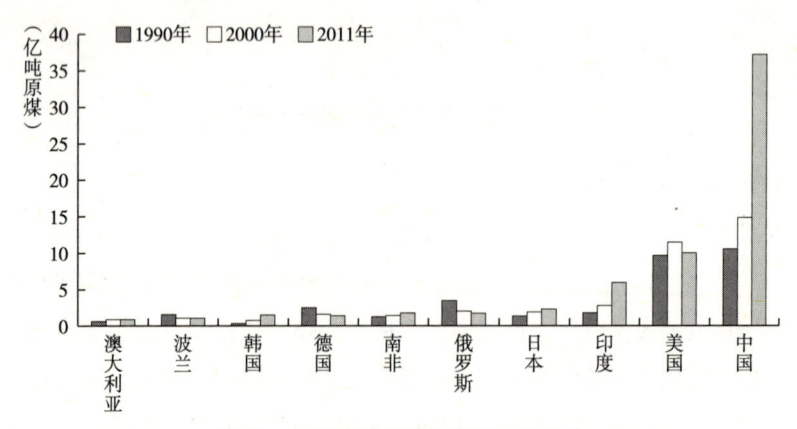

图10 主要煤炭消费国家消费量变化

4. 世界煤炭贸易情况

21世纪初，世界煤炭贸易量保持在6亿吨左右。由于世界煤炭资源分布和消费区域分布不平衡，再加上近年来亚洲发展中国家和地区的持续工业化以及欧洲煤炭开采业的不断萎缩，近十年来世界煤炭贸易量快速上升。2011年，世界煤炭贸易量达到11.42亿吨（含褐煤），是2000年贸易量的1.9倍，增量达5.3亿吨，年均增长5.9%。

目前，世界煤炭贸易格局正在发生巨大变化，尤其是以亚太地区新兴市场国家的异军突起为代表。中国自2009年首次转变为煤炭净进口国的两年后，就已超越日本成为世界最大的煤炭进口国。2011年，中国进口煤炭1.8亿吨，其中动力煤约1.4亿吨，炼焦煤约0.4亿吨；印尼也已超越传统的煤炭出口大国澳大利亚成为世界最大的煤炭出口国，2011年出口煤炭3.09亿吨。

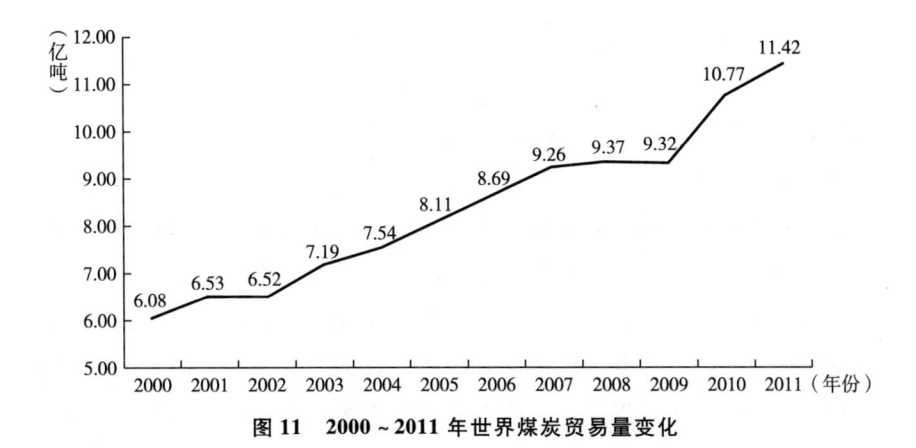

图 11 2000~2011年世界煤炭贸易量变化

表 21 部分国家和地区煤炭进口和出口量

单位：亿吨

出 口				进 口			
地 区	2009年	2010年	2011年	地 区	2009年	2010年	2011年
澳大利亚	2.56	2.98	2.84	日 本	1.44	1.87	1.75
印 尼	1.95	1.62	3.09	韩 国	0.90	1.19	1.29
俄 罗 斯	0.77	1.09	1.24	中 国	0.77	1.77	1.82
哥伦比亚	0.63	0.68	0.75	印 度	0.66	0.90	1.05
南 非	0.63	0.70	0.72	中国台湾	0.53	0.63	0.66
美 国	0.32	0.74	0.97	德 国	0.37	0.46	0.41
加 拿 大	0.12	0.31	—	英 国	0.33	0.27	0.33

资料来源：worldcoal.org。

（二）影响我国煤炭进口的主要因素

1. 国内需求是影响我国煤炭进出口的根本原因

国内煤炭供需形势对煤炭进出口贸易影响重大。20世纪90年代中后期，国内煤炭市场疲软，煤炭企业积极开拓国际市场，出口量快速增加，煤炭出口量一度超过9000万吨。2002年以后，我国工业化和城镇化进程明显加快，工业重型化发展，导致煤炭消费量大幅增长。为保障国内煤炭稳定供应，国家先后多次下调直至取消出口退税，并征收出口关税，煤炭出口量逐年减少，而进口量逐年增加。2008年，为应对国际金融危机的不利影响，政府实施4万亿元的投资计划，大量基础设施开工建设，刺激了国内特别是东部地区的煤炭需求，煤炭进口量由 2000 年的 200 多万吨增长到近 3 亿吨。

2. 煤炭运输制约是我国煤炭进口的主要动力

我国煤炭资源主要分布在西部地区，而消费主要集中在东部和中南地区，生产和消费的逆向分布决定了我国"北煤南运、西煤东调"的格局。东部地区经过几十年的高强度开发，资源逐步枯竭，煤炭生产开发布局加速西移，煤炭调运量持续增加，由于铁路建设滞后，我国局部时段、局部地区煤炭运输紧张，主要运煤通道运输能力长期处于饱和状态。受运输瓶颈的制约，迫使东部用煤企业不得不向国际市场寻找煤源，以解决国内市场供应不足的问题。未来随着山西中南部、蒙西至华中等一批煤运通道建成投运，煤炭运输紧张局面有可能得到缓解，对东部地区煤炭进口量产生一定的影响。

3. 国际市场格局变化影响我国煤炭进口格局

受国际金融危机及欧债危机的影响，欧洲地区国家经济复苏缓慢，煤炭需求疲软，国际煤炭价格大幅下跌，煤炭出口贸易方向逐渐向需求旺盛的亚太市场倾斜。欧洲传统的煤源国——南非、哥伦比亚、俄罗斯、美国、加拿大等大西洋地区国家煤炭出口开始向亚太市场转移。2010 年南非煤炭出口 7000 万吨，其中出口到亚洲地区的煤炭占该国煤炭出口总量的 60%，出口到中国的煤炭达到 700 万吨，占其出口量的 10%，2011 年已达到 900 万吨。另外，哥伦比亚、加拿大作为欧洲地区及美国的主要煤源，由于国际海运运费持续走低，已成为我国新的煤源国，2010 年分别达到 380 万吨、520 万吨，占其总出口量的 6% 和 17%。

4. 国际国内煤炭差价是我国煤炭进口激增的重要原因

国际动力煤价格和国内动力煤价格之间的差价不断扩大，是我国自 2009 以来不断加大进口动力煤的主要原因。近年来，我国煤炭需求旺盛，2008 年 7 月煤炭价格达到历史最高值。下半年受国际金融危机的影响，煤炭价格直线下降，2009 年 3 月秦皇岛港动力煤平仓价（5800 大卡）降至 592.5 元/吨，为最高时的 57%；澳大利亚纽卡斯尔港动力煤平仓价（6300 大卡）降至 61.37 美元/吨，仅为最高时的 33%。2009 年随着国内 4 万亿元刺激计划的逐步实施，国内煤炭需求持续增加，而国际煤炭市场需求疲软，东南沿海地区煤炭用户抓住国际国内煤炭价差扩

图12 煤炭进口量与国际海运价格对比

大的有利形势，加大国际煤炭采购力度，煤炭进口大幅增加。2010年1月以来，我国单月煤炭进口量变化趋势与煤炭差价大体一致。同时看到，随着我国煤炭进口量的持续冲高，国际煤价上涨对国内的传导作用将更加明显，进口煤炭倒挂现将得到缓解，甚至高于国内煤价，煤炭进口将面临价差缩小压力。

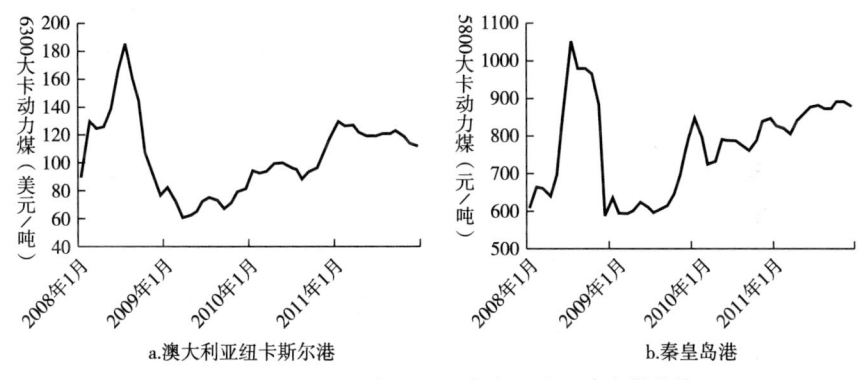

a.澳大利亚纽卡斯尔港　　　　　　　　b.秦皇岛港

图13　2008~2011年国际国内主要港口动力煤价格

（三）可供进口煤炭数量分析

1. 主要煤炭来源国分析

印尼是全球煤炭产量增长最快的国家，也是我国最大的煤炭进口国，2011年对印尼的进口量占我国煤炭进口总量的41%；但印尼资源量较少，储采比仅为14年，是主要煤炭生产国中储采比最低的，低储采比成为印尼

图 14　2008～2011 年煤炭进口量与国际国内差价对比

煤炭出口增长的最大限制。印尼煤炭具有高水分、低灰分、低硫分、高挥发分等特征，57%的资源为褐煤，热值高的硫含量普遍高于 1%，受煤炭品质制约，出口潜力受到限制。

澳大利亚和美国储量丰富，近年来煤炭产量一直比较稳定，加上两国都制定了严厉的矿区环境保护政策，未来一段时间煤炭产量增幅不大，两国出口格局比较稳定。2011 年澳大利亚参议院通过了碳排放税征税办法，直接推高煤炭价格，降低出口煤炭竞争力；美国页岩气大规模的开采利用，在一定程度上会增加美国出口煤炭的动力。

越南也是我国重要的进口煤来源地之一，除资源量不多外，煤炭质量也不高，灰分普遍超过 25%。为保证国内煤炭供应，2013 年初，越南煤炭出口税率从 10% 提高到了 13%，规划将煤炭出口量从 2011 年的 1700 万吨较少到 2015 年的 300 万吨，出口量大幅度减少。

蒙古资源丰富、煤质优良，再加上接壤我国北部的区位优势，理论上讲是我国非常理想的进口来源地，但蒙古国煤炭政策不稳定，能够供我国开发和利用的煤炭资源不确定性因素较大。

俄罗斯煤炭资源全球第二，但距离我国较近的远东地区资源以褐煤为主，我国从俄罗斯进口煤炭量不大且增长比较缓慢，作为能源资源大国俄罗斯对我国进入其煤炭市场态度相当谨慎。另外从俄罗斯到中国的煤炭运输通道能力不足，也是制约我国加大从俄罗斯进口煤炭的重要原因。

2. 分析结论

综合考虑应对气候变化和减排压力、国际煤炭价格上涨、进口占世界份额较大、非煤能源的快速发展等因素，我国利用国际煤炭的市场不可能无限增大。总体判断，未来较长一段时间内国际煤炭市场将保持在10亿~16亿吨，我国还将是世界主要煤炭进口国，进口煤炭将维持在占国际煤炭市场的30%左右，即3亿~5亿吨的规模，未来我国煤炭供应仍需立足国内。

六 研究结论及应对策略

（一）研究结论

（1）我国煤炭资源虽然比较丰富，但与其他主要产煤国家相比，开采条件中等偏下，资源富集地区生态环境脆弱或面临严重自然灾害威胁，合理煤炭开发规模受到限制，难以做到无限制供给。

（2）在全球压减温室气体排放日益高涨的呼声下，我国以煤为主的能源结构面临严峻挑战，目前煤炭消费量已经偏大，非化石能源将加快发展，煤炭需求增速放缓。

（3）经过几十年建设特别是最近10年煤炭黄金期的快速发展，我国煤炭生产力水平大幅度提高，供应能力显著增强，全国现有生产煤矿能力35亿吨/年，在建煤矿5亿吨/年，正在开展前期工作的5亿吨/年，申请开展前期工作的3亿吨/年，加上技术改造和资源整合煤矿提升的产能，预计2020年前全国总体上煤炭供应是有保证的，但若煤炭市场长期低迷将不利于行业健康发展。

（4）近几年，煤炭进口猛增与国内煤炭需求旺盛、煤运通道能力制约、煤炭物流成本过高、国外经济疲软导致煤炭过剩和海运价格低廉等因素密切相关，但随着时间推移，国内外经济形势发生变化，这几个关键因素都将发生变化，甚至是转向相反方向，特别是国内经济转型、控制能源消费总量、商品煤质量管理和大气污染防治行动计划的实施，将进一步削弱进口煤炭的竞争力。

（5）随着新能源快速发展，全球煤炭产量将进入缓慢增长期，世界煤炭贸易量比较稳定，预计我国煤炭进口量维持在 3 亿~5 亿吨的水平，不足全国煤炭消费总量的 10%，进口煤地位仍然只是东南沿海地区煤炭市场的补充，国内煤炭是保障供应的绝对主力。

（二）国家层面应对策略

1. 制定审批权限下放配套政策

2013 年 5 月国家将低于 120 万吨/年煤矿核准权限下放地方投资主管部门，建议国家制定审批权限下放配套政策，避免一放就乱，加剧产能过剩。

2. 大力发展非化石能源，控制能源消费总量

未来一段时间，我国经济将继续保持较快增长，在工业化和城镇化不断推进的过程中，能源消耗量还要加大，为实现国家提出的碳减排目标，必须降低能源消费中的煤炭比重，破除高耗能产业无序增长瓶颈，应采取综合性措施，如实施能源消费强度和消费总量双控制，形成倒逼机制；大力发展水能、核能、风能、太阳能等非化石能源，增强其对煤炭的替代作用等。

3. 加快煤炭运输通道建设，为增加煤炭供应提供支持

加快蒙西—华东、山西中南部、蒙冀铁路建设，争取按原有计划按时投运，为增加湖南、湖北、江西、河南煤炭供应和关闭小煤矿提供支持。新疆煤炭资源丰富，具备大规模开发的资源条件，新疆煤炭开发对保障我国煤炭长远稳定供应意义重大。现阶段在主要做好煤炭发展规划、矿区总体规划、基础设施建设等前期工作的同时，最重要的是建设"疆煤东运"大通道，为加大开发新疆煤炭做好准备。

4. 加强进口煤炭管理，支持企业"走出去"

维护和加强与澳大利亚、印尼、蒙古、俄罗斯、越南、南非、美国、加拿大等主要煤炭出口国的贸易关系，打造有利于增加煤炭进口的环境，稳定煤炭进口市场。提高煤炭进口企业准入门槛，鼓励进口优质煤炭资源，限制低热值、高硫、高灰分煤炭进口。支持优势煤炭企业"走出去"，参与境外煤炭资产并购，开展资源勘探开发。与此同时，建议国家研究设立境外投资（项目）专项资金，金融机构提供配套金融支持，为企业"走出去"提供有力的资金后盾。

5. 清理不合理收费，暂缓出台煤炭资源税从价计征政策，降低煤炭企业税负压力

当前煤炭市场过于低迷，大部分企业出现亏损，煤矿本来就是高危行业，地下作业苦、脏、累、险，降低甚至拖欠工资必定造成人才严重流失，不利于煤炭行业的健康与和谐发展。建议国家从保障国家主体能源安全角度，清理各项不合理收费，减轻煤炭企业税负压力，让大部分企业能够维持最基本的再生产，保障煤炭稳定供应。建议暂缓出台煤炭资源税从价计征政策，如在取消各项基金和不合理收费的基础上，将可持续发展基金、矿产资源补偿费、矿业权使用费等收费项目并入资源税。

（三）行业层面应对策略

1. 出台有效的"退出政策"，鼓励落后煤炭企业退出市场，加快落后产能淘汰步伐

充分利用煤炭供应比较宽松的有利时机，认真贯彻近期出台的《国务院办公厅关于进一步加强煤矿安全生产工作的意见》，淘汰落后产能，关闭自然灾害特别严重、资源浪费严重、生态环境破坏严重的煤矿。2015年前重点关闭9万吨/年及以下不具备安全生产条件的煤矿，加快关闭9万吨/年及以下煤与瓦斯突出等灾害严重的煤矿，坚决关闭发生较大及以上责任事故的9万吨/年及以下的煤矿。尽快建立长效机制，出台有效的"退出政策"，争取2020年前后全部关闭9万吨/年以下的小煤矿。提高准入标准，一律停止核准新建生产能力低于30万吨/年的煤矿，一律停止核准新建生产能力低于90万吨/年的煤与瓦斯突出矿井。

2. 增强科技创新能力，破解煤炭开发约束

通过增强科技创新能力，提高行业技术水平，采取推广保水开采、充填开采等先进技术，实施采煤沉陷区综合治理，破解或降低影响煤炭合理开发规模上限的制约因素，从而提高合理产能规模。

3. 加强矿区生态环境治理，实现煤炭产业可持续发展

落实国家资源综合利用项目扶持政策，鼓励原煤入选，优先建设煤矸石综合利用项目，建设矿区循环经济园区，促进煤炭工业节能减排。全面落实瓦斯发电上网加价、税费优惠等政策，支持煤矿企业拓宽瓦斯利用范围，提高瓦斯利用率。加大煤田灭火投入，加快煤田火区治理，保护煤炭资源和生态环境。

4. 推动煤电产业融合发展，提高资源利用率

支持煤炭、电力企业发挥各自优势，合资、合作建设煤电一体化项目，实现煤电一体化经营，减少行业利益冲突，稳定能源市场。加快建设一批煤矸石低热值资源综合利用发电项目。

5. 加快发展煤炭深加工产业，促进行业发展

2012年底《煤炭深加工示范项目规划》和《煤炭深加工产业发展政策》相继制定完成，提出了"十二五"期间规划建设15个煤炭深加工示范项目。2013年3月，10个煤炭深加工项目相继获得"路条"，包括5个煤制天然气项目、4个煤制烯烃项目和1个煤制油项目；7月，由中石化牵头的新疆准东300亿立方米/年煤制天然气项目获得国务院批准；神华宁煤400万吨/年煤制油项目已获得国家发改委核准，是"十二五"以来我国第一个获得核准的煤炭深加工项目。目前，煤炭深加工产业在我国呈加速发展态势，中石油、中石化、中海油三大石油巨头以及国电、中电投等发电企业均大规模涉足该领域，试图抢占战略先机。

中国石油供需形势与应对策略研究*

一 中国石油需求分析

(一) 石油消费现状和特点

1. 石油消费量大幅增长,进口压力越来越大

2005年以来,我国石油消费以较快的速度增长,虽然增速略低于"十五"期间,但也达到了5%。据统计,我国石油表观消费量从2005年的32537.7万吨增加到2012年的49166.2万吨,短短7年间新增石油消费量16628.5万吨。原油消费量由2005年的30086.2万吨增加到2012年的47613.4万吨,7年间增加了17527.2亿吨 (见图1)。

在石油消费快速增长和国内原油产量缓慢增长的双重压力下,我国石油进口量增长较快,石油进口依存度不断提高,2012年石油净进口量达到28419万吨,进口依存度高达57.8%,比2005年增加了14个百分点,石油安全问题愈发凸显。

2. 交通运输成为石油消费增长的主导力量,在石油消费总量中的比例逐步提高

"十一五"以来,在我国国民经济持续快速增长、重化工业进程加速推进和人民生活水平提高,尤其是中产阶级消费能力不断增强的带动下,交通运输业增长迅速。7年间,我国旅客周转量由2005年的17467亿人公里增长到2012年的33383亿人公里,年均增长9.7%;货运周转量由2005年的80258亿吨公里增长到2012年的173771亿吨公里,年均增长11.7%。

---

* 本文作者单位:国家开发银行研究院、国家发展和改革委员会能源研究所。

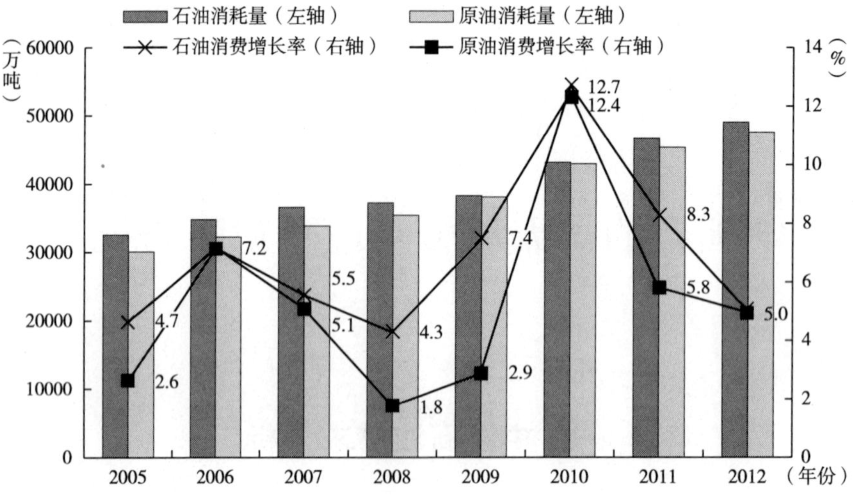

图 1　2005～2012 年我国石油和原油消费增长趋势

资料来源：国家统计局。

由于交通运输部门的石油消费具有价格刚性的特点，虽然近年来国际油价剧烈波动，并维持高位运行，但是交通运输、仓储和邮政业的石油消费依然增长迅速，由 2005 年的 10709.5 万吨增长到 2010 年的 14870.3 万吨，5 年间年均增速达到了 6.8%，交通运输、仓储和邮政业的用油占全部石油消费的比重也从 2005 年的 32.9% 逐年提高到 2010 年的 34.4%。

表 1　"十一五"期间我国分部门石油消费情况

单位：万吨，%

部门	2000 年 消费量	比例	2005 年 消费量	比例	2010 年 消费量	比例	"十五"期间年均增长率	"十一五"期间年均增长率
农业	788.5	3.5	1451.7	4.5	1382.5	3.2	13.0	-1.0
工业	11248.5	50.0	14245.1	43.8	17448.8	40.3	4.8	4.1
建筑业	840.6	3.7	1502.2	4.6	3045.1	7.0	12.3	15.2
交通运输、仓储和邮政业	6399	28.4	10709.5	32.9	14870.3	34.4	10.8	6.8
批发、零售业和住宿餐饮业	247	1.1	375.6	1.2	481	1.1	8.7	5.1
其他	1635.9	7.3	1969.2	6.1	2556.7	5.9	3.8	5.4
生活消费	1336.5	5.9	2284.4	7.0	3460.8	8.0	11.3	8.7
总计	22496	100	32537.7	100	43245.2	100	7.7	5.9

3. 工业部门的石油消费平稳增长，但在石油消费总量中的比例逐步下降

"十一五"期间，我国工业部门的石油消费平稳增长，由 2005 年的 1.42 亿吨增长到 2010 年的 1.74 亿吨，年均增长率 4.1%，在石油消费中所占比重由 2005 年的 43.8% 下降到 2010 年的 40.3%，但仍是我国第一大石油消费部门。带动工业部门用油增长的主要因素包括：一是，国内石油需求的增长，带动了国内炼油量的快速增长；二是，工业化、城市化进程的加速，带动了对石油化工产品的需求；三是，过去几年我国电力大面积短缺，导致一些用电企业启用受限制的燃油发电设备和自备燃油发电设备，使得发电用油需求大幅增长。

4. 农业用油出现下降，未来增长幅度不大

"十五"期间，伴随着我国农业和农村经济的稳步增长、农业现代化投入的不断增加，农业机械化因此有了较快发展，农机保有量增速加快，农机开动率大大提高，农业部门的石油消费以年均 13% 的速度增长。进入"十一五"，农业机械化普及程度较高，农业部门石油消费基本保持不变，农业用油量小幅下降。

5. 居民生活石油消费仍保持较快增长，但在全国石油消费中的比例在逐步下降

我国居民生活石油消费主要集中于汽油和液化石油气。"十一五"以来，民用汽车拥有量迅速增加，由 2005 年的 3159.7 万辆增加到 2012 年的 10933.1 万辆，7 年增加了 2.5 倍，带动汽油消费迅速增长，汽油消费量由 2005 年的 524 万吨增长到 2010 年的 1214 万吨，年均增长率达到 18.3%。

此外，虽然近年来国内城市管道天然气取得了快速发展，但是覆盖范围依然有限。"十一五"期间，居民生活液化石油气率也有所增加，居民生活液化石油气消费由 2005 年的 1329 万吨增长到 2010 年的 1457 万吨。

6. 人均石油消费增长较快，但仍然很低

"十一五"期间，我国人均石油消费水平保持了较快的增长势头，从 2005 年的 249 千克/人增加到 2010 年的 323 千克/人，5 年间保持年均 5.3% 的增长速度，几乎与石油消费增长同步。虽然人均石油消费水平增长较快，但依然很低，不到世界平均水平的一半，这说明未来随着我国经济的发展，石油消费仍有较大的上升空间。

（二）石油需求预测

1. 影响未来石油需求的因素分析

全球金融危机后，世界经济增速放缓，未来几年增长乏力。在外贸需求逐渐疲软、投资强度难以持续、经济增速明显放缓、劳动力成本大幅上升、人口结构发生改变之际，我国经济将面临更多挑战，正在走向几个关键的拐点，国内人口和经济结构、发展和消费模式等方面都将发生深刻的变化。

（1）经济增速明显放缓

经济增长的快慢将对石油需求产生关键性的影响。过去30多年来，我国经济总体上保持了持续快速增长，1978～2012年年均增速为9.8%，2012年GDP总量51.67万亿元（当年价），居世界第二位。对未来我国经济发展趋势，国内外多家研究机构做了各种预测和分析，预测结果各有差异，但主流观点认为我国经济潜在增长率将在2015年前后下一个台阶。在增长动力和经济结构发生实质性转变的过程中，我国将面临包括收入分配、薪酬增长、人口结构等一系列难以预料的挑战。根据追赶型国家的成功经验，如果应对得当，未来我国仍可保持10～20年的中速增长阶段。

根据十八大报告提出的2020年GDP较2010年翻一番的目标，考虑2011年和2012年GDP增速分别为8.7%和8.2%，2013～2020年GDP年均增速需要达到6.9%才能实现规划目标。结合政府规划和相关机构研究预测，我们认为2013～2020年GDP年均增速为7.5%，2020～2030年为6%。

表2 GDP增速设定

单位：%，万亿元

年　份	2012	2020	2030
GDP年均增速	—	7.5	6
GDP总量（2012年价）	51.7	92.2	165.1

（2）人口总量达到峰值

人口总量的增长将直接拉动汽油需求，也会通过产业关联形成对柴油、航煤和化工用油的间接需求。

目前我国的人口自然增长率呈现下降趋势，由2005年的5.89‰下降到2012年的4.95‰。未来我国人口总量增长趋势相对明朗，国家仍将长期实现计划生育政策，控制人口增长数量，提高人口质量。国务院办公厅在2006年发布的《人口发展"十一五"和2020年规划》中提出2020年人口总量控制在14.5亿人左右的目标，并预测人口总量高峰将出现在21世纪30年代，达15亿人左右；2011年发布的《国家人口发展"十二五"规划》提出，2015年全国总人口控制在13.9亿人以内、城镇化率较2010年提高约4个百分点的目标。

国家人口发展战略研究课题组和联合国等权威部门或机构均对此有较系统的研究，各项研究差异也较小。本报告参考了多家研究机构对2010~2030年全国人口的预测数据，认为我国人口增长总体趋势是，人口总量继续增长，但增速逐步减缓，预计到2030年我国人口总量基本达到峰值，为15亿人。

表3 人口增长设定

单位：亿人，‰

年 份	2012	2020	2030
总人口	13.54	14.5	15
自然增长率	4.95	4.5	3.4

（3）城镇化率逐渐升高

城镇人口规模是汽油需求的重要影响因素。2005年以来，在工业化进程的推动下，我国城镇化进程不断加快，城市人口迅速增长，城市化率每年上升1.2个~1.4个百分点，2012年达到52.6%。目前我国的城市化进程滞后于工业化进程，未来城镇化率仍将持续上升。但是，鉴于我国人口众多等基本国情，即使考虑到统计口径差异等因素，2030年以前我国城镇化率也不会达到发达国家目前的平均水平（77%）。

根据《国家人口发展"十二五"规划》提出2015年城镇化率较2010年提高约4个百分点的目标，以及国家人口和计划生育委员会发布的《中国流动人口发展报告2012》预测，2020年我国城镇化率将达到60%左右。我们预测，2020年和2030年我国城镇化率将分别达到60%和70%。

（4）能源安全和环境政策

控制能源消费总量，从中长期看，石油也是控制对象。从应对气候变化的角度，石油作为高碳的化石能源，也不利于节能减碳。

2. 石油需求预测方法与模型构建

本课题的石油需求预测模型的构建思路如图2所示。

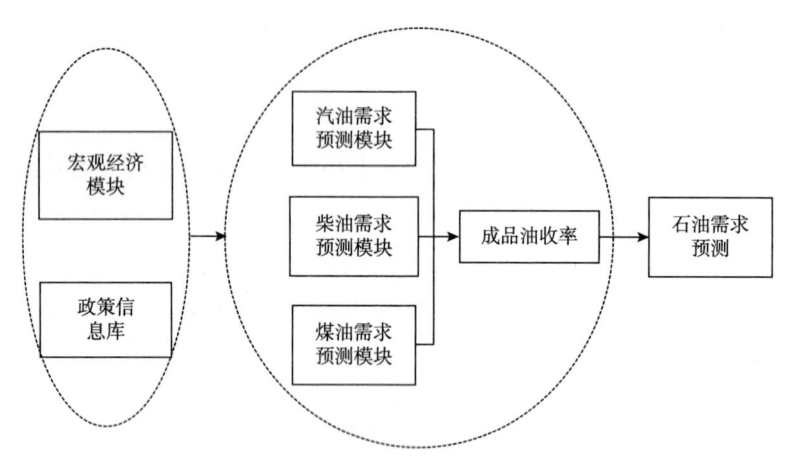

图2　石油需求预测模型构建思路框架

模型体系构成如下。

宏观经济模块：应用情景分析方法预测未来GDP、经济结构、人口、城市化率、人均收入等社会经济方面的数据；

政策信息库：将我国社会经济发展战略和规划、能源规划及能源和环境政策等作为情景设定的主要因素，作为对石油需求情景分析的依据；

汽油需求预测模块：在汽车保有量预测的基础上，考虑交通基础设施、燃油节能技术进步、小排量车比重上升、油价上升等多种因素影响，进行汽油需求预测；

柴油需求预测模块：柴油需求与经济增长、工农业生产和交通运输情况密切相关，其中交通运输部门是柴油增长的主要来源，通过公路客运和货运周转量进行重点预测，其他部门通过趋势外推法并参考相关机构预测结果进行综合预测；

煤油需求预测模块：参考《全国民用机场布局规划》《国务院关于促进民航业发展的若干意见》等相关规划，通过预测我国民航旅客、货物周转量，进而预测煤油需求；

成品油收率：在成品油供应以国内为主的基本原则下，参考中石油技术经济院等国内权威机构预测结构，按照 2015 年全国成品油平均收率 58%、2020 年全国成品油平均收率 60%、2030 年提高至 65% 来计算。

3. 石油需求预测结果

（1）汽油需求预测

目前我国汽车总销量已跃居世界第一，但千人汽车保有量、千人汽车销量等指标与日本 20 世纪 60 年代初期和韩国 80 年代中期相当。未来，随着居民收入和购买力的不断提高，我国民用汽车拥有量仍将保持快速增长，但受环境承受能力、公共道路资源、城市交通系统容纳能力等因素制约，增速将明显放缓。

预计 2020 年全国民用汽车拥有量将超过 2.3 亿辆，每千人汽车拥有量接近 160 辆，但仍低于发达国家的平均水平，其中民用客车拥有量有望达到 2.1 亿辆，年均增速 10% 左右，且以私家车为主；2030 年，全国民用汽车拥有量将达到 4.2 亿辆，其中民用客车拥有量超过 3.8 亿辆。

受交通基础设施不足、燃油节能技术进步、小排量车比重上升、家庭第二辆车购置、公共交通出行比例提高、油价上升与价格承受力下降等多种因素综合影响，汽油需求增速将与汽车增速有明显差距。预计 2020 年国内汽油需求在 1.1 亿吨左右，2030 年达到 1.4 亿吨。

（2）柴油需求预测

柴油需求与经济增长和工业生产、交通运输情况密切相关。受国家交通、环保法规约束和汽车产业政策影响，未来轻型、微型载货汽车将对传统农用车市场产生较大冲击。公路货运量的不断增长也对重型和中型载货汽车提出了更多的需求，在基准情景下，预计 2020 年我国民用货车拥有量将增至 2800 万辆，2030 年达到 4000 万辆。我国国土面积广阔，经济发展、人口聚集、资源和市场的分布都存在严重的区域不均衡，对交通运输业的发展提出了较高的需求。

预计 2030 年前，除水运、客运外其他运输行业仍将保持较快的增长速度。公路旅客周转量年均增长 5.5% 左右，公路货物周转量年均增长 7.0% 左右，由此拉动柴油需求继续保持增长，2020 年增至 2.1 亿吨，2030 年达到 2.7 亿吨。其中，交通运输部门是柴油需求增长的主要来源，占柴油需求总增量的 65% 左右。

（3）煤油需求预测

随着航空业的发展和居民收入的不断提高，未来煤油在我国成品油需求结构中所占比重将逐步上升。根据《全国民用机场布局规划》，2020年全国民用机场将增加97个，总数达到244个，全国机场货邮吞吐量、旅客吞吐量将分别保持15%和11.4%的年均增长速度。2012年国务院发布《国务院关于促进民航业发展的若干意见》提出，"航空服务覆盖全国89%的人口，年运输总周转量达到1700亿吨公里，年均增长12.2%，全国人均乘机次数达到0.5次"的发展目标。尽管我们的预测相对保守，但未来到2030年前我国民航旅客、货物周转量仍将保持年均10%以上的高增速，从而带动煤油需求继续快速增长。预计基准情景下，2020年国内煤油需求在3296万吨左右，十年年均增长速度为6.8%；2030年，国内煤油需求为5595万吨，十年年均增长速度为5.6%，在所有有油品中增速最高。

（4）石油需求预测

根据上述分析，我国石油需求距离达到峰值水平还有一定的时间和空间。我国经济受在实现小康社会的过程中的石油需求增长和经济转方式、调结构的影响，石油需求增长相对优于先发国家，保持适度水平。参考国际能源署在2012年11月发布的《世界能源展望2012》，2015年我国石油需求为5.36亿吨，基准情景下2020年石油需求6.14亿吨，低情景为5.89亿吨，高情景为6.21亿吨。按照2020年全国成品油平均收率60%、2030年提高至65%来计算，2020年我国石油需求为5.88亿吨，2012~2020年期间年均增长2.27%；2030年为7.15亿吨，2020~2030年年均增速1.97%。

表4 我国石油需求预测

单位：亿吨，%

年 份	成品油需求预测			成品油收率	石油需求预测
	汽油	柴油	煤油		
2012	0.868	1.697	0.2	56.3	4.917
2020	1.1	2.1	0.33	60	5.88
2030	1.4	2.7	0.55	65	7.15

二 中国石油供应分析

(一) 国内石油开发现状与趋势

1. 石油资源与分布

我国石油资源总体丰富,石油远景资源量1086亿吨,地质资源量765亿吨,可采资源量212亿吨。但含油气盆地规模较小,地质条件复杂,勘探难度大,与世界其他产油大国相比,我国发现的世界级大油田较少。

根据国土资源部的《全国油气矿产储量通报》,2011年我国的石油剩余可采储量达到32.1亿吨,主要聚集在东部、海域和西北地区。其中,东部地区储量占全国总储量的57%,远高于其他地区,海域占16%,西北占16%,三者合计占89%。

从变化趋势来看,西部陆上石油储量增长主要来自鄂尔多斯、准噶尔、塔里木等盆地,2011年石油储量同比增长6%。海域石油储量主要来自渤海湾和珠江口盆地,其中珠江口盆地石油储量2011年同比增长35%。近年来,东北松辽盆地石油储量持续下降。

2. 生产现状

2000年以来,我国石油产量一直处于稳步上升状态,年均增长率1.7%。2010年石油产量首次突破2亿吨,2012达到2.07亿吨。

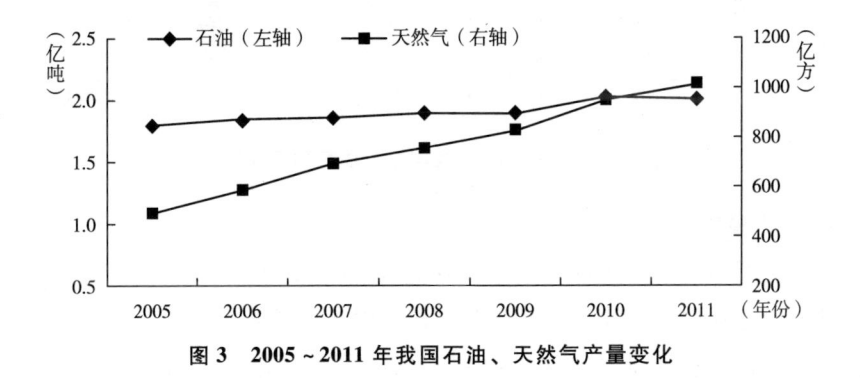

图3 2005~2011年我国石油、天然气产量变化

我国西部鄂尔多斯、塔里木、准噶尔、柴达木等主要盆地正处在规模上产期,近年来油气产量增长较快。长庆、塔里木、塔河、新疆、四川等西部油气田2011年生产石油4717万吨。

东部地区通过技术攻关、综合治理，努力保证老油田稳产。多年来，大庆油田利用科技创新，强力支撑原油生产，2012年实现了原油4000万吨以上稳产第十年的目标。辽河油田不断调整优化开发方案，深部调驱技术效果显著，疏导引流增产技术有效解除油层堵塞，迅速恢复油井产能，全年生产原油1013万吨，连续27年实现千万吨以上产量规模。2012年胜利油田生产原油2755万吨，9月首口滩坝砂油藏非常规水平井滨435－1HF井顺利完钻，为深层致密砂岩油藏有效动用提供了支撑。

海上逐步推进深水作业。2012年，中海油南海东部作业区"海洋石油981"实施的南海深水表层钻井试验（水深1500米）成功完成，解决了影响深水表层钻井安全的窄压力窗口、浅层气、浅层水流和水合物、海底低温等技术难题。

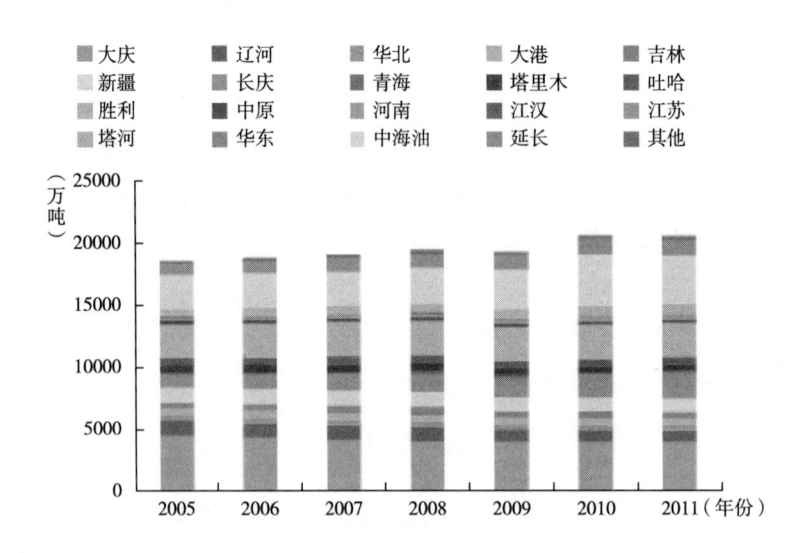

图4　2005～2011年我国主要油气田石油产量

3. 产量变化趋势

我国石油勘探开发将继续围绕深化东部、强化西部、加快海上展开。东部深入挖掘主要产油区的资源潜力，加强老油田稳产改造，延缓老油田产量递减速度；西部推进风险勘探和低品位资源勘探，大力开展技术攻关，实现规模有效开发；海上将继续加快南海石油开发，突出海洋油气的战略地位，并向更深水域拓展。

目前，东部油田经过多年开发，已普遍进入"高含水、高采出"的双高开发阶段，石油产量的高峰期已过，老油田石油产量进入递减阶段。西部地区老油田总体处于中含水和中采出程度，大规模的开发也已经进行了20余年，由于强力开发等原因一些主力油田已开始减产。海域地区尽管有着丰富的油气资源，但多数油田规模较小，未来产量提高必须依靠能够接替珠江口盆地的主力产区。

根据多数专家的趋势性预测结果，在勘探新区无重大突破的前提下，我国石油产量仍会相对稳定在一个阶段。如工程院的预测结果，在2035年以前年增探明石油可开采量规模保持在1.8亿~2.0亿吨，之后增长会有所降低。

由此，根据多家机构预测结果，预计2030年前我国常规石油产量将长期保持在2亿吨左右。

（二）世界石油供需现状

1. 世界石油资源情况

根据美国地质调查局（USGS）最新评价结果，全球常规石油最终可采资源量5321亿吨，较2000年增加19%，未来仍有较大的勘探潜力。

在剩余探明可采储量方面，根据BP能源统计数据，2012年世界石油探明可采储量为2358亿吨（见表5）。中东地区仍是世界石油储量最丰富的地区，2012年石油储量占全球总量的48.4%。近年，拉美地区的石油储量增势明显，由于委内瑞拉计入超重油储量，该地区的石油探明储量占全球的比重从2008年的10.7%大幅提高到2012年的19.7%。

表5 2012年世界石油探明储量分布

单位：亿吨，%

地　区	探明储量	占　比
中东	1093	48.4
中南美洲	509	19.7
北美洲	338	13.2
欧洲及欧亚大陆	190	8.4
非洲	173	7.8
亚太地区	55	2.5
世界总计	2358	100

资料来源：2013年BP世界能源统计。

2. 世界石油生产情况

世界石油产量继续保持增长。2011年，全球石油产量达8357.6万桶/日（40.0亿吨），较上年增长1.3%（见图5）。

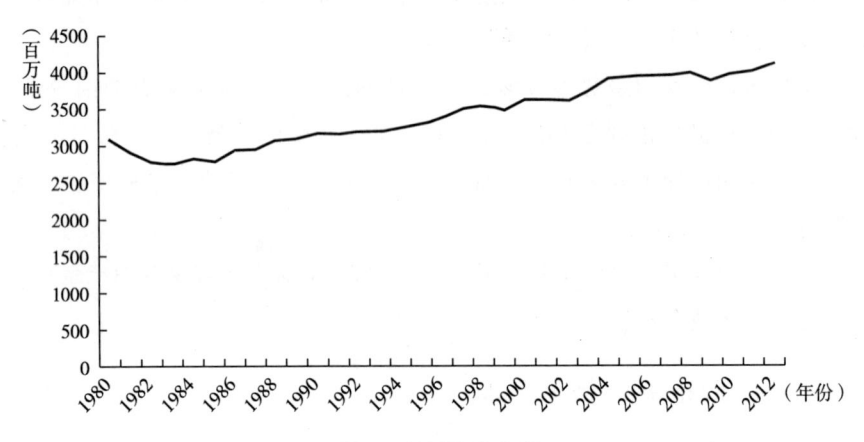

图5 世界石油产量

资料来源：2013年BP世界能源统计。

中东地区仍是世界最大的产油区，石油产量13.4亿吨，产量占全球的32.5%。2012年，中东地区产量增长主要来自沙特阿拉伯、科威特和伊拉克。但受战争影响，叙利亚产量大幅下降，同比下降49.9%。非洲利比亚内战后，产量迅速恢复，同比大幅增长了215%。

表6 2012年世界石油产量地区分布

单位：亿吨，%

地 区	石油产量	占 比
中东	13.368	32.5
中南美洲	3.78	9.2
北美洲	7.214	17.5
欧洲及欧亚大陆	8.364	20.3
非洲	4.49	10.9
亚太地区	3.973	9.6
世界总计	41.189	100

资料来源：2013年BP世界能源统计。

3. 世界石油消费情况

2000年以来，除受金融危机影响2008年和2009年世界石油需求出现下降外，其他年份在新兴经济体国家石油需求大幅增长的带动下，世界石油需求均出现增长。2012年，世界石油消费量达到41.3亿吨，较2011年增长0.9%。2000~2012年，世界石油需求年均增长1.3%（见图6）。近年来，世界石油需求增长多来自新兴经济体国家，且主要集中在金砖国家，而经合组织国家石油需求则出现下降。

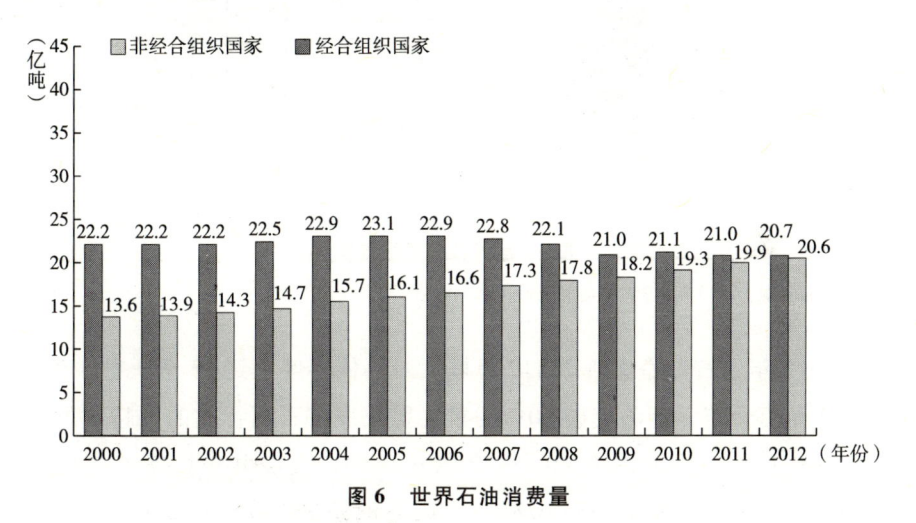

图6 世界石油消费量

年份	经合组织国家（亿吨）	非经合组织国家（亿吨）
2000	22.2	13.6
2001	22.2	13.9
2002	22.2	14.3
2003	22.5	14.7
2004	22.9	15.7
2005	23.1	16.1
2006	22.9	16.6
2007	22.8	17.3
2008	22.1	17.8
2009	21.0	18.2
2010	21.1	19.3
2011	21.0	19.9
2012	20.7	20.6

资料来源：2013年BP世界能源统计。

4. 世界石油贸易情况

原油进口方面，美国、中国、日本和印度是世界最大的4个原油进口国，2012年分别进口原油4.24亿吨、2.71亿吨、1.87亿吨和1.77亿吨，合计占世界原油进口总量的55%（见图7）。

原油出口方面，中东、非洲、苏联地区、中南美洲和墨西哥是世界最大的5个原油出口地区，2012年分别出口原油8.81亿吨、3.27亿吨、3.02亿吨、1.57亿吨和1.22亿吨，合计占世界原油出口总量的92.8%。

（三）我国石油进口现状与展望

1. 石油进口现状

近年来，由于国内产量增速低于石油消费量增速，石油进口量继续增

中国大宗矿产品来源和应对策略

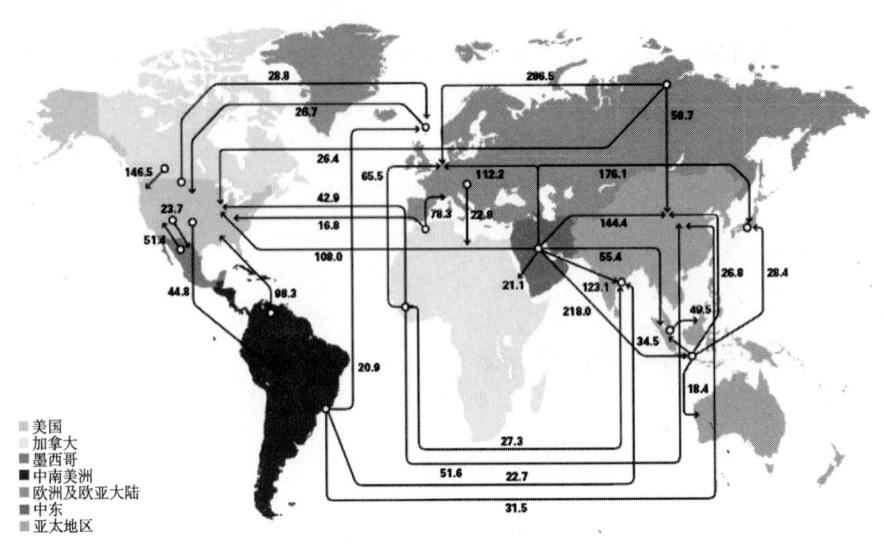

图7 世界石油贸易流向

资料来源：2013年BP世界能源统计。

加。2012年，石油净进口28412万吨，对外依存度达到57.9%，同比上升1.3个百分点，即将突破60%的重要警戒线，石油行业的可持续发展面临严峻挑战，保障国内能源安全的重要性凸显。其中，原油净进口26859万吨，同比大幅增长6.89%；成品油净进口1553万吨，同比增长4.23%。

表7 我国石油生产消费情况

单位：万吨，%

年 份	原油产量	原油 进口量	原油 出口量	成品油 进口量	成品油 出口量	表观消费量	对外依存度
2012	20699.8	27102	243	3982	2429	49111.8	57.9
2011	20400	25378	251	4060	2570	47017	56.6
2010	20300	23931	303	3688	2686	44930	54.8

从进口来源看，我国石油进口来源主要是中东、非洲和俄罗斯（见图8）。其中，中东是最主要的进口来源，前十大进口来源国中有6个都在中东地区。

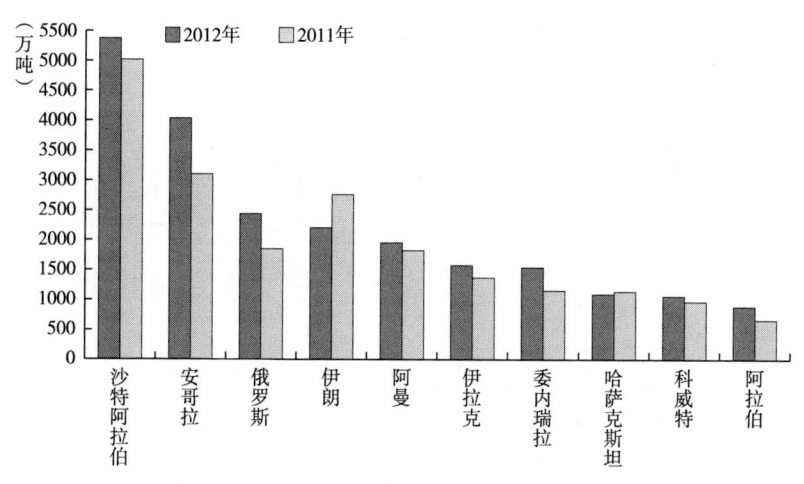

图 8　2011 年和 2012 年前十大原油进口来源国

2. 影响石油进口的因素分析

（1）地缘政治形势愈加复杂

世界油气资源的 3/4 分布在中东和俄罗斯—中亚地区，这些地区也是我国油气资源进口的重点，上述地区政局不稳定，各国力量交汇，给我国的油气安全带来挑战。

以海湾为中心的中东地区是世界上油气资源最丰富，也是未来开采增长潜力最大的地区，资源争夺最为激烈。在中亚，特别是里海地区，各能源进口大国的能源竞争和美俄的政治势力竞争非常激烈。美国在阿富汗和吉尔吉斯斯坦的军事基地不仅威胁到俄罗斯在中亚的势力，也使得中国—中亚的油气管道处于美军的攻击范围之内。在南亚地区，美国不断增强军事力量，印度也迅速崛起，我国构建的中缅油气管道以及由此打通印度洋输送通道面临包围之势。此外，俄罗斯凭借资源优势，也力求对国际能源战略格局施加更大的影响，将输出资源作为维护其政治外交利益的重要砝码，同时"俄乌斗气"的深远影响值得我们关注和反思。

未来随着世界原油进口量的进一步增长和消费大国之间资源竞争的加剧，这些不稳定地区的石油地缘政治地位还将进一步提升，我国石油进口份额 70% 以上和大部分进口天然气来自这些地区，一旦这些地区发生动荡，我国很难通过政治影响力来保证进口，如何提高我国在这些地区的地缘政治地位将是未来我国面临的重大挑战。

(2) 石油进口对某些通道依赖度过高

不可否认，实现我国油气进口多元化，对保障我国能源安全具有重要意义。但我们必须清醒地认识到，中国当前看似完善的油气进口通道格局仍存在重大缺陷。

首先，对传统的海上通道依赖过大。在我国的油气进口方式，尤其是石油进口方式比较单一。我国原油进口大部分采取海上运输方式，油轮运量占原油进口总量的比重不断上升。另外，我国进口LNG也日益加大了对海运的依赖程度。

其次，在运输路径方面，我国油气进口十分依赖西行航线。我国原油80%以上和部分LNG需要从中东、非洲进口，从这两个地区到我国的原油海上运输通道较为固定，都要经过马六甲海峡这个战略咽喉通道，从非洲进口的油气还要经过连接红海和亚丁湾的曼德海峡。这些海运交通要道，海盗活动频繁，对中国原油运输安全的威胁极大。波斯湾西侧星罗棋布的美军军事部署和狭窄的霍尔木兹海峡更是威胁着我国油气进口的安全。面对这些挑战，中国自身军事力量有限，一旦发生重大战争或其他突发事件，难以保证海上通道的安全。

此外，相比于中东地区，中国想要增加中亚和俄罗斯的油气进口量空间有限。俄罗斯的油气出口重点在欧美市场，中国想从俄罗斯进口更多油气的计划受阻。中亚如哈萨克斯坦、土库曼斯坦这样的国家对中国油气的稳定供应面临着西方市场的强有力竞争，包括美国和欧盟计划建设的纳布科管道、俄罗斯的"南流"和"北溪"管道，油气来源都是中亚里海地区。中国西北方向油气进口通道未来可能面临和欧美"抢油、争气"的激烈竞争局面。

(3) 战略储备能力不足

保证石油安全的重要措施之一就是增强国家石油战略储备能力，尤其是在一个能源主要依靠进口的国家，能源的战略储备就显得更加重要。世界石油消费大国（如美国、日本等）都把加强石油战略储备作为保证本国能源安全的首要措施。目前，美国实际储备石油能力达7.5亿桶，可满足158天的消费，日本的石油战略储备相当于160天的进口量，欧盟国家建立了相当于90天进口量的石油战略储备，而我国到目前尽管已经建设成第一批国家石油储备基地，但储备规模还比较小，现有原油、成品油储罐多属生产和流通的配套设施，难以发挥战略储备功能。由于我国尚未建成足够的石油战略储备能力，对石油突发性供应中断和油价大幅度波动的应变能力较差，一旦遇到突发事件，处境将十分被动。

(4) 价格波动对我国经济社会发展造成影响

随着我国工业化进程不断推进，我国经济增长对能源的需求日益增加。石油在一次能源消费中的比重逐年升高，同时对外依存度也明显提高。在这种情况下，国际能源价格的波动对我国经济的发展带来的影响巨大。

一是油价波动影响我国经济增长，形成通胀压力。石油是工业的基础产品，位于产业链的上游。油价波动必然会影响我国国内市场生产资料的价格水平。按照国际货币基金组织预测，国际油价每升高10%，全球经济增长率就会削减0.1%~0.5%。亚洲发展银行也表示，国际油价每升高10美元，亚洲经济增长将降低0.8个百分点。油价大幅上涨便会带动国内工业品价格上涨，进而推动消费价格总水平上涨。其他国家产品也会尽可能地把因油价上涨而增加的成本转移出去，我国进口商品的价格也会提高。这些因素结合在一起，会对国内价格总水平的稳定造成影响。随着世界油价上涨幅度的加大，我国的总体物价水平将随之上升。而过高的价格上涨幅度，即过高的通货膨胀率将最终给整体经济的增长带来损害。

二是油价波动对我国相关产业造成影响。随着我国经济对油气资源的依赖程度不断加深，油价的上涨势必影响相关行业发展。在涉及国民经济发展的关键部门中，石油炼制炼焦业对油气资源依赖最大，其次是农业部门、交通运输邮政电信业、金属矿开采、化学工业、金属冶炼压延业、电力燃气自来水业、非金属矿开采、非金属矿制品、建筑业等，这些部门均是支撑国民经济发展的基础行业，油价上涨势必会对这些行业产生影响。

三是油价波动对我国出口贸易产生影响。国际油价持续上涨及其相关商品价格上涨，将使我国的进口增长率大幅度降低。我国进口石油的支出金额却随着油价的高位运行而快速增大，自2005年起，我国每年用于进口原油的外汇开始超过百亿美元，占我国进口总额的比例也一直维持在5%左右。高油价导致我国出口目标市场萎缩，有可能造成我国出口下降。

(5) 非常规石油开发

包括页岩油、生物液体燃料、煤制油等。

3. 石油进口展望

基于上述预测结果，按照我国原油产量稳定在 2 亿吨估算，我国石油对外依存程度将迅速上升，2020 年达到 63.6%，2030 年达到 67.4%，石油安全面临巨大压力。

表 8　我国石油供需平衡状况

单位：亿吨，%

年　份	2010	2020	2030
石油需求量	4.32	6.05	7.46
常规石油产量	2.03	2	2
页岩油、油砂油产量	0	0.05	0.08
煤制油、生物液体燃料	0.05	0.15	0.35
净进口量	2.24	3.85	5.03
对外依存度	51.9	63.6	67.4

4. 主要原油进口来源地区分析

我国石油企业经过十几年的海外拓展，初步形成了非洲、中亚—俄罗斯、拉美、中东和亚太五大战略合作区，为保证国家石油供应起到了积极作用。

从进口来源地看，世界石油资源的 3/4 分布在中东和俄罗斯—中亚地区，这些地区仍将是我国石油资源进口的重点。此外，非洲和南美地区的主要产油国，也是我国石油资源进口的重要区域。

因此，在进口来源上，要巩固在中东、非洲、拉美等资源国油源的同时，不断增大中亚、俄罗斯等陆路地区的石油进口比例，形成多元化的进口来源格局。

三　保障石油安全的思路与对策

（一）保障石油安全的总体思路

从保证油气持续供应和价格平稳，不会对经济社会平稳运行和持续发展带来负面影响的国家油气安全目标出发，课题组提出未来中国石油安全战略的总体构想：充分挖掘国内资源潜力，积极利用国外石油资源；探索应对油价波动，用好各种贸易手段；参与国际能源治理，提升自身话语权；开展油气务实合作，实施供应多元化；坚持科技创新引领，推进发展方式转变；加强需求侧管理，提高油气利用效率；完善储备体系建设，构建安全预警机制。

以上几句话阐明了正确解决我国油气安全问题的对策和途径：供应侧，要处理好利用国内、国外两种资源的关系，在立足国内资源的基础上，积极利用国外资源；国内资源勘探开发要加强科技创新，国外资源要积极开展国际合作，坚持实行多元化战略。需求侧，要努力推进发展方式转变，节油节气，加强需求侧管理。应对突发事件和价格波动，要提高战略储备以保障安全，发展期货贸易规避价格风险，建立健全安全预警系统，制定多种危机应急预案。同时，把油气安全作为经济安全的一部分，提升我国的国际地位和话语权。

（二）保障措施

1. 继续加强国内油气资源勘探开发

国内油气生产的长期稳定发展是保证国家长期油气供应安全的基础。目前，我国石油资源的探明程度不高，至今没有勘探出第二个像大庆那样的大型整装油田，但通过进一步加大勘探开发的投入和力度，在一定时期内实现稳定和提高国内石油产量是有可能的。今后 5~10 年国内石油勘探开发的重点是加大对三大战略区（鄂尔多斯盆地、准噶尔盆地、松辽盆地南部地区）和两大战略后备区（塔里木盆地、柴达木盆地）的勘探力度。

国家应加快研究制定促进油气资源勘探开发的政策，从体制上调动国内外各种积极因素和力量参与国内油气勘探开发。上游市场引入竞争，是有效快速发现国内油气资源的重要手段。进一步完善我国陆上、海上石油资源对外合作条例，扩大对外合作勘探开发石油、天然气的范围和领域。鼓励外国公司更加积极地投资勘探油气资源领域、投资开发未动用储量和提高老油田采收率。调动国内外各种力量增加石油天然气探明储量，确保国内油气供应能力。

加大科技攻关，推进油气资源勘探开发。实践表明，理论与技术的不断进步是推动油气资源勘探开发的重要手段。国家应长期关注、重点支持油气行业的理论创新和科技进步，组织攻关和研发制约油气行业发展的技术瓶颈和重大装备，重点突破低品位、低渗透资源的经济勘探和开发，提高已开发油田采收率，全面系统地开展非常规油气资源的调查、评价、技术攻关和开采试验。

此外，在提高油气供应能力的同时，加强环境保护，实现油气工业上游可持续发展。注重油气开采过程中的环境风险和安全生产，避免"渤海漏油"类似事件重演。

2. 进一步做好分享利用国外油气资源的各项工作

开展区域性能源合作，建立互利的集体石油安全体系。促进建立石油供需双方的多边和双边合作，建立供需双方的长期经济利益共享为基础的石油安全机制。

大力鼓励我国的石油公司"走出去"参与油气资源的国际开发。我国石油企业具有一定的技术、资金和人才等方面的优势，但是在"走出去"中面临着国际勘探开发市场的激烈竞争和政治、资金、市场以及地质条件等诸多方面的风险和困难。因此，政府应在外交、投资、税收和协调管理上予以支持，石油企业也应抓住有利时机，在全球范围选择"走出去"的战略重点地区，拓展优良开发项目，尽可能多地为国家获取份额油。

加快发展"多元化贸易"战略。国际油气贸易是我国利用国外石油资源的重要手段。要在进口来源、品种、进口方式、进口运输通道等方面实现多元化。在进口来源上，力求稳定中东、发展非洲、开拓中亚俄罗斯，兼顾世界其他地区；在进口品种上，合理搭配低硫与高硫、轻质与重质原油、原油与成品油的比例；在进口方式上，现货供应和长期合同供应相结合，货币贸易和货物贸易相结合；在运输通道上，南部稳定通过马六甲海峡的海洋运输通道，同时拓展新的可替代通道，西部在中哈石油管道成功运行的基础上，积极筹划中亚的输气管道，北部积极引进俄罗斯的管道油气，东部加快油气进口港口码头、液化天然气接收终端等基础设施的建设。

3. 鼓励节约合理利用石油资源

大力提倡石油适度消费，建立节油型生产和消费方式，利用税收、价格等经济杠杆乃至法律手段对我国石油消费进行宏观调控。适时推出"燃油税"，建立节油法规和制度。根据产品标准和不同用途，推行有差别的成品油消费税，制定更为严格的用油标准。调整石油消费产业结构和产品结构，将石油更多地用于效益增长好的产业，生产高附加值产品，大力推广应用高效节油的工艺、技术和设备。

采取优惠的财政、税收和价格政策，支持节油、代油新技术和新产品的科研开发与工业推广示范项目。将符合条件的节约石油、替代燃料油技改项目列入计划，并给予财政政策支持。

通过税收手段促进节约型、环保型车的使用；制定促进企业自愿节能节油的财税政策。鼓励发展轨道交通、燃气汽车以及低油耗、小排量汽车；适当发展清洁燃料的柴油车，发展使用LNG、LPG、CNG的汽车；尽快制定并实施机动车燃料经济性标准和相关政策；加强节油宣传教育，普及节油知识，增强节油意识。

4. 建立和完善油气储备体系

完善石油储备体系不仅可以保证国家的石油安全，还可以平抑油价波动对经济产生的影响。要继续加快国家石油储备体系的建设，制定石油储备法律法规。扩大石油储备规模，全面开工建设国家石油储备二期项目，增加国家储备，发展民间储备，把防止石油供应中断能力提高到更高水平。加快开展成品油储备体系建设，作为原油储备的补充，共同构建合理的石油储备体系，同时，参照原油商业储备的做法，尽快研究制定成品油商业储备办法和制度。

加快天然气储气库和沿海LNG储罐建设，完善天然气管网体系，做好应对冬季天然气供求紧张的调峰能力建设，加快建立天然气战略储备。

5. 进一步完善应急保障机制

逐步建立和完善包括预警应急法律法规体系、组织机构和决策机制、信息采集分析发布系统、不同品种不同级别的应急预案和国际互助合作协议在内的油气预警应急体系，准确判断油气安全运行状况。做好能源供应重大突发事件的应急指挥和综合调度，采取与之相配套的应急措施，发挥其防范和应对能源安全风险的功能。加强日常演练，及时妥善处理突发的油气供应紧张和中断。

建立全球能源资源信息服务平台，系统收集掌握主要资源国资源基础、开发状况、投资环境、法律政策等信息，适时跟踪分析我国及主要能源消费国和国际能源、金融市场动态，预警预测能源市场变化和能源安全形势，通过信息发布引导市场投资、交易、消费行为，同时为制定实施国家能源安全战略提供决策服务。

6. 提高综合实力，维护我国海上油气权益

目前在我国南海海域，周边国家每年获得超过 2000 万吨油当量的油气资源。以越南为例，到 20 世纪 80 年代末还是越南能源进口国，但目前依靠南海资源其已成为能源输出国。2010 年，越南国家油气集团开采的油气资源有超过 700 万吨当量来自南海海域。

如何处理潜在的矛盾和冲突，维护我国海洋油气权益，是事关我国能源安全的核心问题。我们应尽快完善我国的海洋立法，明确具体实施部门，加强海上执法力量建设；建立综合的海上安全保障体系，维护国家安全；加强宣传教育，提高全民族的海洋意识，维护我国的海洋权益。

中国天然气资源来源和应对策略研究[*]

一 快速发展的中国面临着能源需求与供给巨大挑战

(一) 2020年能源需求前景展望

21世纪以来,中国经济又经历了十年的快速发展。这十年,中国的产业结构优化升级,农业基础不断加强,经济实力、综合国力、人民生活水平迈上新台阶。这十年,中国经济年均增长10.5%。尤其是"十一五"以来,国民生产总值以年均超过4.5万亿元的高速增长规模,从1万亿美元上升到6万亿美元,由世界第六位跃居为第二位,实质性地缩小了与世界发达国家的距离。

然而,就中国社会经济发展现状和发展水平而言,虽然,2010年中国经济总量跃居世界第二。但是,人均GDP不足4000美元、城镇化率刚刚超过50%、人均能耗水平不到发达国家的一半。尤其是重工业依然占到工业经济比重的70%,"重化工业"特征依然明显。从能源供给和能源消费水平来看,虽然中国政府陆续出台了相关的法律法规、中长期发展规划和相关的一系列优惠政策,并通过大量的行政手段,有效地促进了新能源和可再生能源的迅速发展,并积极推动清洁能源生产与消费方式。不仅大幅地减少了能源浪费,而且通过产业结构调整(包括淘汰落后产能)、先进技术的开发应用,以及认识水平和管理水平的大幅提升,促进了产业装备技术升级换代,产业集中度不断提高,能效水平得到大幅提升,单位GDP能耗显著降低,经济发展质量和效益得到明显提高。但是,2010年中国能

---

[*] 本文作者单位:国家开发银行研究院、国家发展和改革委员会能源研究所。

源消费总量仍然超过 32 亿 tce。其中，在能源消费结构中，新能源和可再生能源所占能源消费的比重不足 10%，煤炭占终端能源消费的比重依然超过 40%。也就是说，21 世纪的第一个十年，中国能源消费总量的年均增幅接近 2 亿 tce。其中，煤炭占终端能源消费中的增量依然超过 8000 万 tce。固然，这与中国社会经济发展所处阶段密不可分，与国家的资源禀赋密切相关，具有一定客观性。但是，从中长期发展的角度来看，未来十年，中国不仅要解决超过全球五分之一的人口的穿衣、吃饭问题，还要全面建成小康社会。作为世界上最大的发展中国家，唯有发展才是硬道理。工业化与城镇化进程不断向前推进，离不开大量资源、能源的支撑。然而，如果依照前十年的发展模式和增长速度，即便是考虑到工业能耗增速可能放缓，但交通、建筑和民用能源消费仍将大幅增加，"一消三涨"的结果可能是未来十年中国能源消费总量仍然保持年均近 2 亿 tce 的增长。简单计算，到 2020 年，中国能源消费总量将达到或超过 50 亿 tce。面对如此巨大的增量需求，无论是中国的资源保障与能源供给能力，以及国家的能源战略与安全，还是环境的承载能力，以及应对气候变化、实现国家节能减排目标、兑现对国际社会的承诺，所面临的压力和挑战都是空前绝后的。

（二）实现 2020 年碳强度控制目标的有效措施

2009 年 11 月国务院常务会议决定，到 2020 年单位国内生产总值（GDP）二氧化碳排放比 2005 年下降 40%~45%，作为约束性指标纳入"十二五"及其后的国民经济和社会发展中长期规划，并制定相应的国内统计、监测、考核办法。单位 GDP 二氧化碳排放强度下降目标是中国政府本着积极、建设性和对人类社会高度负责的态度，在全面考虑中国国情和发展阶段，社会经济和能源发展趋势，建设资源节约型、环境友好型社会的目标和任务，以及为应对全球气候变化做贡献的基础上，经过反复研究论证制定的。

单位 GDP 二氧化碳排放量取决于两方面因素，一方面是单位 GDP 能源强度变化，即通常所说的节能降耗；另一方面是单位能源消耗的二氧化碳排放，与非化石能源比重以及化石能源消费结构相关。

1. 降低单位 GDP 能耗

降低单位 GDP 能耗既是实现 2020 年碳强度控制目标的重要措施之一，

也是实现国家中长期发展战略目标的主要约束性指标之一。实施节能优先战略，是保障国家能源安全和促进生态文明建设的重要前提，是顺应国际能源形势和应对全球气候变化的必然选择。

"十一五"期间，全国万元 GDP 能耗累计下降 19.1%，形成节能量 6.3 亿 tce。其中通过实施十大重点节能工程、淘汰落后产能、开展千家企业节能行动和节能产品惠民工程等重大专项活动，分别形成的节能量约为 3.4 亿 tce、1.3 亿 tce、1.5 亿 tce 和 0.57 亿 tce。值得一提的是，工业部门单位工业增加值能耗累计下降 20.6%，形成节能量约为 5 亿 tce，对全国总节能量的贡献率达到 78.8%。工业部门主要产品单位能耗下降所形成的环比累计节能量为 3.2 亿 tce，对实现"十一五"节能目标的贡献率超过 50%。

综合考虑"十一五"节能目标完成情况，以及中国社会经济发展阶段和地区经济发展的特点，未来尽管面临着包括能源消费总量大、增速快，资源环境矛盾突出；能源利用效率总体偏低，浪费现象大量存在；经济结构偏重，交通和建筑部门能耗加快增长；发展方式粗放，缺乏长效机制，基础工作薄弱等诸多挑战，但只要统一思想、提高认识，经过积极努力，在碳强度目标期剩余的两个五年计划期间，仍可延续"十一五"的趋势实现较高的节能目标，支撑碳强度下降目标的实现。2015 年，万元国内生产总值能耗比 2010 年下降 16%，相当于 2015 年比 2005 年下降 33%；2020 年，万元国内生产总值能耗比 2015 年下降 14%，相当于 2020 年比 2005 年下降 41% 左右，为实现 40%~45% 碳强度下降目标提供坚实的支撑（见图 1）。

2. 减少单位能源消耗的二氧化碳排放

（1）提高非化石能源比重

非化石能源是能源供给的重要组成部分。发展非化石能源不仅被纳入国家中长期发展战略目标，同时也作为实现 2020 年碳强度控制目标的重要措施之一，被列为约束性指标。然而，基于非化石能源资源的自然禀赋、特有属性、利用条件、开发技术、应用水平等综合因素考虑，到 2020 年中国非化石能源按比较乐观估计的供应能力总共才能达到 7.278 亿 tce。其中，水电 3.38 亿 tce，核电 1.84 亿 tce，风电 0.77 亿 tce，太阳能发电 0.096 亿 tce，其他可利用的可再生能源约为 1 亿 tce。

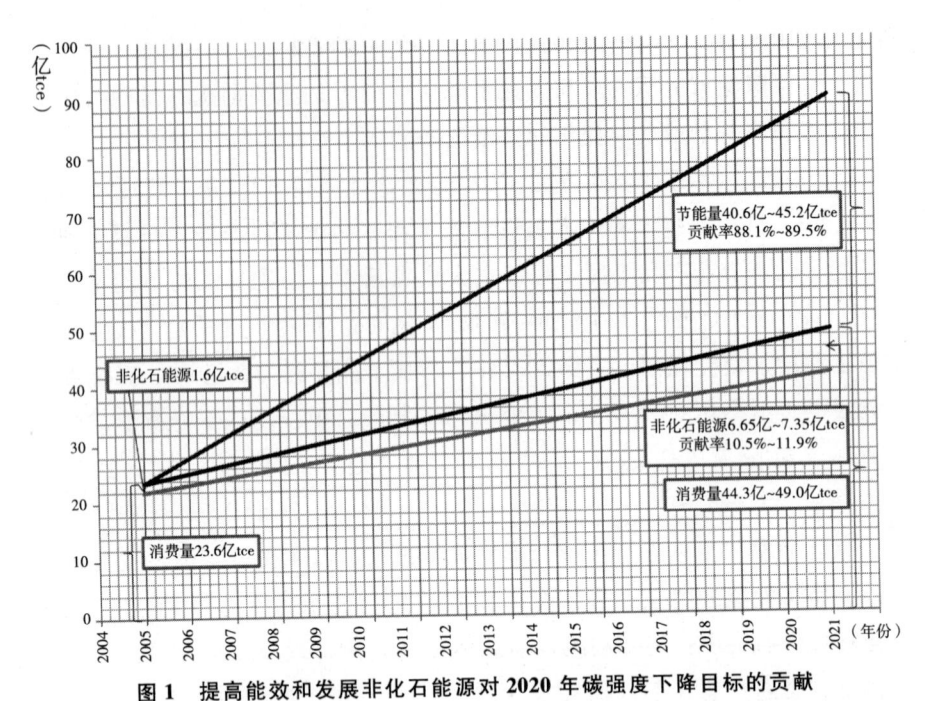

图 1 提高能效和发展非化石能源对 2020 年碳强度下降目标的贡献

资料来源：国家发改委能源研究所：《提高能效实现 2020 年单位 GDP 二氧化碳排放量下降 40%～45% 目标的途径、措施和政策研究》，国家发改委宏观院 2010 年度重点课题（内部报告）。

按照上述非化石能源发展前景假设，考虑 2020 年非化石能源在全国一次能源消费总量中的比重达到 15% 这一约束条件，根据单位 GDP 二氧化碳排放量计算公式，其对实现 2020 年碳强度下降目标的贡献率为 10.5%～11.9%。换言之，大力发展非化石能源、增加非化石能源在一次能源消费结构中的比重对实现碳强度下降目标的贡献有限，提高能效对实现 2020 年碳强度下降目标的贡献率接近 90%。

（2）优化化石能源消费结构

以煤炭、石油、天然气等为代表的化石能源，作为生产、生活、消费的重要物质基础，依然是支撑中国经济社会发展最主要的能源与资源消耗的主要原料与燃料。随着国家能源战略的调整，化石能源的消费结构也发生了不断的变化，对碳强度下降目标产生了一定的贡献。2010 年，煤炭、石油与天然气的消费量分别占一次能源消费总量的 66.1%、20.5% 和 5.3%。值得一提的是，与 2005 年相比，作为化石能源中最洁净环保的优质能源，天然气所占一次能源消费比重提高了 2.8 个百分点。也就是说，

2010年天然气的消费量较2005年翻了一番（见图2）。

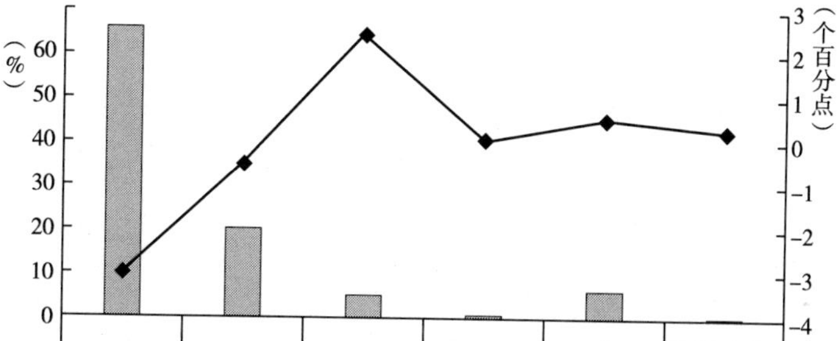

	煤炭	石油	天然气	核电	水电	其他可再生能源
占比（左轴）	66.1	20.5	5.3	0.9	6.8	0.4
较2005年增长（右轴）	-3.0	-0.5	2.5	0.1	0.6	0.3

图2 2010年中国一次能源消费总体结构

依据国家中长期能源发展规划，预计到2020年，煤炭、石油与天然气的消费量分别约占一次能源消费总量的61%、16%和8.0%，与原一次能源的结构相比，对实现2020年碳强度下降目标的贡献率约为5%，拉动碳强度下降2个百分点。

（三）实现2020年节能目标的潜力与途径

在"十二五"和"十三五"年均GDP增速分别保持在9%和8%的基本假设下，对未来十年的经济发展、产业结构、能源消费、技术进步等状况进行了情景分析，提出了实现上述节能目标的潜力与主要途径（见表1）。

表1 实现节能目标的潜力、途径及其贡献度

单位：万tce，%

途径	主要内容	"十二五" 节能潜力	"十二五" 贡献度	"十三五" 节能潜力	"十三五" 贡献度
三次产业结构调整	➢ 将经济增长速度控制在适度范围内 ➢ 大力发展服务业，提高第三产业增加值比重 ➢ 尤其应加快生产型服务业和新型服务业的发展	6659	8.3	15457	17.9

续表

途径	主要内容	"十二五" 节能潜力	"十二五" 贡献度	"十三五" 节能潜力	"十三五" 贡献度
工业内部行业结构调整	➢ 适当控制工业部门增长速度 ➢ 尤其应严格控制高耗能工业行业的增长速度 ➢ 应加快高附加值工业发展	17547	21.9	25388	29.4
工业单耗下降	➢ 严格高耗能产业市场准入制度，加强新增产能能效控制 ➢ 加快淘汰落后产能 ➢ 对现有产能实施全面技术改造	27400	34.1	25320	29.3
工业产品附加值提高	➢ 提高高附加值产品比重，延长产业链 ➢ 提高产业增长质量和效益 ➢ 加快产业升级步伐	8712	10.9	10103	11.7
交通运输部门内部结构调整和技术进步	➢ 铁路运输部门：增加电力机车与内燃机车的比例 ➢ 公路运输部门：提升发动机制造技术，提高柴油车比例 ➢ 航空运输部门：加快飞机型号更新，提高客/货运负荷率 ➢ 水运部门：推动运输船只大型化，加快设备更新，提高管理水平 ➢ 实施汽车燃油经济性标准	-495	—	173	0.2
建筑用能部门技术进步	➢ 引导社会公众理性消费，合理控制住房面积，减缓建筑面积增长速度 ➢ 贯彻实施采暖居住建筑和公共建筑节能设计标准 ➢ 鼓励高效节能供热技术的推广应用 ➢ 强化实施家用电器设备的能效标准和能效标识制度，推行建筑能耗标识制度 ➢ 对既有建筑用能系统/设备和建筑物实施节能改造	16436	20.5	8963	10.4

续表

途径	主要内容	"十二五"		"十三五"	
		节能潜力	贡献度	节能潜力	贡献度
其他	➢ 第一产业节能 ➢ 建筑业节能 ➢ 其他第三产业节能	4000	5.0	950	1.1
	实现节能目标的节能量要求	80259		86354	

注：上述节能量均按定比计算，其中"十二五"基年为2010年，"十三五"基年为2015年。
资料来源：国家发改委能源研究所：《提高能效实现2020年单位GDP二氧化碳排放量下降40%~45%目标的途径、措施和政策研究》，国家发改委宏观院2010年度重点课题（内部报告）。

1. 工业部门节能仍是未来十年节能工作的重点

显而易见，工业部门在"十二五"和"十三五"期间所分别形成的节能量为53659万tce和60812万tce，对2015年实现单位GDP能耗下降16%和2020年实现单位GDP能耗下降14%的节能目标贡献度分别为66.9%和70.4%。工业部门节能仍然是实现未来节能目标的重要保障，将继续发挥积极和重要的作用。

如果剔除三次产业结构调整，以及工业部门内部行业结构调整等结构因素所实现的节能潜力，就工业、建筑和交通等三大主要领域而言，工业部门在"十二五"和"十三五"期间对实现未来节能目标的贡献率分别为45.0%和41.0%，是建筑和交通两大领域对实现未来节能目标的贡献率的2.2倍和3.9倍。可以看到，实现未来节能目标，工业部门节能仍然是主角。

2. 技术节能仍然是工业部门节能量的重要来源

就主要耗能产品单耗下降而言，"十二五"和"十三五"期间，工业部门因主要耗能产品单耗下降而形成的技术节能量分别达到27400万tce和25320万tce，对实现节能目标的贡献度分别为34.1%和29.3%，是保证目标实现的第一大重要途径和最有效的手段。相比"十一五"，工业部门技术节能所形成的节能量及其对节能目标的贡献度在"十二五"和"十三五"期间均有所下降，主要原因还是中国主要耗能产品能效和技术水平与国际先进水平的差距在不断缩小，技术节能的空间和潜力有所收窄。即使是这样，工业部门技术节能在未来十年的节能降耗工作中仍将继续扮演至关重要的角色（见图3）。

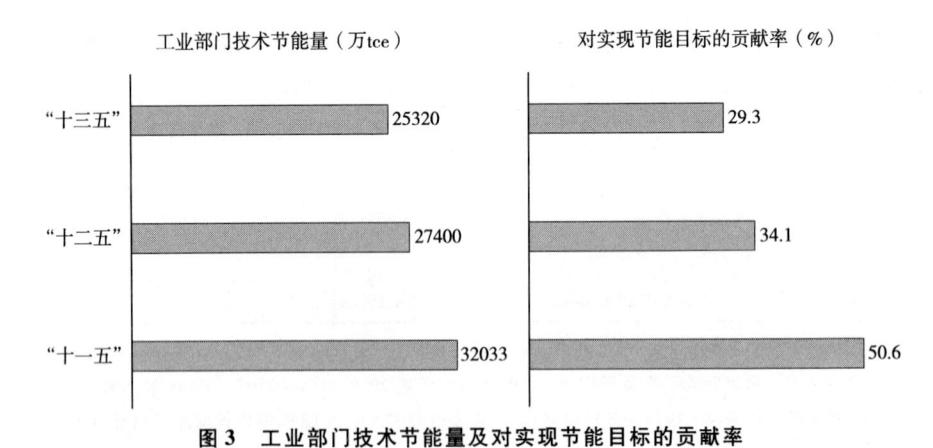

工业部门技术节能量（万tce）　　对实现节能目标的贡献率（%）

时期	技术节能量（万tce）	贡献率（%）
"十三五"	25320	29.3
"十二五"	27400	34.1
"十一五"	32033	50.6

图 3　工业部门技术节能量及对实现节能目标的贡献率

资料来源：国家发改委能源研究所：《提高能效实现 2020 年单位 GDP 二氧化碳排放量下降 40%~45% 目标的途径、措施和政策研究》，国家发改委宏观院 2010 年度重点课题（内部报告）。

二　天然气的性质与用途

（一）天然气的物理化学性质

天然气（Natural Gas）是指自然界中天然存在的一切气体，包括大气圈、水圈、生物圈和岩石圈中各种自然过程形成的气体。而人们长期以来通用的"天然气"的定义，是从能量角度出发的狭义定义，是指天然蕴藏于地层中的烃类和非烃类气体的混合物。通常不含 C10 以上的烃类，是一种主要由甲烷组成的气态化石燃料。甲烷是一种易燃、易爆的气体，和空气混合后，温度只要达到 550℃ 就燃烧，燃烧热为 84.9kJ/mol，闪点为 -188.15℃（85K），热值为 35.6~41.9 MJ/Nm³（合 8500~10000 kcal/Nm³）。在空气中，天然气的浓度达到 5%~15% 就会爆炸。

通常，自然界中的天然气是由埋藏在地下的古生物经过亿万年的高温和高压等作用而形成的可燃气，是一种无毒、热值高、燃烧稳定、洁净环保的优质能源及重要的化工原料。

天然气主要存在于油田气、气田气、煤层气、泥火山气和生物生成气中，也有少量出于煤层。天然气又可分为伴生气和非伴生气两种。天然气是一种无毒、无色、无味的气体，一般油田伴生气略带汽油味，含有硫化氢的天然气略带臭鸡蛋味。质量比空气轻，不溶于水。天然气（甲烷）的密度在0℃，101.352kPa时为0.7174kg/Nm³，相对密度（设空气的密度为1）约为0.5548，1立方米天然气的重量只有同体积空气的55%左右，1立方米油田伴生气的重量，只有同体积空气的75%左右。天然气可液化，液化后其体积将缩小为气态的六百分之一。每立方米天然气完全燃烧需要约9.52立方米的空气助燃。

（二）天然气的主要用途

天然气被广泛使用于生产、生活和消费各个领域及主要方面。其中，2009年用于包括发电、化工原料、燃料等生产领域，包括炊事、取暖等民用生活领域，以及交通领域的天然气消费比例分别为69%、30.6%和不足1%。随着应用领域的不断扩大与改变，天然气消费比例也在相应地发生变化（见表2）。

表2　2001年和2009年中国天然气消费结构

单位：%

年份	化工原料	发电业	工业燃料	民用	其他
2001	49	4	18	23	6
2009	25.7	10.3	33.0	30.6	0.4

1. 生产领域

（1）取代燃煤锅炉，发展环保产业

为了净化环境，还老百姓一片蓝天，国家多次规划取消燃煤锅炉，但由于我国天然气供应有限，且供应具有区域限制，目前尚不能完全满足民用燃气市场，无力顾及燃煤锅炉。2009年，天然气用于工业燃料领域的消费约占33%。

（2）天然气发电

热电联合循环发电（GHP）既有经济效益，又不污染环境，其在国外已被大量使用。在国家大力提倡可持续发展，加强环保，建设社会主义和谐社会的大背景下，发展无污染的洁净发电技术，是大势所趋。但以煤制天然气作为发电原料，其效益远不如IGCC技术，只能将天然气发电技术作为调峰电厂的燃料。2009年，天然气用于民用燃料领域的消费约占10.3%。

（3）天然气的化工用途

天然气是碳一化工的基础原料之一，是重要的有机合成的基础原料。

2009年，天然气用于民用燃料领域的消费约占25.7%。其主要化工用途如图4所示。

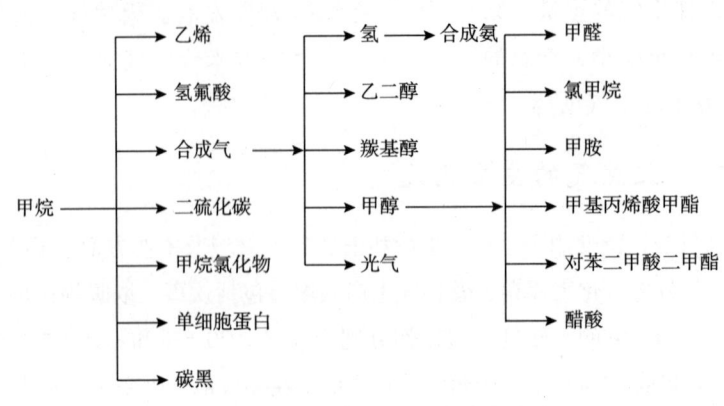

```
                    ┌─ 乙烯
                    │                 ┌─ 氢 ──→ 合成氨 ──┬─ 甲醛
                    ├─ 氢氟酸          │                   ├─ 氯甲烷
                    │                 ├─ 乙二醇            │
                    ├─ 合成气 ────────┤                   ├─ 甲胺
        甲烷 ──────┤                 ├─ 羰基醇            │
                    ├─ 二硫化碳        │                   ├─ 甲基丙烯酸甲酯
                    │                 ├─ 甲醇 ────────────┤
                    ├─ 甲烷氯化物      │                   ├─ 对苯二甲酸二甲酯
                    │                 └─ 光气              │
                    ├─ 单细胞蛋白                          └─ 醋酸
                    │
                    └─ 碳黑
```

图4 天然气在化工领域的用途

2. 生活领域

天然气是理想的民用燃料，具有热值高、易输送、燃烧充分无污染、使用较水煤气等其他气体燃料安全等优良特性。2009年，天然气用于民用燃料领域的消费占30.6%。

3. 交通领域

压缩天然气汽车（CNGV）在世界范围内发展得很快。它的优点是燃烧完全，对环境污染小，发动机积碳少，节省润滑油，燃烧价格低（与1吨汽油热值相当的天然气价格不到汽油价格的一半），安全系数高，噪音小。它的缺点是：第一，天然气热值低导致天然气汽车功率小，不适合大功率汽车使用。第二，由于天然气压缩困难，生产、储运费用高，天然气站的建设也需要较高的投资。第三，目前尚无完善的天然气汽车供气网络，天然气汽车只适合在城市中使用。第四，天然气钢瓶重达400千克影响汽车载荷的10%左右。建立完善的天然气汽车供气网络，需要较大的投资且需各地共同建设。目前一辆天然气汽车的改装费用在7000～11000元人民币，单是节约燃料一项，即可在一年内收回成本（对公交汽车而言）。综合以上优缺点，可以看出在石油资源相对短缺，而同样相对短缺的天然气资源可由煤转化制得的今天，发展天然气汽车势在必行。2009年，天然气用于交通领域的消费约占0.4%。

三 中国天然气发展现状

（一）天然气在我国能源领域中的地位

目前在我国的能源格局中，天然气处于劣势地位。总体来说，我国的能源储量主要特点是"多煤、少油、缺气"，在一次能源结构中，从2011年的数据来看，煤炭所占的比例为72%，石油所占的比例为19.5%，天然气所占的比例仅为5.2%（见图5）。显然，作为优质能源的天然气，其所处的地位不仅与其在我国的储量完全不匹配，也和我国低碳发展战略相违背。因此，在未来的能源发展方向中，天然气应该拥有更加重要的地位，并扮演更为重要的角色。

值得一提的是，随着我国能源战略的不断调整，战略部署的落实，天然气产量与消费量明显提升。2012年，我国天然气的消费量为1471亿立方米，较2011年的数值增长13%，国内天然气产量增长6.5%，至1077亿立方米，天然气进口量增长31.1%，达到425亿立方米。其中，天然气消费的增长速度远远超过了其余一次能源的消费增长速度。

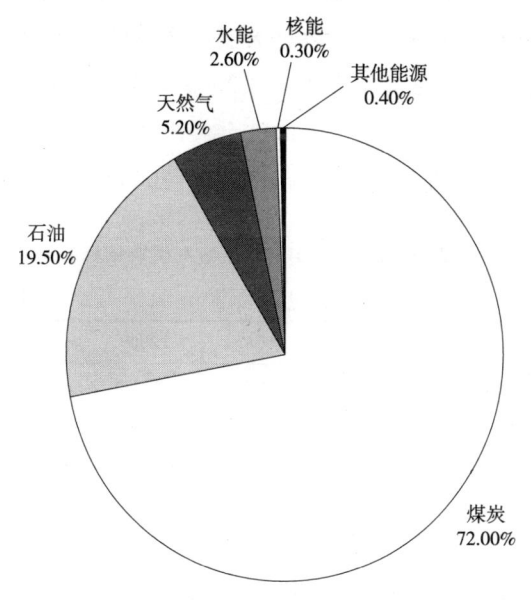

图5 2011年我国能源结构

（二）天然气行业使用及供求现状

我国天然气消费结构逐步向多元化发展。一是用于生活领域的天然气消费快速增长。城市燃气成为增长最快的用气部门，用户不断增多，消费量持续增长，所占比重不继上升。二是工业领域天然气消费有增无减。以天然气为燃料发电工艺，与煤炭发电相比具有发电效率高、环境影响小等优势，更为重要的是有利于供电企业满足发电量的波动，具有"削峰填谷"调度速度快的优势。尤其是受夏季气温较高的影响，江苏、浙江、广东等地的天然气发电装机利用率提高，带动发电用气大幅增加。随着我国天然气供应的增加，为了缓解节能减排压力，多地工业企业实施"油改气"或"煤改气"工程，导致工业用气稳定增长。化工企业受资源供应和价格制约，经营状况不佳，化工用气比重持续下降。随着石油供需矛盾越来越突出，国家对温室气体排放的约束越来越严格，清洁能源的利用越来越受到重视，天然气在交通运输业中的消费不断上升。

"十一五"以来，国家开始大力推广和鼓励清洁能源的使用，天然气消费量增速明显加快。目前，虽然我国天然气占一次能源消费比例不高，纵然是国内天然气产量不断增加，但是依然难以满足天然气自给自足的要求。快速增长的天然气消费明显超过天然气产量的增速，为满足日益增加的天然气需求量，进口量逐年增加。自2006年我国成为天然气净进口国以来，天然气对外依存度大幅提高，2011年接近24%。同年，我国天然气的消费量为1307.1亿立方米，其中，国内生产1025.3亿立方米（见表3）。

表3　2006～2011年天然气供求指标

单位：亿立方米

年　份	2006	2007	2008	2009	2010	2011
表观消费量	565.8	707.5	774.5	874.5	1070.3	1307.1
国内产量	585.5	693.1	760.8	829.9	944.8	1025.3
进口量	9.6	40.5	46.4	76.9	166.1	313.9
出口量	29.2	26.1	32.7	32.3	40.8	32.1

从天然气的供应端来看，2011年，西部地区天然气产量占全国天然气总产量的81.12%，东部地区占13.19%，中部占5.68%。从省市看，2011年，

陕西一跃成为全国最大的天然气生产省，排名从2010年的第三位上升为第一位，当年天然气产量272.2亿立方米，同比增长21.8%，占全国总产量的26.6%；新疆从2010年的第一位下降至第三位；四川仍为第二位；广东和青海仍分列第四、第五位。以上五个地区的产量占全国总产量的90.0%。其余天然气生产大省包括黑龙江（31亿立方米）、天津（18.4亿立方米）等。

从消费量来看，我国的天然气消费自2008年起逐年增长（见图6）。但是，天然气消费热点地区和生产地区相比较为分散，各个省份之间没有较大的消费差距。其中，四川省消费156.1亿立方米，居全国第一，占总量的11.9%；广东省消费114.5亿立方米，排名第二，占总量的8.8%；新疆自治区消费95.02亿立方米，占据总量的7.3%。其余消费量较大的地区包括北京、江苏、陕西等。

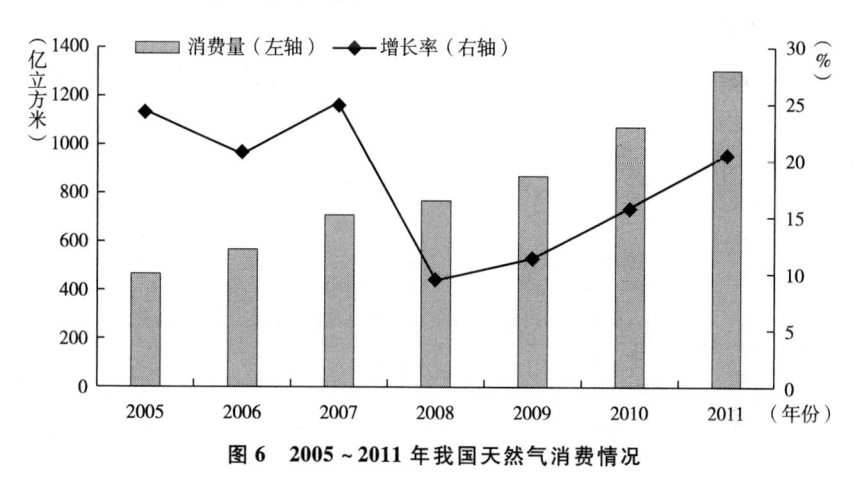

图6　2005~2011年我国天然气消费情况

2010年，从行业消费来看，化工制品行业消耗最多的天然气，为187.28亿立方米，其余如电力行业、石油和天然气开采行业的消费量也明显高于其他行业。2010年各重要行业的天然气使用量如表4所示。

表4　2010年各重要行业的天然气使用量

单位：亿立方米

年　份	2005	2006	2007	2008	2009	2010
农林渔牧业						0.5
工业合计	328.79	383.97	479.67	531.6	577.9	687.25

续表

年 份	2005	2006	2007	2008	2009	2010
石油和天然气开采业	78.88	77.44	85.89	104.41	117.4	132.61
石油加工、炼焦及核燃料加工业	18.26	21.03	25	26.03	26.72	40.04
化学原料及化学制品制造业	141.44	177.42	207.05	200.03	176.84	187.28
非金属矿物制品业	23.81	23.78	28.91	43.75	44.62	42.72
黑色金属冶炼及压延加工业	9.76	11.22	13.15	17.06	18.81	20.42
电力、热力的生产和供应业	18.78	29.49	70.74	73.92	127.91	180.8
建筑业	1.49	1.66	2.09	0.99	0.97	1.16
交通运输、仓储和邮政业	38.01	47.24	46.88	71.55	91.07	106.7
批发、零售业和住宿、餐饮业	10.79	13.16	17.11	17.75	23.96	27.24
其他行业	9.12	12.77	16.09	20.92	23.64	26
生活消费	79.43	102.62	143.39	170.12	177.67	226.9
合 计	467.63	561.41	705.23	812.94	895.2	1075.75

(三) 天然气的供给能力及主要来源

1. 中国天然气的资源分布与可开采量

我国常规天然气资源储量丰富，但是探明程度低。从1986年开始，全国每10年增加天然气资源量为 10×10^{12} 立方米左右，目前常规天然气资源量约为 56×10^{12} 立方米，可采资源量为35%左右。2007年累计探明可采储量 3.6×10^{12} 立方米，探明率仅为16%。资源量大于 1×10^{11} 立方米的盆地有11个，依次为鄂尔多斯、塔里木、四川、柴达木、东海、莺歌海、琼东南、松辽、珠江口、渤海湾、准噶尔等。目前主要的产气区主要分布在鄂尔多斯、塔里木、四川和柴达木盆地。各大主要产气区的剩余产气量如表5所示。

表5 主要产气区的剩余产气量

单位：平方公里，亿立方米

盆地名称	盆地面积	天然气远景资源量	可探明天然气	
			地质资源量	可采资源量
松辽	255400	8757	5000	3000
渤海湾	144500	21181	6000	3600
四川	190000	73575	35000	22750
鄂尔多斯	250000	107025	40000	24000
柴达木	121000	23700	10000	6500
塔里木	560000	79599	36000	21600
准噶尔	130000	20925	9000	5850
吐哈	5500	3650	2000	1300
东海	250000	24803	12000	7200
珠江口	177820	12987	5000	3000
琼东南	34000	18900	8000	4800
莺歌海	73654	22390	10000	6000
12个盆地小计	—	417492	178000	109600
全国	—	470000	220000	140000

2. 天然气进口情况

随着天然气在我国能源结构中所占的份额越来越重要，我国对外部的天然气依存度逐年上升。2011年，包括管道天然气和LNG在内的天然气净进口量相比2010年上升124%，达到了314亿立方米，天然气进口依存度从2010年的11%上升到了2011年的21%，如图7所示。

分进口来源来看，我国目前的天然气来源中，LNG与陆上天然气基本持平，其中，陆上天然气的主要供给国是土库曼斯坦，2011年，该国进口量为141.6亿立方米，占到了我国天然气进口量的45.5%，这也是2011年我国天然气进口量激增的主要原因。而另外一个重要的能源邻国——俄罗斯，进口量仅为5.34亿立方米，占到总量的1.71%。海上LNG进口的主要来源来自于长期合同供应国——澳大利亚、印度尼西亚和马来西亚，供给量分别为47.9亿立方米、22.7亿立方米和26.7亿立方米，而另外一个主要来源是中东的卡塔尔，进口量为29.4亿立方米，占到了总量的

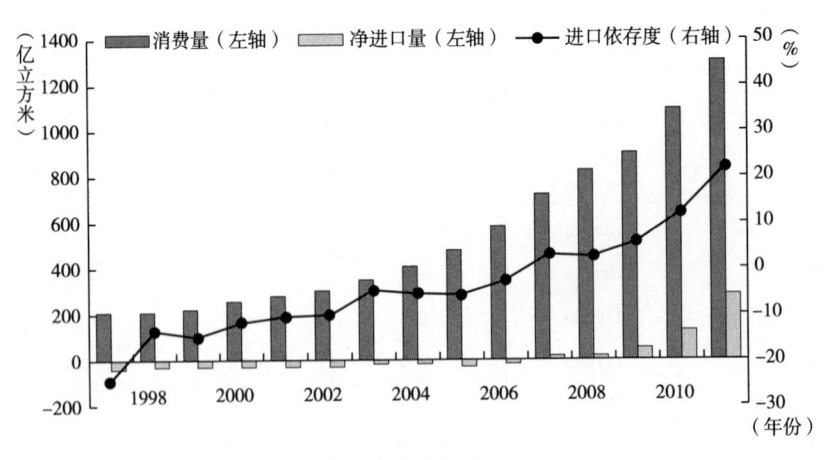

图 7　我国天然气进口依存变化

9.5%。历年各个国家的进口量如图 8 所示。

从历史变化来看，我国一个主要的天然气进口增长点为陆上区域，在 2006~2009 年，陆上天然气的进口量几乎为 0，主要依靠澳大利亚、马来西亚等国通过海上 LNG 的方式供给天然气，从 2010 年开始，土库曼斯坦通过管道向我国大规模输送天然气，成为另外一个主要的来源。

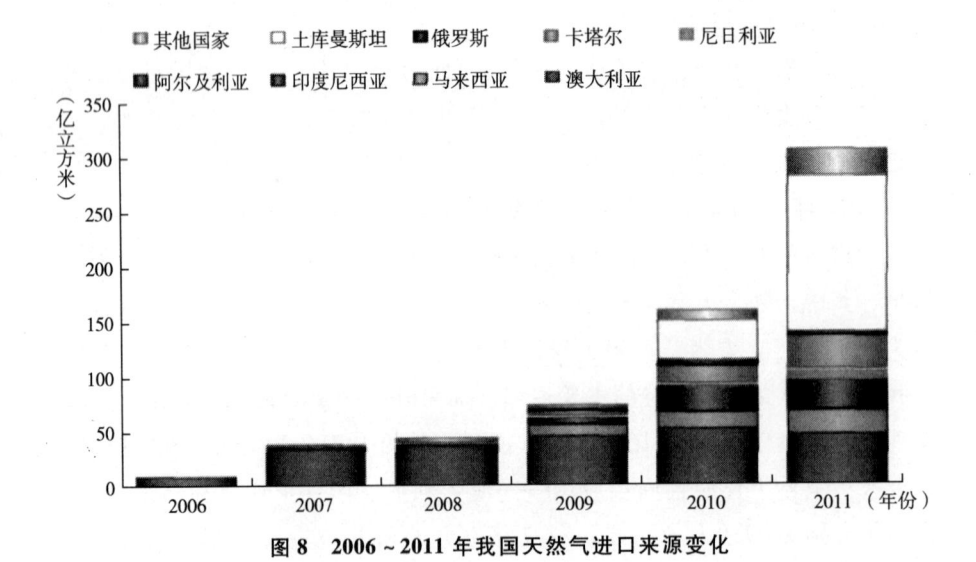

图 8　2006~2011 年我国天然气进口来源变化

(四) 小结

本部分总结了我国天然气领域的发展现状,指出目前我国的能源格局中,天然气所占的份额只有 5% 左右,但是增长势头强劲。目前我国的天然气主要来源于境内生产,境外供给只占到了 21%。其中,主要的境内生产地为鄂尔多斯、塔里木、四川和柴达木盆地;主要的境外来源为土库曼斯坦、卡塔尔和澳大利亚,陆上管道气和海上 LNG 气各占一半份额,但天然气境外依存度逐年提高。

四 世界能源及天然气供需现状

(一) 天然气在世界能源结构中的地位

世界能源消费量增长较快,从 1973 年的 60.40 亿吨油当量增长到 2004 年的 102.24 亿吨油当量,增长 69.27%,年平均增长率为 2.23%;近 10 多年,世界能源消费增长最快的地区不是在发达地区,而是在中东地区、亚太地区、中南美洲地区和非洲地区等这些经济处于发展中的地区。北美地区的能源消费速度增长不快,而欧洲地区能源消费量减少是由于俄罗斯及部分苏联国家能源消费量有较大幅度的减少。中东地区的能源消费虽从 1992 年的 2.24 亿吨油当量增加到 2004 年的 4.82 亿吨油当量,增长约 1.15 倍;亚太地区从 19.65 亿吨增加到 31.4 亿吨,增长约 59.80%;中南美洲地区从 3.38 亿吨增加到 4.83 亿吨,增长约 42.90%。

石油在世界能源消费中占主导地位。世界石油消费量从 1960 年的 10.50 亿吨增长到 2004 年的 37.67 亿吨,增长 2.59 倍,平均年增长率为 5.88%。而石油在能源消费结构中的比重却减少了,从 1973 年的 45.0% 减少到 2004 年的 36.8%。石油消费增长最快的地区是亚太地区,近 10 年来石油消费增长 34.8%,其次是非洲地区和中南美地区,分别增长 23.7% 和 189%。据美国能源部预测,世界石油需求量到 2020 年将达到 55.8 亿吨。

天然气在世界能源消费中占据着越来越重要的地位,消费量从 1970

年的约 1.10 万亿立方米增长到 2004 年的 2.69 万亿立方米,年平均增长率为 1.425%。天然气在世界能源结构中所占份额从 20 世纪 80 年代的 22.0% 增长到 2003 年的 23.7%。按照每 10 年分段计算天然气消费年平均增长速度表明,天然气消费的增长速度在加快。各段的年平均增长率: 1970~1980 年为 1.27%, 1980~1990 年为 2.19%, 1990~2000 年为 2.56%, 2000~2004 年为 2.45%。

(二) 世界天然气生产现状

2011 年各国天然气产量继 2010 年普涨之后普落,由此世界天然气产量在 2008 年以来再次大起大落至不足 3 万亿立方米,跌幅 6.6%。欧佩克天然气产量下降 3.5%,总产量 5150 亿立方米,回落至 2009 年 5198 亿立方米的水平。

我国天然气产量此前连年迈上新台阶,但 2011 年首次出现不到 1% 的小幅减产,产量 928 亿立方米。但由于挪威大幅减产 14.7%,我国天然气产量排名上升一个位次重回第 6。在世界排名前 10 位的国家中,伊朗近两年发力天然气勘探开发,2010 年产量猛增 41.7%,2011 年仍强劲增长 14.5%,天然气产量排名再度超过加拿大跻身榜眼,产量超过 1500 亿立方米。2011 年各主要产区的产量如表 6 所示。

表 6 2011 年世界各主要产气区产量

单位:亿立方米,%

国家或地区	2011 年产量	较上年
西半球合计	9543.96	-4.99
西欧合计	2279.46	-17.86
东欧及苏联合计	7703.87	-7.98
非洲合计	1399.81	-18.66
中东合计	4418.55	2.83
亚太合计	4342.84	-5.20
世界总计	29688.49	-6.61
欧佩克总计	5150.66	-3.52
欧洲海上总计	1597.83	-19.11

同样,2011 年排名前十的产量国如表 7 所示。

表7 2011年主要国家天然气产量及排名

单位：亿立方米，%

2011年排名	国　　家	2011年产量	增　幅
1	美　　国	6234.43	-2.37
2	俄罗斯	5787.35	-7.30
3	伊　　朗	1567.82	14.46
4	加拿大	1310.18	-9.06
5	卡塔尔	1068.33	-2.71
6	中　　国	927.76	-0.94
7	挪　　威	907.16	-14.65
8	阿尔及利亚	707.50	-16.11
9	印度尼西亚	702.97	-12.16
10	沙特阿拉伯	700.43	-1.39

（三）世界天然气消费现状

国际天然气的消费在近年来呈现逐年增长的趋势，2001年世界天然气的总消费量为2215.4百万吨油当量，而到2011年，总消费量为2905.6百万吨油当量，在10年间，相比增长了31.2%，年增长率为2.2%。分地区来看，欧洲的消费量因为俄罗斯的拉动作用，在全世界排名第一，为991百万吨油当量，占据总量的34.1%；紧跟着的是北美地区，为782.4百万吨油当量；亚太地区和中东地区的消费量分别为531.5百万吨油当量和363.8百万吨油当量（见图9）。就增长率来看，中东地区的增长率最高，为6.9%，其次为亚太地区的5.9%，可以预见，东亚和中东两个地区在未来将极大地拉动天然气的消费。从人均的角度来看，俄罗斯和北美的人均消耗量较高，而中国等发展中国家的人均用量较低（见图10）。

（四）国际天然气贸易流动现状

在国际上，天然气通过管道或者LNG的方式在国家之间进行运输（见图11）。2011年，总共有10250亿立方米的天然气在国际贸易中被交换，其中，管道天然气为6946亿立方米，占据67.7%；液体天然气为3308亿立方米，占据32.3%。在管道天然气中，进口量最大的地区为欧洲（3687

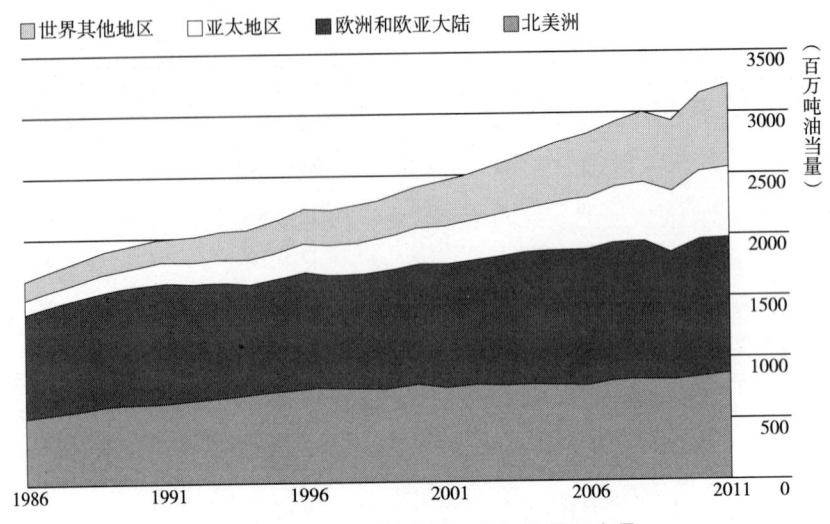

图 9　1986~2011 年世界天然气分地区产量

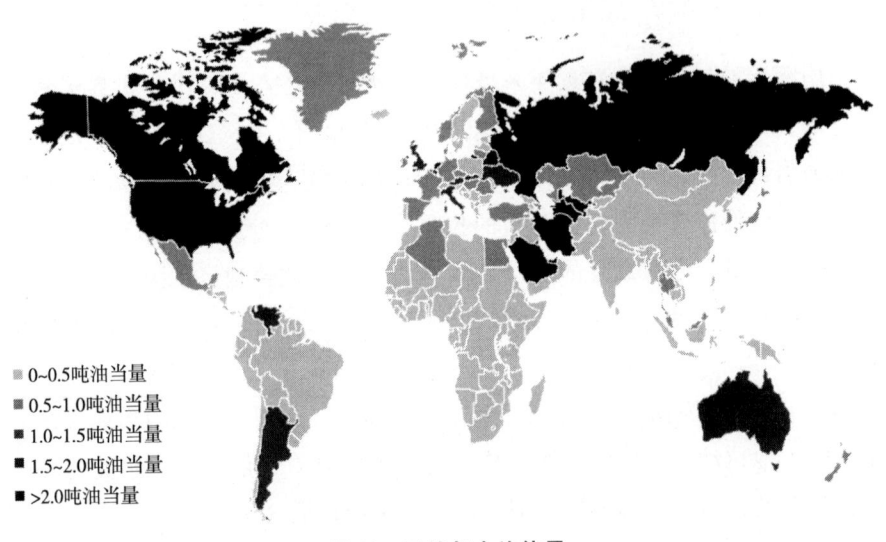

图 10　天然气人均使用

亿立方米），其次为北美；最大的出口国为俄罗斯（2070 亿立方米）。而在 LNG 运输中，亚太地区成为以 2073 亿立方米成为最大的接收国，而卡塔尔以 1026 亿立方米成为最大的输出国。可以说，在未来，亚太地区的 LNG 增长将成为国际天然气市场的重要组成部分。

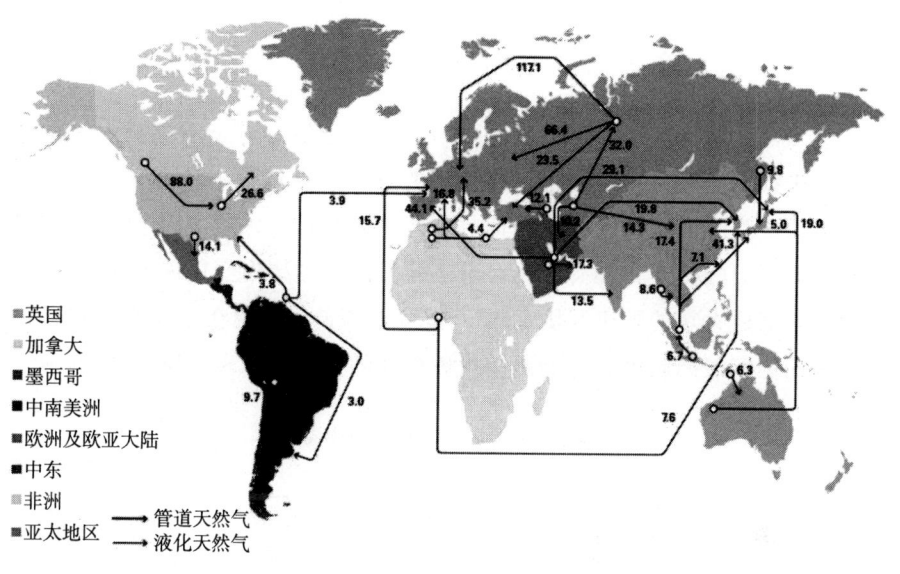

图11　世界主要天然气贸易通道（单位：10亿立方米）

（五）小结

本部分分析了国际天然气消费、出产及流动现状。天然气消费量最大的地区为俄罗斯。亚太和中东地区的天然气消费增长很快，这在可预见的未来将对国际天然气消费市场产生极大的拉动作用。天然气主要的出产地为俄罗斯、中东和北美，最大的出产国为美国和俄罗斯。而在天然气的全球流动上，管道天然气占据了总比例的2/3，进口量最大的北美，LNG占据1/3，亚太地区成为最大的消费国。本部分展示了全球天然气供需结构和贸易的全貌，是后续部分的基础。

五　2020~2025年天然气供给与消费

对于一个国家的能源战略规划来说，不应该仅仅局限于当下的能源现状，而应该从当下出发，着眼未来可能出现的情景，从现在开始就采取措施，以积极的姿态应对。从我国的经济状况及能源发展情况来看，天然气的消费及供需结构正发生着巨大的变化，为了能及时应对未来可能出现的天然气产量及消费量的巨大变化，非常有必要对未来这两项指标的变化进行预测。

(一) 国内能源结构预测

鉴于世界范围的石油危机,而我国又以污染较为严重的煤炭为主要能源,将来我国的能源结构必将制约经济的发展,可以肯定,随着经济的发展,以煤炭为主的化石燃料的比例将下降,而核能、水能等能源的比重将会有较为明显的提升,很有必要对未来的我国能源结构变化进行预测。

西安交通大学的陈正利用 logistic 模型,基于一些现在正在实施或者将要实施的国家能源政策,对能源结构进行预测,结果如表8所示。

表 8 中国能源需求结构预测

单位:%

年 份	煤 炭	石 油	天然气	水电、核电、风电
2015	64.1239	17.4051	6.7915	11.6796
2016	63.6023	17.2529	7.0492	12.0956
2017	63.0706	17.0981	7.3069	12.5243
2018	62.5286	16.9408	7.5647	12.966
2019	61.976	16.7808	7.8224	13.4209
2020	61.4127	16.618	8.0801	13.8891
2025	58.3994	15.7929	9.3687	16.4389
2030	55.0997	14.8914	10.6574	19.3515
2035	51.5028	13.9108	11.946	22.6404
2040	47.6085	12.851	13.2346	26.3059

可以看出,可再生能源和天然气所占的比例明显提高,而煤炭所占的比例有明显的下降。到2025年,煤炭所占的比例将下降到58.4%;石油所占的比例为15.8%;而天然气所占的比例将出现明显的上升,到10%左右;水电、核电和风电等可再生能源的使用量也出现了明显的上升。

(二) 国内天然气供给

我国天然气正处在快速增长期,国内市场对天然气的需求旺盛,天然气的价格逐步理顺,所以,在未来国内天然气产量将较快增长。在进行国内天然气消费量预测的时候,需要考虑如下几个重要的影响天然气产量的因素。

（1）我国的天然气储量丰富，但是探明率低，目前正处于产量增加的快速发展阶段。目前我国的天然气探明率仅为19.5%，勘探程度很低，在能源领域，如果探明率在10%~45%，产量一般处在快速增长期，我国正处在这个阶段。

（2）石油天然气公司加大勘探开发力度。为满足国内日益增长的天然气需求，近年来，国内几大石油公司加快天然气勘探开发，天然气产能建设快速发展，产量不断创新高。2011年，我国天然气剩余可采储量达4万亿立方米，是2001年的3.3倍，2001~2011年年均增长12.6%；2011年我国天然气产量达1025亿立方米，是2001年的3.4倍，年均增长13.0%。

（3）非常规天然气的开发将提速。近年来，全国煤层气勘探开发取得重大进展，产能建设粗具规模；页岩气勘探开发也已取得进展。目前煤层气和页岩气的勘探开发已引起政府和相关企业的高度重视，不断出台相关鼓励政策。国家已决定将页岩气作为新矿种，页岩气、煤层气的"十二五"发展规划已出台。近年来，煤制气快速发展，据不完全统计，目前国家批准了数个煤制天然气项目，产能200亿立方米左右。规划的煤制气有几千亿立方米，后期将陆续投产。国家计划放开煤层气、页岩气、煤制气价格，将刺激煤层气、页岩气、煤制气生产，煤层气、页岩气、煤制气产量将出现较快增长。

在对天然气产量的预测上，需要保持谨慎且长远的态度。目前有许多机构或个人利用不同模型对天然气产量进行了预测。《2012年中国石油天然气行业年度报告》认为，"十二五"期间天然气产量年均增长8.2%，2015年将达到1400亿立方米。李君臣在《我国天然气产量的优化组合预测与分析》中预测，2015年，我国的天然气产量将达到1500亿立方米，到2020年，天然气产量将为2000亿立方米，且2012~2026年天然气生产的增长率将一直增加，而从2026年开始，天然气产量的增长将放慢速度。

综合上述两个预测以及其余文献的预测结果，我们认为，在2015年，我国国内的天然气的生产量将在1400亿~1550亿立方米，在2020年，该值将在1700亿~2000亿立方米，而到2025年，国内天然气的生产量将在2300亿~2600亿立方米。

(三) 2020~2025 年天然气消费量

历史趋势的变化证明,我国的天然气需求量在近期将会发生很大的变化,且受长距离输送管道和城市配气管网等基础设施快速发展、进口管道能力和进口 LNG 接收站能力不断增长、环保要求不断提高等因素影响,未来几年我国天然气消费将快速增长。同产量预测一样,在对天然气的消费量进行预测的同时,需要考虑几个影响天然气消费量变化的因素。

(1) 天然气输送管道及配气管网等基础设施不断完善。近年来,我国天然气长输管道、城市配气管网等基础设施加快发展,天然气消费地区不断扩大。2010 年,我国多项地区性管道工程项目陆续建成,使原来无资源供应的江西、广西、福建等地开始大范围使用天然气;2011 年,西气东输二线干线全线贯通,我国能源消费大省——广东省用上了西部的天然气,西藏也用上了中石油青海油田的液化天然气,我国大陆所有省市区都用上了天然气。

(2) 天然气储备的发展。2010 年,国家能源局要求天然气储备量占需求量的 20%~25%,国家天然气储备库 11 地已经确定,预计未来 10 年建成,将达到 300 亿~450 亿立方米储气能力。

(3) 低碳产业的需求。在低碳经济势在必行之际,我国对环保的要求越来越高,对各地方政府和一些企业有明确的节能减排要求,为完成任务、满足有关要求,一些地方政府、电厂、工业用户纷纷进行"油改气"或"煤改气",工业燃料天然气需求量增加。

在考虑这些因素的情况下,很多学者对我国未来的天然气需求量进行了预测。国家能源局预测,到 2015 年,天然气的消费量将增长至 1534 亿立方米,而实际上,2012 年的消费量已经增长到了 1400 多亿立方米,按照目前的增长速度,2015 年的值必将超过能源局所预测的消费量。此外,能源局预测 2020 年天然气的消费量将达 2107 亿立方米。国际能源机构预测,2030 年的天然气消费量将是 2010 年的 4 倍,差不多 4000 亿立方米。《2012 年中国石油天然气行业年度报告》认为,"十二五"期间天然气消费量年均增长 16.5%,2015 年将达到 2300 亿立方米。王婷在《中国天然气供给预测及价格改革》中预测,我国的天然气消费量在 2020 年将到达 2300 亿立方米,而在 2025 年将到达 3105 亿立方米。

综合上述预测及其余结果，并结合目前的天然气消费实际情况，我们认为在 2015 年，我国的天然气消费将达到 2000 亿~2400 亿立方米，到 2020 年，天然气消费将达到 2700 亿~3600 亿立方米，到 2025 年，该值将达到 4500 亿~5500 亿立方米。

结合上文的预测，我们可以很清楚地看到，在任何文献的预测中，我国天然气产量的增加将完全不能满足天然气消费量的增加，这个缺口将越来越大，而要填补这个缺口，就需要境外的天然气。

（四）国际天然气供给

天然气是一种发展速度很快的能源，在过去 30 年中，其在能源消费结构中的比例从 17.2% 上升到了 22.8%，而同时，第一能源资源石油的占有比例从 45% 下降到了 36.7%。最近二十年，全球天然气的产量增加了 1.7 倍以上。为了更好地规划国民经济的能源需求，就需要对未来的天然气产量的发展进行预测。

美国学者 Stutsman 和 Fatah 改进了在石油预测领域享有盛誉的 Herbert 预测模型——钟形曲线，采用多周期的 Herbert 数学预测模型，根据 1970~2002 年的天然气产量数据，对 46 个主要国家 2050 年之前的天然气产量进行了预测。在研究中，他们指出，世界天然气的最终开采量为 260×10^{12} 立方米，仍有 72% 的天然气未被开采。研究将整个地球划分为 6 个主要的产气区，对这 6 个产气区分别进行了预测，其估算开采量如图 12 所示。

西半球主要指美洲的产气区，包括美国、加拿大、委内瑞拉和墨西哥。如图 12 所示，该地区只拥有未来开采量的 9% 左右，因为该地区的天然气开采量在 2000 年左右到达了顶峰，预计最终开采量为 63×10^{12} 立方米，剩余开采量占 44%。而在未来，委内瑞拉的开采量将占到总开采量的 30% 左右，这将大大高于 2002 年的比例（2.65%），其剩余的开采量为 90% 以上，预计的开采高峰期为 2044 年。

西欧是指英国、荷兰和挪威三个主要的产气区，该地区的产气量仅占未来世界总开采量的 3% 左右，而在 2002 年的天然气产量已经占到了世界总产量的 12%。该地区的天然气开采量在 21 世纪初达到顶峰，预计总开采量为 14×10^{12} 立方米，剩余开采量仅占 51%。其中，英国已采出 60% 以

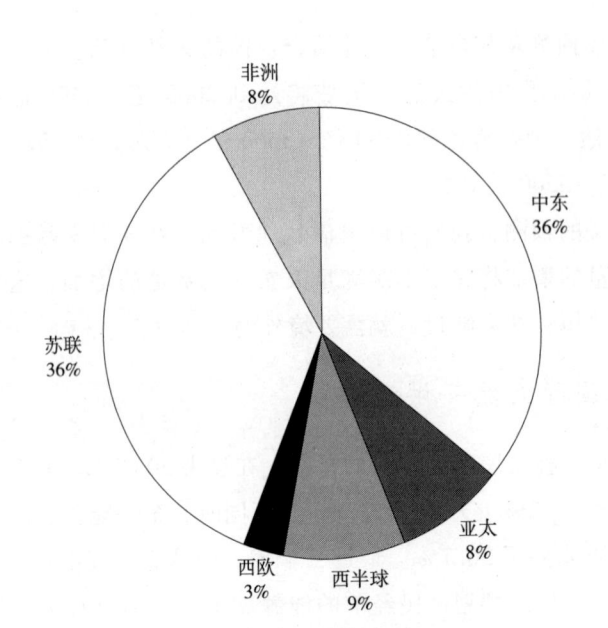

图 12 未来天然气估算开采比例

上，荷兰已采出 80% 以上，而挪威仅仅开采了 15% 左右，因此，未来该地区的主要产气区将是挪威。

苏联地区的主要产气区包括俄罗斯、土库曼斯坦、乌兹别克斯坦和罗马尼亚。该地区占到了未来总开采量的 36% 左右，虽然目前是全球第二大的产气区，但由于其剩余可开采比例为 76%，未来该地区将是全球的主要产气区。罗马尼亚近年来成为主要产气国，但是其产量递减得也很快，而土库曼斯坦和乌兹别克斯坦的天然气工业刚刚兴起，可待开发量很大。俄罗斯目前已经是世界上最大的天然气出产地，预计其最终可开采天然气总量为 83×10^{12} 立方米，其中，有 76% 左右未被开发。

非洲主要的产气国家包括阿尔及利亚、尼尔利亚和埃及，该地区的最终可开采量为 13×10^{12} 立方米，是图 12 中 6 个主要产气区中最小的，但是由于 85% 的天然气尚未被开发，在未来的估算产气比例中，仍占到了 8% 左右。其中，阿尔及利亚目前已经是世界上排名第 5 的天然气出产地，预计 2015 年到达开采高峰，还有 80% 左右的天然气尚未被开发。埃及的产气高峰期预计将在 2013 年到达，仍有 75% 的天然气尚待开采。而尼尔利亚的产气高峰年会在 2089 年到来，目前开采的天然气仅仅占到了可开采量的 3.7%。总之，虽然非洲地区的天然气可开采量很有限，但是天然气生产能持续很长的时间。

中东的主要产气国包括伊朗、卡塔尔、沙特和阿联酋，拥有全世界剩余可开采量的36%左右，和苏联地区持平。该地区的最终开采量中，已开采出来的仅占4%，仍有63×10^{12}立方米的天然气未被开采，其产气高峰期将在2039年出现。其中，伊朗的最终开采量为31×10^{12}立方米，是这个区域最大的剩余产气国，还有97%的天然气未被开采，产量高峰在2039年。卡塔尔的最终开采量为9×10^{12}立方米，还有97%以上尚未被开采，产气高峰在2076年。沙特的最终开采量为12×10^{12}立方米，还有96%以上尚未被开采。可以看出，中东在未来将成为一个较为主要且新兴的天然气出产地。

亚太地区的主要产气区包括马来西亚、印尼、澳大利亚、中国，这个区域的剩余可开采天然气占到了全球的8%，预测的最终开采量为21×10^{12}立方米，已经开采的占19%，预计的产气高峰在2010年。印尼已经在21世纪初走过了产气高峰，剩余的可开采量仅剩0.7×10^{12}立方米。马来西亚还有83%的剩余可开采量，其产气高峰预计将在2013年到来。中国还有9.6×10^{12}立方米的天然气尚未被开采，其产气高峰将在2044年到来。

可以看出，未来全球主要的产气区将集中在苏联国家和中东，主要的产地国包括俄罗斯、伊朗、阿尔及利亚等。

结合前面的三个部分，可以看出，未来我国的天然气消费量将出现一个大的跨越式增长，而我国的天然气产量的增长和消费量的增长并不匹配，以2015年的预测结果来说，2015年的天然气消费量约为2400亿立方米，而产量只有1500亿立方米左右，缺口将达900亿立方米，而到2020年，缺口将达1500亿立方米。随着时间的推移，这个缺口只会变大而不会缩小，所以从境外获取天然气成为保障天然气消费的重要因素。

（五）小结

本部分主要对未来的天然气预测进行了分析。从预测中可以看出，天然气在我国的能源格局中将占据越来越重要的地位，且天然气的消费量将远远超过国内的天然气产量，这就出现了巨大的天然气缺口，在2020年，这个缺口将达近1500亿立方米，这一部分份额需要从境外补充。而本部分后面重点分析了全球未来的天然气出产趋势，以期能够得出未来主要的天然气出产国，对我国可能的天然气来源提出规划，也为下文我国天然气来源的应对提出理论依据。

六　中国天然气来源现状及评价

从获得形式上来说，我国现在的天然气来源主要有三个方面：双边贸易、国外独资或合资公司的开发和国际天然气市场。从获得量上来看，双边贸易和公司的开发占到了绝大部分，而国际天然气市场占了很少的份额。在双边贸易中，多数为长期合同，而长期合同也夹杂着国内企业的注资，所以这两个来源相互混合，较难区分，在下文中将一并考虑。而天然气贸易属于区域性贸易，目前国际天然气市场尚未建立，各个国家之间主要通过长期合同来保障天然气的输入输出，欧洲、亚洲和北美三大市场相互隔离，我国目前从现货市场获得的 LNG 占总 LNG 量的 20% 左右，但是这种现货市场的获得与石油期货市场相比，更偏向短期合同，而非竞争性市场的获得，所以下面主要通过来源国来评价天然气的来源。

（一）中俄天然气贸易及评价

1. 中俄天然气合作现状

俄罗斯面积广袤，是我国最大的邻国，在两个国家之间有很长的边境线。俄罗斯能源资源丰富，是世界上最大的天然气拥有国，据国际能源署的资料，俄罗斯的探明储量约为 4.8×10^{13} 立方米，约占世界总探明量的 33% 左右。目前，俄罗斯国内的能源消费结构中，天然气占到了 60% 以上，这个比例远远超过了世界平均水平，同时也说明了天然气在俄罗斯能源结构中的重要性。

2004 年，中国和俄罗斯就签署了能源领域的战略合作协议。中国和俄罗斯之间管道包括东、西两条，从俄罗斯的安加尔斯克油田直接输往中国的大庆，然后从大庆通过辽西走廊到达中国的山东等地。在未来，中国每年将从俄罗斯引进 6.8×10^{10} 立方米的天然气。但是，现状是，一个天然气缺口巨大的中国，拥有一个天然气出产量巨大的北方邻国，但是获得的天然气只占了 2% 左右，不得不说，这其中存在一定的问题。

2. 中俄天然气合作的影响因素

影响两国天然气合作的因素有很多，其中最为关键的因素是价格。这个因素在两国几十年的天然气谈判拉锯战中一直阴影不散。为了能对中俄天然气贸易提出应对策略，首先必须就两个国家对价格的看法有深入的理解。

在双方开始进行天然气价格谈判时，俄罗斯对中国的出价是 180 美元/千立方米，但是中国考虑到每进口 1 立方米的天然气将面临至少 1 元人民币的亏损，所以当时开出的价码是 165 美元/千立方米。随着国际天然气市场的价格随着石油价格水涨船高，俄罗斯的底价已经变成了 350 美元/千立方米，而我国愿意出的最高价为 235 美元/千立方米，这 115 美元/千立方米的差价，成为两个国家天然气合作的巨大阴影。

俄罗斯认为自己开出的 350 美元/千立方米的价格非常合理，首先售往欧洲的天然气价格在 400 美元/千立方米，2013 年可能要涨价到 500 美元/千立方米左右；其次由于售往中国的天然气的气田都在高寒地带，开发成本高，350 美元/千立方米的价格才算基本盈利，否则就是赔本生意。与此同时，中方认为自己坚持的 235 美元/千立方米的价格非常合理。首先，中方认为，和国际石油市场有所不同，天然气市场是区域性的，没有一个国际价格，因此低于欧洲价格很正常。其次，从俄罗斯输往欧洲的天然气管道长、中转成本高、政治风险大，而这些都是输往中国的天然气所不必面临的。另外，中国从中亚购入的天然气价格为 168 美元/千立方米，从澳大利亚和土耳其购入的价格为 180 美元/千立方米，比对俄罗斯提出的 235 美元/千立方米的价格均要低，所以这个价格很合理。

这是一场关于价格的博弈。俄罗斯手握储量巨大的天然气，且买方市场（如欧洲、日本等）的天然气需求量巨大，所以俄罗斯更愿意以高价出售给欧盟以及日本，同时在亚太地区，俄罗斯同韩国的谈判已经进入最后阶段，表明中国只是俄罗斯在亚洲的一个市场，俄罗斯并不急于将天然气出口给中国。对中国而言，关键问题在于，中国国内的能源价格市场仍然是国家统一管理的制度，如果从俄罗斯进口的天然气价格在 350 美元/千立方米，意味着居民用气价格将会大幅上涨近 90%，这对于提升天然气在我国的地位非常不利。同时，我国未来天然气缺口量将非常大，急于从外部获取天然气。这些因素都是俄罗斯在谈判中的砝码，也加大了我国在谈判中的压力。

但是在博弈的另一方面，中国也不是完全处于劣势。首先，在与俄罗斯的十年拉锯战中，中国与中亚、缅甸都已经建成天然气管道，同时，接受澳大利亚和卡塔尔的 LNG 终端也建设完成，特别是中国同中亚的天然气贸易强有力地补充了我国的天然气缺口。据哈萨克斯坦石油部证实，2013年，我国将通过天然气贸易从中亚获取 650 亿立方米的天然气。另外，美国页岩气的出现，带动了欧盟、中国等各国对页岩气的追逐，中国巨大的储量在未来浮现了可以自给自足的天然气格局，这些都促使国际天然气价格呈现下行趋势。一旦中国在俄罗斯之外寻找到了天然气长期合作伙伴，俄罗斯将失去中国这个巨大的市场。

除了价格因素之外，国家政治博弈、输往中国气田的开发难度等都成为一些阻拦两国进行天然气合作的因素。可以说，由于价格因素横亘在两个国家的谈判之间，在短时间内，将较难完成天然气从俄罗斯向中国的大量的出口。

（二）中国—中亚天然气合作评价

1. 中国同中亚天然气合作现状

中亚地处欧洲和亚洲的交会处，是地球上最后一块仍未完全开发的区域之一，有着很大的能源开发潜力，其中，中亚拥有 6.65×10^{12} 立方米的天然气储量，其中，很大一部分位于土库曼斯坦和乌兹别克斯坦。

目前中国与中亚的能源大国均建立了较好的经济和能源合作关系。哈萨克斯坦和土库曼斯坦通往我国的天然气管道已于 2009 年竣工，根据协议，从开始输送之日起，土库曼斯坦每年从阿姆河口岸向中国出口 3×10^{10} 立方米的天然气。同时，2008 年 2 月，中国与哈萨克斯坦组建天然气管道有限责任公司，负责中亚天然气管道在哈萨克斯坦境内的建设和运营，该段管道从哈乌边境出发，到中国霍尔果斯，并入中国西气东输工程。此外，中国通乌兹别克斯坦的天然气管道工程也于 2010 年建成。中亚天然气管道与中国的西气东输二线相连接，总长度超过 10000 千米，是世界上最长的油气输送管道，能提供给中国境内 14 个主要消费地的天然气消费。目前，就 2011 年的形势来看，中亚的土库曼斯坦已经成为我国最大的天然气供给国，可以说，中亚已经是我国最大的天然气合作伙伴。

2. 中亚能源博弈现状

中国同中亚的天然气合作同样受很多因素的影响，其中很大一部分因素就是大国介入，要对今后中国同中亚的天然气合作进行规划，就不得不对这些大国因素详加考虑。

20世纪90年代初苏联解体后，中亚五国（包括哈萨克斯坦、塔吉克斯坦、吉尔吉斯斯坦、土库曼斯坦和乌兹别克斯坦）纷纷宣布独立，这一次政治版图的变化带来了世界地缘政治巨大的变化。首先，从苏联脱离后，中亚从无人触及的空白区变成和许多政治中心接壤的地区，包括欧盟、美国甚至日本等各大政治势力均想将自己的势力范围渗透到这个区域，俄罗斯更是不想这个"后花园"直接旁落到其他国家的手中，而中亚同我国有着3000多公里的边境线，因此一场政治和经济的博弈在中亚在所难免。其中，博弈的一个重点和主要诱因便是中亚丰富的能源资源。之前由于受苏联的控制，这块储量巨大的能源地没有受到各方博弈的影响，但是今天，当中亚完全暴露在世界的目光中，能源博弈在中亚将十分激烈。

由于中亚特殊的战略位置，美国极力想将自己的影响力扩充到这个区域，实现其在中亚"北扼俄罗斯、东控中国、南拒伊朗"的战略构想。一方面美国的大型跨国石油公司通过技术引进、合资经营等方式不断获取中亚国家的开发权，取得了一些大型油田的经营资格；另一方面，由于"9·11"事件，美国出兵阿富汗，在2004年前后在中亚建立了反恐的补给军事基地，这样也进一步促进了对中亚地区的控制。此外，美国通过民主政治的诱惑和压力，意图通过"颜色革命"改变中亚国家的政治体制，以使得中亚国家在政治上更加向美国等西方国家靠拢。在经济上，美国加强同中亚国家的联系，打破其他国家对中亚五国的贸易壁垒，从金钱利益上拉拢中亚。这些举措都显示了美国意图对中亚实现渗透和控制的目的。

另外，作为俄罗斯传统的势力范围，中亚一直都在俄罗斯的外交上占据非常重要的地位。自从普京上台，俄罗斯的外交策略有所调整，将"独联体外交"放在了所有外交组成的首要位置，意图加强对中亚等苏联国家的控制。一方面，俄罗斯通过外交上的拉拢和压力拉拢中亚五国；另一方面，俄罗斯同样通过大型石油公司介入中亚，购买油气田，实现对中亚能源的垄断。此外，俄罗斯还加强对一些能源缺乏国家的能源输出，加大其能源依赖。目前这些举措都收到了不错的效果，虽然俄罗斯在"反恐"等命题上无可奈何地让美国等国家介入中亚，但是中亚输往欧洲的天然气现在基本都是经过俄罗斯转而输送，可以说，中亚地区的能源命脉掌握在俄罗斯的手中。

目前，中亚存在的大国博弈在短时间内会维持现状，美国在经济和政治上较俄罗斯有优势，而俄罗斯在能源控制和外交上也不落下风，这种美俄的大国博弈将维持很长一段时间。

3. 中国—中亚天然气通道评价

在目前我国的天然气进口国中，中亚的土库曼斯坦占据了近50%的份额，是我国最大的天然气进口来源，所以中亚在我国的天然气来源格局中占据重要的地位，而中国同中亚的天然气贸易同样受到很多因素的影响。

（1）大国关系因素

在同俄罗斯的贸易中，价格是一个最主要的因素，同样在面对中亚天然气贸易时，大国关系是一个最主要的因素。在中亚地区，中亚诸国一直谋求在大国博弈中有一个制约平衡点，它们认为只有让介入到中亚地区的各种势力维持平衡，才能更自主地维护自身的领土和主权安全，进而不断地发展自己的经济。除了上述的美俄大国博弈之外，伊朗和土耳其作为对该地区有重要影响的国家，同样施加着自己的影响。伊朗的目标是借助中亚，拓展自己的外部市场，提高垄断力，而土耳其则通过文化渗透，扩大自己在中亚伊斯兰国家中的影响力，成为"突厥语国家联盟盟主"。一般来说，如果中亚国家"亲俄"，其在与中国的油气合作上将采取更为积极的态度，如果中亚国家"亲美"，则会采取比较消极的态度。中国需要在这场中亚的大国博弈中，采取更为积极的态度，以争取更多的中亚天然气资源。

（2）经济和外交因素

除去大国博弈的被动影响，另外一个中国能主动控制的因素就是经济和外交上的作用。中国同中亚国家的能源合作，从本质上来讲就是一种经济关系。中亚国家作为能源生产侧，需要稳定出口市场；中国作为能源需求侧，需要稳定供给。这种利益上的互相需求，驱动了两国的经济联系，而经济联系又反过来诱导了外交联系。目前在油气田的开发上，中国阿克纠宾石油天然气公司经营着哈萨克斯坦的两块油气田，中石油完全控制了北布扎奇油田，且成功收购哈萨克斯坦石油公司，经过十余年的摸索和尝试，两国的能源经济往来已经获得了较好的成果。

(3) 中亚国内因素

中亚国内因素同样影响着中国同中亚的天然气贸易。经过二十多年的建国历程，中亚五国纷纷走出了经济上的衰退，在西方民主的框架下，选择适合自己的发展道路，但是发展到今天，已经出现了一些弊端。首先是政治体制上的"总统制"使得中亚多国处于一个政党或个人长期威权通知下，在民主的外壳中，大量与民主不符合的现象正在显现。经济发展缓慢、政治腐败、社会分化，这就为反对派的"颜色革命"提供了可能性，而政治体制的改革在一定程度上将影响与中国的天然气合作走向。另外，中亚国家的伊斯兰极端势力很大程度上影响了中亚的能源供应。在中亚国家转轨的过程中，一些伊斯兰极端组织利用激进的原教旨主义派别的政治理念，煽动宗教狂热，欺骗和麻痹追随者，力图扩大其政治目的。中亚国家的伊斯兰极端化不仅影响了社会稳定，而且引发了我国国内维吾尔族的极端势力，对我国能源供应造成了极大的威胁。

上述几种因素是以不同方式、不同层次作用于中国同中亚的天然气贸易体系，但是各种因素错综复杂、相互交织。这些因素的作用虽然能影响诸多方面，但是由于两个区域巨大的合作前景和地缘关系，所有因素的影响都应该是可控的，中国同中亚国家的合作条件是非常有利的，消极因素并不会影响我国天然气的获取。

(三) 中国—缅甸天然气合作评价

1. 中国—缅甸天然气合作现状

缅甸已探明的天然气储量超过 2.46×10^{12} 立方米，由于地处几大能源消费国之间，缅甸对亚太地区的吸引力不可言喻。由于地理位置的因素，从缅甸进口天然气成为我国的一个必然选择。

中国从缅甸进口的天然气从缅甸的实兑港出发，途径缅甸第二大的城市曼德勒，从瑞利进入我国，途径大理、楚雄、昆明等城市，最后输送到成都。这条线路最主要的作用就是保证我国西南地区的天然气供应，对拉动我国西南地区的经济增长有很大的效应。这条线路另外一个特点就是从中东及非洲等地进口的天然气不用再绕行马六甲海峡而直接到达中国，使得总路程缩短了 1200 千米以上。根据协议，缅甸每年通过这条管道输送给我国的天然气为 6.5×10^9 立方米，维持 30 年不变。目前，包括中石油、中石化和中海油在内的三大国有石油天然气公司已经加紧在石油和天然气项目上与缅甸展开合作。

2. 中国—缅甸天然气通道的意义

不同于中俄天然气通道和中国—中亚天然气通道，中国同缅甸的天然气通道有着保障能源供应之外的很多意义。

（1）提供新的能源来源地

实现我国能源"多元化"的战略，且这条天然气管道为陆上天然气管道，不必绕行马六甲海峡等战略要地，安全系数高。建成之后，我国将形成东北、西北、西南陆地和海上四大天然气来源，有利于实现天然气来源的多元化，保障能源供应安全。

（2）减少经过马六甲海峡的天然气运输量，缩短航程

马六甲海峡一直都是一个战略要地，自从美国实施"重返亚太"的战略之后，马六甲海峡的地位更加重要。目前，我国 80% 的石油和大部分的海上 LNG 都是通过马六甲海峡运送到海岸城市，这样不仅距离远，而且安全系数低。但是中缅天然气管道建成之后，LNG 的运输将不必绕行马六甲海峡，而可以直接在缅甸登陆，通过管道运送到中国境内，这样不仅更加安全，而且节省运送资金。

（3）打通印度洋出口

目前我国主要的海上对外交流通过太平洋实现，但是以美国为首的西方国家在太平洋上逐步构建岛链，意图减弱中国的海上对外影响，而在中国的西南方，由于情况复杂、国家众多，美国等国家一直未能实现岛链的封锁，在这种情况下，从印度洋寻找出口将会成为中国迈向海洋的一个重要步骤。通过天然气的贸易，可以促进中国同东盟国家的政治经济往来，进而在交通、运输等方面有更为紧密的合作，为我国"走出去"开路。

（4）拉动西南地区的经济增长

我国的西南区域在经济上一直与国外交流很少，所以通过中国和缅甸的天然气贸易，能在很大程度上拉动云南、四川等省份同东南亚国家的联系，对国家的西南大开发战略有着相当重要的意义。

3. 中国—缅甸天然气通道的影响因素

中国同缅甸的天然气合作同样面临诸多因素的影响。

（1）缅甸国内因素，主要包括民主化进程和民生问题

缅甸之前的军政府上台时，加紧对国内经济、政治的控制，对异端势力进行了残酷镇压，国内的反对派声音越来越大，以昂山素季为首的反对派支持缅甸的民主、自由，倡导多党轮流执政，军政府迫于国际环境和国内的压力，已经开始统一多党轮流执政，开放党禁报禁，可以说，目前缅甸国内的动荡局势随着政治体制改革的日趋完善，已经趋于平稳，而民生问题在政治体制改革带来的经济改革的推动下，也逐步得到解决，可以说，这个问题对两国的能源合作影响有限。

（2）民族问题

缅甸是一个多民族的国家，国内有135个民族，信仰也各不相同，且由于地理的隔绝，各民族之间的交流十分不通畅，在缅甸一直以来都难以形成一个中央高度集权的政府。中央政府对边疆的影响力很弱，这就造成了边疆的不稳定，贩毒、暴力等行为屡见不鲜。而中国同缅甸的天然气管道要穿越缅甸很不稳定的部分，所以管线的安全应受到重视。

（3）大国博弈过程

在缅甸，大国博弈的现象虽然没有中亚地区那么激烈，但仍然有诸多势力介入，由于地理地缘的因素，该地区主要的博弈方为印度、美国、日本和中国。印度在历史上和缅甸有着良好的往来，但随着缅甸军政府上台实施专制统治，以民主国家自称的印度和缅甸的关系呈直线下降，这种国家间关系的恶化也直接影响到了能源的合作。但是随着近年来缅甸民主化进程的推进，有着相同政治体制的印度在与缅甸的天然气合作上，必将有更大的优势。美国因素在缅甸则同样不可忽视。缅甸的民主化进程有很大一部分是在美国的推动和鼓励下进行的，所以民主的缅甸在完成政治、经济的改革后，和美国关系的改善在所难免，那么美国在遏制中国寻找印度洋出口的战略方面就有了先手优势，恶化了中国的能源安全环境。近年来，日本对缅甸的影响逐渐增强，政治、经济和能源的往来一年上一个新台阶，这样就使得日本在缅甸天然气的争夺上实力越来越强。在各个国家的博弈中，缅甸也在大国林立的大环境下，寻求平衡，以求能获得更快更好的经济发展机会。

（四）中国—中东天然气合作评价

1. 中国—中东天然气贸易现状

因丰富的矿藏和特殊的地理位置，中东一直都是全世界关注的焦点，有很大一部分的石油和天然气从这里输往世界的各个角落，中国也不例外。目前，中东的卡塔尔是中国海上主要的 LNG 贸易伙伴，2011 年，中国从卡塔尔进口天然气 30 亿立方米，占到了海上 LNG 贸易的近一半。在中东地区，天然气储量丰富的国家除了卡塔尔，还包括沙特、伊朗等国家，特别是伊朗，其天然气探明储量居世界第二，且其与中国的经贸往来良好，未来合作前景广阔。

2. 中国—中东天然气通道影响因素

作为一个全球热点区域，中国同中东的天然气贸易会受到很多因素的影响。

（1）地区安全因素

中东自古以来就是兵家必争之地，民族、信仰、边界等的争议，让这片土地战火不断，这样的安全形势也会对我国同中东的天然气贸易造成影响。首先就是伊拉克问题。自从 2003 年美国推翻萨达姆政权以来，伊拉克的政治体制改革就一步没有停歇，但是由于伊拉克国内伊斯兰教派众多、反政府武装的势力也较为庞大，伊拉克的局势相当不稳定，各大主要的油气田经常受到恐怖分子的袭击，造成巨大的人员和财产伤亡，这样的外部形势对我国公司购买伊拉克油气田的经营权也蒙上了一层阴影。其次是巴以冲突问题。中东的区域形势通常都是牵一发而动全身，小小的地区性冲突对整个中东的能源开采、运输等都会造成巨大的影响，巴以冲突就是一个很鲜明的例子。巴勒斯坦和以色列由于人种、历史、信仰等问题，冲突不断，且阿拉伯国家联盟在巴以冲突中也没有发挥应有的作用，这就使得流血冲突时有发生，造成地区局势动荡，不利于我国与中东地区的能源交流。再次是伊朗核问题。作为中东地区最大的产气国，伊朗的安全对整个世界的天然气市场都会造成巨大的影响。伊朗目前的执政内阁执行强硬的对美外交策略，意图将自己打造成伊斯兰世界的领袖，提升伊朗的国家地位，但是这样的做法也反过来激怒了美国及其盟友以色列，美国同样在全球范围内执行对伊朗的经济制裁，严控伊朗拥有核武器，且同时对未来有可能的与伊朗的区域性冲突做好了充分的准备。伊朗一方面有大量的天然气输出，另一方面又面临和西方国家不可调和的矛盾，自然将自己的天然气市场投向亚太地区，所以，伊朗的安全问题对中国来说，既是一个挑战，也是一个机遇。最后是主要产气国沙特等国家的恐怖组织的猖獗。沙特等国家一直实行君主制，整个国家高度集权，这样的专制统治造就了国内的反政府武装。且随着"9·11"事件以来，美国在中东推行民主策略，这就造成美国和沙特关系降到了冰点，同时，沙特国内的恐怖组织也有所抬头，这样的安全形势对我国同这个中东产气大国的合作造成了一定的阻碍。

（2）大国介入因素

中东地区主要的大国势力是美国，可以说，中国同中东地区的天然气贸易很大程度上取决于美国对中东实行的政策。首先便是反恐。"9·11"事件以来，中东在美国的对外政策中占据了绝对重要的地位，美国依靠中东地区的盟友合作打击中东地区的恐怖组织，并阻止伊朗、苏丹等国家拥有先进的武器。这样的反恐行为一定程度上降低了中东地区恐怖组织的猖獗程度，但是同样为美国介入中东地区的争端营造了良好的氛围，在反恐的外衣下，美国可以顺理成章地对一些国家进行军事打击，这样的外部形势对中东地区的局势稳定造成了一定的影响。美国在中东推行的第二个政策便是民主化。以"大中东"计划为核心，美国的中东政策决定了美国与伊斯兰世界要么走向合作，要么走向对抗。美国区别对待中东地区的各政治体，意图依照自己的意思遏制甚至改造伊斯兰世界，这样的行为在一定程度上触动了中东各方的利益。对于苏丹、伊朗等国家，美国动用军事威胁、经济制裁等手段，扶持国内的亲美派，强行推动民主；对于沙特等传统盟友，美国一方面宣称对盟友的保护，另一方面又暗地里在沙特支持民主进程，这样的行为激怒了其盟友。可以说，美国在中东推行的民主化策略在时机尚未成熟时，后果将不堪设想，整个伊斯兰世界之间将走向分裂与对抗，中东地区的局势将更加动荡。

（3）美国、中东、中国的三方博弈

由于美国的能源政策是维持全球霸权地位，而中国作为一个发展中国家，经济快速发展，为了能源也更多地介入到中东局势中，这就势必在美国、中东和中国三方之间形成一定的竞争关系。首先，为了保证中国的能源供应，中国与伊朗、苏丹等国家签订了协议，从这些国家获取石油或天然气资源，同时向这些国家输出先进的武器，而这些国家同时又被美国视为恐怖国家，所以中国这样的行为极大地触犯了美国在中东的武器不扩散政策。其次，中国伴随着能源消耗的增大，对中东地区的地缘政治形势也不断介入，和一些中东国家也形成了良好的关系，且因为中国能源需求越来越大，中国在一定程度上能影响欧佩克的全球石油定价，这也损害了美国的利益。最后，从中东的角度出发，中东一方面需要美国保护其地区安全，另一方面又需要中国的介入以保持地区局势平衡，所以未来这样的博弈将一直存在。

可以说，上述三种因素在短时间内不会消失，中国同中东地区的天然气贸易也会受到这三种因素的影响，在规划未来与中东的天然气贸易时，需要将这些考虑在内。

（五）小结

本部分从现状、合作前景及影响因素等方面对目前的主要天然气来源通道进行了评价，指出中国同俄国的合作前景广阔，但是受制于价格因素，天然气谈判陷入僵局，急需拿出新的合作方案；同中亚的天然气贸易将成为最主要的天然气陆上贸易组成部分，其影响因素主要是中亚地区各大国的政治博弈；同缅甸的天然气贸易将极大地拉动我国西南地区的经济增长，但是缅甸国内各国博弈的现状以及缅甸的民主化进程将成为影响两国进行天然气合作的主要因素；同中东的天然气贸易是一个重要的海上LNG来源，但是中东地区动荡的局势以及美国对中东的政策将制约我国在中东天然气来源的扩大。本部分立足现状，为下文提出应对措施建立了理论基础。

七　建议

从对未来我国天然气的消费量和产量的预测上可以看出，2015年，我国的天然气缺口将近1000亿立方米，到2020年，由于国内产量增长趋势基本不变，而天然气需求量剧增，该缺口或将到达1500亿立方米，而目前我国的天然气进口量仅为400亿立方米，急需增加从境外的进口来源。要做到以积极的姿态应对未来可能出现的能源缺口，从国家层面和行业层面采取应对和保障措施。

（一）加强国际合作保障境外供给

1. 对俄——进一步探讨与加强"上下游一体化"合作机制

虽然目前我国同俄罗斯的天然气贸易量几乎为0，但凭借在政策导向、地缘优势、经济体制改革、政治合作上的优势，两个国家未来在天然气领域的合作潜力巨大。目前阻挠两国天然气谈判的主要因素是价格因素，为了避开价格因素对两国谈判造成的僵局，就需要提出更为合理的、符合两国利益的合作机制，使得在这样的机制下，价格不能成为主导因素。"上下游一体化"便是一个潜在的合作机制。

"上下游一体化"主要针对跨国能源公司而言，指的是跨国油气公司在两个国家范围内进行一体化的经营。具体到中国和俄罗斯的天然气贸易，上游指俄罗斯境内天然气田的勘探、开发和生产，中游指输气管道的建设和运营，下游指天然气在我国境内消费市场的销售。"上下游一体化"有两种不同的模式：一种称为大一体化经营模式，在这种模式下，上、中、下游视为一个经营运作整体，由合资公司独家经营，最后按照投资比例分配利润；另一种模式称为"管道一体化经营模式"，在这种模式下，上下游以不同方案进行经营，而中游的管道建设和运营为一个整体，由跨国合资公司进行经营，也成为"油气井口买断，管道一体化经营"。

这两种"上下游一体化"经营的方式相较于传统的天然气买卖贸易，有着天然的优点。对于第一种合作方式，首先，俄罗斯的天然气开采受限于技术、气候等因素，并未完全进行开发，特别是靠近中国的几块气田，由于处于高寒地带，开发难度大，如果采用一体化的经营方式，有利于俄罗斯的资源开发，带动经济增长。其次，组建的跨国公司由于共同拥有上中下游所有的产业链，可以减少谈判时不必要的纠纷，提高效率。最后，跨国公司的雄厚实力和合作优势能树立良好的公司形象，为融资提供方便。

但是，大一体化在中俄之间较难以实现。从俄罗斯的角度来看，俄罗斯对国外公司介入其国内的能源生产十分含糊，且在分成上十分偏重国内公司，且俄罗斯立法规定，在协议完成之后，公司的所有权将移交给俄罗斯联邦，这对于跨国公司将十分不利。从我国的角度来看，我国法律规定，外国公司不能介入中国的油气产品销售市场，这就制约了大一体化的实现，且在大一体化的框架下，俄罗斯方面能对跨国公司的控制将远大于我国，这对于我国的能源输入也有不利的影响，大一体化在中俄之间短期内难以实现。

目前可以着手与俄进行讨论的是第二种合作方式——"管道一体化经营模式"。这种模式相较于第一种合作模式，虽然是失去了对上游产业的控制，但是能分散风险，打破中俄谈判的僵局，在中国和俄罗斯政治、经贸往来良好的大环境下，有着广阔的前景。

2. 对中亚——进一步加强天然气输入

中国和中亚地区的天然气合作面临包括中亚国内局势及大国博弈等因素的影响，因此，为了加大从中亚引进天然气的力度，必须对上述因素有针对性的策略。

（1）融入"同心弧"。面对中亚复杂的政治地缘形势，我国应尽量融入中亚地区能源互相依赖的"同心弧"中，建立起与中亚地区各能源出口国、消费国、各种非政府组织的国际能源合作机制。在这个合作机制中，中国政府和中国企业应当以积极的姿态介入，而非像今天这样缺失在中亚的大环境中。

（2）开展能源外交，将能源战略和外交战略结合起来，通过外交途径创造一个良好的外部能源环境。中亚是我国主要的能源外交地区，我国应不断加强同中亚的国家往来，增进合作。首先，中国从中亚购入天然气本身就是一个双赢的结果，中亚地区获得了收益，我国获得了能源的供给。其次，我国经过20年的发展，国际地位不断提高，且作为常任理事国，在联合国拥有一票否决权，对于中亚国家来说，加强与邻国——中国的合作关系有着非常深远的意义。且同为发展中国家，中国也被视为一种平衡中亚各种势力的力量，因此，中国应该借助这种良好的发展基础，提升我国在中亚的国际地位。

（3）我国大型公司应该勇于"走出去"，到中亚同西方公司进行竞争。在对中亚资源的开发上，我国已经落后于西方公司，但是现在落后并不意味着一直落后，经过十多年的经营，我国在中亚地区已经掌握了一些油气田资源。但是不得不承认，我国公司在资金、技术、企业规模、国际市场运作等方面与西方国家有较大的差距,所以,我国企业目前的任务就是发展自身的规模,提升国际影响力,努力完成自身的国际化,真正走向国际市场。

(4) 注意与中亚五国的平衡外交。中亚五国虽然在地理、历史上有着相似的地方,但是近年来,由于政治发展和经济发展的不平衡,五国之间也矛盾重重。比如,在经济上,乌兹别克斯坦人口多、面积大、石油资源丰富,而哈萨克斯坦经济增长率为10%,两个国家之间的差距正在逐步拉大;在外交上,因为中亚五国基本都实行总统高度集权的体制,外交上的策略与总统的个人性格有很大的关系,所以总统之间的矛盾一般也延伸到了国家之间。所以,在与中亚各国进行天然气合作的同时,中国应当注意与各国搞平衡外交,避免招致不必要的麻烦。

(5) 警惕"民族主义"和"恐怖势力"。中国目前已经成为世界第二大能源消费国,越来越多地依赖于国外的能源进口,很多公司也走出国门获取国外油气田的经营权,这样的策略有时候因为舆论等原因,被误解为"新殖民主义",这样的字眼对我国公司走出国门,同西方公司展开竞争是极为不利的。且在对待我国公司在境外的投资上,必须确保我国公司的经济安全,防止中亚地区"民族主义"的抬头,对我国公司造成不必要的伤害。同时,中亚的伊斯拉极端势力和我国境内的恐怖组织相勾结,对我国的能源输入管道造成了一定的威胁,我国应当在反恐上与中亚国家展开合作,采取有效的措施杜绝恐怖事件的发生。

(6) 扩大上海合作组织的影响,增强该组织在能源合作上的作用。上海合作组织在边界谈判、维护地区和平、打击恐怖势力上有着非常重要的作用。随着各个国家经济往来得更加密切,该组织增进了成员国之间睦邻友好、互信合作的关系,同时营造了一个相对稳定的地区环境,为成员国经济发展奠定了基础。作为主导国,我国应该充分发挥该组织在经济领域的影响力,推动经贸部长关于能源合作的议题,使之成为中亚事务中的主导框架,从而加强我国同中亚国家的天然气合作,最终实现维护我国在中亚天然气利益的目标。

3. 对缅甸——完善中缅合作

中国同缅甸的天然气合作不仅能够拉动我国西南地区的经济增长,形成我国天然气来源多元化的格局,而且在战略上具有突破岛链、进入印度洋的重大意义，在面对缅甸地区的新形势，我国应当有充足的应对策略。

（1）完善同缅甸的合作。中国同缅甸在政治、经贸、反毒、反恐等方面都有较强的合作，中国应当抓住这种机会，进一步深化合作，将能源合作也纳入到两个国家的合作范围中，加大从缅甸的天然气引进力度。特别是在大湄公河次区的区域合作过程中，中国应当同东盟建立起良好的合作关系。中国与东盟的深化合作不仅能够打造这个区域的利益共同体，更能打消缅甸对于中国崛起的疑虑，使我国能够在区域合作上获益。从政治地缘上来讲，同缅甸关系的加强，能使得我国有了一条新的迈向印度洋的通道，且对于从中东地区进口的LNG，不必再绕行马六甲海峡，而是直接通过缅甸输往国内，这对于我国来讲有非常重要的战略意义。同经济高速发展、国际地位越来越高的中国建立良好的关系，有利于缅甸的稳定与繁荣，因此，从中缅增进合作的角度出发，两国的能源合作前景十分广阔。

（2）与缅甸利益相关方推进合作，避免恶性竞争。资源的有限性决定了对资源的争夺十分激烈，特别是对于缅甸这样一个天然气大国，多个国家包括印度、日本在缅甸天然气的项目上与中国都有竞争。作为北方邻国，中国如果想要将缅甸纳入到自己的边境能源网络中，势必会和利益相关方发生冲突，在这样的形势下，中国应当采取与相关国家进行有限合作的方式，签订相关的能源竞争规定，在一个合理的框架下进行正当竞争。

（3）对缅甸国内的政局变化采取合理应对措施。缅甸之前由军政府执政，所采取的独裁与专政的制度造成民怨滔天，在国际社会上影响力非常不好，而中国从自身利益出发，默许缅甸军政府的作为，并在国际上为缅甸军政府撑腰，这样的行为在某种程度上伤害了缅甸的国民。近年来，随着缅甸政治体制的改革，缅甸国内开放党禁报禁，以昂山素季为首的反对派也逐渐站稳了脚跟，缅甸国内的民主化进程也在不断加快。在这样的形势下，中国应当与缅甸一道，为推进缅甸国内的民主化进程付出努力，且帮助缅甸实现边疆的稳定。另外，应当与缅甸的中下层民众进行联系和沟通，投资缅甸的民生事业，让中国在缅甸的形象变好，这样也便于同缅甸进行天然气贸易。

总之，不同于中亚和俄罗斯较为稳定的国内局势，在同缅甸的天然气合作上，中国更应该注意如何采取措施，在缅甸国内民主化的进程中保持自己的利益。

4. 对中东——扩宽天然气合作对象

虽然中东的局势动荡，能源安全系数低，但是由于目前我国主要的能源来源地仍然为中东，将中东的天然气来源作为能源外交的一个重要组成部分是十分现实的。近年来，因为能源因素，中国对中东的战略已经发生了一些改变，在未来，面对影响中国—中东天然气贸易的种种因素，要采取适合的应对策略，进一步拓宽我国从中东进口天然气的渠道。

（1）制定全面的能源外交策略

中国在中东的外交策略应当有别于美国，打造防御性外交，避免因中国公司介入中东油气田而引起的恐慌和疑虑，对中东国家的内政采取不干涉的态度。但是在面临美国在中东推行民主化的进程中，我国也将在两难的境地中做出平衡。在以往美国推行中东民主化的政策中，我国一般较为坚定地站在中东政府一边，如利比亚、伊朗、伊拉克等国家，这样的行为虽然保障了我国同这些国家的类盟友关系和能源的输入，但是在一定程度上伤害了该国的国民。在中东民主化进程加快的背景下，随着中国战略空间的扩张，我国已经很难通过这种传统的韬光养晦的外交方式获取能源，所以，在未来中国必须采取更为积极的方式来平衡中东与美国的关系，积极参与中东民主化进程，同时协调好同美国的关系，以保障在中东的能源供应。

（2）拓宽中东的天然气来源，建立与中东天然气供应国的相互依存关系

目前中国从中东地区进口的天然气基本来源于卡塔尔，且这部分份额占据了我国天然气进口的10%左右，这与石油的进口格局不相匹配。在未来，中国应当考虑对其他主要的中东天然气出产国的进口，如伊朗、沙特等。事实上，中东拥有全世界剩余天然气可开采量的36%左右，已开采出来的仅占4%，仍有 63×10^{12} 立方米的天然气未被开采，伊朗有着巨大的天然气剩余开采量，其最终开采量为 31×10^{12} 立方米，还有97%的天然气未被开采，所以，在天然气领域，中国同中东其他国家依然有着广阔的合作前景。今后，中国应当继续在主要的中东能源输入国增加对天然气气田和输送管线项目的投资，同时，邀请中东国家来中国投资天然气项目，做到互利双赢，在天然气开采、运输、输送等领域形成交叉依赖的局面。此外，由于天然气市场不同于石油市场，中国可以尝试与主要天然气供应国

（如伊朗、苏丹、沙特、卡塔尔等）签订长期的天然气合作协议，避免因美国的中东政策及价格因素带来的天然气危机。

（3）建立多边合作机制，保证中美互信

中国在中东地区的能源扩张引起了以美国为首的西方国家的疑虑，且由于之前中国企业高调进驻安哥拉、苏丹等国家，这些举动都被视为中国在中东挑战美国霸权地位的行为。能源问题可以通过能源的方式解决从而避免不必要的政治纷争，美国对中国的政治遏制虽然在一定程度上阻碍了中国从中东获取天然气资源，但是天然气的双边贸易是经济行为，美国的举动对其造成的影响很有限。但从长远的角度来看，在中东的天然气市场，一个能进行天然气协商的多边制度一直缺失，而以中国为首的亚太地区国家的天然气需求量与日俱增，所以，中国有必要联合一些主要的能源消费国和生产国，在中东建立一个能源磋商框架，保障亚太地区的天然气供应，且在反恐、民族主义等问题上同美国加强合作，也进一步加强同美国的战略互信。

综合来说，我国在中东应当采取稳健的外交策略，改变传统的韬光养晦的外交方针，加大同各能源生产国的合作，建立能源磋商机制，增进与美国的战略互信，这样才能保证我国在中东地区的天然气供应。

（二）统筹能源外交拓宽天然气来源

在加强与已有合作国联系的基础上，我国应执行多元化的能源战略，大力拓宽我国的天然气进口来源，结合天然气储量和政治经贸关系，伊朗、委内瑞拉和非洲应成为未来几个主要的来源国。

1. 委内瑞拉

委内瑞拉地处南美，与伊朗类似，拥有丰富的石油资源和天然气资源，在未来，委内瑞拉的开采量将占到整个美洲地区总开采量的30%左右，这将大大高于2002年的比例（2.65%），其剩余的开采量为90%以上，所以，委内瑞拉的天然气资源十分丰富。

从政治经贸来看，我国同委内瑞拉在石油方面的合作已经非常深入，委内瑞拉已经成为我国一个重要的石油合作国，这种合作关系完全可以复制到天然气的合作领域。且在政治体制上，委内瑞拉已故总统查韦斯极力推行国有化，力图在委内瑞拉建成"21世纪新社会主义"，这种政治体制上的类似也在无形中促进了我国和委内瑞拉的经济合作。另外，由于与美国的关系直线下降，委内瑞拉的能源出口面临较大考验，而中国的能源需求与日俱增，一个需要需求方，一个需要供给方，这种利益上的相互作用也给两个国家在天然气上的合作提供了广阔的空间。

但是，未来在与委内瑞拉进行天然气贸易的同时，也应当注意几个比较关键的因素。第一，美国的疑虑。南美大陆一直都是美国的后院，而委内瑞拉在历史上也是美国重要的石油进口国，但委内瑞拉国内的反美情绪高涨，两国关系降至冰点，且委内瑞拉对跨国石油公司进行国有化经营，这触犯了美国在南美的利益。委内瑞拉在与美国交恶的同时，特别注重同中国的关系，这样就使得中国需要在美国和委内瑞拉之间寻找平衡点。首先不能和委内瑞拉接触过近，因政治体制的相同而结成的同盟极易给其他各国带来猜疑，也会对中美关系的大局造成影响；其次也不能太过打击委内瑞拉的积极性，避免两国能源交往的冷淡，所以，在这样一场博弈中，中国政府和企业需要审时度势，作出最有利于自己的决策。第二，委内瑞拉国内的"民族主义"和政治局势。在委内瑞拉的国有化进程中，一些大型跨国公司的财产都被委内瑞拉收回进行国有化经营，中国公司虽然目前并没有这样的危险，但是拉美地区局势动荡，应当做好这样的防范措施，防止自身的经济安全受到损害。

2. 非洲

非洲主要的产气国家包括阿尔及利亚、尼尔利亚和埃及，该地区的最终可开采量为 13×10^{12} 立方米，且有85%的天然气资源未被开发。且从上文的预测中可以看出，非洲地区的产气周期将非常长，虽然非洲的天然气保有量很有限，但是由于开采量过低，在未来有很高的开采期望。

中国同非洲进行天然气贸易有较为成熟的条件。首先，非洲国家大多欢迎国际大公司进入非洲进行油气资源的开发，这与拉美、中东的"能源民族主义"完全不同，这样的政策便于中国公司进入非洲进行开发。其次，中国历史上与非洲各国均保持着较好的政治经济往来，在外交上扶持非洲国家，在经济上对非洲进行援助，这样的行为为能源合作奠定了基础。最后，中国已经同非洲有了较好的石油贸易通道，目前，在石油输入中，安哥拉占据了第二位，输入量为3200万吨，苏丹占据第七位，为1350万吨，可以说，非洲成为除中东之外，我国另外一个重要的石油来源。这样的合作通道可以拓展到天然气的领域，中国可以借助这些有利形势，加强同主要天然气出产国（包括尼日利亚、阿尔及利亚等）的合作，拓展非洲天然气在我国市场中的份额。

在拓展与非洲的天然气贸易的同时，需要处理好几个关键的因素。第一个因素是非洲国家的内部因素。从能源的角度来讲，非洲拥有丰厚的能源储量，而作为一个外交、军事和经济在全球均处于明显下风的国家集团，石油和天然气等一次能源明显已经成为非洲外交最重要的组成部分，所以非洲的能源贸易不像其他地方纯粹属于经济行为，而且夹杂着政治、外交等诸多因素，中国在处理同非洲的天然气贸易的时候需要注意到这个问题，周全考虑各方关系。第二个因素就是非洲的稳定因素。非洲在长期的殖民统治下，由于民族、种族、信仰等差异，各个地区之间有着较深的隔阂，且有些国家的长期威权统治，使得腐败丛生，反政府武装的力量很大，造成局势动荡不安。这样不安定的局势对能源出口造成了一定的影响，我国应当同非洲国家及美国一起，竭力维护地区安全稳定，从而稳定我国的天然气出口。第三个因素就是美国因素。目前在原油上，非洲已经取代中东，成为美国最大的原油进口国，随着经济往来的密切，跨国公司的介入以及军事力量的增强，美国在非洲的势力日益壮大，而崛起的中国在非洲谋取利益会对美国的既有利益造成一定的影响。在处理同美国关系的时候，我国应当保持足够的耐心与智慧，避免直接冲突，更要为我国争取足够的利益。

（三）创新交易模式立足国际市场

天然气市场不同于石油市场，更多的是区域性的经济活动，而非全球性的贸易，这就决定了各个区域天然气的定价各不相同。目前中国同主要天然气国家进行的天然气合作形式主要是长期合同，现货合同占比不到总量的20%。长期合同中，天然气的价格与石油价格挂钩，随着石油价格的涨跌，天然气价格就会出现较大的变化，而国内的天然气价格一般维持在一个很低的水平上，这样就会造成我国在天然气贸易中遭受巨大的损失。

随着2008年的经济危机，世界的天然气消费中心往亚太地区移动，而亚太地区在购买中东地区石油的时候，往往会出现"亚洲溢价"的现象，即价格要高于欧洲地区，同样的现象也出现在天然气贸易中，这样的现象对于新兴的亚太国家非常不利。中国很有必要建立一个天然气购买国联盟，协调处理天然气贸易等多项事宜，最终建立起一个区域性甚至全球性的天然气市场，从而更有利于我国的天然气进口。

（四）加强技术交流与合作开拓天然气资源

目前我国的天然气开采工作已经步入正常阶段，想要在常规天然气上取得大的突破已经较为困难，所以在扩大天然气来源上，一方面需要从国外加大进口，另一方面需要在国内开发非常规天然气的技术，更好地利用非常规天然气所带来的机遇。

目前美国已经依靠四十多年页岩气技术的积累，进入页岩气开发利用的高潮阶段，仅仅 3～4 年的时间，美国页岩气的产量已经占据了天然气总产量的 1/3，由此带来的能源市场格局的变化非常显著。美国石油及天然气的进口量大幅度缩减，且煤炭和天然气的价格一路走低，这样的情况极大地缓解了美国国内的能源危机。据权威预测，我国的页岩气储量高达 100×10^{12} 立方米，与整个北美的储量不相上下，且就目前的情况来看，海相页岩气在我国的南方地区大量聚集，如果这部分的页岩气能被挖掘出来，南方地区的地理劣势将得到极大的缓解。目前，我国应该针对页岩气革命，大力发展页岩气技术，加大对页岩气的勘探与开发力度，使得我国的页岩气未来能够大批量地投放到国内市场，减轻对国外天然气的依赖。

（五）建立战略储备体系保障天然气供给

美国、日本、印度及欧盟等产气大国（地区）或消费大国（地区）均建立了良好的天然气战略储备体系，特别是日本，由于地处小岛，对能源供给特别有危机感，在能源战略储备上特别下功夫。现在，日本的能源储备系统包括了官方和民间两种形式，政府要求各大石油公司进行油气储备，对石油储备的公司进行贷款、技术等多方面的支持，且在战略能源的释放上十分谨慎，做到既平衡国内市场，又保证储量，目前已经达到储备 70 天必需能源的目标。

我国是一个能源消耗大国，主要消耗煤炭，同时，能源消费地和产地又极为不平衡，除煤炭外，对国外的能源依存度很高，而我国目前的天然气战略储备体系建设十分落后，这主要是由国家缺乏战略目标、地方政府和民营资本未介入储备、技术落后等各方面原因造成的，我国需要基于上述缺点，对天然气产业发展中的战略储备体系进行重新构建。包括从政策上倾斜天然气战略储备体系、引入地方政府和民营资本等措施，在不同区域构建形式多样的储备系统，实现我国天然气的战略储备，以防止国家大环境的突然变化对国内经济系统造成的毁灭性打击。

（六）行业发展建议

1. 准确为天然气产业定位

应充分认识到天然气对环境保护、优化能源结构、实施可持续发展战略的巨大作用，更应清楚地看到天然气需求量的迅速增长是世界的大潮流，从国家的角度认清天然气产业的战略地位，制定整体发展规划，在政策、税收和资金等方面加大扶持力度，加大勘探开发和管道建设力度。

2. 加强输配气管网的建设

中国的天然气资源主要集中在经济发展较为落后的中西部地区，而消费市场主要集中在经济较为发达的东南沿海地区，这就决定了要发展天然气产业，必须建设较为完善的由干线、支线和城市输配气管网组成的天然气输气管网。但中国目前的天然气输配气管网建设较为落后，远远不能满足发展天然气产业的需要，因此为了促进中国天然气产业的发展，必须加强天然气输配气管网的建设。

3. 完善"上下游一体化"综合开发

目前，除了西部天然气主要产区应相应发展天然气产业外，东部及东南沿海地区由于经济发达、人口密集、环境污染较为严重、能源资源相对缺乏、对价格的承受能力较高，开拓天然气市场有良好的前景。随着天然气输气管道的联网，走天然气联合经营之路越来越需要天然气产运销各个部门紧密配合。为了促进天然气的勘探、开发和利用，避免不必要的资源浪费和资金积压，必须充分认识天然气产业的特性，从勘探区域的选择、产能和集输管网系统的建设直至下游的综合利用，实行合理的统一规划和部署。

4. 政策倾斜

俄罗斯、英国、韩国在天然气产业发展早期，在投资和价格政策等方面都向天然气倾斜，促进了天然气市场的发展。对于天然气勘探开发项目，由于中国埋深超过 3500 米的天然气资源占 57.3%，自然状况恶劣的黄土塬、山区、沙漠区、海域占 84%，勘探开发有一定难度。为了鼓励天然气的勘探开发，应在政策方面向天然气倾斜。

中国铜矿产品的来源和应对策略研究[*]

一 绪论

（一）课题的目的和意义

（1）铜矿产资源是关系经济社会发展的重要战略资源，是国家安全发展的基石资源之一。因此研究落实铜资源的保障及其应对策略具有重要的战略和政治意义。

（2）铜资源消费几乎渗透到国民经济的各个部分，研究落实好铜资源的保障策略，直接关系到资源产业乃至我国国民经济的健康和可持续发展。

（3）通过对铜资源供求平衡的对比研究，客观分析该资源的供求形势，为国家、行业、企业"走出去"利用"两个市场、两种资源"装备和发展自己提供理论依据。

（4）通过对铜资源当前和2020年乃至2030年的供求量进行预测，正确评估资源需求缺口，开展资源保障度评价，为国家的矿产勘查和开发提供依据，为国家制定工业发展规划提供可靠的数理支撑。

（5）通过分析、预测铜资源保障的严峻形势促使资源节约，杜绝资源浪费，降低资源的消耗，提高资源利用率、生产率和单位资源的人口承载力，为建设节约型社会提供文献证明。

（6）通过对铜矿产资源进行分析，以确保资源保障能力，也将促进科技发展，提升资源开发能力以及资源循环再利用等技术的极大发展。

---

[*] 本文作者单位：国家开发银行研究院、有色金属技术经济研究院。

(7) 通过分析铜矿产资源的重要性及缺口，为铜矿产资源的国家储备提供理论依据。

(二) 课题的研究范围与技术路线

1. 研究范围

本课题研究的铜矿产资源主体包括铜精矿和精铜两大品类（研究过程涉及粗铜和废杂铜），研究的核心内容是围绕铜精矿和精铜当前的供求情况及平衡预测未来（2013~2015年、2020年、2030年）各自供求及平衡状况，分别分析各时期的产品对外依存度并作对比分析，同时分析存在的问题并提出积极政策建议。

2. 技术路线

```
数据收集与整理：中国铜矿产资源供求数据采集
                    ↓
           分析：供求量/结构、影响因素
                    ↓
  ┌─────────────────┴─────────────────┐
预测1：综合运用ARIMA模            预测2：综合运用德尔菲模
型/专家意见预测2013~2015          型、情景设定预测铜资源
年供求量数据                      2020年和2030年供求量数据
  └─────────────────┬─────────────────┘
                    ↓
     测算供求平衡、对外依存度和指明资源保障存在的问题
                    ↓
     结论与建议：根据当前以及预测供求量、缺口量、对外依存度
     和存在的问题提出有针对性的政策建议
```

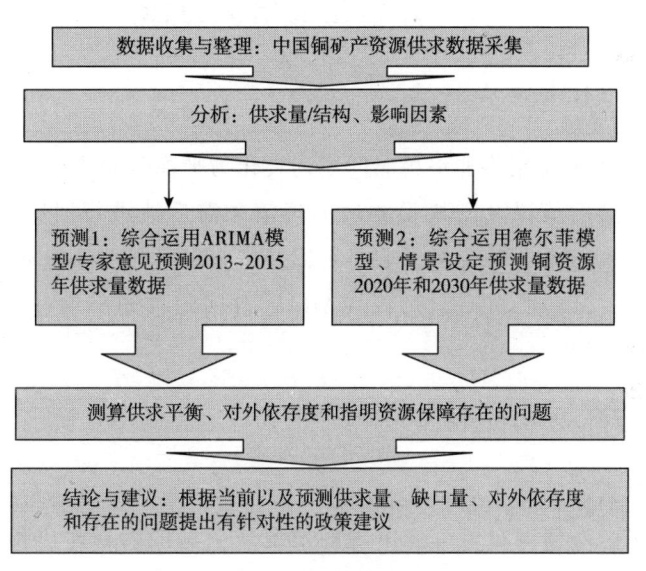

图1　技术路线

（三）本文的创新点与不足

1. 主要创新点

（1）理论基础创新。从可持续发展理论和矿产资源消费供求理论出发，研究了中国铜矿资源供需状况及保障措施。

（2）分析手段创新。综合运用前沿或核心计量模型结合专家预测法定

量、定性相结合分析铜矿产资源未来供求量及发展趋势。

（3）政策建议创新。本文在全面、系统、深入分析探讨中国铜矿产资源开放型保障的基础上，有针对性地提出了许多建设性、可操作性的铜资源保障政策建议。

2. 本文不足之处

就总体研究水平而言，本课题对中短期铜行业供求现状及预测把握都相对比较准确，但课题涉及10年乃至近20年后产、消量以及对外依存度的预测，无论是当今前沿预测的计量模型还是通过权威行业数据的对比类推以及专家意见修正，相信预测数据在未来验证也都会有一定程度的误差。

二 课题主要研究方法

（一）ARIMA 分析法

ARIMA 模型是指将非平稳时间序列转化为平稳时间序列，然后将因变量仅对它的滞后值以及随机误差项的现值和滞后值进行回归所建立的模型。ARIMA 模型根据原序列是否平稳以及回归中所含部分的不同，包括移动平均过程（MA）、自回归过程（AR）、自回归移动平均过程（ARMA）以及 ARIMA 过程。

（二）情景分析法

情景分析法又称前景描述法，是假定某种现象或某种趋势将持续到未来的前提下，对预测对象可能出现的情况或引起的后果作出预测的方法。通常用来对预测对象的未来发展作出种种情景设想，是一种直观的定性预测方法。

（三）德尔菲模型

德尔菲法是通过一系列特定的问卷或调研方式，综合专家的意见而获得专家共识的方法。它是由组织者就拟定的问题设计调查表，通过反复征询与反馈，获得具有统计意义的专家集体判断结果。

三 中国铜矿产品需求分析

(一) 铜精矿

1. 需求量现状

受国内铜冶炼产能持续扩张的推动,铜精矿需求量逐年增长。由于缺乏官方的粗铜产量数据,安泰科通过对主要铜冶炼企业的跟踪研究,估算出国内的铜精矿消费需求量。2010~2012年,国内的铜精矿需求量实物量分别为969万吨、1095万吨和1191万吨。

表1 2010~2012年铜精矿需求量

单位:万吨实物量

年 份	2010	2011	2012
需求量	969	1095	1191

2. 需求量预测

测算说明:根据安泰科专家数据库过去10年的铜精矿需求数据,用ARIMA模型预测2013~2030年部分年份数据,通过Eviews统计软件分析,该时间序列样本平稳。

分析可得,该时间序列自相关期数为1,偏相关系数为1,可得预测模型为ARIMA (1, 0, 1),并保证整体预测通过在10%的置信区间内。根据计量ARIMA模型预测结果,随着铜陵有色"双闪"项目和金川防城港项目等的先后竣工投产,2013年中国进入一个铜粗炼产能投产高峰期,加之全球铜精矿供应增速也将加快,国内的铜精矿消费量预计仍将保持较快增速。预计2013年和2014年的铜精矿消费量分别为1332万吨和1518万吨,增速分别为11.8%和13.9%。

同理用ARIMA模型并结合专家意见及综合考虑GDP增长、城镇化进程、行业发展阶段拐点等实际分析,综合预测2013~2030年部分年份铜矿需求数据,如表2所示。

表 2　2013~2030 年部分年份铜精矿需求量预测

单位：万吨

年　份	2013	2014	2015	2020	2030
需求量	1332	1518	1564	2025	2689

资料来源：安泰科。

（二）精铜

1. 消费需求量现状

中国的精铜消费量在2002年超过美国居全球第一位之后，随着国内经济建设的快速增长，精铜需求量也呈现快速增长的格局，并稳居全球第一位，2010年的精铜需求量达到680万吨。受国内经济增速放缓及全球经济低迷等因素的影响，近几年国内的精铜消费增速持续放缓，2011年增速降至个位数，同比增长7.8%至733万吨，2012年增速进一步回落至4.8%，消费量为768万吨。

表 3　2010~2012 年精铜需求量

单位：万吨

年　份	2010	2011	2012
需求量	680	733	768

2. 需求结构分析

从国内各主要用铜行业看，占据国内近半消费量的电力行业依然是拉动国内精铜消费增长的主要驱动力，不过2012年增速也有放缓；空调制冷受高库存和家电下乡、以旧换新等优惠政策到期因素影响，精铜消费增速大幅放缓；建筑行业也因宏观调控而增速继续下滑；交通运输、电子等行业的精铜消费增速也均出现回落。

从统计局公布的数据看，2012年中国的精铜消费量及消费结构如表4所示。

表 4　2012 年精铜消费结构占比

单位：万吨，%

序列	项　目	消费量	占　比
1	电　力	363	47.27
2	空调制冷	116	15.10

续表

序列	项目	消费量	占比
3	交通运输	79	10.29
4	电子	57	7.42
5	建筑	70	9.11
6	其他	83	10.81
	总计	768	100.00

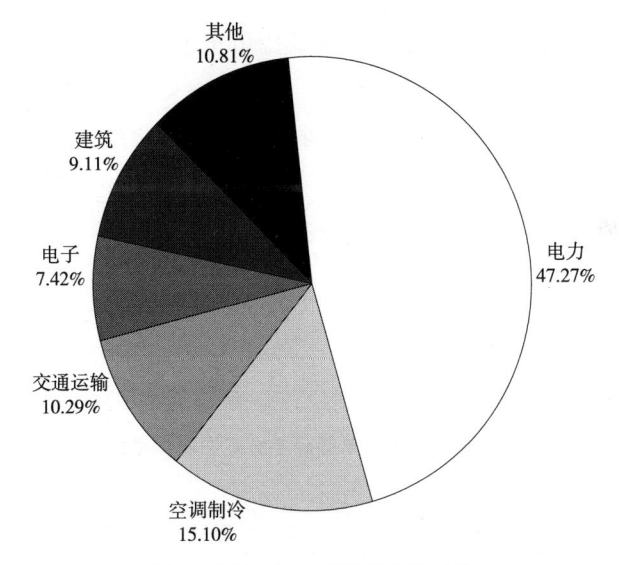

图2 2012年中国精铜消费结构

3. 需求量预测

2013年随着国内外经济缓慢回暖，有望拉动国内需求和出口需求，铜的消费增速也将有所提升。从国内铜消费的前两大行业看，电力行业铜消费有望稳定增加，空调制冷行业随着2012年的去库存化，2013年将出现明显好转；轨道交通加大投资将有望带动交通运输行业的铜消费增幅回升；建筑行业受限于政府调控，铜消费增幅有限；电子行业的铜消费量预计会出现回升。

安泰科专家结合情景分析预计2013年中国的精铜消费量为810万吨，同比增加5.5%，增速略高于2012年；2014年预计增长5.4%至854万吨，增幅与2013年相当。

◆ 情景分析预测 2013~2030 年部分年份精铜需求量数据

①模型设计

根据历史统计数据,我们设定数值拟合度高的模型,作为铜资源需求预测值计算模型:

T 年需求量 = 基期需求量 $[(1+消费增速)(1-替代系数)]^t$

②预测情景设定

未来精铜消费增长情景可以划分为"高情景""中情景"和"低情景"三种情景。

情景一:"高情景",精铜消耗维持历史 GDP 高速增长速度,单位 GDP 耗铜量没有明显下降。

情景二:"中情景",精铜消耗维持在自身历史增长速度,单位 GDP 耗铜量下降,替代系数为 3%。

情景三:"低情景",精铜消耗维持 GDP 平均增长速度 7.2% 左右,替代系数为 3%。

③情景预测结论

根据以上情景分别预测,得结论如下。

表 5　2013~2030 年部分年份精铜需求量预测

单位:万吨

年　份	2013	2014	2015	2020	2030
高情景	868	981	1108	2042	6931
中情景	838	915	998	1544	3698
低情景	795	822	851	1009	1419

④情景预测分析及修正

"高情景"模式以我国 GDP 高速增长阶段的增长率作为未来十几年我国精铜消费需求的增速,忽略了当前产业结构调整时期的增速减缓和未来精铜替代及节能等因素,"高情景"模式的预测结果出现的可能性较小。

"中情景"用历史精铜自身消费增速作为未来我国精铜需求消费增速,虽然把替代系数考虑在内,符合历史预测未来的周期计量规律,但考虑到经济调整下行周期,如此高增长的消耗也必将无以为继,据此预测同样会偏离未来实际精铜资源需求。

综合考虑，"低情景"模式符合当前经济下行周期及可预见范围内我国精铜消费的基本国情，具有实际预测使用价值。结合情景分析、ARIMA模型和专家意见，综合考虑国内经济结构转型、新型城镇化建设、行业发展阶段拐点可能出现等实际情况，综合预测2013~2030年部分年份精铜消费量需求数据，如表6所示。

表6 2013~2030年部分年份精铜消费量预测

单位：万吨

年　　份	2013	2014	2015	2020	2030
消费量预测	810	854	962	1187	1530

资料来源：安泰科。

四　中国铜矿产品供给分析

（一）铜矿储量及分布

1. 世界储量及分布

据美国地质勘查局（USGS）统计，截至2010年底，全球共探明铜金属储量6.3亿吨。其中，铜储量最多的国家是智利，约为1.5亿吨，占世界铜储量的23.81%，也是唯一的储量超亿吨国家。其他铜储量在3000万吨以上的国家有秘鲁、澳大利亚、墨西哥、美国、中国、印度尼西亚和俄罗斯，分别为9000万吨、8000万吨、3800万吨、3500万吨、3000万吨、3000万吨和3000万吨。其他储量超过1000万吨的国家有波兰、赞比亚、哈萨克斯坦等。

表7 2010年全球主要国家铜储量

单位：万吨，%

国家或地区	储　量	占　比
智利	15000	23.81
秘鲁	9000	14.29
澳大利亚	8000	12.70
墨西哥	3800	6.03
美国	3500	5.56
中国	3000	4.76

续表

国家或地区	储 量	占 比
印度尼西亚	3000	4.76
俄罗斯	3000	4.76
波兰	2600	4.13
赞比亚	2000	3.17
哈萨克斯坦	1800	2.86
加拿大	800	1.27
其他国家	8000	12.70
总计（取整）	63000	100.00

资料来源：USGS - Mineral Commodity Summaries，2011年1月。

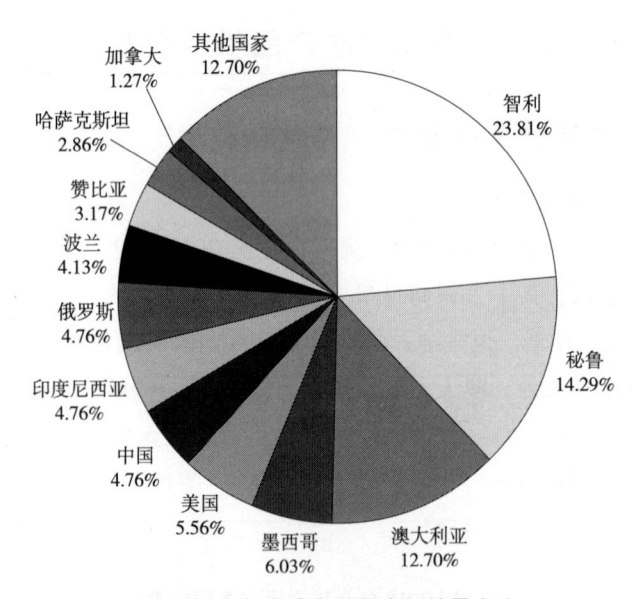

图3　2010年全球主要国家铜储量占比

2. 中国储量及分布

据国土资源部最新统计数据，截至2009年底，全国共有铜矿区1607处，分布在国内29个省区。基础储量约为3000万吨，占世界铜储量的4.76%，位居世界第六。虽然全国铜矿资源总量较为丰富，但由于人口众多，人均铜矿资源储量只有13.2千克，仅为世界平均水平56.5千克的23.4%。

中国铜矿分布地域差异明显，基础储量最多省区是江西省，为712万吨，占24.1%；其次内蒙古、云南、山西、安徽和西藏，分别为290万吨、289万吨、273万吨、203万吨和199万吨，占比在6.7%~9.8%。

表8　2009年中国主要地区铜储量

单位：万吨，%

省　区	储　量	占　比
江　西	712	24.1
内蒙古	290	9.8
云　南	289	9.8
山　西	273	9.3
安　徽	203	6.9
西　藏	199	6.7
其　他	1034	33.4
总　计	3000	100.0

资料来源：国土资源部。

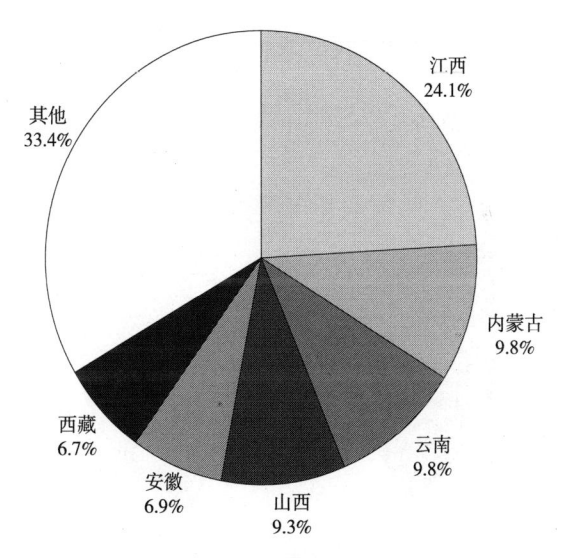

图4　2009年中国铜矿储量分布

（二）铜精矿

1. 产量现状与结构

据安泰科统计，2010年到2012年，我国铜精矿产量实物量由407万吨增长到503万吨，净增96万吨。

2012年有5个省份铜精矿超过10万吨，分别为江西、云南、内蒙古、安徽和甘肃，除云南外，其他四个省份产量的年均增速都超过15%。这五个省份2012年合计铜精矿产量405万吨，占全国总量的比例为80.5%，说明国内铜精矿生产地区集中度较高。

表9　2010～2012年中国主要铜精矿产量及地区分布

单位：万吨实物量

序号	省　份	2010年	2011年	2012年
1	江　西	75.36	88.93	113.21
2	内蒙古	61.07	62.86	99.64
3	云　南	73.57	73.93	85.36
4	安　徽	46.07	46.43	62.50
5	甘　肃	31.07	37.50	43.93
6	其　他	120.00	136.07	97.86
全国合计		407.14	445.71	502.50

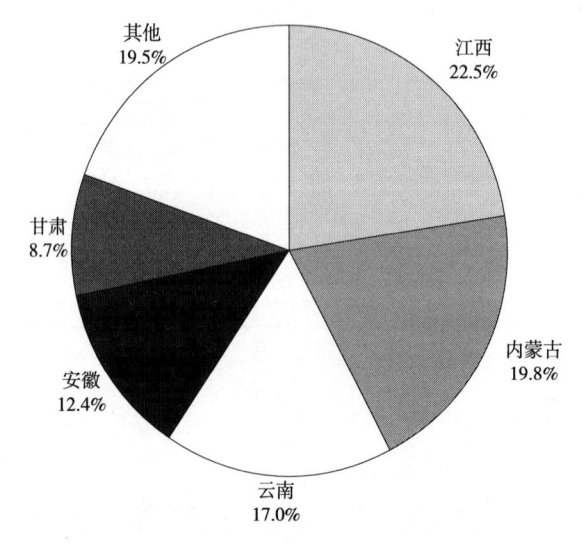

图5　2012年中国铜精矿产量分布

2. 产量预测

根据计量模型预测，结合安泰科专家意见，得出铜精矿产量预测结论，如表10所示。

表 10　2013~2030 年部分年份铜精矿产量预测

单位：万吨实物量

年　份	2013	2014	2015	2020	2030
产　量	543	589	607	679	821

（三）精铜

1. 产量现状与结构

2012 年中国铜冶炼再次进入投产高峰期，冶炼和精炼产能的扩张，成为国内精铜产量增长的主要驱动力，带动了精铜产量的持续快速增长。

据安泰科统计，2012 年，中国精铜产量达到 561.7 万吨，同比增长 8.3%。其中，江西、山东、甘肃、安徽和云南精铜产量均在 40 万吨以上，合计产量达到 383.8 万吨，占全国精铜产量的 68.3%。前五个省份中，虽然江西省一直居于首位，但是增速最快的是山东和甘肃两省，其 2010~2012 年的年均增速都在 20% 以上。

表 11　2010~2012 年中国精铜产量地区分布

单位：万吨

序号	地　区	2010	2011	2012
1	江　西	93.6	97.5	116.4
2	山　东	59.1	75.5	91.0
3	甘　肃	47.8	62.5	70.9
4	安　徽	57.3	61.9	60.6
5	云　南	34.1	39.0	44.9
6	其　他	65.9	182.1	177.9
全国合计		357.8	518.5	561.7

中国精铜的生产主要集中在国内大型铜冶炼企业所在地，如江西、安徽、甘肃、云南等省区。山东省也拥有四家 10 万吨规模以上的冶炼企业，浙江、江苏由于铜消费较为集中，也形成规模较大的独立精炼企业就地生产。据 2010 年的统计资料，国内前十个地区的精铜产量占全国的比例近 90%。

从企业产量来看，2010~2012 年前五大铜企业产量均有所增加，其中金川、云铜和江铜的产量年均增速均在 10% 以上。2012 年，我国前五大铜

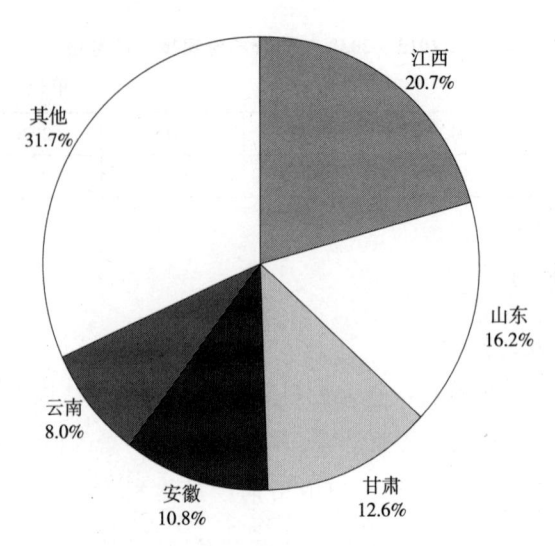

图 6 2012年中国精铜产量地区分布

企业精铜产量达到 353.5 万吨，占全国精铜产量的 60% 以上。

2. 产量预测

根据计量 ARIMA 模型预测结果，结合 2013 年和 2014 年国内铜粗炼和精炼产能将继续扩张，其中 2013 年又将是一个投产高峰年份，综合预计竣工投产的粗炼产能和精炼产能分别达到 72 万吨/年和 108 万吨/年，国内总产能将分别达到 489 万吨/年和 896 万吨/年；2014 年两者将分别增加 20 万吨/年和 40 万吨/年，总产能将分别达到 509 万吨/年和 936 万吨/年。

产能的持续扩张将带动国内的精铜产量保持较快增速。综合预计 2013 年我国精铜产量达到 610 万吨，同比增长 8.6%；2014 年精铜产量达到 665 万吨，同比增长 9.0%。

同理，用计量模型并结合专家意见为主，综合考虑 GDP 增长、城镇化进程、行业发展阶段拐点等实际，综合预测 2015～2030 年部分年份精铜产量数据，如表 12 所示。

表 12 2013～2030 年部分年份精铜产量预测

单位：万吨

年 份	2013	2014	2015	2020	2030
产 量	610	665	715	920	1273

资料来源：安泰科。

（四）影响铜矿产品供给的因素分析

1. 国家政策

国家政策是影响铜矿产品供给的首要因素之一。"十二五"期间，国家主动对国民经济结构调整转型，必将遏制电力电缆等铜下游产业粗放式的快速增长，并且整体的宏观政策为 GDP 年均增长 7.5% 左右，这一政策决定铜资源市场实际消费性供求量将不会出现大起大落的局面，国家宏观政策是铜矿产品供给量的决定性因素之一。

2. 资源禀赋情况

中国铜矿资源具有以下特点：第一，铜矿资源总量尚可，但人均占有量少；第二，资源分布集中度低，且单一矿藏体量较小；第三，贫矿多富矿少，共生、伴生综合矿多；第四，大多数矿产地不利于露采，周边基础设施不健全，采矿成本高。资源禀赋差在很大程度上限制了我国铜矿业的发展，成为制约我国铜矿资源供给和发展的关键因素。

3. 开发利用情况

中国铜矿产开发中小企业居多，由于开发技术落后、地理位置偏僻、交通不便、埋藏深、难选，加之少电、缺水等配套基础设施不完善，资源利用率总体水平不高，并最终影响铜矿产资源的供给能力，成为铜资源供给的决定因素之一。

五 中国铜矿产品贸易分析

（一）铜精矿

中国的铜精矿进口量近年来保持较快增长，2009 年超过日本成为全球最大的铜精矿进口国，2010 年达到 646.8 万吨，比 2006 年增长了 78.3%，占当年全球进口总量的 31.6%。2010 年下半年，铜精矿加工费触底反弹，2012 年铜精矿供应趋好，加工费进一步回升，推动进口量大幅增长，全年累计进口 782.87 万吨，同比增长 22.79%。

中国铜精矿的出口量非常低，年出口量不足千吨，相对于进口量，可以忽略不计。

表 13 2010～2012 年铜精矿进口量

单位：万吨实物量

年 份	2010	2011	2012
进口量	646.8	637.6	782.87

推动国内铜精矿进口持续增加的主要因素有以下几个方面：①中国的铜矿产量和需求量相差巨大；②国际市场的供应状况；③国内铜冶炼产能的大幅扩张；④国家外贸政策支持；⑤海外铜资源基地投资已见成效。

中国铜精矿的主要进口来源地集中在传统资源富集国——智利和秘鲁，2012 年二者进口量之和占进口总量的 43.1%；其次为澳大利亚、墨西哥和蒙古。其中，来自秘鲁、墨西哥和加拿大的进口量近几年增长较快，而来自哈萨克斯坦的进口量有逐年小幅下降的趋势。

表 14 2012 年中国铜精矿进口来源及占比

单位：万吨，%

序列	项 目	进口量	占 比
1	智 利	188.4	24.06
2	秘 鲁	149.0	19.03
3	澳大利亚	60.7	7.75
4	墨 西 哥	58.9	7.52
5	蒙 古	53.6	6.85
6	其 他	272.3	34.78
总 计		782.9	100.00

同理，用 ARIMA 模型并结合专家意见及综合考虑国内外宏微观经济政治形势、GDP 增长、城镇化进程、行业发展阶段拐点等实际分析，综合预测 2015～2030 年部分年份铜精矿进口数据，如表 15 所示。

表 15 2013～2030 年部分年份铜精矿进口量预测

单位：万吨实物量

年 份	2013	2014	2015	2020	2030
进口量	818	911	1023	1330	1808

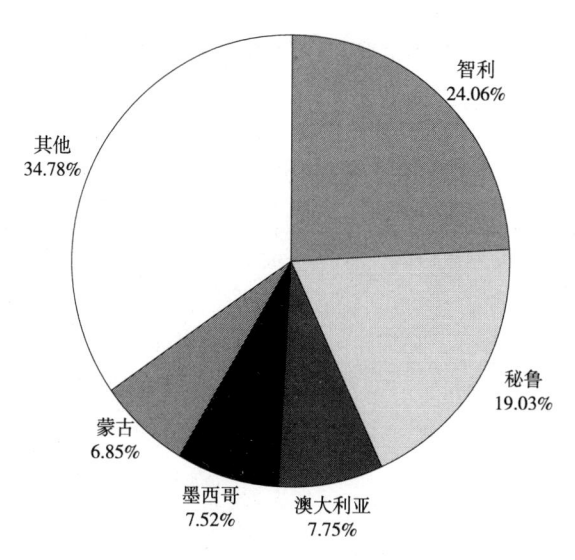

图 7　2012 年中国铜精矿进口来源占比

（二）粗铜

自 2009 年 11 月起，国家对进口粗铜（税则号列：74020000）中所含的黄金价值部分免征进口环节增值税，该政策的出台大大促进了粗铜进口的积极性，此前出口到其他国家的粗铜也开始回流到中国。由此，粗铜进口持续增长。从 2009 年进口 22.81 万吨到 2012 年的 52.3 万吨，增加了 1.3 倍。

表 16　2010~2012 年粗铜进口数据

单位：万吨

年　份	2010	2011	2012
进口量	39.9	41.6	52.3

粗铜出口量不大，2010 年出口 506 吨，2011 年出口 27 吨，2012 年出口 43 吨。相对进口量可忽略不计。

中国粗铜贸易的影响因素主要有：①中国冶炼、精炼产能的扩张；②国家外贸政策的支持；③在海外投资或租赁的铜粗炼项目投产。

近几年，在粗铜进口来源方面赞比亚和智利居前，其次是民主刚果（刚果（金））、秘鲁和巴基斯坦，皆呈逐年增长态势。其中，赞比亚、民主刚果、巴基斯坦都有中国企业建立的铜原料基地，2012年以上三个国家的粗铜进口量之和占进口总量的50%以上。

表17　2012年中国粗铜进口来源及占比

单位：万吨，%

序列	项　目	进口量	占　比
1	赞比亚	17.7	33.84
2	智利	16.7	31.93
3	刚果（金）	9.7	18.55
4	秘鲁	3.7	7.07
5	巴基斯坦	1.6	3.06
6	其他	2.9	5.54
总　计		52.3	100.00

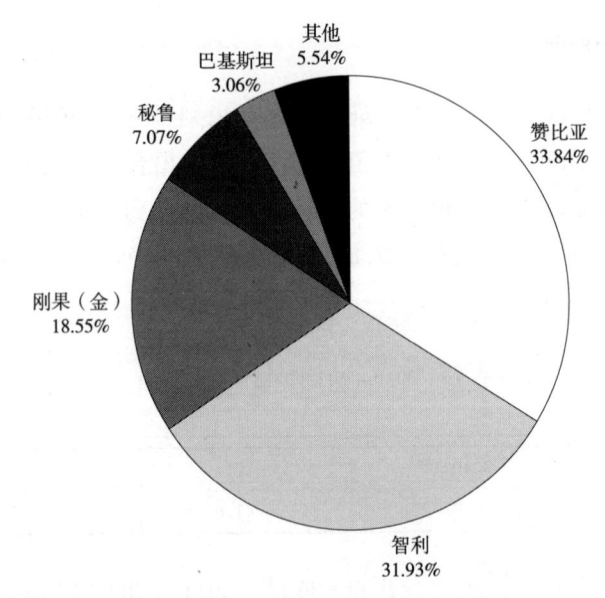

图8　2012年中国粗铜进口来源占比

同理，用ARIMA模型并结合专家意见及综合考虑国内外宏微观经济政治形势、GDP增长、城镇化进程、行业发展阶段拐点等实际分析，综合预测2015~2030年部分年份粗铜进口数据，如表18所示。

表18 2013~2030年部分年份粗铜进口量预测

单位：万吨

年 份	2013	2014	2015	2020	2030
进口量	60	72	85	145	298

（三）废杂铜

2008年下半年金融危机爆发之后，全球经济陷入低迷，导致2009年废杂铜供应出现了极度紧张的局面，中国废杂铜进口量同比大幅下降近30%。之后，进口量也只是小幅恢复。2012年进口485.94万吨，与2008年557.69万吨的历史高位相比还有较大差距。

中国的废铜出口量不大。2010年出口2242吨；2011年出口1555吨；2012年出口1477吨，但相对进口可忽略不计。

表19 2010~2012年废杂铜进口量

单位：万吨实物量

年 份	2010	2011	2012
进口量	436.4	468.7	485.9

影响废杂铜贸易的主要因素如下。

①中国精炼、冶炼产能扩张，冶炼企业也加大了废杂铜的使用量；②国际市场供应状况，金融危机导致美、欧、日等工业国的经济不景气，废铜供应减少；③废铜与精铜比价情况，废铜供应减少，时常出现废铜与精铜价格倒挂，削弱了进口商的积极性，另外，加工企业被迫采用精铜替代原来成本较低的废铜，减少了废铜消费量；④中国海关对废杂铜进口实行严格的分类标准，减少了进口总量，但进口含铜量呈上升趋势。

中国废杂铜进口来自全球大约110个国家和地区。其中，从美国进口的废铜较多，其次为中国香港、德国、澳大利亚和西班牙，每年的进口量有所波动。需要说明的是，在2008年及之前，来自日本的废杂铜在200万吨左右，但金融危机后的2009年，进口量就下降了66%以上，此后，便在20万~30万吨徘徊，这是因为海关分类标准阻止了大量来自该国的低品位含铜废料。

表20　2012年废杂铜来源地及占比

单位：万吨实物量，%

序列	项　目	进口量	占　比
1	美　国	101.9	20.97
2	中国香港	81.1	16.69
3	德　国	41.0	8.44
4	澳大利亚	31.6	6.50
5	西班牙	30.1	6.19
6	其　他	200.2	41.20
总　计		485.9	100.00

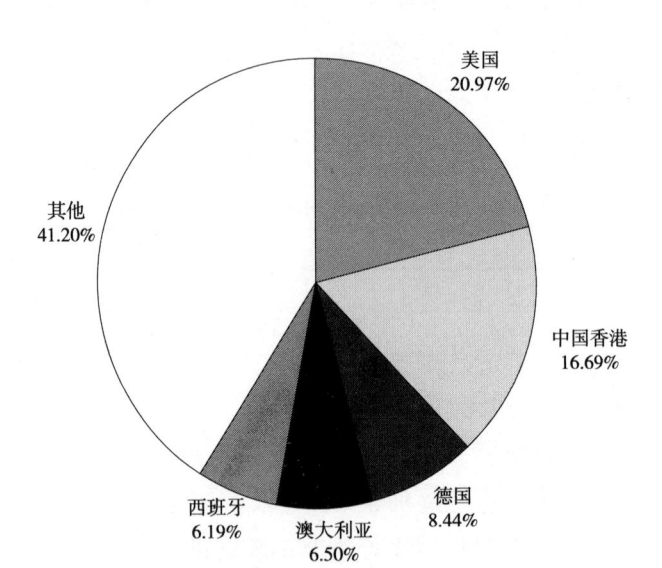

图9　2012年中国废杂铜进口来源占比

同理，用ARIMA模型并结合专家意见及综合考虑国内外宏微观经济政治形势、GDP增长、城镇化进程、行业发展阶段拐点等实际分析，综合预测2015~2030年部分年份废杂铜进口数据，如表21所示。

表21　2013~2030年部分年份废杂铜进口量预测

单位：万吨实物量

年　份	2013	2014	2015	2020	2030
进口量	490	502	515	590	680

(四) 精铜

中国经济的快速增长，带动精铜需求逐年增长至较高水准。尽管中国精铜产能不断扩张，但仍不能完全满足市场的需求。因此，依赖精铜进口弥补市场缺口成为必然。同时，市场因素也对进口量的变化产生较大影响，尤其是融资贸易的活跃大大推动了精铜进口的迅猛增长。2009年的进口量从2008年的145.6万吨增至318.5万吨；2010年进口量为292万吨，占当年全球进口量的36.7%；此后保持在300万吨上下，2012年达到340.2万吨。

表22　2010~2012年精铜进口量

单位：万吨

年份	2010	2011	2012
进口量	292	305	340.2

精铜出口在国家外贸政策的频繁调整下，出口量的变化较大。由于取消精铜的加工贸易出口，并对一般贸易加收5%~10%的出口关税，2007年的精铜出口由2006年的24.3万吨骤减至12.6万吨，此后均在10万吨之内；2011年国内铜价的持续低迷，保税仓库高企等因素造成出口量突然爆发，全年出口量增至15.6万吨；2012年出口量同比增长75.6%，至27.4万吨。

表23　2010~2012年精铜出口量

单位：万吨

年　份	2010	2011	2012
出口量	10	15.6	27.4

影响中国精铜贸易的因素如下。

①国内需求持续增长；②国内外铜比价偏低；③融资铜的产生；④国家外贸政策调整；⑤中国精铜产能的扩张；⑥部分替代废杂铜的需求。

其中，主要因素有两个：一是国内需求持续增长而供给不足；二是融资铜。近几年，中国货币紧缩政策、人民币升值及利率差等因素促使融资铜贸易活跃，导致中国精铜进口量远超实际需求。

中国精铜进口的主要来源国依然是智利，近几年的进口量占进口总量的 38%~46%；其次为印度，近几年的进口量持续增长；来自日本的精铜在 2009 达到 36.4 万吨后，基本维持在 20 万~25 万吨；来自哈萨克斯坦的进口量则相对稳定。

表 24　2012 年精铜进口来源国及占比

单位：万吨，%

序列	项　　目	进口量	占　比
1	智　　利	131.0	38.51
2	印　　度	27.1	7.97
3	日　　本	23.5	6.91
4	哈萨克斯坦	18.2	5.35
5	韩　　国	15.4	4.53
6	其　　他	125.0	36.74
总　　计		340.2	100.00

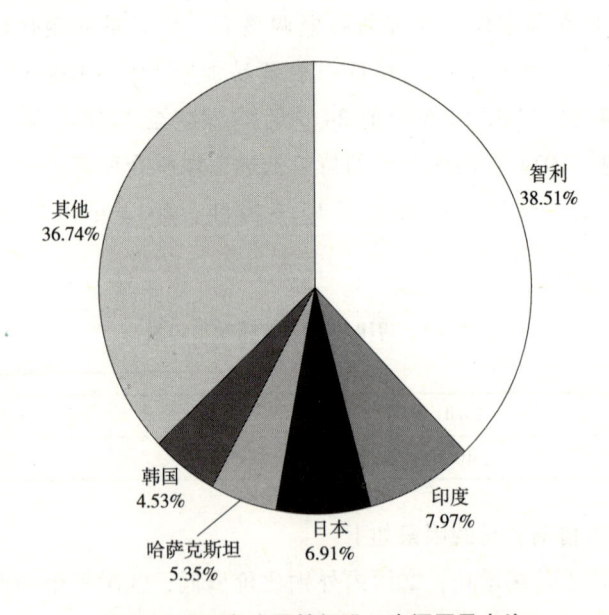

图 10　2012 年中国精铜进口来源国及占比

中国精铜出口目的地基本在周边国家和地区，尤其是有 LME 注册仓库的韩国和新加坡。2011 年由于保税区转口贸易的出口量剧增，2011~2012

年出口到韩国的精铜量最高，其中，2012年出口到韩国的精铜占出口总量的58.0%。

表25 2012年精铜出口目的地及占比

单位：万吨，%

序列	项　　目	出口量	占　　比
1	韩　　国	15.9	58.03
2	马来西亚	3.5	12.77
3	新加坡	2.3	8.39
4	沙　　特	1.7	6.20
5	中国台湾	1.2	4.38
6	其　　他	2.8	10.22
总　　计		27.4	100.00

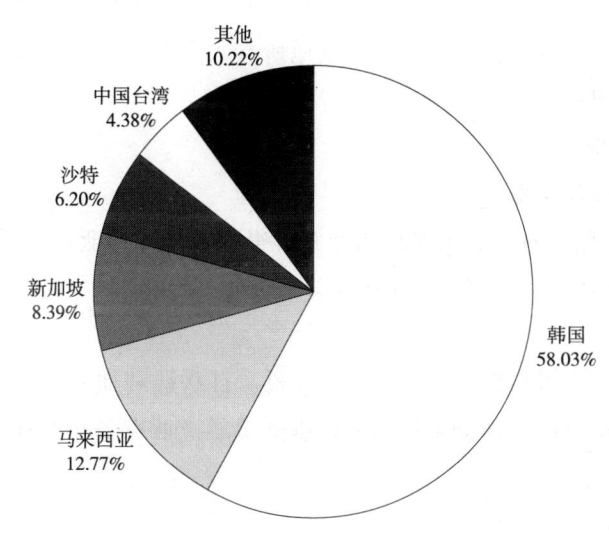

图11 2012年中国精铜出口目的地占比

同理，用ARIMA模型并结合专家意见及综合考虑国内外宏微观经济政治形势、GDP增长、城镇化进程、行业发展阶段拐点，以及情景预测的未来精铜需求总量等实际分析，综合预测2013~2030年部分年份精铜净进口数据，如表26所示。

表26　2013～2030年部分年份精铜净进口量

单位：万吨

年　份	2013	2014	2015	2020	2030
净进口量	305	310	316	350	402

（五）主要外贸矿产品国的外资投资环境分析

1. 智利

（1）概况

智利是拉丁美洲比较富裕的国家，拥有非常丰富的矿产资源，其中铜的蕴藏量居世界第一，同时拥有世界上已知最大的铜矿，素有"铜之王国"的美称。

（2）外资和私人铜矿产品准入制度

智利国家对外国人拥有采矿权没有限制，《政治宪法》以宪法权利形式对特许权提供保护。私人通过与土地所有人直接谈判，可以获得任何形式的土地使用权。

（3）税费管理

①特许权使用费

"特许权使用费"目前是作为经营所得税或采矿作业利润税来征收的。特许权费法规定矿业投资需5000万美元或更多。

②税

智利对所有进口商品征收6%的关税。自从智利加入了自由贸易协议后，对其他国家的大部分商品的关税都降低了。所有公司企业的所得税税率为17%左右。

③税收优惠或激励

根据DL600规定，外国投资者与本地投资者可获同等待遇。在国家最南端和最北端的采矿工业活动，有一套特殊税收优惠制度，还有一些其他激励措施。例如，在限定条件下，固定资产加速折旧为正常寿命的1/3；增值税纳税人和出口商在某些情况下可恢复现金抵免增值税；等等。

总体而言，智利外资投资环境良好。

2. 秘鲁

（1）概况

秘鲁位于南美洲西部，西濒太平洋，北与厄瓜多尔、哥伦比亚为邻，东接巴西，东南与玻利维亚毗连，南与智利交界，国土面积在南美洲仅次于巴西和阿根廷，居第三位，是世界上重要的铜金属成矿带之一。

（2）矿业相关法律法规

主要了解到的有《外国投资促进法》，这是吸引外资的法律基础；《矿业总法》对矿业活动进行了规范；《矿产勘探活动环境问题规定》对矿产勘查活动予以规管，以减少勘探活动对环境的破坏与影响；《矿山闭坑法》旨在预防、减轻和控制采矿公司作业结束后，可能导致的健康、人身安全、环境和财产风险。

（3）秘鲁外资总体投资总结

秘鲁资源丰富，法律法规比较健全，投资政策比较连贯，社会政局相对稳定，除工会经常组织一些罢工外，暴力冲突少，地区之间没有冲突。秘鲁与中国的关系较融洽，对中国人比较友好，政府制定了一系列相应的优惠政策，对国际矿业投资者的吸引力较大。

但由于长期形成的社区、劳工、环保、社会安全、生产用水等问题和矛盾，矿业开发也存在一定的风险，这就需要投资者进行投资时应谨慎从事。

3. 澳大利亚

（1）基本国情

澳大利亚位于南太平洋和印度洋之间，面积769.2万平方公里，海岸线长36735公里，人口2200万左右。北部属热带，大部分属温带，年平均气温北部27℃，南部14℃。

（2）鼓励"外资"政策

澳大利亚放宽了对外国资本的限制，并实行逐步使外国投资自由化的政策。政府欢迎并鼓励符合本国需要的外国直接投资，包括私人投资，重点是发展出口外向型企业，以提高国际竞争力和创造就业机会。政府希望引进长期性开发资本。

（3）税收政策

外资公司目前的所得税税率为39%，但是如果驻澳子公司从国外借款，借款利息所应缴的预扣税仅为10%。澳大利亚是对发展中国家实施关税优惠的第一个国家。

(4) 法律制度健全

澳大利亚已有完善的外贸法律管理制度，所有商业活动都是以法律为依据的，外国投资受法律保护。

综上所述，澳大利亚具有较好的矿业投资环境，积极的吸引"外资"的政策。从该国矿产资源条件和开发现状、地理交通条件、中澳经贸关系和我国的需求等因素考虑，澳大利亚现在是且将来更应是我国进口铜矿等资源主要而稳定的货源地，同时澳大利亚也希望中国在澳国加强勘查、发展矿业，合作前景广阔。

六　中国铜矿产品供求平衡及对外依存分析

(一) 铜矿产品供求平衡分析

1. 铜精矿

国内铜精矿供应不足，需大量依赖进口。但从数据分析看，近几年国内的铜精矿供应总体呈现过剩。预计随着国内铜冶炼产能继续大幅扩张，国内铜精矿仍将供应紧张。现有的铜精矿供求平衡水平如表27所示。

表27　中国2006~2012年铜精矿供求平衡现状

单位：万吨实物量

年　　份	2006	2007	2008	2009	2010	2011	2012
产　　量	312	331	333	343	407	446	503
进 口 量	387	484	556	613	647	638	783
需 求 量	706	788	884	967	969	1095	1191
供求平衡	-7	27	5	-11	85	-11	95

资料来源：安泰科。

根据上述章节分析数据，可得中国铜精矿未来供求平衡表（见表28）。

表 28 中国 2013～2030 年部分年份铜精矿供求平衡预测

单位：万吨实物量

年 份	2013	2014	2015	2020	2030
产量	543	589	607	679	821
进口量	818	911	980	1330	1808
需求量	1332	1518	1564	2025	2689
供求平衡	29	-18	23	-16	-60

资料来源：安泰科。

从总体来看，铜精矿现在及未来可预见范围内基本能够保持供求平衡，当然前提也是各指标预测的前提稳定，即保持当前国际政治、经济形势没有突变恶化，虽然经济以及城镇化进程不一定保持高位态势，但宏观经济发展应在可控的健康、稳定、可持续发展区间。

2. 精铜

尽管国内的精铜产量长期不能满足国内需求，但近年来随着融资贸易的活跃，进口铜持续增长，已超实际消费需求，导致国内精铜市场供应持续过剩。

表 29 中国 2006～2012 年精铜供求平衡现状

单位：万吨

年 份	2006	2007	2008	2009	2010	2011	2012
产量	300.6	349.7	373.9	412.3	457.8	518.5	561.7
净进口量	58.4	136.8	136.0	311.2	288.2	267.9	312.8
需求量	402.0	456.2	510.0	610.0	680.0	733.0	768.0
供求平衡	-43.0	30.3	-0.1	113.5	66.0	53.4	106.5

资料来源：安泰科。

根据上述供求预测，预计未来精铜消费量将保持稳定增长，产量仍以较快速度增加，但国内精铜供应过剩量有望缩减。

表 30 中国 2013～2030 年部分年份精铜供求关系预测

单位：万吨

年 份	2013	2014	2015	2020	2030
产量	610	665	715	920	1273
进口量	305	310	316	350	402

续表

年　份	2013	2014	2015	2020	2030
需求量	810	854	962	1227	1663
供求平衡	105	121	69	43	12

（二）铜矿产品对外依存度分析

1. 铜精矿

（1）测算说明

铜精矿的单项资源对外依存度就是考量净进口铜精矿占比全部当年铜精矿消费总量的比例，公式如下：

铜精矿单项对外依存度 =（净进口铜精矿量）/（国产铜精矿量 + 进口铜精矿量）

（2）依存度测算

根据上述公式，测算 2011～2030 年部分年份铜精矿对外依存度指标，如表 31 所示。

表 31　2011～2030 年部分年份铜精矿消费量预测

单位：万吨，%

年　份	2011	2012	2013	2014	2015	2020	2030
国产铜精矿	446	503	543	589	607	679	821
进口铜精矿	638	783	818	911	980	1330	1808
铜精矿单项对外依存度	58.87	60.91	60.11	60.72	61.70	66.22	68.76

短期内我国铜精矿的对外依存度已经高达 60% 左右，如果不加干涉，预测结果显示铜精矿单项对外依存度将缓慢逐步增大，到 2020 年将增至 66.22%，2030 年将到 68.76% 的依存高位。

2. 精铜

精铜对外依存度是铜资源对外依存最核心的指标。它的对外依存度测算有假定如下：

﹡进口铜精矿与精铜换算比例为 0.28；

﹡进口粗铜与精铜换算比例为 0.97；

﹡进口废杂铜与精铜换算比例为 0.3；

精铜对外依存度 =（净进口精铜量 + 净进口铜精矿量 × 0.28 + 净进口粗铜量 × 0.97 + 净进口废杂铜量 × 0.3）/（全年精铜需求量）

表 32　2011～2030 年部分年份精铜消费量预测

单位：万吨，%

年　份	2011	2012	2013	2014	2015	2020	2030
国内精铜产量	519	562	610	665	715	920	1273
其中：原料进口	383	440	459	501	549	720	1033
纯国产精铜	135	122	151	164	166	200	240
净进口铜精矿	638	783	818	911	980	1330	1808
净进口粗铜	42	52	60	72	85	145	298
净进口废杂铜	469	486	490	502	515	590	680
净进口精铜	268	313	305	310	316	350	402
需求量	733	768	810	854	962	1187	1530
总库存	53.4	106.5	105	121	69	43	12
表观消费量	786	875	915	975	1031	1270	1675
对外依存度	79.79	83.31	80.79	80.57	81.42	81.89	83.66

短期内我国精铜的对外依存度已经高达 80% 左右，如果不加干涉，预测结果显示精铜的对外依存度将始终保持在较高的水平，并有缓慢提升的趋势，到 2020 年将增至 81.89%，2030 年将到 83.66% 的最高位，如此高的对外依存度值得警惕，要适时探讨铜资源自我保障机制。

七　中国铜资源保障存在的主要问题

（一）铜矿产品对外依存度过高

根据海关进口及国内铜精矿产量数据，2012 年国内自产铜精矿 503 万吨，而净进口 783 万吨，铜精矿单项的对外依存度为 60.91%。根据前节分析预测到 2020 年铜精矿单项对外依存度或达到 66.22%，2030 年更是会增至 68.76%。铜精矿单项对外依存度业已很高。

然而，经过折合测算精铜的对外依存度 2012 年居然高达 83.31%，预计若任其发展，2020 年、2030 年将会持续维持在 80% ~ 84% 的极高依存位。

对外依存度达到这样的高度时，国际铜矿产品的供应形势对我国资源安全、国民经济的健康和可持续发展的影响势必显著。国际政治势力、金融组织利用中国对资源的迫切需求，提出各种乃至不合理要求，甚至谋求政治诉求，将会极大侵害中国的利益。

（二）进口来源国集中度亦高

中国铜矿产品不但对外依存度高，而且对外依存国家也相对比较集中。其中精铜主要进口来源国是智利、印度和日本，三国进口占比全部进口总量的53.39%。铜精矿主要进口来源国集中在智利和秘鲁，2012年二者进口量之和占进口总量的43.1%；其次为澳大利亚、墨西哥和蒙古。

过高的进口对象集中度非常容易受到进口国政治、经济、政策因素的影响，不利于国家铜产业乃至整个国民经济稳定、健康和可持续发展。

（三）铜矿资源国内自我保障程度低

根据中国有色协会统计，中国铜资源保有量为1847万吨，以2012铜资源自产量估计，静态保有量为15年，铜资源自身完全保有量不足5年。铜矿资源虽然总量不小，但人均占有量少，我国铜矿人均占有储量和储量基础分别仅为世界平均水平的20%左右，难以支撑我国铜工业乃至国民经济的健康、可持续发展。

（四）国内资源禀赋差

国内资源矿床总量尚可，但总体规模偏小，大型铜矿床仅占3%，多为共生、伴生矿，品位偏低，斑岩铜矿床和砂页岩型铜矿床的平均品位均普遍低于国际平均水平。适合采用浸出—萃取—电积工艺的铜矿少，开发成本相对较高。很多待开发剩余储量中规模大、品位高的矿床多处于边远地区，基础设施建设落后，在目前产业政策及经济环境下，不具有经济开发价值。

（五）国内企业集中度低、缺乏国际定价权

由于早期产业准入门槛偏低，国内许多小型铜企业盲目发展和低水平重复建设现象严重，产业总体集中度低，难以实现铜产业资源的集约化利用和产业的规模化发展。在外贸方面，虽然我国的进口规模巨大，但由于进口企业众多，一盘散沙，没有形成合力，进口价格混乱偏高，没有享受到规模经济应有的收益，缺乏国际定价话语权。

八 中国铜矿产品资源保障应对策略

（一）国家层面

1. 加强国内铜矿资源勘探和开发力度

国家"十二五"规划纲要明确提出，实施地质找矿战略工程，加大勘查力度，实现地质找矿重大突破，形成一批重要矿产资源的战略接续区，建立重要矿产资源储备体系。据此，国土资源部、发展改革委、科技部、财政部会同有关部门编制了《找矿突破战略行动纲要（2011~2020年）》（以下简称《纲要》），以石油、天然气、铀、铁、铜、铝、钾盐等重要矿产为重点，开展主要含油气盆地、重点成矿区带地质找矿工作，力争用8~10年的时间新建一批矿产勘查开发基地，重塑全国矿产勘查开发格局，为我国经济社会可持续发展提供有力支撑。以此为重要契机，加强在新疆天山、三江流域、藏东、青海西南部、内蒙古东部等资源前景较好成矿带的地质勘探工作。同时，扩大现有铜矿周边和深部的找矿工作，延长矿山的服务年限。通过加大国内铜矿资源的勘探力度，发现新的资源，支撑国内不断增长的铜矿开发需求。

随着科技水平的进步、基础设施的逐步完善，国内一些还未开发的大型铜矿项目目前已具备开发条件，如云南普朗铜矿、西藏驱龙铜矿、西藏甲玛铜多金属矿、西藏谢通门铜矿、黑龙江多宝山铜矿二期、青海德尔尼铜钴矿区等，这些铜矿项目也被列入有色金属"十二五"发展规划重大专项的资源开发重点工程。通过这些大型重点项目的开发建设，将有效促进国内铜精矿产量的稳定增长，提高国内铜精矿的自给水平。

2. 制定国家境外铜资源开发专项规划，引导企业有序"走出去"

为促进我国企业境外投资活动有序进行，引导企业实施"走出去"发展战略，开发利用境外铜资源，国家有关部门需要制定境外铜资源开发专项规划，以体现国家战略的引导力、约束力和执行力，做好顶层设计和规划部署。

要从维护国家根本利益出发，提出我国境外铜资源开发的指导思想、基本原则和战略思路，明确境外铜资源开发的重点地区和领域，确定参与境外投资主体企业承担的主要任务和责任，建立相关的配套支持政策和高效的服务支撑体系，进一步推动我国境外铜资源开发，保障国家重要矿产资源安全，维护国家核心利益。

为了进一步拓展发展空间，当前我国企业参与境外铜资源开发的冲动强烈，建设境外铜资源基地的融资渠道畅通，导致项目开发热度较高，带有一定盲目性。因此，加强国家政策引导，发挥规划的约束和协调作用，在推进境外铜资源开发的进程中，既要突出企业的主体地位，又要保持政府给予其项目立项上必要的指导；对境外铜资源基地建设的布局进行全面规划和统筹安排，突出重点，才能形成有序发展的格局。

针对境外铜资源开发项目投资需求大、建设周期长、运行风险高的特点，规划要明确国家的财税政策支持。其中，在财政政策方面，包括风险勘探专项资金、设立特定准备金、设立境外投资折旧准备金、呆账准备金、亏损准备金或其他不可预测风险准备金。在税收政策方面，包括将市场调查研究等企业投资前的运营开支列入成本，免缴所得税；完善与企业境外投资有关的出口退税政策；研究完善个人所得税法和营业税政策，解决企业境外投资中涉及的有关个人所得税问题，避免重复征税。在税收指导服务方面，要积极帮助企业了解赴境外投资相关的税收优惠政策、税收协定和税收安排、税收征管措施，对境外投资提供税收指导。

开发境外铜矿资源，建设境外铜资源基地，需要国家的经济、外交力量支持。在发达的市场经济国家开发铜资源，虽然市场比较规范，但建设成本高、建设周期长、法律限制多，有的涉及十多项许可（环境、用水、道路、林业、用电等），特别是环境方面的要求很高，而且面临复杂的社区问题、原住民问题等。在经济欠发达国家，面临较大的政治风险，工业配套设施不完善，投入大，开发成本高。在项目的选择上，稍有不慎，将和预期的目标相差甚远。因此，实施境外铜矿资源开发，不仅要受到市场因素影响，也会受到非经济因素的影响。在这种背景下，更要充分借助国家的经济和外交手段，争取资源国政府和社会的支持，排除来自意识形态、资源民族主义和文化传统等方面的抑制干扰，保证我国企业的投资活动能够按照市场规律正常进行，为企业创造良好的商业条件。特别是在大项目选取上，可以实现国家层面的经济技术合作。

3. 大力发展循环经济、提高综合利用水平

鼓励低品位矿、共伴生矿、难选冶矿、尾矿和冶炼渣等资源的开发利用。促进铜冶炼企业原料中各种有价元素的综合回收和冶炼渣的综合利用，提高对资源的综合利用和回收水平。

铜具备非常好的循环利用性能。由于中国铜消费起步较晚，一直以来国内回收的废杂铜数量较少，但随着铜消费的快速增长，家用电器、IT产品、家庭轿车等各类含铜产品的保有量大幅提高，社会铜积蓄量大大增加，未来可回收利用的废铜数量可观，将成为国内铜资源的重要来源。据国家统计局公布，截至2011年底，全国城镇居民每百户拥有空调、电冰箱、计算机和手机分别为122.0台、97.2台、81.9台和205.3部；农村居民每百户拥有空调、电冰箱、计算机和手机分别为22.6台、61.5台、18.0台和179.7部。且农村的家电保有量随着生活水平的提高和农村电网的升级改造，还处在快速增长阶段，未来，可供回收的废旧家电等含铜产品将呈大幅增长的趋势。因此，加强对废旧家电、"电子垃圾"等含铜废料的回收和管理，大力开发利用"城市矿山"，在大中城市建立"城市矿山"示范基地，有效回收和循环利用废铜等，将有效缓解国内铜资源供应紧张的压力，并成为国内铜原料供应的重要增长来源。

不过，我国目前的废杂铜回收工艺还比较落后，大多依赖人工拆解加工和分选，自动化程度低，因此要加快产业升级速度，提高铜的回收与再生利用的工业水平。

4. 整顿国内铜矿资源开发秩序

提升产业准入门槛，加强铜矿的集约化经营与管理，鼓励大型企业兼并重组，改变铜矿资源开发过程中因"散、小、差"问题而造成的资源浪费，不断优化产业结构，使得国内铜矿资源开发布局合理，矿产资源开发利用水平明显提高，显著提升铜矿资源开发对经济可持续发展的保障能

力。进一步加强铜矿矿权的管理，建立与完善限制开采区制度。

5. 鼓励优势企业实施集团化战略

由于国内铜原料供应短缺，长期以来依赖进口，且随着国内需求不断增加，对外依存度还将继续提高。2012年，国内前10家企业的精铜产量占全国比例在76%左右，铜冶炼行业的集中度偏低，尽管由国内主要铜冶炼企业组成的铜精矿联合谈判采购小组（CSPT）在对外展开铜精矿采购谈判中起到了积极作用，但由于国内企业数量较多，各自存在不同的利益诉求，难以形成统一的合力，在铜精矿采购过程中大都处于劣势地位。

因此，应从战略层面考虑，积极鼓励优势企业通过兼并重组创立企业集团，或组建企业联合体，在合理优化国内铜产品产业链的基础上，统一对外声音，提高自身的国际竞争力和影响力，获得更多的采购主动权。建议国内大型骨干铜企业兼并重组中小型企业，骨干企业相互之间进行重组整合。

6. 建立资源战略储备制度

（1）建立和不断完善铜矿产资源战略储备制度，在综合分析国内外铜矿产资源供应和对外依存度形势的基础上，编制、建立铜矿资源资源保障的预警指数和预警灯系统。根据国家安全的需要和财政能力，确定铜储备标准和方式，建立铜资源和产品两级储备以及国家、省区、地方和企业相结合的多级储备制度。

（2）战略储备不仅仅针对资源本身，也需要积极推进对低品位铜精矿资源开发利用的技术研发力量和应用技术储备，靠技术创新来保障国内铜矿资源的供应。

（二）企业层面

1. 利用多种合作方式进行境外铜资源开发

经济全球化已经成为不以人的意志为转移的客观事实，其所带来的最大益处是能够通过生产、资本、技术、服务及贸易的全球化，实现全球资源的最优化配置，而矿产资源的全球配置既是经济全球化的必然结果，也是经济全球化的重要组成部分。因此我国铜企业必须坚定不移地推行"走出去"战略，赴境外开发铜矿资源。

目前，我国企业在境外获取铜资源的方式主要有：获取探矿权、公开投标、租赁经营、通过资本市场参股或收购、项目换资源等，并已取得较为丰硕的成果。今后，还应继续拓展合作方式，如通过项目融资、参股等方式获取铜精矿长期稳定的供应渠道。

随着全球商品价格的回落，部分大型跨国矿业公司为提高管理效率和竞争力，开始剥离部分包括铜矿在内的非核心资产，这将给中国企业扩大境外铜资源投资提供机会。

2. 推进境外铜矿山项目建设

截至 2012 年底，中国企业通过收购、租赁和投资控股等方式，在海外参与的主要铜矿项目约为 24 个，控制的铜资源量接近 7000 万吨，铜年产能接近 180 万吨，其中在产产能约 50 万吨、在建产能 84 万吨，拟建产能超过 40 万吨。尽管控制的资源量较大，但在产产能较小，多数项目处于在建或者拟建状态。尚未对国内的铜精矿供应形成明显影响，应积极推进秘鲁里奥布兰卡、秘鲁 Toromocho、秘鲁 Galeno、阿富汗 Aynak、厄瓜多尔 Corriente、缅甸蒙育瓦莱比塘等大型铜矿项目的开发进展，力争在 2020 年以前大部分项目能够建成投产，在非洲、美洲和东南亚地区建立若干个境外铜原料生产供应基地，对国内的铜原料供应形成有效补益，提高中国的铜资源保障能力。

3. 创新提升铜冶炼、应用技术水平

（1）加大矿山企业技术改造力度，创新或引进先进冶炼、生产技术，提高资源产出率，以提升资源利用效率；鼓励骨干铜冶炼企业继续搞好技术创新，把引进的技术消化好，提高各项技术经济指标，提高冶炼效率，降低成本。大力推广和提升国内具有自主知识产权的铜冶炼技术，如氧气底吹熔池熔炼技术和白银炼铜法等，积极研发白银炼铜法与闪速熔炼工艺相结合，创新发展短流程工艺。

（2）研发高强高导铜材，提升下游铜加工材的使用效率，节约单位产品对资源的消耗量，即单位资源可以承载更多的国民生产总值。

（3）加强铜的替代研究。当前，要着力加强在电力和热交换领域的以铝代铜和以铝节铜的研究。

中国铝矿产品的来源和应对策略研究[*]

一 绪论

(一) 课题的目的和意义

(1) 铝矿产资源是关系经济社会发展的重要战略资源，是国家安全发展的基石资源之一。因此研究落实铝资源的保障及其应对策略具有重要的战略和政治意义。

(2) 铝资源消费几乎渗透到国民经济的各个部分，研究落实好铝资源的保障策略，直接关系到资源产业乃至我国国民经济的健康和可持续发展。

(3) 通过对铝资源供求平衡的对比研究，客观分析该资源的供求形势，为国家、行业、企业"走出去"利用"两个市场、两种资源"装备和发展自己提供理论依据。

(4) 通过对铝资源当前和2020年乃至2030年的供求量进行预测，正确评估资源需求缺口，开展资源保障度评价，为国家的矿产勘查和开发提供依据，为国家制定工业发展规划提供可靠数理支撑。

(5) 通过分析、预测铝资源保障的严峻形势促使资源节约，杜绝资源浪费，降低资源消耗，提高资源利用率、生产率和单位资源的人口承载力，为建设节约型社会提供文献证明。

(6) 通过对铝矿产资源进行分析，以确保资源保障能力，也将促进科技发展，提升资源开发能力以及资源循环再利用等技术的极大发展。

(7) 通过分析铝矿产资源的重要性及缺口，为铝矿产资源的国家储备

---

[*] 本文作者单位：国家开发银行研究院、有色金属技术经济研究院。

提供理论依据。

(二) 课题的研究范围与技术路线

1. 研究范围

本课题研究的铝矿产资源主体包括铝土矿、氧化铝和原铝三大品类，研究的核心内容是围绕铝土矿、氧化铝和原铝当前的供求情况及平衡预测未来（2013～2015年、2020年、2030年）各自供求及平衡状况，分别分析各时期的产品对外依存度并作对比分析，同时综合分析铝矿产品保障存在的问题、总结经验教训并提出积极政策建议。

2. 技术路线

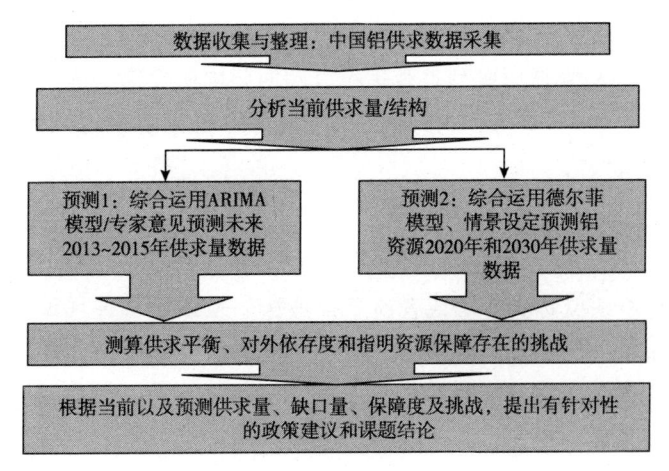

```
数据收集与整理：中国铝供求数据采集
            ↓
      分析当前供求量/结构
        ↓            ↓
预测1：综合运用ARIMA    预测2：综合运用德尔菲
模型/专家意见预测未来    模型、情景设定预测铝
2013~2015年供求量数据   资源2020年和2030年供求量
                       数据
        ↓            ↓
测算供求平衡、对外依存度和指明资源保障存在的挑战
            ↓
根据当前以及预测供求量、缺口量、保障度及挑战，提出有针对性
的政策建议和课题结论
```

图1 技术路线

(三) 本文的创新点与不足

1. 主要创新点

（1）理论基础创新。从可持续发展理论和矿产资源消费供求理论出发，研究了中国铝矿资源供需状况及保障措施。

（2）分析手段创新。综合运用前沿或核心计量模型、方法结合情景预测法定量和定性相结合分析铝资源未来供求量及发展趋势。

（3）政策建议创新。本文在全面、系统、深入分析探讨中国铝矿产资源开放型保障的基础上，有针对性地提出了许多具有建设性、可操作性的铝资源保障政策建议。

2. 本文不足之处

就总体研究水平而言，本课题组对中短期铝行业供求现状及预测把握都相对比较准确，但课题涉及 10 年乃至近 20 年后产、消量以及对外依存度的预测，无论是当今前沿预测的计量模型还是通过权威行业数据的对比类推以及专家意见修正，预测数据在未来验证不可避免会有一定程度的误差。

二　课题主要研究方法

（一）ARIMA 分析法

ARIMA 模型是指将非平稳时间序列转化为平稳时间序列，然后将因变量仅对它的滞后值以及随机误差项的现值和滞后值进行回归所建立的模型。ARIMA 模型根据原序列是否平稳以及回归中所含部分的不同，包括移动平均过程（MA）、自回归过程（AR）、自回归移动平均过程（ARMA）以及 ARIMA 过程。

（二）情景分析法

情景分析法又称脚本法或者前景描述法，是假定某种现象或某种趋势将持续到未来的前提下，对预测对象可能出现的情况或引起的后果作出预测的方法。通常用来对预测对象的未来发展作出种种设想或预计，是一种直观的定性预测方法。

（三）德尔菲模型

德尔菲法是通过一系列特定的问卷或调研，综合专家的意见而获得专家共识的方法。它是由组织者就拟定的问题设计调查表，通过反复征询与反馈，获得具有统计意义的专家集体判断结果。

三　中国铝矿产品需求分析

（一）需求情况现状

1. 铝土矿

铝土矿主要消费于氧化铝、耐火材料、磨料和高铝水泥等行业。

2010年中国铝土矿需求量累计为8157万吨,2011年同比增长至10089万吨,增幅为23.7%,2012年需求量持续增长至11441万吨,增幅降至13.4%。

表1 2010~2012年铝土矿需求量

单位:万吨

年 份	2010	2011	2012
需求量	8157	10089	11441

2. 氧化铝

氧化铝分为冶金级氧化铝和非冶金级氧化铝两种类型。作为生产原铝的主要原料,冶金级氧化铝的消费完全取决于原铝的生产状况;非冶金级氧化铝主要应用于催化剂等领域,需求量一般仅为氧化铝需求总量的5%左右。随着原铝工业的快速发展,对冶金级氧化铝的需求迅速膨胀。2010年中国冶金级氧化铝需求量为3397万吨,2011年增长至3783万吨,增幅达到11.4%;2012年继续增长至4217万吨,增幅为11.5%。非冶金级氧化铝需求从2010年的136万吨增至2012年的180万吨。

表2 2010~2012年氧化铝需求量

单位:万吨

年 份	2010	2011	2012
冶金级氧化铝需求量	3397	3783	4217
非冶金级氧化铝需求量	136	150	180
合 计	3533	3933	4397

3. 原铝

铝由于自身优良的物理、化学性能,被广泛应用于航空航天、交通运输、包装、建筑、电力、机械、化工、电子设备等众多行业,特别是建筑、交通运输已成为铝最为重要的两大终端消费领域。2010年中国原铝需求1749万吨,2011年增长至2005万吨,增幅14.6%,2012年原铝需求继续增长至2185万吨,增幅小幅下降至9%。

表 3　2010～2012 年原铝需求量

单位：万吨

年　份	2010	2011	2012
需求量	1749	2005	2185

（二）未来需求预测

1. 铝土矿需求量

测算说明：根据安泰科专家数据库过去 12 年的铝土矿需求数据，用 ARIMA 模型预测 2013～2015 年同名数据；用 ARIMA 模型并结合专家意见及综合考虑 GDP 增长、城镇化进程、行业发展阶段拐点等实际分析，综合预测 2020 年及 2030 年铝土矿需求量。

根据铝土矿过去 12 年需求历史数据，通过 Eviews 统计软件分析，该时间序列样本平稳。

分析可得，该时间序列自相关期数为 3，偏相关系数为 1，可得预测模型为 ARIMA（0，1，3），并保证整体预测通过在 10% 的置信区间内，具体过程不再赘述，结合安泰科专家意见修订，得出预测结论如表 4 所示。

表 4　2013～2030 年部分年份铝土矿需求量预测

单位：万吨

年　份	2013	2014	2015	2020	2030
需求量	13165	14391	15863	17590	19147

数据来源：安泰科。

2. 氧化铝需求量

当前中国仍有大量的原铝在建及拟建项目，项目进度将根据市场需求及价格来调节。根据安泰科估计，2013 年中国新增原铝产能约 400 万吨。结合模型预测结果，预计中国冶金级氧化铝需求量在 2013 年将达到 4860 万吨，2014 年将增加到 5223 万吨。

其他年份，总体根据氧化铝过去近 30 年需求历史数据，通过 Eviews 统计软件应用 ARIMA 模型和专家分析法综合分析，预测结论如表 5 所示。

表 5　2013~2030 年部分年份冶金级氧化铝需求量预测

单位：万吨

年　份	2013	2014	2015	2020	2030
需求量	4860	5223	5865	6915	7473

数据来源：安泰科。

3. 原铝需求量

原铝是铝应用的标的产品，与国民经济发展息息相关，原铝的需求数量与经济整体发展速度存在紧密的内在联系，因此本课题采用总体和 GDP 增速相关的情景分析预测 2013~2030 年部分年份原铝需求量数据。

①模型设计

根据历史统计数据，我们设定数值拟合度高的模型，作为铝资源需求预测值计算模型：

T 年需求量 = 基期需求量 [(1 + 消费增速)(1 - 替代系数)]^t

②预测情景设定

未来铝消费增长情景可以划分为"高情景""中情景"和"低情景"三种情景。

情景一："高情景"，铝消耗维持历史 GDP 高速增长速度，单位 GDP 耗铝量没有明显下降。

情景二："中情景"，铝消耗维持在自身历史增长速度，单位 GDP 耗铝量下降，替代系数 3%。

情景三："低情景"，铝消耗维持 GDP 平均增长速度 7% 左右，替代系数 3%。

③情景预测结论

根据以上情景分别预测，代入对应数据计算，得预测结论如下。

表 6　2013~2030 年部分年份原铝需求量预测

单位：万吨

年　份	2013	2014	2015	2020	2030
高情景	2600.15	3094.18	3682.07	8786.73	50037.63
中情景	2389.68	2613.54	2858.37	4472.64	10951.03
低情景	2260.80	2339.22	2420.37	2870.34	4036.79

资料来源：安泰科。

④情景预测分析及修正

"高情景"模式以我国 GDP 高速增长阶段的增长率作为未来十几年我国铝消费需求的增速，忽略了现阶段增速和未来铝替代及节能等因素，"高情景"模式的预测结果出现的可能性较小。

"中情景"用铝自身消费增速作为未来我国铝需求消费增速，虽然把消耗强度及替代系数考虑在内，符合历史预测现实情况的规律，但考虑到经济下行周期，如此高增长的消耗必将无以为续，据此预测也必将会偏离实际铝资源需求。

综合考虑，"低情景"模式符合当前经济下行周期及可预见范围内我国铝消费的基本国情，具有实际预测使用价值。并结合近期的分析、ARIMA 模型和专家意见，综合考虑国内经济结构转型、新型城镇化建设、行业发展阶段拐点可能出现等实际情况，综合预测 2013~2030 年部分年份精铝消费量数据，如表 7 所示。

表 7　2013~2030 年部分年份精铝消费量预测

单位：万吨

年　份	2013	2014	2015	2020	2030
消费量	2455	2728	3066	3700	4830

资料来源：安泰科。

四　中国铝矿产品供给分析

（一）铝矿储量及分布

1. 世界储量及分布

全球铝土矿资源非常丰富，全球热带地区均发现存在大量铝土矿。据美国地质调查局（USGS）2012 年发布的最新统计，截至 2011 年底全球已探明的铝土矿储量近 290 亿吨，几内亚是铝土矿储量最为丰富的国家，高达 74 亿吨，占世界总储量的 25.52%；澳大利亚以 62 亿吨的储量排列第二，占世界总储量的 21.4%；巴西、越南、牙买加的储量优势也十分明显，分列第三、第四和第五位。

表8 2011年世界铝土矿储量按国别分布

单位：亿吨，%

序号	地区	储量	占比
1	几内亚	74	25.5
2	澳大利亚	62	21.4
3	巴西	36	12.4
4	越南	21	7.2
5	牙买加	20	6.9
6	其他	79	27.2
合计		292	100.0

数据来源：USGS Mineral Commodity Summaries。

2. 中国储量及分布

2010年国土资源部发布的《全国矿产资源储量通报》数据显示，截至2010年底中国铝土矿累计查明储量为8.9亿吨，分布于10多个省（区），但主要集中在广西（2.72亿吨）、河南（2.15亿吨）、贵州（2.02亿吨）、山西（1.36亿吨）和云南（0.16亿吨）五省（区），合计查明储量8.41亿吨，占全国查明储量的94.49%。中国铝土矿资源高度集中于广西、河南、贵州、山西和云南这五省区。

2010年底，全国查明铝土矿产地近500处，具体地理位置本报告版本不再赘述。

（二）铝土矿供给分析

1. 供给现状

根据安泰科统计数据，2010年中国铝土矿产量约为5755万吨；2011年产量增长至6377万吨，增幅为10.8%；2012年产量继续大幅增长至7804万吨，增幅扩大至22.4%。

表9 2010~2012年铝土矿产量

单位：万吨

年份	2010	2011	2012
供给量	5755	6377	7804

2. 供给结构

从铝土矿供给结构来看,山西、河南、广西、贵州、云南、重庆是我国铝土矿资源供给最为丰富的地区。近年来,铝土矿主产区并未发生大的变化,大体供给结构如图2所示。

表10　2010年国内铝土矿产量按地区分布

单位:万吨

序号	地　区	产　量
1	山　西	2244
2	河　南	1266
3	广　西	1036
4	贵　州	921
5	云　南	173
6	其　他	115
合　计		5755

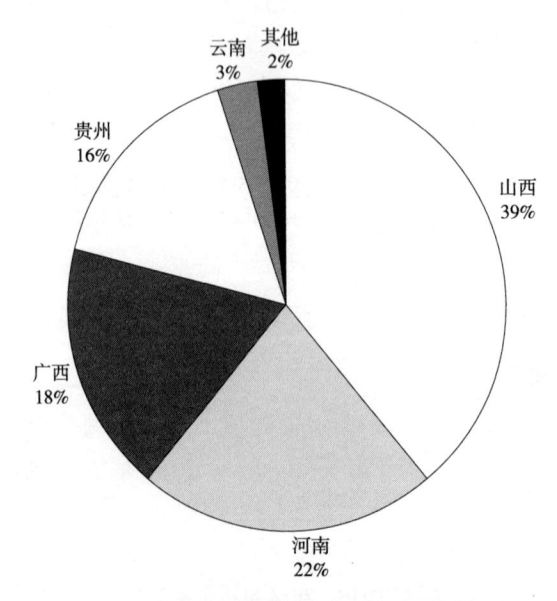

图2　2010年中国铝土矿供给结构示意

3. 供给预测

类似,根据历史供给数据,通过ARIMA模型,开展铝土矿产量预测并结合专家意见,得出产量预测结论如下。

表 11　2013~2030 年部分年份铝土矿产量预测

单位：万吨

年　份	2013	2014	2015	2020	2030
产　量	8392	8918	9844	11602	12880

资料来源：安泰科。

4. 铝土矿替代资源可行性分析

除了铝土矿之外，还有高铝粉煤灰和大量具有工业利用价值的高岭石、明矾石、红柱石、霞石等其他含铝矿物可用于原铝工业。例如，俄铝联合公司（UC Rusal）位于西伯利亚的阿钦斯克氧化铝厂（Achinsk）就采用霞石生产氧化铝，年产量超过 100 万吨。

在中国，尤为值得注意的是高铝粉煤灰替代铝土矿生产氧化铝，现就粉煤灰替代铝土矿进行分析。

（1）替代必要性

必要性 1：我国铝土矿资源匮乏，资源禀赋差；

必要性 2：印度尼西亚已开始限制包括铝土矿在内的矿产品出口；

必要性 3：随着某些国家出口限制措施政策的出台，中国进口铝土矿价格将逐步高启。

（2）替代可行性

储量丰富：仅准噶尔煤矿区探明储量达 267 亿吨，远景储量近 1000 亿吨，伴生铝、镓资源分布均匀，储量大。燃煤灰分中铝平均含量高达 50% 左右，按 267 亿吨煤炭储量测算，煤中伴生的铝资源量高达 30 亿吨，是我国 2010 年氧化铝产量的 100 多倍。

政策支持：国家发改委组织编制高铝粉煤灰资源综合利用专项规划，粉煤灰综合利用同时被列入国家冶金行业振兴规划。根据规划，到 2015 年，力争建成 1000 万吨氧化铝级的粉煤灰综合利用产业规模。

技术可行：据报道在内蒙古科技部门的组织协调下，大唐托电与清华同方投资公司、清华同方环境公司三家合资，共同开发高铝粉煤灰综合利用项目。最终，一条具有自主知识产权的粉煤灰综合利用工艺生产线研发成功，采用预脱硅—石灰石烧结法年产 24 万吨粉煤灰提取氧化铝项目已经实现稳定生产。

替代发展：蒙西集团采用石灰石烧结法年产 40 万吨粉煤灰提取氧

化铝项目建成投产；神华集团准格尔矿区伴生资源循环经济产业一期年产100万吨粉煤灰制取氧化铝项目也已启动。

(3) 替代规模分析

如上所述，如果所有鼓励投产企业都圆满实现既定目标，到2015年粉煤灰替代铝土矿生产氧化铝至少1000万吨。在后续国家鼓励，技术进步以降低生产成本至小于或等于目前铝土矿生产氧化铝成本后，该法生产将大规模替代铝土矿。

以目前技术、成本水平根据ARIMA模型结合专家意见修订预测，2013~2030年部分年份替代铝土矿生产当量预测如表12所示。

表12 2013~2030年部分年份中国粉煤灰替代铝土矿生产氧化铝量

单位：万吨

年 份	2013	2014	2015	2020	2030
粉煤灰生产氧化铝	200	550	1000	2100	3200

（三）氧化铝生产分析

1. 生产现状

据安泰科统计，截至2010年底，我国共有氧化铝企业36家（含氢氧化铝生产企业），平均规模达到114万吨/年，达到或接近世界氧化铝厂平均生产规模。统计显示，2010年中国生产氧化铝3119万吨，2011年产量增长至3900万吨，增幅高达25%，2012年产量继续大幅增长至4214万吨，但增幅回落至8.1%。

表13 2010~2012年氧化铝产量

单位：万吨

年 份	2010	2011	2012
供给量	3119	3900	4214

2. 产量分布

从供给结构分布看，山东地区已经超越河南成为全国第一氧化铝生产大省，2010年山东的氧化铝产量占到全国总产量的31%，其他具体分布如表14所示。

表14 2010年氧化铝产量按地区分布

单位：万吨

序号	地区	产量
1	山东	960
2	河南	950
3	广西	578
4	山西	463
5	贵州	120
6	其他	30
7	重庆	18
	合计	3119

资料来源：安泰科。

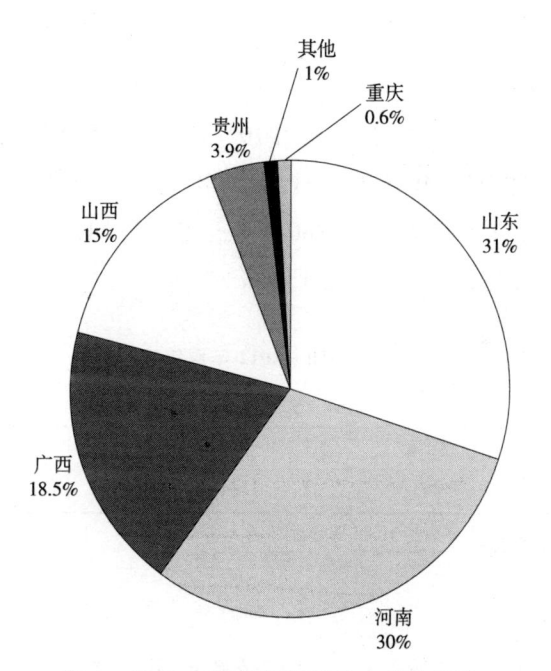

图3 2010年氧化铝产量分布结构示意

目前，我国非冶金级即化学品氧化铝产量主要集中在中铝公司所属企业，据安泰科估计，2010年我国化学品氧化铝产量约150万吨。目前已开发出的化学品氧化铝品种有140多个，其中的30多个品种实现了规模化生产，最主要的产品包括高白填料及阻燃用氢氧化铝、活性氧化铝、煅烧氧化铝、抛光用氧化铝、拟薄水铝石、4A 沸石。

3. 产量预测

根据氧化铝过去近 30 年产量历史数据，通过 ARIMA 模型，开展氧化铝产量预测并结合专家意见，得出产量预测结论如下。

表 15　2013~2030 年部分年份氧化铝产量预测

单位：万吨

年　份	2013	2014	2015	2020	2030
产　量	4430	4773	5379	6017	6235

资料来源：安泰科。

（四）原铝生产分析

1. 生产现状

2010 年中国在产电解铝厂数量为 102 个，实际生产的原铝企业平均规模达到 21.4 万吨/年，年产能合计为 2134 万吨。2010 年中国生产原铝 1760 万吨；2011 年产量增长至 1960 万吨，增幅为 11.4%；2012 年产量继续增长至 2230 万吨，增幅扩大至 13.8%。

表 16　2010~2012 年原铝产量

单位：万吨

年　份	2010	2011	2012
供应量	1760	1960	2230

资料来源：安泰科。

2. 产量分布

从产业结构分布来看，作为高度依赖能源和资源的原铝产业，过去基本是围绕氧化铝生产地就地布局，在氧化铝发展较快的河南、山东等地。

2012 年河南、山东、内蒙古和青海地区的原铝产能排在全国前列，四个省份产能占到全国总产能的 51%。2010 年具体供给结构分布如表 17 所示。

表17　2010年原铝产量按地区分布

单位：万吨

序号	地区	产量
1	河南	405
2	山东	194
3	青海	176
4	内蒙古	176
5	甘肃	106
6	其他	704
合计		1760

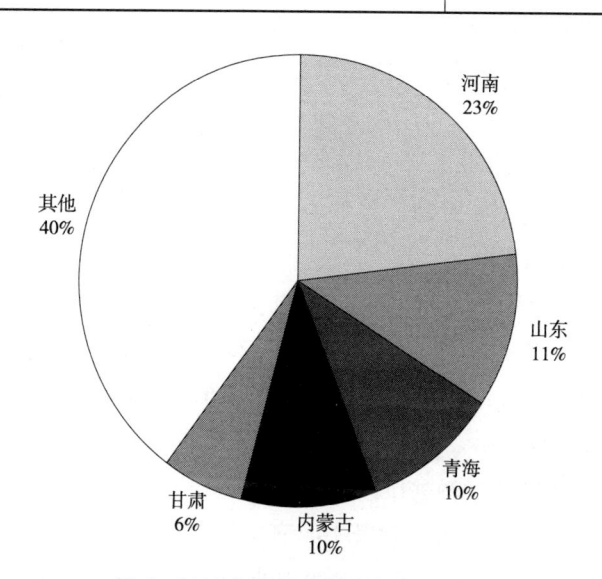

图4　2010年原铝产量分布结构示意

3. 产量预测

根据原铝过去近30年产量历史数据，通过ARIMA模型，结合原铝需求预测数据，开展原铝产量预测并结合专家意见，得出产量预测结论如下。

表18　2013～2030年部分年份原铝产量预测

单位：万吨

年份	2013	2014	2015	2020	2030
产量	2435	2678	2946	3460	4250

资料来源：安泰科。

(五) 再生铝生产综合分析

1. 发展概述

中国再生铝产业自 20 世纪 70 年代后期才初见雏形，但当时产业基础薄弱，再生铝发展规模较小。随着后续原铝旺盛的需求拉动，中国再生铝企业纷纷上马，众多的小型再生铝厂和家庭作坊式企业快速发展。21 世纪以来，伴随着外资进入中国再生铝行业，废杂铝进口数量和再生铝产品出口规模逐年扩大，中国再生铝产业开始与国际再生铝产业接轨。

2. 当前产量现状

随着经济的快速发展和节约资源保护环境的迫切要求，中国再生铝产业近年来得到迅速发展，再生铝产量已由 2002 年的 130 万吨增加到 2011 年的 440 万吨，平均年增长率为 14.5%。国内回收废铝由 2002 年的 64 万吨增长到 2011 年的 180 万吨，年平均增长 12.2%。

3. 废料进口贸易

根据海关数据统计，与再生铝产量快速增加相匹配的废铝进口量由 2002 年的 44.70 万吨增加到 2010 年的 285.35 万吨，平均年增长率为 26%；2011 年废铝进口 269 万吨，同比下降 6%。2011 年进口废铝占当年再生铝产量的 49%。

4. 再生铝产量及废料进口预测

按照国内 2010 年废铝回收量 108 万吨、铝产品使用寿命 15 年、可回收利用率 60% 计算，考虑到我国相关产业的发展情况，如交通运输业、建筑业、机械制造业的情况，经测算，到 2015 年中国再生铝的产量有望达到 600 万吨。

表 19　2013~2030 年部分年份再生铝产量

单位：万吨

年　　份	2013	2014	2015	2020	2030
再生铝产量	487	536	600	936	1450

根据上述有关测算数据，同时考虑到国际范围内有关废铝的产生量及

去向等问题,中国 2011~2015 年需求废铝进口量在 1300 万吨左右,是世界上最大的再生铝生产大国,也是世界最大的废铝进口国。

表20 2013~2030 年部分年份废铝进口量

单位:万吨

年　　份	2013	2014	2015	2020	2030
废铝进口量	292	315	320	355	380

五　中国铝矿产品贸易分析

(一)铝土矿

1. 贸易现状

中国可实现的铝土矿产量与总体的需求量,缺口巨大,必须通过进口来弥补,以满足铝工业的需求。2010 年中国铝土矿净进口量为 3007 万吨;2011 年大幅增长至 4485 万吨,增幅高达 49.2%;2012 年小幅调整回落至 3964 万吨,同比递减 11.6%。

表21 2010~2012 年铝土矿净进口

单位:万吨

年　　份	2010	2011	2012
进口量	3007	4485	3964

2. 贸易结构

中国铝土矿进口主要来自印度尼西亚,在 2012 年单从印尼进口的铝土矿就占我国全部铝土矿进口量的 72%,其他主要来源国还有澳大利亚和印度,分别占据 24% 和 3% 的进口份额。实际上在 2012 年之前,中国来自印度尼西亚的进口量占到全部进口的 90% 以上,2012 年印尼开始实施铝土矿出口限制措施,中国被迫寻找新的铝土矿货源地,来自澳大利亚的进口量开始增加,另外还开辟了斐济、巴西、几内亚、牙买加等非洲和南美洲国家作为铝土矿进口的新的货源地。铝土矿进口对象国集中度高,铝土矿进口的稳定和可持续性存在巨大风险。

表22　2012年中国铝土矿分国别进口

单位：万吨

序　号	地　　　区	进口量
1	印度尼西亚	2837
2	澳大利亚	947
3	印　　度	131
4	其　　他	48
合　　计		3964

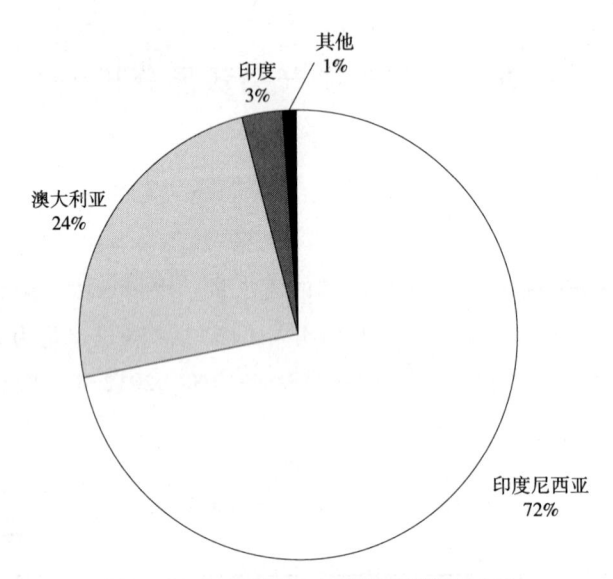

图5　2012年中国铝土矿分国别进口占比

3. 贸易预测

根据铝土矿历史进口数据，通过ARIMA模型，开展铝土矿进口量预测并结合专家意见，考虑到2014年印尼将禁止铝土矿出口，中国企业在2013年将加大进口、囤积资源，预测铝土矿未来部分年份进口量如表23所示。

表23　2013~2030年部分年份铝土矿进口量预测

单位：万吨

年　　份	2013	2014	2015	2020	2030
铝土矿进口量	4773	5473	6019	5988	6267

注：2013年实际进口7070万吨。

(二) 氧化铝

1. 贸易现状

2006年之前，由于中国氧化铝生产未能跟上原铝生产的步伐，中国需大量进口氧化铝，之后，中国的氧化铝生产规模不断扩大，中国开始从直接进口氧化铝转向进口铝土矿。中国氧化铝进口量曾在2005年达到702万吨的历史最高水平，2010年中国氧化铝进口量降至431万吨，2011年又大幅缩减56.4%至188万吨，2012年由于中国铝土矿进口受到印尼限制措施的影响，中国氧化铝的进口量大幅回升，同比增长167%至502万吨。

表24　2010~2012年氧化铝进口量

单位：万吨

年　份	2010	2011	2012
进口量	431	188	502

2. 贸易结构

根据中国海关的统计，2012年中国进口氧化铝502万吨，同比大幅增加167%，进口国家主要为澳大利亚和印度。2012年自澳大利亚的进口量为466万吨，占总进口量的93%；自印度的进口量为14万吨，占总进口量的3%。自2005年以后，中国氧化铝进口量开始逐年下降，进口量在氧化铝总供应量的占比也逐渐降低（除2009年和2012年之外）。2009年受金融危机的影响，中国氧化铝产量出现了近10年来的首次负增长，由于国内外氧化铝价差较大，2009年中国的氧化铝进口量同比增加12%。2012年，受印尼限制铝土矿出口政策的影响，中国原铝企业出于对国内氧化铝短缺的担忧，大量进口氧化铝，进口量同比大增167%。

表25　2012年中国氧化铝分国别进口

单位：万吨

序　号	地　区	产　量
1	澳大利亚	466
2	印　度	14
3	其　他	22
合　计		502

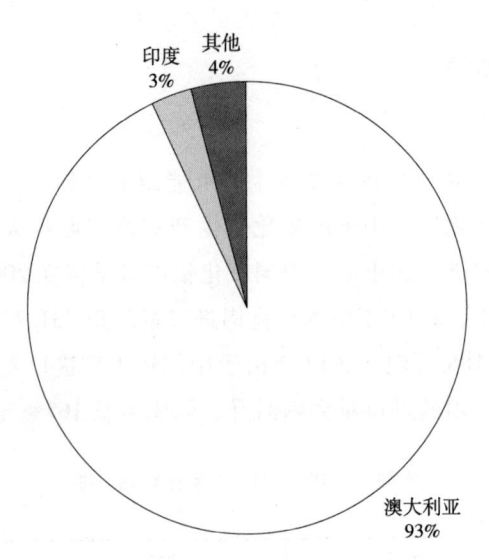

图 6　2012 年中国氧化铝分国别进口结构

3. 贸易预测

根据 ARIMA 模型，结合专家意见分析认为，2013 年中国氧化铝新增产能将达到 510 万吨，略低于 2012 年 570 万吨的新增规模，中国氧化铝总产能将达到 6229 万吨，保守估计产量将达到 4876 万吨。并且随着取得出口资质的印尼矿企数量的增加，中国自印尼的铝土矿进口量也在逐渐增加。目前印尼铝土矿问题对中国氧化铝市场影响逐渐消退，山东等地区使用进口铝土矿的企业将逐步恢复生产。但印尼铝土矿出口政策仍具有不确定性，中国原铝企业将继续锁定国外氧化铝，预计 2013 年中国将进口 430 万吨氧化铝。供需平衡之后，2013 年中国氧化铝市场还将持续过剩。

同样根据模型和专家意见分析 2013~2030 年部分年份氧化铝进口数据如表 26 所示。

表 26　2013~2030 年部分年份氧化铝进口量预测

单位：万吨

年　　份	2013	2014	2015	2020	2030
氧化铝进口量	430	450	486	898	1238

资料来源：安泰科。

(三) 原铝

1. 贸易现状

中国原铝生产以满足自身需求为主。原铝出口被限制，在国内外差价套利空间打开的情况下，中国也会进口一部分原铝。2010年中国原铝进口量为23万吨，2011年为22.5万吨，2012年进口量扩大增长至51.8万吨。

表27 2010~2012年原铝进出口量

单位：万吨

年　　份	2010	2011	2012
进　口　量	23.0	22.5	51.8
出　口　量	19.4	8.2	12.6
净进口量	3.6	14.3	39.2

2. 贸易结构

2012年我国进口原铝最多的5个对象国家分别是俄罗斯联邦、澳大利亚、阿曼、印度和南非，进口数量分别为16.87万吨、10.14万吨、6.46万吨、4.39万吨和2.50万吨。这5个国家进口原铝总量为40.36万吨，占全年进口原铝总量的77.9%。

表28 2012年中国原铝分国别进口数量

单位：万吨

国　　别	进口量
俄罗斯联邦	16.87
澳大利亚	10.14
阿　曼	6.46
印　度	4.39
南　非	2.50
其　他	11.49
合　　计	51.85

2012年全年中国出口原铝12.56万吨，其中出口数量最多的国家是韩国，出口原铝12.13万吨。出口数量排前5位的国家和地区分别是韩国、日本、中国香港、越南和德国，出口数量分别为121346吨、2548吨、724吨、525吨和83吨。出口至前5个国家和地区的原铝数量占

2012 年全年出口总量的 99.7%，仅出口至韩国的原铝数量就占总出口量的 96.6%。

表 29　2012 年中国原铝分地区出口数量

单位：吨

地　　区	出口量
韩　　国	121346
日　　本	2548
中国香港	724
越　　南	524
德　　国	83
其　　他	344
合　　计	125569

3. 贸易预测

从供需平衡和对外依存计算实际考虑，我们只需要估计原铝的净进口量即可。同样，根据历史净进口数据和 ARIMA 模型、专家意见，预测未来部分年份净进口数据如表 30 所示。

表 30　2013~2030 年部分年份原铝净进口量预测

单位：万吨

年　　份	2013	2014	2015	2020	2030
原铝净进口量	20	50	120	240	580

资料来源：安泰科。

（四）主要外贸铝矿产品国的投资环境分析

1. 印度尼西亚

（1）基本国情

印度尼西亚气候属于典型的热带气候，一年只有旱季雨季之分。印尼号称世界上最大的伊斯兰国家，6 个主要政党中 4 个具有穆斯林背景。印度尼西亚有 300 多个部族、250 多种语言、六大宗教，地理多元、种族多元、信仰多元、文化多元。

印尼实行总统内阁制度。人民协商会议为最高权力机构，宪法规定总统和副总统只能连选连任一次,每任五年。

(2) 与中国的外交和"外资"政策

中国—东盟自由贸易区全面启动,区内贸易额占世界的13%,中国对东盟93%的产品的贸易关税降为零。2011年4月温总理出访印尼时签署的联合公报旨在进一步促进中印尼贸易,公报提到的目标及相关举措包括以下内容。

①两国贸易额达到500亿美元的目标有望提前实现,将努力实现2015年两国贸易额达到800亿美元的新目标;

②中方坚定致力于扩大从印尼进口,并为此提供便利,通过增加中国在印尼工业领域的投资等措施提升印尼工业能力;

③印尼欢迎中国增加对印尼制造业、高新技术、农业、林业、渔业、清洁能源和旅游业等领域的投资;

④印尼欢迎中国企业在平等互利基础上,特别是在公私伙伴合作框架下,参与印尼公路、桥梁、港口、电站和水资源开发等基础设施发展。

(3) 矿业"外资"相关主要立法

2009年,印尼颁布实施了新的《矿业法》,既规范了采矿行为,又重新界定了中央和地方的政府角色,并在许可证管理的同时,中央和各地政府还有权实施限产或配额管理。

新《矿业法》相关外资政策是消除了外国投资者和国内投资者的区分,简化了采矿管理程序。

(4) 整体"外资"投资环境分析

总体来讲,印尼积极鼓励包括中国在内的"外资"准入投资,并大体给予国民待遇,但是该国政局和政策稳定性不太好,政府职能和法律建设还存在一定缺陷,且自然灾害频发,这对投资国形成了一定考验。

2. 澳大利亚

(1) 基本国情

澳大利亚位于南太平洋和印度洋之间,面积769.2万平方公里,海岸线长36735公里,人口2200万左右。北部属热带,大部分属温带,年平均气温北部27℃,南部14℃。

(2) 鼓励"外资"政策

澳大利亚放宽了对外国资本的限制，并实行逐步使外国投资自由化的政策。政府欢迎并鼓励符合本国需要的外国直接投资，包括私人投资，重点是发展出口外向型企业，以提高国际竞争力和创造就业机会。政府希望引进长期性开发资本。

(3) 税收政策

外资公司目前的所得税税率为39%，但是如果驻澳子公司从国外借款，借款利息所应缴的预扣税仅为10%。澳大利亚是对发展中国家实施关税优惠的第一个国家。

(4) 法律制度健全

澳大利亚已有完善的外贸法律管理制度，所有商业活动无不是以法律为依据的，外国投资受法律保护。

综上所述，澳大利亚具有较好的矿业投资环境，积极的吸引"外资"的政策，从该国矿产资源条件和开发现状、地理交通条件、中澳经贸关系和我国的需求等因素考虑，澳大利亚现在是且将来更应是我国进口铝矿等资源主要而稳定的货源地，同时澳大利亚也希望中国在澳国加强勘查、发展矿业，合作前景广阔。

六 中国原铝消费平衡及对外依存分析

通过以上分析可以看出，单纯从生产能力来看，中国的氧化铝和原铝生产规模都基本上能够满足国内需求，但是如果用"（进口铝土矿折原铝+进口氧化铝折原铝）/原铝产量"计算所得的"原铝生产对进口资源依存度"来综合考虑中国原铝生产对进口原料的依赖程度，则可以看出，近年来，该依存度都在50%左右，说明中国铝工业对进口资源一直保持着较高程度的依赖。以2012年为例，该年进口3964万吨铝土矿，折原铝726万吨；进口氧化铝502万吨，折原铝257万吨；原铝产量2230万吨，原铝生产对资源的依存度为44%。近年来，中国氧化铝生产规模迅速壮大，生产能力基本上能够与原铝生产能力相匹配，但是，中国原铝生产对进口资源高度依赖的格局并没有改变，所不同的只是从原来直接进口氧化铝转向进口铝土矿。

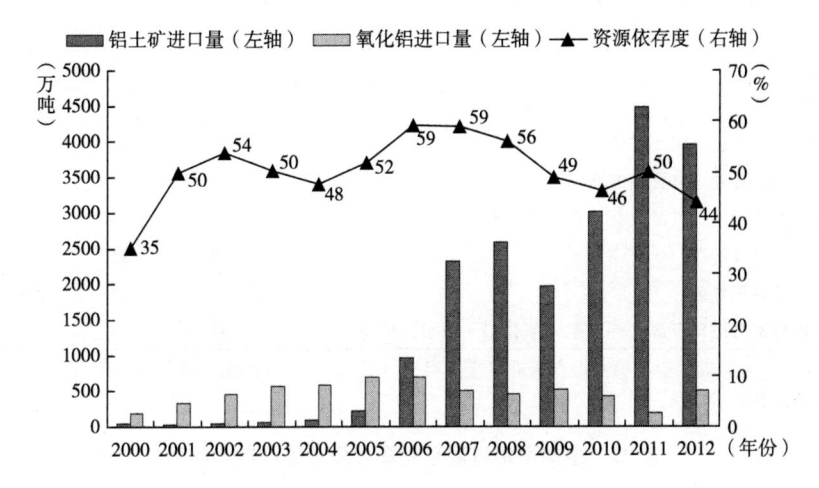

中国铝矿产品的来源和应对策略研究 | 227

图7　中国原铝生产对进口资源的依存度

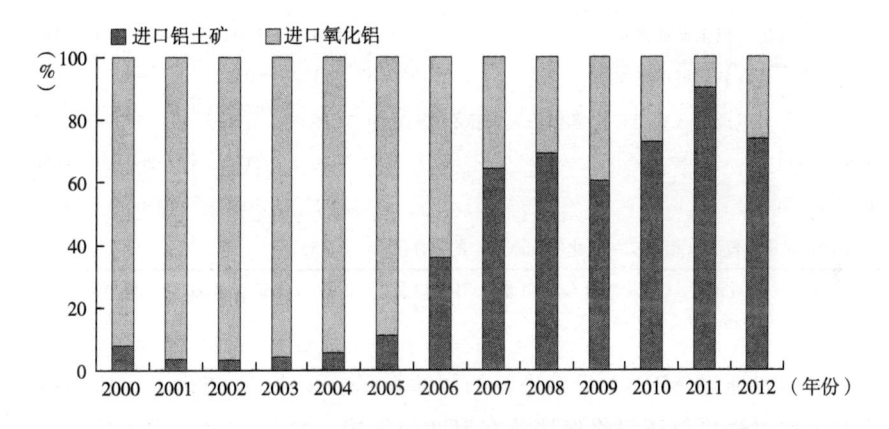

图8　进口资源结构的变化

从原铝消费/需求的角度来看，如果用"原铝消费对进口资源的依存度=（进口铝土矿折原铝+进口氧化铝折原铝+原铝净进口）"来表示中国原铝消费对进口资源的依赖程度，同样发现，中国的原铝消费在很大程度上依赖于国外的资源。2012年中国原铝表观消费（未考虑库存变化）2281万吨，对进口资源（铝土矿+氧化铝+原铝）的依存度高达45%。

表31　2010~2012年中国原铝供需平衡及对外资源依存度

单位：万吨，%

年　份	2010	2011	2012
原铝产量	1760	1960	2230
其中：来自进口铝土矿的产量	593	885	726
来自进口氧化铝的产量	221	96	257
原铝生产对进口资源（铝土矿+氧化铝）的依存度	46	50	44
原铝净进口量*	17	25	51
原铝表观消费量	1777	1985	2281
原铝消费对进口资源（铝土矿+氧化铝+原铝）的依存度	47	51	45

注："*"近似于"铝及铝合金进口量－铝出口量"，因出口的铝合金基本上为再生铝生产，在此项计算中不涉及。

表32　中国原铝供需平衡及对外资源依存度预测

单位：万吨，%

年　份	2013	2015	2020	2030
产量	2435	2946	3460	4250
其中：来自进口铝土矿的产量	874	1102	1097	1148
来自进口氧化铝的产量	221	249	461	635
原铝生产对进口资源（铝土矿+氧化铝）的依存度	45	46	45	42
原铝净进口量*	20	120	240	480
原铝表观消费量	2455	3066	3700	4730
原铝消费对进口资源（铝土矿+氧化铝+原铝）的依存度	45	48	49	48

注："*"近似于"铝及铝合金进口量－铝出口量"，因出口的铝合金基本上为再生铝生产，在此项计算中不涉及。

安泰科通过ARIMA模型进行的预测显示，未来20年内，中国原铝生产和消费对进口资源仍将保持较高程度的依赖。2030年，中国原铝产量预计4250万吨，其中1148万吨来自进口铝土矿生产的氧化铝，635万吨来自直接进口的氧化铝，原铝生产对国外资源的依存度为42%；预计该年原铝净进口480万吨，原铝消费对国外资源的依存度高达48%。

七　中国铝土矿和氧化铝供应面临的主要挑战

（一）电解铝产能快速增长，原料供应缺口扩大

中国对氧化铝、铝土矿资源需求的不断攀升都缘于电解铝产能的过快

增长。改革开放以来，中国铝工业进入快速发展时期，特别是进入21世纪后，中国工业化、城市化加速发展，以及世界制造业向中国转移，推动铝的消费快速提升，铝行业发生了翻天覆地的变化，铝产业链上下游产能规模扩张的速度超过了历史上任何时期及世界任何国家。2012年与2000年相比，中国氧化铝生产规模扩大了12.6倍，电解铝生产规模扩大了6.0倍。

冶炼产能的飞跃式扩张使得铝土矿资源紧张的矛盾不断激化。从绝对数量来看，2012年，中国原铝产量2230万吨，其中，约1250万吨来自国内铝土矿，国内铝土矿原料供应缺口（折铝量）高达980万吨，是2000年国内铝原料供应缺口127万吨（折铝量）的7.7倍。未来，随着国内冶炼产能的扩张以及铝消费量的增长，铝原料缺口逐年扩大的趋势还将持续。中国的铝土矿资源条件越来越难以支撑铝工业以如此之快的速度扩张。

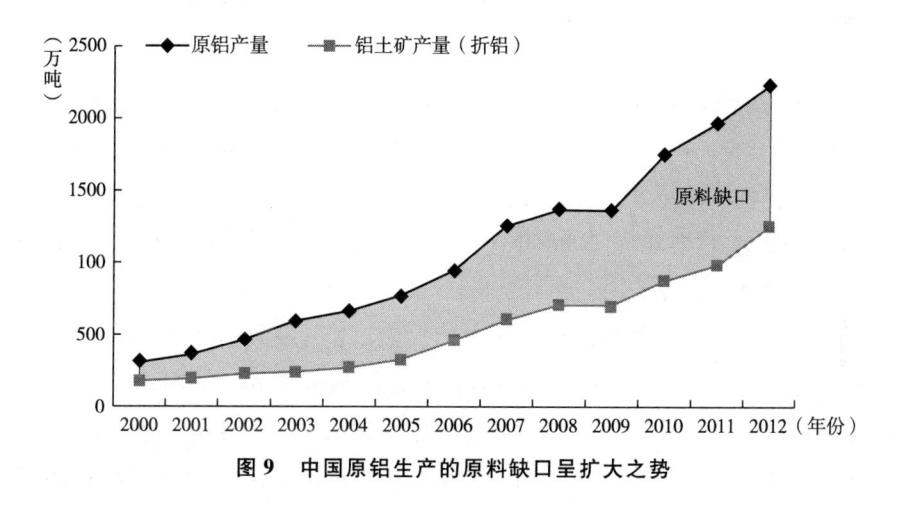

图9　中国原铝生产的原料缺口呈扩大之势

（二）进口原料价格飙升，生产成本压力加大

为弥补国内资源供应的不足，中国只能大量进口氧化铝或铝土矿以缓解资源供应的压力。由于中国企业很少在国外铝土矿或氧化铝厂中拥有权益，中国的大部分进口是从现货市场直接购买，在卖方主宰市场的环境中，中国企业完全处于丧失话语权的被动地位。特别是中国铝工业扩张的速度过快，对进口资源的需求增长过猛，导致了进口氧化铝和进口铝土矿价格先后出现飙升行情，最终达到中国铝工业难以负担的程度。

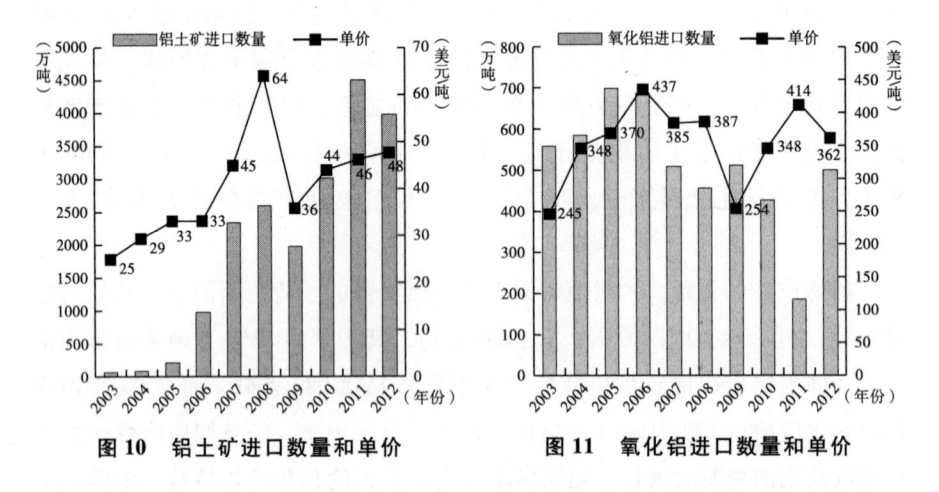

图 10 铝土矿进口数量和单价　　　图 11 氧化铝进口数量和单价

比如，2005 年中国进口氧化铝达到历史最高纪录的 702 万吨，是 2000 年进口量的 3.7 倍。但西方氧化铝生产企业并未对中国进口量强劲增长做好准备，随着中国进口量的逐年攀升，全球氧化铝市场供应趋紧，价格连创历史新高。国际现货价格从 2003 年初的 150 美元/吨一路上涨至 2006 年 3 月的 630 美元/吨，带动国内氧化铝价格也上涨了相同的幅度。结果在当时铝市场仍处于牛市的大背景下，中国电解铝厂多数在 2006 年上半年发生亏损，2005 年下半年至 2006 年上半年超过 40 家铝厂被迫停产或部分减产。

氧化铝的生产也是如此。由于中国以进口铝土矿为原料的氧化铝产能的集中投产，铝土矿的进口价格曾在 2008 年飙升至 64 美元/吨。2009 年铝土矿进口价格虽有所回落，但回落之后又开始了新一轮的上涨。2012 年铝土矿平均进口单价达到 48 美元/吨，比 2005 年的 33 美元/吨上涨了 45%，导致铝土矿在氧化铝生产成本中所占比重从 2009 年的 42% 提高到 2012 年的 46%，氧化铝生产商背负的原材料成本压力不断加重。

以上这些事实都说明当中国铝工业对外部资源依赖过重时，即使从数量上能够得到充分的供应，在成本上也是难以承受的。

（三）海外铝土矿资源垄断势头严峻，优势资源争夺会更加激烈

可以看出，虽然全球范围内铝土矿资源充足，铝工业有着较高程度的

资源保障，但是全球大部分适宜开采的优质铝土矿资源几乎被西方发达国家和大型跨国公司所垄断，所留"空白"已经十分有限。力拓、必和必拓、美铝、海德鲁、俄铝5家大型跨国公司通过早期战略布局和后期收购，在几内亚、澳大利亚和巴西等铝土矿资源丰富国家都占据了大量优质铝土矿资源，并且控制了世界50%以上的铝土矿产量，世界铝资源的垄断格局十分明显。从目前的发展趋势来看，大多数矿业/铝业巨头都把扩大资源占有作为未来发展的主要战略，有着进一步占有铝土矿资源的强烈冲动，力图延伸其掌控的资源范围，向原先没有涉足的地区渗透。未来这些矿业/铝业巨头不会放弃任何一个并购资源的机会，全球范围内铝土矿资源的垄断格局将进一步加剧，未来可供"瓜分"的铝土矿资源将日益稀少，争夺优质资源的激烈程度更将加剧。

（四）海外资源开发面临风险巨大

海外铝土矿资源开发已经成为中国铝工业强化资源保障的必经之路，也是中国政府的鼓励方向。但是由于中国企业介入海外铝土矿资源开发的时间较晚，目前想要打破国际矿业巨头的垄断获取优质资源，面临很大的困难和风险。总体来讲，海外资源投资面临的风险来自市场和非市场两个方面。市场风险包括成本价格、汇率等以及开发项目相关的风险；非市场风险顾名思义就是市场之外的影响因素。从近年的实践看，非市场风险已经成为企业海外投资过程中的重要威胁，主要包括东道国的政治（国家）风险和政策法律风险。东道国政治（国家）风险指征用（征收）、国家审批、政府更替、政党政治、战争、动乱、社区关系等方面的风险；东道国政策法律风险则指矿产资源政策、外商投资政策、税收政策、劳工环保政策、出口外汇政策、政策连续性、法律稳定性、项目审批等方面的风险。

中国的海外铝土矿开发不乏失败的事例。中国铝业公司在澳大利亚投资的奥鲁昆铝项目就因为澳政府提高资源税的意向而陷入停滞；某些已经进入生产阶段的境外铝土矿也面临着东道国矿业政策变动、劳资谈判、罢工等压力。

（五）中国缺乏实力和铝资源海外开发经验，项目进展缓慢

目前我国"走出去"勘查开发利用国外资源尚处于艰难的起步阶段。一些企业根据中央提出的利用"两种资源、两个市场"的战略方针，在一些国家进行过矿产资源勘查开发活动以及洽谈和寻找矿业项目活动，但步伐十分缓慢。

我国海外开发铝土矿资源的企业中，博赛、信发等民营企业走在最前端，但是这些企业与国际矿业公司相比实力悬殊。首先，境外铝土矿资源开发面临的竞争对手主要是国际矿业公司，这些公司资本实力强，具有管理和技术优势，在竞争境外优质铝土矿资源项目时对国内企业造成很大的威胁；其次，我国企业"走出去"起步晚，国际化经营管理人才不足，缺乏海外并购、海外资本市场、矿山建设、跨国经营和谈判等方面的经验；最后，我国企业"走出去"所需资金基本为境内自有资金或银行贷款，融资渠道少，资金和融资成本压力大。在这诸多不利因素的影响下，目前中国企业对外投资的铝土矿仅有少量回运，各个项目的整体进度较为缓慢。

相比之下，西方发达国家则通过国家政策支持建立了较完善的服务系统。它们大多以跨国公司为载体，实现矿业企业的跨国经营，加紧实施全球资源战略，控制了大部分优质资源。比如，澳大利亚、加拿大等资源丰富国家的跨国公司拥有丰富的矿产勘查开发技术和管理经验、雄厚的资金实力，其在海外矿业开发取得很大成功的同时也加强了本国资源在世界上的垄断地位。

近几年，几内亚地区丰富的铝土矿资源逐渐被发现，对于一处新的可开发的铝土矿市场，中国企业已积极投入到当地铝土矿资源的开发中。中国电力投资集团已经在当地获得一处储量30亿吨的优质铝土矿，河南国际矿业有限公司获得一处储量15亿吨的优质铝土矿，但中国也仅有这两家实力企业在几内亚从事铝土矿项目的积极开发。

（六）技术问题制约非铝土矿提取氧化铝产业化进度

长期来看，中国用粉煤灰提取氧化铝的潜力巨大，但是中短期内对铝土矿的替代十分有限，主要的制约因素是技术问题。

表33　中国粉煤灰提取氧化铝技术现状

序号	工艺技术	技术成熟度	存在的技术问题
1	预脱硅—碱石灰烧结法	工业化生产初期	产出固体渣较多，在减量化方面不占优势
2	碱法	实验室阶段	产出固体渣较多，在减量化方面不占优势
3	硫酸铵法	实验室阶段	缺少成熟设备
4	石灰石烧结法	中试阶段	产出固体渣较多，在减量化方面不占优势
5	一步酸溶法	中试阶段	溶出液分离、装备耐蚀选材、酸气飘逸治理和氧化铝物理性能有待完善
6	碱石灰烧结法	中试阶段	产出固体渣较多，在减量化方面不占优势

资料来源：安泰科。

目前国内开发了6种粉煤灰提取氧化铝的生产技术，只有1种进入到工业化生产初期阶段，3种进入中试阶段，另外2种仍处于实验室阶段。这些方法都存在实现大规模工业化亟须解决的问题："酸法"具有固废减量化、流程短的优势，但在溶出液分离、装备耐蚀选材、酸气飘逸治理和氧化铝物理性能等方面还有待进一步完善；"碱法"技术成熟，但产出固体渣较多，在减量化方面不占优势，提取氧化铝后渣的处理以及联产的副产品缺乏细致的研究，基本上还停留在研究阶段；硫酸铵法虽然实验室效果较好，但是缺乏成熟的生产设备。此外，粉煤灰生产氧化铝技术研发各自独立，并且相互封锁，存在重复研发的现象。

（七）铝土矿资源遭遇掠夺性开采，资源贫化程度加剧

随着我国氧化铝工业的快速发展，铝土矿资源遭遇了掠夺式开采，在资源本身品质欠佳的情况下，高铝富矿资源日渐短缺，氧化铝生产企业入磨的铝土矿品位不断下降。从表34可以看出，最近三年来我国铝土矿入磨品位呈现不断下降的趋势，资源贫化程度加剧。

表34　2010~2012年国内入磨铝土矿品位

年　份	河　南	山　西	广　西	贵　州
2012（A/S）	5	5	8	8
2011（A/S）	5	5	>8	>8
2010（A/S）	5~7	5~7	>10	>10

由于铝土矿品位下降，矿石中的有效氧化铝含量降低，给氧化铝生产企业带来了直接影响，包括矿石消耗量增加、运输费用增加、矿石处理设备的生产能力下降、处理矿石所需的各种原料消耗增加、单位能耗增加和废渣量增加等。

八 提高中国铝土矿资源保障程度的对策

中国虽然是全球最大的铝工业国，但铝土矿资源禀赋并不丰富，尤其是在中国氧化铝和电解铝工业加速发展的背景下，资源短缺已经成为迫在眉睫的问题。因此，中国铝工业未来发展方向应该是通过各种途径，设法提高资源保障能力，路径大致有三类：一是立足国内，开拓资源和循环利用，加大铝土矿的勘探力度，提高国内资源的利用效率；二是科技创新，通过开发利用低品位矿的技术，开发利用煤铝共生资源和高铝粉煤灰资源，充分利用国内铝矿资源；三是国际合作，积极开发海外资源，以外部的资源弥补内部资源之不足。

（一）国内挖潜

1. 加快铝土矿资源勘查勘探，提升国内资源保障能力

近年国内铝土矿资源紧张，但国内资源的开发利用远非充分，目前的资源困境是多年来在勘探开发方面欠账所致。据最新的统计资料，全国铝土矿资源储量38.7亿吨，其中基础储量仅占27%（为10.5亿吨），而资源量占比73%（为28.2亿吨）。此数据虽然表明我国目前经济可利用性差和勘探程度较浅的资源量比例较大，但这也是增加铝土矿储量的潜力所在。对于经济可利用性差的资源没有更好的方法，但勘探程度不够的潜在资源通过加大勘探力度就可以转为有效的储量资源。核心的问题在于对勘探工作的资金投入。

为了实现可持续发展，必须实行市场化配置资源战略，通过市场方法，加大投入，加强地质勘探工作，寻找铝土矿新的矿源和储量升级工作，以确保我国铝工业可持续发展对铝土矿资源的需求。

在加强国内重点成矿地带的普查与勘探的同时，还要健全铝资源保障的法律制度。加强铝土矿产资源开发的统一规划和管理，强化监督管理，规范开采行为，坚决制止和打击违法勘查开采活动；进一步推进开发整合，使铝土矿产资源向有实力的大型矿山企业集中；保护并有序开发利用高铝煤炭资源，加快建设高铝粉煤灰资源开发利用基地，保证我国铝工业的可持续发展。

中国地质调查局对我国以往矿产资源勘查、矿产评价预测成果以及地质大调查开展以来取得的资源调查评价成果进行了全面分析，初步定量预测我国铝土矿矿石资源（小于500米垂深）的潜力大于19亿吨，成矿远景区域主要分布在河南、山西、广西、贵州等省（自治区）。因此未来重点应对山西和贵州地区的铝土矿进行勘探，两地将是铝土矿资源储量主要增长地，对广西桂中三水铝土矿加强勘查和开发利用，而河南重点为煤下铝勘查。

2. 完善铝资源保障的支撑体系，引导提高铝资源保障的技术投资

面对氧化铝行业不断增长的原料需求以及国内铝土矿品位持续下降的严峻形势，研究低品位铝土矿生产氧化铝的高效节能技术，以及粉煤灰等铝土矿替代资源的规模化高效利用，已经成为我国铝工业生存和发展的关键问题。

低品位铝土矿的有效利用等同于铝土矿储量的提升，同时可降低氧化铝生产能耗，提升氧化铝企业生产效益。同样，自高铝粉煤灰中提取氧化铝，一方面对铝土矿匮乏的我国铝工业的发展提供资源的支撑；另一方面可以减轻粉煤灰的储存占地和污染，缓解环保压力。因此，铝粉煤灰的综合利用得到国家的高度重视，已列入最新的《产业结构调整指导目录（2011年本）》。以上两个方面的技术革新，都属于氧化铝生产技术的重大变革，需要大量的资金、人力和时间的投入，虽然很多企业在这些方面进行了积极的尝试，并取得阶段性的研究成果，但是仍有很多问题亟待解决。如果能从国家层面给予政策及资金方面的有力支持，一定会对上述技术的进一步完善和加快工业化实践产生积极推动作用。

（1）研发并改进低品位铝土矿利用的实用技术

我国氧化铝的生产方法主要有拜耳法、烧结法、混联法和串联法，在此基础上还研究开发了处理中低品位一水硬铝石铝土矿的新流程、新工艺，包括选矿拜耳法、石灰拜耳法和串联联合法等。充分利用低铝硅比矿石，在现有储量不变的情况下，也能成倍地增加国内铝土矿资源供应量。

我国铝土矿资源的主要特点是高铝、高硅、A/S 中等偏低，采用串联法生产氧化铝将是我国高效利用中低品位用铝土矿生产氧化铝的方向。串联法中有烧结工序，和纯拜耳法相比能耗和投资增加，但串联法中烧结、拜耳两个生产工序可取长补短，且实收率、碱耗等指标优于拜耳法，再加上原料是廉价的低品位铝土矿，因此，从资源和成本的角度综合考虑，串联法是高效利用中低品位铝土矿生产氧化铝的方向。而开发利用生料浆窑外分解及烧成强化技术，是进一步优化串联法生产氧化铝工艺技术经济指标的主要方向。

(2) 加快粉煤灰等铝土矿替代资源开发技术的工业化实践

我国是全球最大的煤炭生产国，2012 年生产原煤 36.6 亿吨。煤炭在能源转化过程中产生大量粉煤灰，据有关资料，1995 年我国粉煤灰的年产生量为 1.25 亿吨，2000 年为 1.5 亿吨/年，2010 年达到 3 亿吨，截至 2012 年底，我国粉煤灰累计堆存估计超过 60 亿吨。粉煤灰作为电力生产过程中的固体废弃物，大量堆存，污染环境，国家一直鼓励支持粉煤灰的综合利用，并在技术装备、建材生产等方面取得了很大成绩。

加强含铝的非铝土矿资源的开发利用也是铝工业缓解资源紧缺压力的可行途径。从战略的角度考虑，必须加快从铝土矿的替代资源中提取氧化铝的研究工作。我国仅准噶尔煤矿区探明储量达 267 亿吨，远景储量近 1000 亿吨，伴生铝、嫁资源分布均匀，储量大。燃煤灰分中铝平均含量高达 50% 左右，按 267 亿吨煤炭储量测算，煤中伴生的铝资源量高达 30 亿吨，是我国 2010 年氧化铝产量的 100 多倍。根据我国的具体情况，粉煤灰作为提取氧化铝的替代资源更具有现实意义。大量未被利用的粉煤灰不仅占用宝贵的土地资源，而且对环境构成不同程度的污染威胁，综合利用粉煤灰也是电力生产和环境保护需要解决的迫切问题之一。

从我国目前粉煤灰提取氧化铝工业的发展来看，进度最快的是内蒙古大唐国际 24 万吨/年的粉煤灰综合利用项目，该项目由大唐托电与清华同方联合投资，项目采用的生产方法是预脱硅—碱石灰烧结法。其他方法如一步酸溶法和硫酸铵法等均还在试验阶段，因此完善粉煤灰提取氧化铝技术，使其可进行经济的工业化生产是目前的首要工作。此外，目前粉煤灰提取氧化铝项目建成和在建工业化生产线规模普遍偏小，而拟建规模却庞大，合计达到 1085 万吨/年，因此还要对该产业进行合理的规划。

3. 重视废铝资源的循环利用，节约一次资源

铝具有良好的循环再生利用性能，且节能减排效果显著，是铝工业发展的重要趋势。发展再生铝产业，使废铝资源得到多次循环利用，既保护原生矿产资源，又节约能源并减少污染。

除了在拓宽原生资源方面有多种选择外，加强对再生铝资源的循环利用不失为缓解资源约束的有效途径，有利于解决国内自然矿产资源不足与铝需求增长之间的突出矛盾。加强再生资源利用和发展循环经济是我国的大政方针，2009年出台的《有色金属产业调整和振兴规划》提出，要大力发展循环经济，提高资源再生利用水平，加强资源节约和综合利用；2012年制定的《铝工业"十二五"发展专项规划》再次提出，要努力扩大再生铝规模，完善再生资源回收体系，推进再生资源规模化高效利用。由于改革开放以来中国铝消费迅猛增长，社会铝蓄积量已经明显增加，为国内废铝回收打下了坚固的基础。同时，在加强环保标准的前提下增加从国外进口废铝的数量，也是利用国外铝资源的一种方式。

（二）海外开拓

经济全球化是当今世界经济发展的主要特征。经济全球化所带来的益处是能够实现资源在世界范围内的优化配置，但同时也使得国际社会对资源的争夺更加激烈。矿产资源不但是企业发展的基础，更是国家重要的经济命脉。铝作为消费量仅次于钢铁的第二大金属材料，在中国工业化、现代化进程中将长期发挥重要作用。铝金属是以资源为依托的产业，谁掌握了全球最优质的资源，谁就掌握了产业发展的命脉，这也是跨国公司不遗余力推进在全球范围内的兼并重组活动，最大限度地争夺资源的根本原因。中国必须尽快融入全球铝资源争夺的大浪潮中去。

1. 坚持"走出去"战略，加大海外资源开发

国内铝土矿资源缺乏的严峻现实迫使中国必须推进"走出去"战略，在全球范围内实现国内供给及需求的平衡。目前，中国对海外铝资源的利用主要体现在直接进口铝土矿，并且主要采用从现货市场购买的方式进口，供应的稳定性易受到供应国政治经济波动、运输障碍、项目开发进度等问题的干扰，更为关键的是中国进口导致的价格飙升是行业难以承受的。境外资源开发利用的最为有效的方法应该是通过投资合作形式从事当

地资源的开发，或以购买资源勘探权、采矿权、产品分成或份额收益，或以收购兼并方式实现对境外资源的利用，实现与东道国的互利共赢的合作，这才是真正实施"走出去"战略，才能实现对海外资源的真正掌控和有效利用。

2. 学习并借鉴西方国家资源开发的成功经验

在错综复杂的国际政治、经济环境中实现对境外资源的开发利用，必须面对诸多方面的风险，是一项高难度的系统工程。西方国家具有近百年的海外资源开发的历史，积累了很多资源开发的经验，非常值得中国学习借鉴。

众所周知，日本是世界上最发达的经济大国之一，同时又是资源严重匮乏的国家，高度依赖海外市场。为了确保经济的发展，日本必须保证资源的获得。因此，日本从20世纪50年代开始，就开始一边摸清本国资源状况，一边采取海外资源开发战略，以保证资源的获得，确保经济得到发展。日本战后经济发展的事实足以证明日本海外开发矿产资源的战略是成功的。日本的海外资源开发的具体措施：首先是成立金属矿业事业团（金属矿物勘探促进事业团），该事业团除了对经营金属矿业的企业提供必要的资金支持和宏观指导之外，更重要的是统一负责海外矿产资源的开发。在海外矿产资源开发的过程中，事业团主要负责以下几个方面的工作：广泛收集地质矿床、勘探开发等方面的法规资料，以及与投资活动有关的政治、经济、就业等各种资料和信息，为推进日本的海外矿业开采活动提供服务；在广泛收集有关海外矿产资源资料的基础上，开始地质构造的调查、进行海外勘探资金融资等。其次是建立海外探矿资金信贷业务，为海外矿产资源调查提供资金补助，为企业勘探海外矿产资源提供贷款等。

美国的外交重心也是要确保其所谓的"全球利益"，即确保其在全球的资源安全、稳定供应与产品市场份额，有三个显著特点：一是大量购买使用全球廉价资源；二是通过经援、投资控制他国战略资源；三是建立战略资源的储备制度。

德国和韩国也都制定了鼓励境外矿产勘查开发的政策。例如，联邦德国的境外矿产勘查鼓励计划、韩国的对外资源开发事业法都详细规定了对什么样的项目实行多大比例的补贴；另外就海外勘查开发基金的来源、使用方式等都有详尽的规定。

3. 整合协调海外铝资源开发执行主体

当前，我国铝行业中以构建全球综合性矿业公司为战略发展目标，并且具有一定国内外矿业资产配置能力的骨干企业（中国铝业公司、中国五矿集团、中国电力投资集团公司、山东信发集团等）。这些具有国际化经营能力的铝企业都有海外资源开发的共同愿望，若能建立战略联盟，形成合力，一致对外，将极大增强中国企业应对风险与国际跨国公司展开正面竞争的实力。共同投资、共担风险、共享利益，除实现各自的资源战略之外，更重要的能够为保障国家资源安全，促进行业可持续发展发挥重要作用。

4. 积极探讨在资源国建立资源深加工项目的可能性

目前某些铝土矿资源国越来越倾向于将铝土矿在本国进行加工，从出口初级的矿产品转向出口深加工的原材料，借此提升本国铝工业水平，创造就业机会，完善基础设施并带动相关产业发展，以推动本国经济的发展，印度尼西亚等发展中国家尤为如此。印度尼西亚在2012年出台的铝土矿出口限制措施中就规定，鼓励目前从印度尼西亚进口铝土矿的外国企业在该国建立氧化铝厂，而在2014年全面禁止铝土矿出口之前，只向有计划在该国建设氧化铝厂的进口商配备进口配额。

这种趋势对中国企业来讲，既是挑战，也是机遇。中国的铝企业应抓住这样的历史机遇，海外资源开发不应仅着眼于铝土矿项目，而应积极探讨在资源国建立氧化铝、电解铝等资源深加工项目的可能性，并将有条件实施的项目向前推进。

中国镍矿产品的来源和应对策略研究[*]

一　绪论

（一）课题的目的和意义

（1）我国属"贫镍"国家，尽早形成自己的镍资源储备体系对于保证不锈钢乃至航天、军工业的稳定发展至关重要。

（2）镍资源消费的主要领域是不锈钢，研究落实好镍资源的保障策略，直接关系到我国不锈钢工业的健康、持续发展。

（3）通过对镍资源供求平衡的研究，客观分析该资源的供求形势，为国家、行业、企业"走出去"利用"两个市场、两种资源"装备和发展自己提供理论依据。

（4）通过对镍资源当前和未来的供求量进行预测，正确评估资源需求缺口，开展资源保障度评价，为国家的矿产勘查和开发提供依据，为国家制定工业发展规划提供可靠的数理支撑。

（5）通过分析镍资源保障的严峻形势促使资源节约，杜绝资源浪费，降低资源消耗，提高资源利用率、生产率和单位资源的人口承载力，为建设节约型社会提供文献证明。

（6）通过对镍矿产资源进行分析，以确保资源保障能力，也将促进科技发展，提升资源开发能力以及资源循环再利用等技术的极大发展。

（7）通过分析镍矿产资源重要性及国内缺口，为镍矿产资源的国家储备提供理论依据。

---

[*] 本文作者单位：国家开发银行研究院、有色金属技术经济研究院。

（二）课题相关文献综述

曹异生实证分析了国际镍矿市场的特点、近几年我国的供求变化和进口行为后认为，目前我国镍资源自给率较低，对外依存度极高，主要镍资源储量丰富的国家限制镍矿出口将对国内镍行业产生较大的影响。

（三）课题的研究技术路线

1. 研究范围

本课题研究的镍矿产资源主体包括硫化镍矿和红土镍矿两大品类，研究的核心内容是围绕当前镍市场供求情况及平衡预测未来（2013～2020年、2030年、2050年）各自供求及平衡状况，分别分析各时期的产品对外依存度并作对比分析，同时分析存在的问题并提出积极的政策建议。

2. 技术路线

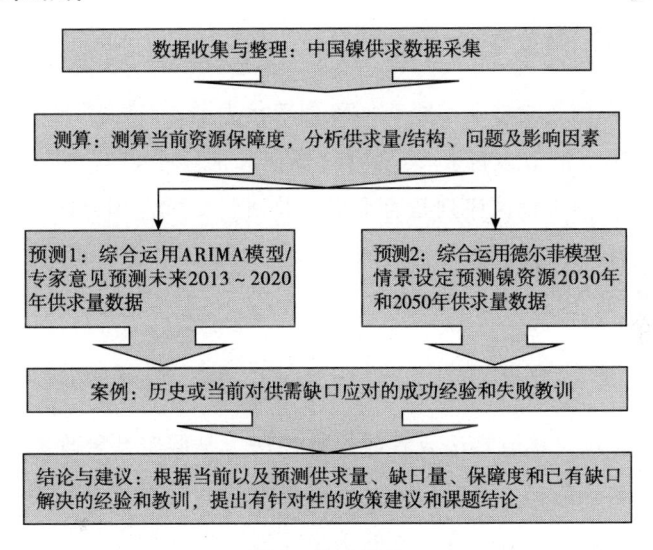

```
数据收集与整理：中国镍供求数据采集
          ↓
测算：测算当前资源保障度，分析供求量/结构、问题及影响因素
          ↓
预测1：综合运用ARIMA模型/        预测2：综合运用德尔菲模型、
专家意见预测未来2013～2020        情景设定预测镍资源2030年
年供求量数据                      和2050年供求量数据
          ↓
案例：历史或当前对供需缺口应对的成功经验和失败教训
          ↓
结论与建议：根据当前以及预测供求量、缺口量、保障度和已有缺口
解决的经验和教训，提出有针对性的政策建议和课题结论
```

图 1 技术路线

（四）本文的创新点

1. 主要创新点

（1）理论基础创新。从可持续发展理论和矿产资源消费供求理论出发，研究了中国镍矿资源供需状况及保障措施。

（2）分析手段创新。综合运用前沿或核心计量模型、方法结合专家预测法定量和定性相结合分析镍资源未来供求量及发展趋势。

（3）政策建议创新。本文在全面、系统、深入分析探讨中国镍矿产资源开放型保障的基础上，有针对性地提出了许多具有建设性、可操作性的镍资源保障政策建议。

2. 本文不足之处

就总体研究水平而言，本课题组对中短期镍行业供求现状及预测把握都相对比较准确，但课题涉及 10 年乃至近 20 年后产、消量以及对外依存度的预测，无论是当今前沿预测的计量模型还是通过权威行业数据的对比类推以及专家意见修正，相信预测数据在未来验证也都会有一定程度的误差。

二　课题主要研究方法

（一）ARIMA 分析法

ARIMA 模型是指将非平稳时间序列转化为平稳时间序列，然后将因变量仅对它的滞后值以及随机误差项的现值和滞后值进行回归所建立的模型。ARIMA 模型根据原序列是否平稳以及回归中所含部分的不同，包括移动平均过程（MA）、自回归过程（AR）、自回归移动平均过程（ARMA）以及 ARIMA 过程。

（二）情景分析法

情景分析法又称脚本法或者前景描述法，是假定某种现象或某种趋势将持续到未来的前提下，对预测对象可能出现的情况或引起的后果作出预测的方法。通常用来对预测对象的未来发展作出种种设想或预计，是一种直观的定性预测方法。

（三）德尔菲模型

德尔菲法是通过一系列特定的问卷或调研，综合专家的意见而获得专家共识的方法。它是由组织者就拟定的问题设计调查表，通过反复征询与反馈，获得具有统计意义的专家集体判断结果。

三 中国镍矿产品需求分析

(一) 需求情况分析

1. 硫化镍矿

我国利用硫化镍矿生产电解镍或者镍盐的企业主要是金川集团、新疆新鑫矿业和吉林吉恩镍业。其中,金川集团每年自产硫化镍矿7.5万吨(镍金属量),此外还通过长期合作协议每年从澳大利亚、俄罗斯和赞比亚等国进口约60万吨硫化镍矿(折合金属量5万吨)。吉恩镍业从2012年开始也从俄罗斯等国进口镍精矿,平均每月进口量在5000吨(折合金属量350吨)左右。新鑫矿业则主要侧重于开发新疆境内的硫化镍矿资源,在其他国家和地区还没有什么动作,其产品电解镍的销售主要面对西南地区和华东地区。

表1 2008~2012年我国镍矿产量(镍金属量)

单位:吨

年份	2008	2009	2010	2011	2012
产量	7.1	8.1	7.9	8.9	9.3

资料来源:CNIA。

2. 红土镍矿

中国利用从东南亚地区进口红土镍矿冶炼镍铁的生产是从2005年开始的,当年镍铁产品中镍金属含量仅2000吨,2007年达到9万吨,2010年剧增到16万吨,兴起了一场全民冶炼镍铁的高潮。含镍生铁的快速发展迅速拉动了我国红土镍矿进口量的增长,2005年我国镍矿进口量仅为48万吨,到了2012年进口量突破6500万吨。国内采用进口红土镍矿生产镍铁和电镍的企业数量不断增长,导致我国原生镍产量从以往的十几万吨跃升到2012年的53万吨,其中大部分产量增幅来自火法的含镍生铁,少部分产量来自湿法冶炼生产的电解镍。

3. 原镍

2012年中国镍消费结构中,不锈钢占82%,电镀占9%,合金和铸造占5%,电池占3%,其他占1%。根据安泰科的统计,我国镍消量从2008

年的33万吨增加到2012年的72万吨，年均增长速度为21.5%，占世界总消费量的比例也从2008年的25.4%增加到2012年的45.2%。我国不锈钢产量从2008年的734万吨增加到2012年的1630万吨，年均增长速度为22.1%。预计到2015年我国不锈钢产量将增加到2000万吨，从而带动我国镍的消费量达到90万吨。

（二）未来需求预测

1. 硫化镍矿需求量

根据模型预测，随着金川集团技改工程的结束，未来我国硫化镍矿的需求增速将放缓，需求量在15万吨金属镍左右，不过2012年，我国地矿部门在镍矿勘查方面取得了重要进展，新发现大型镍矿产地2处，为今后的我国镍工业发展提供了资源保障。新疆地矿局获悉经过多年的地质找矿工作，在若羌县境内的罗布泊坡北地区发现超大规模镍矿床，预计可提交200万吨镍金属资源量，这里有望成为西北地区一个新的镍矿生产基地。该镍矿的储量规模和工业品位已具备经济开发价值，地质工作者已见到连续8米厚的镍品位达到1%的富矿体。青海省地质矿产勘查开发局在格尔木市夏日哈木地区发现一处大型铜镍钴矿，初步估算资源量镍30万吨以上、钴1.5万吨，达大型以上矿床规模。夏日哈木铜镍钴矿床具有埋藏浅、品位高的特点。上述两个大型硫化镍矿的发现，将在一定程度上缓解我国硫化镍矿资源短缺的现状。待上述两个项目进入工业化生产以后，我国硫化镍矿供应量有所增加，在冶炼产能基本保持稳定的前提下，对外进口量将会随之减少。

2. 红土镍矿需求量

近20年来，硫化镍矿长期开采，新资源勘探没有重大突破，仍以原有世界几个镍矿为主，如加拿大的萨德伯里和林湖—汤普生、俄罗斯的诺里尔斯克、澳大利亚的坎博尔达、中国的金川及南非的昌腾斯堡。唯一发现的特大型硫化镍矿床是加拿大伏伊希湾镍矿床，其他都是红土镍矿。这种现状使硫化镍矿保有储量呈下降趋势，长此下去，硫化镍矿有一定的资源危机，因此全球镍行业将资源开发重点将继续转向储量丰富的镍红土矿。我国红土镍矿主要从印尼、菲律宾等进口，而这些国家的高品位红土镍矿基本被日、韩等国控制，我国开采或购买的基本为中低品位红土镍矿，适于镍铁生产。根据模型预测，随着我国镍铁工业的快速发展，未来我国对红土镍矿的需求量将继续保持高增长态势，2012年我国红土镍矿进口量近6400万吨，在印尼等主要镍矿资源出口国政策不出现大的变动的情况下，未来几年之内我国红土镍矿进口量将继续维持高位。

3. 原镍需求量

在镍的几个主要消费领域中，新能源汽车的发展为含镍材料的生产和消费带来了新的发展空间，但是近年来稀土价格的上涨，削弱了传统的镍氢电池的竞争力，但是新兴的三元材料锂离子电池用硫酸镍会部分弥补镍在储氢合金中用量的下降。电镀行业的用镍量未来仍会保持比较平稳的水平，但是未来我国镍消费量的增加主要还是来自于不锈钢和合金铸造等冶金领域。2008~2012年我国镍消费量从33万吨提高到72万吨，年均增速为21.5%，同期不锈钢产量从734万吨增加到1630万吨，年均增长22.1%，由此可见，我国镍的消费量与不锈钢产业的发展息息相关。预计2013~2015年我国不锈钢表观消费量将保持12%的增速，产量将保持9%的增长速度，由此推算未来几年我国镍的消费增速按为9.5%，到2015年镍消费量将接近90万吨。

根据模型预测，综合国内外镍生产和消费的情况，我们预计到2015年全球镍产量有望增加至199万吨，消费量为197万吨，中国镍产量为50吨，消费量为90万吨。随着一些民营企业利用国外进口的氢氧化镍中间产品生产电解镍，我国电解镍产量未来几年也将呈现稳步增加的趋势，预计到2015年产量达到22万吨，2030年可以达到27万吨。近几年国内镍铁产量增速明显，2008年我国镍铁产量仅为6.5万吨（镍金属量，下同），但到了2012年则增至33万吨，增幅为400%，随着印尼禁矿政策的实施，预计到2015年我国镍铁产量将降至30万吨，镍铁已成为我国原生镍产量的重要支柱。

四 中国镍矿产品供给分析

（一）镍矿储量及分布

1. 世界储量及分布

世界镍矿资源较为丰富，特别是大量红土型镍矿资源尚未得到充分利用，对经济发展的保证程度比较高。据美国地质调查局（USGS）的最新统计数据，近几年全球镍资源储量总体呈现稳步增长的态势，静态供应保障能力不断提高。2012年世界镍储量为7500万吨，其中30%为硫化矿，70%为氧化矿（红土矿），硫化矿主要分布在俄罗斯、加拿大和中国，而氧化镍矿主要分布沿赤道南北纬度30度内，主要集中在古巴、新喀里多尼亚、印尼、菲律宾、澳大利亚、多米尼加、巴西等地。

澳大利亚是全球镍矿资源最为丰富的国家，2012年镍储量为2000万吨，占全球储量的26.7%。其他镍矿资源比较丰富的国家还有俄罗斯、古巴、加拿大、巴西、新喀里多尼亚、南非和印尼，这7个国家的镍储量占到了全球总量的56%。

表2　2008~2012年世界镍储量

单位：万吨金属量

年　份	2008	2009	2010	2011	2012
澳大利亚	2600	2400	2400	2400	2000
博茨瓦纳	49	49	49	49	49
巴西	450	870	870	870	750
加拿大	490	380	330	330	330
中国	110	300	300	300	300
哥伦比亚	140	160	72	72	110
古巴	560	550	550	550	550
多米尼加	72	96	100	100	97
印尼	320	390	390	390	390
新喀里多尼亚	710	710	1200	1200	1200
菲律宾	94	110	110	110	110
俄罗斯	660	600	600	600	610
南非	370	370	370	370	370
委内瑞拉	56	49			
马达加斯加				160	160
其他	220	580	440	460	460
世界总计	7000	7600	7800	8000	7500

资料来源：美国地质调查局（USGS）。

2. 中国储量及分布

根据中国国土资源部 2011 年全国矿产资源储量通报,截至 2010 年底,我国共有镍矿区数 144 处,总计储量为 234.4 万吨,基础储量为 312.1 万吨,资源量为 625.9 万吨,查明资源储量为 938.1 万吨。我国镍矿主要分布在西北、西南和东北地区,其中甘肃储量最多,查明资源储量占全国镍矿总查明资源储量的 50.5%,其次是新疆(14.1%)、云南(9.8%)、四川(8.2%)、江西(3%)和吉林(2.2%)。在以上矿区中,最有远景的地区是新疆哈密的黄山、穹塔格和塔里木盆地北缘。上述 6 个省(区)镍资源合计资源储量占全国镍总资源储量的 87.8%。我国著名镍矿有:甘肃省金川,吉林省红旗岭、赤柏松,新疆维吾尔自治区喀拉通克、黄山,四川省冷水菁、杨坪,云南省白马寨、墨江等。

与国外资源相比,我国镍矿资源具有两个显著特点:一是矿石品位较富,平均镍大于 1% 的硫化镍富矿约占全国的 40%;二是我国镍资源分布高度集中,甘肃、陕西、吉林及新疆四省(区)的镍矿储量占全国总量的 97.7%,特别是甘肃的镍储量约占全国总量的 84%。据中国有色金属工业协会统计,2012 年我国镍精矿产量(镍金属量)为 9.3 万吨,同比增加 3.9%。而 2012 年我国镍消费量达到 75 万吨,因此我国镍资源自给率仅为 12%,对外依存度高达 88%,严重依赖进口以弥补国内镍资源短缺的局面。

(二)硫化镍矿产量分析

1. 产量现状

我国硫化镍矿主要分布在甘肃、新疆和吉林等地,目前年产量稳定在 9 万吨金属量左右,相对于国内 18 万吨的电解镍冶炼产能,我国硫化镍矿的自给率约为 50%,还需从国外进口硫化镍矿或者冶炼中间品以弥补原料不足的缺口。我国镍产品生产也相对集中,以甘肃、新疆、吉林、云南、四川等地区为主。其中,金川集团是中国最大的镍矿生产企业。其次是新疆喀拉通克铜镍矿、哈密镍矿以及吉恩镍业旗下 6 座镍矿。中国大部分镍矿山属于硫化镍矿山,红土镍矿仅有四川会理新越镍镁矿和云南元江镍矿等少数几个,原矿品位分别仅为 0.24% 和 0.8% ~ 0.91%。元江镍业利用自产红土镍矿采用湿法浸出工艺直接生产电解镍,由于镍原矿品位较低、生产成本较高。

2. 产量预测

最近几年，我国加大了地质勘探力度，在镍矿资源勘探方面也取得了一定的成效，相继在青海和新疆等地区发现较大型的镍矿床，但这些项目要进入工业化开采阶段还尚需时日，未来几年我国硫化镍矿供应量将继续维持在 10 万吨镍金属量左右，待新发现的镍矿资源正式开采以后，我国硫化镍矿产量会保持一定的小幅增加态势。

（三）红土镍矿产量分析

1. 产量现状

我国红土镍矿资源储量极少，仅分布在云南和四川部分地区，每月产量约 1500 吨金属量，主要是元江镍业在开发利用。

2. 产量预测

全球红土镍矿主要分布沿赤道南北纬度 20°内，主要集中在古巴、新喀里多尼亚、印尼、菲律宾、澳大利亚、多米尼加、巴西等地。我国的地理环境决定着我国红土镍矿资源的贫瘠，未来在红土镍矿方面我国的产量难以有什么大的变化。

（四）原镍产量分析

1. 产量现状

随着含镍生铁产业的快速发展，近几年中国的原生镍产量增速迅猛，2012 年产量达到 53 万吨，占全球总量的 30%，这一方面是金川、吉镍、新疆新鑫等公司在原有的基础上不断扩产的结果，另一方面大量的镍铁和新兴的电解镍产量增加了中国原生镍的产量。

2012 年我国原生镍产量为 53 万吨，按 2012 年国内镍均价 12.5 万元/吨计算，当年我国镍市场规模约为 662.5 亿元人民币（约合 106 亿美元）的市场规模，占全球市场规模（400 亿美元）的 26%，居世界第一位。

2. 产量结构

我国原生镍供应主要由含镍生铁、电解镍和镍盐组成，在 2010 年以前，电解镍占我国原生镍的主体部分，含镍生铁和镍盐是次要地位。但随着含镍生铁的迅速发展，从 2011 年开始，含镍生铁已占我国原生镍产量的半壁江山，可以说，含镍生铁不仅改变了我国的镍产业格局，而且也在悄然改变全球镍的产业格局，我国含镍生铁产量已超过全球最大的镍生产商诺里尔斯克镍业的产量。

3. 产量预测

2008~2012年我国原生镍产量从20.7万吨增加到52.9万吨，同期消费量从33万吨增加到75万吨，由此可见，我国镍市场一直存在10万吨以上的供应缺口，因此每年我国都从加拿大、俄罗斯、澳大利亚等国进口大量的电解镍，从新喀里多尼亚、哥伦比亚等国家进口镍铁，从古巴进口烧结氧化镍等以满足国内的需要。

但是含镍生铁的出现逐渐改变了我国镍产品的进口格局，尤其是进口镍铁受到的冲击较大。通过对比电解金属镍、进口镍铁、废不锈钢和含镍生铁等不锈钢企业使用的几种主要的镍原料后发现，在多数情况下，使用镍铁是不锈钢企业比较经济的选择，且通过近几年的摸索，国内镍铁企业的管理和技术操作水平都有所提高，能适应镍的价格波动范围也越来越灵活，因此未来镍铁在中国镍供应市场上的份额仍会逐渐增加。

长期以来，我国镍的生产以金川公司为主，其原料是当地产硫化镍矿，资源量渐少、开采难度增大，从国家战略储备考虑，应对金川镍矿这一宝贵资源进行保护性开发，而从国际市场购买硫化镍矿解决国内不足的可能性很小，因此应借鉴国际上成熟的镍铁冶炼技术，开发适合国内原料和能源条件的技术，利用国际上容易购得的氧化镍矿生产镍铁，满足经济发展要求。

2008年的《国家发改委办公厅关于组织实施2008年度重大产业技术开发专项的通知》明确指出，"资源综合利用关键技术方面：开发复杂多金属共伴生矿高效开发利用技术、冶炼过程中稀有稀散元素提取技术、低品位红土镍矿高效利用关键技术、金属矿山二次资源中有价元素高效捕收技术"。将高效利用低品位红土镍矿关键技术列为国家重大产业技术开发专项内容之一。

《有色金属工业长期发展规划（2006~2020年）》中也指出，"由于硫化镍矿资源紧缺，开发红土镍矿具有重要意义"。

由此可见，利用国外红土镍矿资源，借鉴国际上成熟先进、节能环保的火法冶炼镍铁技术，开发适合国情的红土镍矿高效利用技术，建设现代化镍铁厂，是受国家政策支持、市场潜力大的好项目，也是我国镍工业发展的必然趋势。

此外，国内电解镍供应金川一家独大的局面将面临挑战，现在吉恩镍业、新鑫矿业，加上民营的江锂科技、广西银亿和陕西华泽都有上万吨的金属镍产能，一些新项目如江钨集团的产品定位也以金属镍为主。预计2015年我国原生镍产量最终达到50万吨。

五　中国镍矿产品贸易分析

（一）硫化镍矿

1. 贸易现状

我国主要从澳大利亚、西班牙、芬兰、赞比亚和俄罗斯等国进口硫化镍矿，最近几年年均进口量为60万吨左右（折合金属量4.5万吨镍），主要是金川公司和吉恩镍业通过签署长期协议，从国外进口硫化镍矿以弥补自由原料的不足。金川集团目前镍原料主要来自于必和必拓、澳大利亚西部地区、阿比顿、嘉能可等公司，此外公司还在多个国家联合开发镍、铜、钴等矿山，以多种途径保证生产原料的供应，吉恩镍业则是主要从俄罗斯进口一些硫化镍矿。

2. 贸易预测

国内采用硫化镍矿作为原料生产镍的企业主要是金川集团和吉恩镍业，而这两家企业产能相对稳定，所以对硫化镍矿的需求也会比较稳定，预计未来我国进口硫化镍矿的数量也会继续保持稳定，不会出现大幅增加或者减少的局面。

（二）红土镍矿

1. 贸易现状

2005年以后，随着含镍生铁产业在国内的快速发展，我国对红土镍矿的需求量急剧增加。2005年我国红土镍矿进口量仅26万吨，而到了2012年则激增至6430万吨，增长247倍。我国进口的红土镍矿主要用于火法冶炼含镍生铁和湿法冶炼电解镍。我国主要从印度尼西亚和菲律宾进口红土镍矿，一是因为印尼和菲律宾距离中国较近，镍矿运输较为方便；二是两地都蕴藏丰富的红土镍矿资源，矿石品质也适合国内镍铁企业的需求。印度尼西亚主要为基性、超基性岩体风化壳中红土镍矿，分布于群岛的东部，矿带可以从中苏拉威西（Sulavesi）追踪到哈尔吗赫拉（Halmahera）、奥比（Obi）等群岛以及塔纳梅纳地区（Tanahmerah）。菲律宾的红土镍矿主要分布在巴拉望地区（Palawan）、诺诺克地区（Nonoc）。

表3 我国红土镍矿进口量

单位：万吨

年份	2005	2006	2007	2008	2009	2010	2011	2012
进口量	26	350	1425	1167	1586	2454	4763	6430

2. 贸易预测

随着国内含镍生铁企业规模继续扩大，对红土镍矿的需求量也在增加，未来我国红土镍矿的进口量将会继续呈增加态势，不过前提是印尼政府从2014年起禁止红土镍矿出口的政策没有得到严格执行。如果印尼政府届时严格执行禁止红土镍矿出口的政策，那未来中国进口红土镍矿的数量将会急剧下降，这也将对中国的镍行业产生巨大的影响，国内大量新上的含镍生铁项目将会面临"无米下锅"的窘局。

（三）影响外贸镍矿产品供给的因素分析

1. 地缘政治

政治因素是指东道国的政治制度，作为国家的上层建筑，不仅对经济基础有重要影响，更是对外产品供应稳定性的重要外部因素，所以政局稳定程度高的地区，往往容易吸引外来投资者的长期投资，形成可持续的稳定供给；相反，政局稳定性欠佳的地区则很难得到投资者的青睐，同理出口供给的稳定性也不可持续。我国镍矿进口主要来自东南亚地区和澳大利亚、加拿大等国。澳大利亚、加拿大等国由于政局稳定、矿业政策比较成熟，从这些地区进口镍矿的数量相对稳定，在不发生严重的政治冲突背景下，未来很长一段时间我国还将继续稳定地从上述国家进口镍矿。

但是我国红土镍矿的主要来源国菲律宾和印尼，政局不太稳定，矿业政策变数较多，加之与中国存在南海争端，这些都是影响我国进口镍矿的不稳定因素。而且现在世界各国对本国优势资源的保护力度越来越大，目前这样无节制地大量出口原矿资源已经引起上述两国政府的注意，印尼政府已明确提出将从 2014 年起禁止红土镍矿原矿出口，菲律宾政府也有可能步其后尘，限制原矿出口将会成为未来全球矿业市场的趋势。

2. 资源禀赋因素

资源禀赋是企业生产活动中所需要的基本物质条件和投入条件，不仅包括传统的生产要素，如自然资源、劳动力资源，还包括资本资源、技术资源，以及行业制度、信息、管理等现代各种生产要素。一国的资源禀赋可以认为是一种先天和后天共同作用而形成的区位条件，其中不同国家或地区在各种资源的富集程度上是存在差别的，这也是影响资源供给最为重要的因素之一。

全球镍资源主要分布在赤道附近以及俄罗斯、澳大利亚和加拿大等国，各资源富有国的人力、技术配合程度以及基础设施建设程度，成为影响我国外部资源供给的主要因素。

3. 经济对外开放程度

经济对外开放程度可以说是一国经济"引进来"和"走出去"的状况，也就是该国在多大程度上参与国际分工和国际市场交换。一般来说，一国的经济对外开放程度越高，表示该国参与国际经济活动的能力越强。

矿产资源是一个主权国家所拥有的重要财富，具有不可再生的特点，所以对于各个国家的发展而言都发挥着举足轻重的作用。很多国家为了维护本国的经济利益，对矿业经济的发展采取严格的保护措施，利用一系列的经济政策控制其对外开放程度，增加外来投资活动的难度，但也有部分矿产资源富足、人口稀少的国家会保持矿业经济的高度对外开放性，目的是通过外资将资源优势转化为经济效益。由此可见，资源供给国对目标国或我国的经济开放程度，也是决定镍资源供给的重要因素。

4. 基础设施

基础设施是社会赖以生产发展的一般物质条件，是为社会生产和居民生活提供公共服务的物质工程设施，因此，也是任何资源获取过程都不可或缺的硬件设施。一国的基础设施发达，可以为资源进口国的资源保障提供良好的外部环境，降低进口成本，帮助企业获得更大的利润；反之，则会给进口国带来不利影响。由于矿业生产活动大多在山区或者边远地区进行，这些基础设施中最主要的供给考量因素是交通状况。国外金属矿产资源运输因素包括金属矿产资源运输方式、路线、距离以及对运输路线的军事控制与保障能力。在国外取得了金属矿产资源之后，采用何种方式、走什么线路、运输的距离远近、对运输线路的军事控制和保障能力如何，以及与金属矿产资源运输路线所经过的国家和地区的政治关系如何等是决定能否安全地将国外金属矿产资源运抵国内的重要影响因素之一。

（四）主要外贸镍矿产品国的外资政策分析

1. 澳大利亚

（1）主管部门

澳大利亚矿业由联邦政府和州/领地政府（全澳分六个州、堪培拉特区和北领地）两级政府管理，澳大利亚税务局为征税机构。

澳大利亚是一个实行分税制的国家，分为中央税收和地方税收，联邦政府主要征收的税包括：个人所得税、公司所得税、销售税、福利保险税、关税、消费税、银行账户借方税、培养保证金等；州政府主要征收的税目有：工资税、印花税、金融机构税、土地税、债务税，以及某些商业买卖的交易税等。澳大利亚的主体税种为直接税。

（2）矿业政策

澳大利亚与陆上固体矿产开发利用有关的法律包括《采矿法》《原住民土地权法》《环境保护法》等。

（3）矿业税费征收

在澳大利亚采矿，企业要向联邦政府、州政府缴矿业税。澳大利亚金属矿产资源许可证收税标准在各州/领地不同，基本水平为1.5%~7.5%的从价税率，或最高为22.5%的利润税率，并有税收抵扣政策。

（4）澳大利亚碳税

2012年7月，澳大利亚正式实施碳税法案《清洁能源法》。这一法案强制近300家对环境有严重污染的企业为排放每吨温室气体支付24美元的税款。

（5）进出口关税

澳大利亚1901年生效的《海关法》是海关管理的主要依据，该法于1999年7月和2005年5月重新修订。根据《海关法》，澳大利亚政府对大部分进口商品征收关税以及商品和服务税。澳大利亚对煤炭和铀征收出口税，其他产品没有出口税。澳大利亚实行出口退税制度。进口产品复出口，可以要求退还进口关税和消费税。出口新的尚未使用的进口产品或制成品中含有进口产品成分，或用于加工的进口产品均可以退税。制成品中间接含有进口产品成分（如油）则不可退税。

2. 菲律宾

菲律宾是世界重要的镍矿供应国。菲律宾镍矿多为高镍含量的铁矾土，大部分处在浅土层，易于开采且成本低。镍矿集中分布在DavaoOriental 和 Palawan，储量分别为 4.76 亿吨（占总储量 43.69%）和 4.07 亿吨（占总储量 37.38%）。

（1）菲律宾主要税种包括：所得税、矿产品消费税、土地占用费、矿业残渣和废弃物费、地方税、关税、增值税等。

菲律宾镍矿出口没有关税，只是要征收 30% 的企业利得税。

（2）矿业政策

菲律宾现行的矿业法规是 1995 年颁布的《菲律宾矿业法》及其相关的执行规章制度。该矿业法以亲民、亲环境为宗旨，以政府和私人部门共同促进合理勘探、开发、利用、保护矿业资源为目标，提倡共同参与管理与合作，共享利益，注重环境与社会安全。《菲律宾矿业法》规定，菲律宾所有矿山资源归国家所有，任何勘探、开发、利用和矿产品加工活动都要受到政府的监督与控制。矿产品消费税：承包商将依照国内税收法缴纳矿产品消费税。通常依据矿产品实际总产值征收 2%。[①] 2013 年 2 月，菲环境与自然资源部依据新的矿业法，大幅提升了矿业有关规费标准。按新标准，申请采矿权的许可证费从每公顷土地面积 60 比索提高到 300 比索，从每证不得低于 5 万比索提高到 20 万比索。从事矿业的企业的注册资本从过去的不低于 1 千万比索提高到 1 亿比索，实收资本从过去的不低于 250 万比索提高到 625 万比索。已申报等待审批的企业也须按新标准办理。

3. 印度尼西亚

（1）主管部门

印度尼西亚主管矿业的相关政府部门有矿产和能源部、贸易部、财政

---

① 参见《菲律宾矿业法规与政策概况》，http://ph.mofcom.gov.cn/article/law/200805/20080505526424.shtml。

部以及海关等。

（2）矿业政策

印度尼西亚于 2009 年 1 月 12 日正式颁布新的《矿产和煤炭矿业法》。新矿法的主要变化如下。

①对矿业权的设置与管理（许可证制度取代标准工作合同制：普通矿业许可证 IUP、民间矿业许可证 IPR、特别矿业许可证 IUPK）；

②纳税（增加了一项 10% 的附加税）；

③要求获得矿业许可证的现有生产企业在国内冶炼加工其矿产品，自己建设矿产冶炼加工厂，或者交给国内其他合法的冶炼厂加工。而持有原有标准工作合同的现有生产企业则最迟在 2014 年前要建立上述冶炼厂；

④投资者必须缴纳矿区土地复垦保证金。

印尼 2009 年第 4 号法律——《矿产和煤炭法》[①]。

2013 年 2 月，印尼颁布了关于敦促印尼国内矿业加工产业发展的 2013 年第 3 号总统令，要求经济统筹部、能矿部、工业部、贸易部、财政部、内政部、国企部、环保部和全国各省市县政府共同推动矿业加工产业发展，督促各部门加强协调和配合，提高矿业加工有关许可证办理效率，严格对矿业领域的开发规范和监管，提高对矿业加工企业的指导和服务，加快推动矿业下游加工业发展，提高矿产品附加值，促进印尼贸易尽快恢复平衡。

（3）出口政策

印度尼西亚进口产品的关税分为一般税率和优惠税率两种。根据《中国—东盟全面经济合作框架协议货物贸易协议》，2007 年起对自中国进口的产品关税降至 8%。2009 年起自最惠国进口产品的税率由 5% 降为 0。

印度尼西亚将于 2014 年起禁止所有原矿出口。在此之前，印度尼西亚为防止原矿突击出口出台了过渡性政策，自 2012 年 5 月起，印尼政府对包括铜精矿、金矿、锡矿、镍矿、铝土矿以及银矿在内的 65 种矿产品征收 20% 的出口税。

印尼矿业商业牌照持有者须提供印尼能矿部的推荐信才能出口原矿。

---

① http://id.mofcom.gov.cn/article/yinhang/sbmy/201007/20100707032932.shtml

获得推荐信必须满足三项要求：一是必须持有清洁和明确状态的采矿牌照，即依据 2009 年矿物法规定的程序合法获得；二是必须依法缴纳税收和各项费用；三是必须提供在印尼独自建立冶炼厂、与其他企业共同建立冶炼厂或将原矿产品销给本国冶炼厂的计划书。矿业企业还需提供从 2014 年起按照 2009 年矿物法规定停止一切原矿出口的承诺书。

4. 加拿大

加拿大税收主要有联邦税和省区税。联邦税收包括所得税、大公司（资本）税、能源消费税和商品与服务税。省（区）级税收有所得税、采矿税/权利金、能源消费税和零售税等税种。

加拿大海关法律由两个主要法律构成：《海关法》规定了有关课税、征收、关税税则执行和应纳关税计价的条款；《关税税则》确定适用的关税税率、关税的收缴与豁免，并规定进口税减免项目。加拿大边境服务总署负责《海关法》与《关税税则》的监管执行。

（1）税则分类和关税待遇

加拿大对进口商品所征关税的税率取决于关税待遇与税则分类。关税待遇由商品的原产地而定；税则分类则依据商品的用途、功能等进行划分。根据《北美自由贸易协定》（NAFTA），加拿大允许原产地为美国的产品以及大多数原产地为墨西哥的产品免税进口，但美国和墨西哥的本国产品必须配备 NAFTA 协定国产地的证明，方能享受免税待遇。

最惠国（MFN）关税税则适用于所有世界贸易组织（WTO）成员方的产品。普遍优惠税则（低于前者）适用于 WTO 成员方中原产地为某些发展中国家的产品。加拿大签署的国际贸易协定还规定了其他一些关税优惠的税率（简称"BPT"）。

商品在未进口前可向 CBSA 申请获得预先审定手续，这样可确定其原产地的产品是否可以享受某种特许关税待遇，或是否有资格按加拿大国际贸易协定获得优惠税率。

（2）关税的计算

《海关法》制定了一整套方法以确定进口商品的关税价值，以这套方法为基础再按适用的关税税率测算关税额。该方法以 WTO 的估值规则为基准，并与之随时保持一致。按照《海关法》，关税估算的首要依据为商品的成交价格。如果不能采用成交价格,《海关法》另外规定了变通办法予以计算。

六 中国镍矿产品对外依存分析

(一) 镍资源供求平衡分析

尽管国内的精镍产量长期不能满足国内需求,但近年来随着含镍生铁产量以及进口量的快速增加,远超实际消费需求,导致国内精镍市场供应出现过剩。

表4 2008~2012年中国镍市场供需平衡

单位:万吨,万吨/元

年 份	2008	2009	2010	2011	2012
产 量	20.7	27.9	32.6	44.6	53.0
进 口	16.5	33.4	25.2	27.8	24.8
供应量	37.2	61.3	57.8	72.4	77.8
消费量	33	44.6	51.5	59.5	75.0
出 口	0.7	3.3	5.2	3.3	3.0
供求平衡	+3.5	+13.4	+1.1	+9.5	-0.2
价 格	15	11	16	17	12.5

资料来源:安泰科。

(二) 镍资源对外依存度分析

1. 测算说明

镍矿的单项资源对外依存度就是考量净进口镍矿占比全部当年镍矿消费总量的比例,公式如下:

镍矿单项对外依存度 = (净进口镍矿量)/(国产镍矿量 + 进口镍矿量)

2. 依存度测算

根据上述公式,测算2011~2050年部分年份镍矿对外依存度指标如表5所示。

表 5　2011~2050 年部分年份镍矿消费量预测

单位：万吨，%

	2011	2012	2013	2014	2015	2020	2030	2050
国产镍矿	8.9	9.3	9.5	9.8	10.0	11.0	12.0	15.0
进口镍矿	43.5	58.5	56.5	45.0	40.0	35.0	35.0	35.0
镍矿单项对外依存度	83	86	85	81	80	76	74	70

目前我国镍矿的对外依存度已经高达 80% 左右，由于国内镍资源储量有限，未来很长一段时间内我国镍矿对外依存度还将继续维持高位。

七　镍矿产资源保障存在的主要问题

（一）镍矿产品对外依存度偏高

我国镍的资源对外依存度超过 80%，每年需从国外进口大量镍矿，资源的保障程度低是阻碍我国镍冶炼企业持续发展的最大障碍。近年来各国政府开始重视对本国优势资源的保护，陆续出台了一些限制原矿出口的法规文件。我国主要的红土镍矿来源国印度尼西亚政府在 2009 年颁布了新的《矿业法》，要求投资者必须在印尼境内处理所有金属原料，以发展本土工业，不得直接出口未精炼的矿产品，必须先在印尼粗炼完成后方可出口，并规定自 2014 年 1 月 1 日起，只有镍含量大于或等于 6% 的镍产品才允许出口。印尼是我国最主要的红土镍矿进口国，尤其是含量在 1.8% 以上的高品位红土镍矿大多来自印尼。印尼限制资源出口举措升级将使得我国镍铁冶炼企业面临较大的风险。如果届时印尼政府真如传闻一样禁止原矿出口，那么中国的镍铁冶炼企业将面临"无米下锅"的状态，大量中小镍冶炼企业可能被迫关停。这也将促使中国镍生产企业"走出去"，在印尼当地建厂，将红土矿初步加工为粗制镍产品（中镍铁、低冰镍），然后再运回国内。参与世界红土镍矿的开发，在海外开发镍矿资源并建立大型镍冶炼基地成为决定中国镍冶炼企业未来发展的重要因素。

（二）进口对象国集中度高

中国镍矿产品不但对外依存度高，而且对外依存国家也相对比较集中。其中主要进口来源国是印尼和菲律宾，两国进口占全部进口总量的 98.9%。

过高的进口对象集中度非常容易受到对口国政治、经济、政策因素的影响，不利于国家镍产业乃至整个国民经济的稳定、健康和可持续发展。

（三）存在技术和融资风险

矿业经营本身就具有投资大、周期长、风险大的特点，境外投资更是高风险行为。投资东南亚地区红土镍矿存在若干不稳定的因素，主要包括技术和融资风险。投资红土镍矿的技术风险存在于勘探和冶炼环节，尤其是选冶环节。淡水河谷旗下的 Goro 项目和中冶集团的 Ramu 项目均因为采用湿法冶炼技术生产镍钴中间产品，冶炼效果未达预期而延迟数年投产。目前国内赴东南亚地区投资镍冶炼厂的公司也改变了策略，新投资的项目全部都是采取火法冶炼镍铁或者低冰镍的生产工艺。

融资风险主要来自影响矿山经营的资源国政策、企业管理、财务金融等环节。此外，东南亚国家的矿山安保（反政府武装）、环境保护（热带雨林）、宗教民俗（伊斯兰教）等问题也不可忽略。另外，由于在东南亚地区新建镍冶炼厂，投资成本巨大，中国企业的融资主要还是以国内银行贷款或者民间借贷为主，直接利用境内外资本市场直接进行并购融资的情况很少。可见，融资渠道的国内化和单一化与投资市场国际化之间的矛盾，为国内企业在东南亚地区投资镍冶炼厂潜藏了较大的金融风险。

（四）目标投资国投资环境存在先天劣势

东南亚地区工业水平十分薄弱，基础设施相对落后，劳工素质比较低，这意味着中国企业要在当地建设镍冶炼厂将付出比国内更大的投资成本，特别是开发红土镍矿所需的水、电、路、港口等设施耗资巨大，包括修建厂房所需的建材以及镍冶炼设备均需从国内运过去，这些势必都要增加项目的投资成本。此外，东南亚地区中央与地方政府利益纠纷不断，苛捐杂税众多且腐败严重；办理工作居留手续烦琐，外国技术人员办理居留签证需上缴高昂的行政规费及税负；劳工法令过度保障本国劳工利益，常造成矿山管理困难，工会势力的日益强大导致罢工和游行经常发生。联合国发布的《2009~2010年度全球竞争力报告》显示，印尼排名第55位，而菲律宾排名第70位，投资环境总体偏差。

（五）镍铁产品缺乏国家统一标准

我国自2006年起开始大量进口红土镍矿，且呈逐年递增的发展趋势。由于国内国际均没有统一的红土镍矿取样制样及检验标准，在近几年的红土镍矿进口贸易中，各自使用不同的检测手段与方法，时常因镍矿的品质及水分差异较大等问题产生争议。含镍生铁目前的产量已占我国原生镍产量的半壁江山，对缓解我国镍供应短缺起到了重要作用，但我国的含镍生铁也和红土镍矿一样缺乏统一的国家标准，甚至国内几大不锈钢厂对镍铁的称呼都有差异，目前，基本上按几大不锈钢厂的采购标准作为企业标准。

（六）资源战略起步晚

我国在全球红土镍矿资源的争夺战中已经起步较晚。日本涉足东南亚红土镍矿领域已近30余年。20世纪70年代期间，日本就开始在菲律宾成立合资矿业公司，开采含镍2%以上的高品位镍矿，运送回新日铁和住友商社进行冶炼，导致菲律宾的高品位镍矿长期被日本企业垄断，而我国只能进口镍含量在0.9%~1.8%的低品位镍矿。近年来，国际资本也在加大对东南亚优质红土镍矿资源的争夺，巴西淡水河谷（Vale）是印尼最大的红土镍矿企业（PT Inco）的大股东，控制着印尼的优质矿山资源。对比之下，我国除中冶集团开发的巴布亚新几内亚Ramu镍矿和中色集团建设的缅甸达贡山镍矿具有较大规模外，其他项目的国际竞争力并不强，至今仍没有在红土镍矿领域具有话语权的国际级矿业公司。此外，国内企业在获取境外资源的开发机会中，国有企业和民营企业间缺少协调，没有形成相互协作、优势互补、抱团合作的有序竞争状态，难以形成规模化经营，极大地削弱了我国开发东南亚红土镍矿资源的整体竞争力。

八 中国镍资源管理及海外开发的历史成功经验和失败教训

(一) 中冶集团巴布亚新几内亚瑞木镍钴项目

瑞木（Ramu）镍钴项目是目前中国企业在巴布亚新几内亚及太平洋岛国地区投资的最大项目，同时也是中国企业在海外投资的最大的金属资源项目之一，是世界级的镍钴矿业项目，由露天采场、矿浆输送管道、冶金工厂及码头、道路、电站等配套设施组成。项目总投资起初预计约8亿美元，2010年又增至15亿美元。由中冶集团与国内金川集团、吉恩镍业、酒泉钢铁公司共同投资，并组建了一个合资公司——中冶金吉矿业开发有限公司，中冶集团控制61%的股份，金川、吉恩、酒泉钢铁公司平分剩余39%的股份。合资公司控制瑞木矿山85%的股份，高地太平洋公司占有8.56%的股份，当地政府所属公司也持有相应股份。该矿开工日期因受环境污染忧虑而被推迟18个月，年产5.8万吨镍钴硫化物，折合金属镍3.3万吨、金属钴3280吨，该矿至少拥有20年的开采寿命。该项目矿石资源量达到了1.432亿吨，平均剥采比为0.3，矿石含镁低，酸耗小于300公斤/吨矿石。

瑞木（Ramu）镍钴项目在建设期间也遇到了一系列的问题，首先是在2009年5月发生了当地工人和中国工人之间的暴力冲突事件，导致建设停止约3个月。后来又因为建设和运行深海尾矿安置系统涉嫌环境污染问题而遭到当地法院制止，该项目又面临了6个月的延期。直到2012年3月中旬，Highlands Pacific公司发布消息称，Ramu项目已开始试运行，其三座高压酸浸设备的第一座也已经投产，且已生产出第一批氢氧化镍钴中间产品，项目已于2012年底正式投产，目前其所生产的中间产品已运回国内销售。

(二) 中国有色矿业集团公司缅甸达贡山镍矿项目

缅甸达贡山镍项目是中缅矿业合作领域投资最大的项目，集采矿和冶炼为一体，总投资超过8亿美元，高品位镍矿石储量就达3000多万吨，镍金属量 105 万吨。已于 2008 年下半年开工，原计划 2011 年下半年投产，但后来由于高压输电线在 2011 年上半年的缅甸内乱中受到破坏，投产日期推迟至 2013 年上半年。该项目设计服务年限 20 年，预计年生产镍铁 8.5 万吨，含镍金属 2.2 万吨。达贡山项目主要自缅甸瑞丽江电站购电，云南电网负责提供联网安全稳定及相关辅助的输电服务，在瑞丽江电站出力不足时，由云南电网通过瑞丽江电站向达贡山供电，线路投资近 6000 万美元。

达贡山镍矿项目是由中国恩菲公司设计，采用 RKEF 法生产含量 25% 左右的镍铁，主体设备是 2 台 72000KVA 电炉和两条直径 5.5 米、长度 115 米的回转窑，这两条回转窑重达 1850 吨，一年可以处理的矿石量达到 130 万吨以上。

2010 年 7 月 26 日，太钢集团与中国有色集团签署正式合作协议，双方将共同开发缅甸达贡山镍矿项目。此前，缅甸达贡山镍矿一直由中色集团的全资子公司——中色镍业有限公司负责投资建设。此番协议签署后，中色镍业将获得太钢集团增资扩股，名称也将变更为"中色太钢镍业有限公司"。达贡山项目投产后，所生产的镍铁将几乎全部销往太钢，这将有利于太钢不锈钢产业的发展。

九　中国镍矿产品资源保障应对策略

（一）继续做大做强有实力的企业集团

继续做大做强金川集团，是中国镍行业未来发展的战略定位和发展目标。金川集团应瞄准世界先进科技水平，以提高资源综合利用的深度和广度为重点，以产品结构调整为主线，提高经济增长质量。

（二）支持有实力的企业"走出去"

支持有实力的企业"走出去"，实施国际化经营。中国目前是全球最大的镍消费国家，资源供不应求，我国企业应适时采取"走出去"战略，开发利用国外矿产资源，拓展国外投资，推进国际贸易。

（三）提升产业集中度

在政府导向和市场配置下，在沿海和内蒙古地区建设几大镍铁冶炼基地，提升产业集中度为不锈钢企业提供充足和可靠的冶金原料。

（四）加快技改步伐

按照国家产业政策要求全部淘汰 12500kVA 以下矿热炉，引进全封闭环保节能的 30000kVA 以上矿热炉，扩大镍铁产量，提高镍铁品质。淘汰落后产能，退出低端低质市场，促进镍铁行业转型、健康发展，从而构建一条可持续、健康发展的镍和不锈钢产业链。

（五）加强国内镍矿资源的开发利用

开展国内镍矿新一轮找矿工作，延长现有矿山服务年限，也是实现我国镍工业可持续发展的重要保障。有条件的镍矿山应进一步加大投入力度，在 1000~1500 米深度拓展找矿空间。近几年，甘肃金川镍矿加大深部找矿力度，目前已在Ⅰ矿区深部找矿取得成果，据专家预测，在深部和外围还有希望找到 100 万吨的镍金属储量。过去，矿山建成后，地质队往往随即转到新区找矿，在矿山外围存在大量有远景地段或空白地区、异常区，应对这些地区应重新评价，开展找矿工作。

（六）加强镍资源循环利用

加强废不锈钢、废旧电池、废合金等含镍品种的回收，尽快完善废镍回收利用体系。

中国稀土矿产品的来源和应对策略研究*

一 绪论

(一) 课题的目的和意义

(1) 稀土矿产资源是关系经济社会发展的重要资源,尤其是中重稀土更具战略资源,是国家安全发展的基石资源之一。因此,研究落实稀土资源的保障及其应对策略具有重要的战略和政治意义。

(2) 稀土资源消费几乎渗透到国民经济的各个部分,研究落实好稀土资源的保障策略,直接关系到资源产业乃至我国国民经济的健康和可持续发展。

(3) 通过对稀土资源供求平衡的对比研究,客观分析该资源的供求形势,为国家、行业、企业"走出去"利用"两个市场、两种资源"装备和发展自己提供理论依据。

(4) 通过对稀土资源当前和2020年乃至2030年的供求量进行预测,正确评估资源需求缺口,开展资源保障度评价,为国家的矿产勘查和开发提供依据,为国家制定工业发展规划提供可靠的数理支撑。

(5) 通过分析稀土资源保障的严峻形势促使资源节约,杜绝资源浪费,降低资源消耗,提高资源利用率、生产率和单位资源的人口承载力,为建设节约型社会提供文献证明。

(6) 通过对稀土矿产资源进行分析,以确保资源保障能力,也将促进科技发展,提升资源开发能力以及资源循环再利用等技术的极大发展。

(7) 通过分析稀土矿产资源重要性及缺口,为稀土矿产资源的国家储备提供理论依据。

---

* 本文作者单位:国家开发银行研究院、有色金属技术经济研究院。

（二）课题的研究技术路线

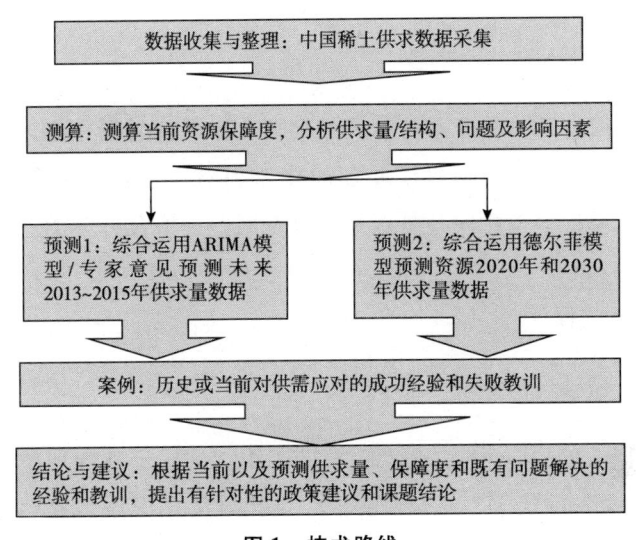

```
数据收集与整理：中国稀土供求数据采集
            ↓
测算：测算当前资源保障度，分析供求量/结构、问题及影响因素
       ↓                              ↓
预测1：综合运用ARIMA模        预测2：综合运用德尔菲模
型/专家意见预测未来            型预测资源2020年和2030
2013~2015年供求量数据          年供求量数据
       ↓                              ↓
案例：历史或当前对供需应对的成功经验和失败教训
            ↓
结论与建议：根据当前以及预测供求量、保障度和既有问题解决的
经验和教训，提出有针对性的政策建议和课题结论
```

图 1　技术路线

（三）本文的创新点与不足

1. 主要创新点

（1）理论基础创新。从可持续发展理论和矿产资源消费供求理论出发，研究了中国稀土矿资源供需状况及保障措施。

（2）分析手段创新。综合运用前沿或核心计量模型、方法结合专家预测法定量和定性相结合分析稀土资源未来供求量及发展趋势。

（3）政策建议创新。本文在全面、系统、深入分析探讨中国稀土矿产资源开放型保障的基础上，有针对性地提出了许多具有建设性、可操作性的稀土资源保障政策建议。

2. 本文不足之处

就总体研究水平而言，本课题组对中短期稀土行业供求现状及预测把握都相对比较准确，但课题涉及10年乃至近20年后产量、消费量以及对外依存度的预测，无论是当今前沿预测的计量模型还是通过权威行业数据的对比类推以及专家意见修正，相信预测数据在未来验证也都会有一定程度的误差。

二 课题主要研究方法

(一) ARIMA 分析法

ARIMA 模型是指将非平稳时间序列转化为平稳时间序列，然后将因变量仅对它的滞后值以及随机误差项的现值和滞后值进行回归所建立的模型。ARIMA 模型根据原序列是否平稳以及回归中所含部分的不同，包括移动平均过程（MA）、自回归过程（AR）、自回归移动平均过程（ARMA）以及 ARIMA 过程。

(二) 情景分析法

情景分析法又称脚本法或者前景描述法，是假定某种现象或某种趋势将持续到未来的前提下，对预测对象可能出现的情况或引起的后果作出预测的方法。通常用来对预测对象的未来发展作出种种设想或预计，是一种直观的定性预测方法。

(三) 德尔菲模型

德尔菲法是通过一系列特定的问卷或调研方式，综合专家的意见而获得专家共识的方法。它是由组织者就拟定的问题设计调查表，通过反复征询与反馈，获得具有统计意义的专家集体判断结果。

三 中国稀土矿产品供给分析

(一) 稀土矿储量及分布

1. 世界储量及分布

世界稀土资源储量巨大，除南极洲外，其余各大洲均分布着丰富的稀土资源，主要国家包括中国、美国、俄罗斯及苏联，其他国家如印度、巴西、东南亚诸国、南非诸国等，其中尤其以独居石、碳酸盐岩（氟碳铈矿）分布最为广泛，如图 2 所示。

根据美国地质调查局（USGS）所公布的数据，全球稀土工业储量总

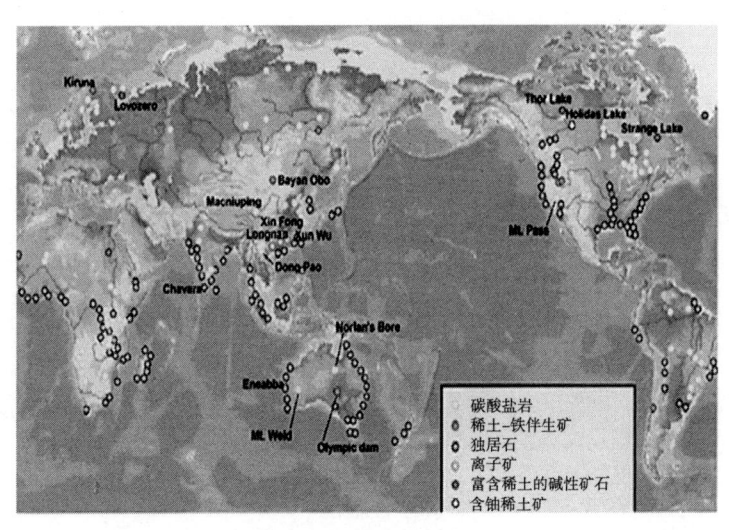

图 2　全球稀土资源分布

计 1.1 亿吨。其中，中国稀土储量为 5500 万吨，约占世界总储量的 50%，为世界第一大稀土资源国。而根据国内权威部门资料，截至 2009 年，我国稀土矿产资源储量约为 1700 万吨，占全球总储量的比例仅为 23.36%。另外，苏联、美国、印度和澳大利亚的稀土资源也较为丰富，其中美国稀土工业储量为 1300 万吨，占全球总储量的比例达 17.86%，如表 1 所示。

表 1　2011 年全球稀土工业储量（REO 计）

单位：万吨，%

国家（地区）	稀土工业储量	储量占比
中　　国	1700	23.36
苏　　联	1600	21.98
美　　国	1300	17.86
印　　度	310	4.26
澳大利亚	160	2.20
巴　　西	4.8	0.07
马来西亚	3	0.04
其　　他	2200	30.23
总　　计	7577.8	100.00

注：国外数据来源为美国地质调查局（USGS）；中国数据来源于国土资源部；其他主要指非洲南部国家、中亚国家等，但 USGS 未公布细分数据。

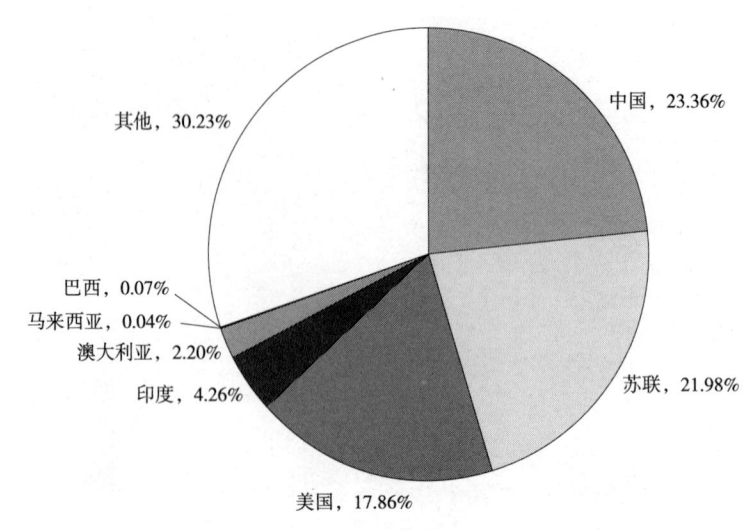

图3 全球稀土储量占比

其他，30.23%
中国，23.36%
巴西，0.07%
马来西亚，0.04%
澳大利亚，2.20%
印度，4.26%
美国，17.86%
苏联，21.98%

2. 中国储量及分布

我国是世界稀土资源最丰富的国家，目前为止，已在22个省市区发现上千处稀土矿床，其矿种主要有南方离子吸附型稀土矿、磷钇矿、混合型稀土矿、氟碳铈矿和独居石矿。其中南方离子型稀土矿和包头混合型稀土矿是我国独有的稀土矿种。根据国内权威部门资料，截至2009年，我国稀土储量为1700万吨，其中以混合型稀土矿为主，其储量达到1659.8万吨。

（二）稀土精矿产量分析

1. 供给现状

我国稀土精矿生产主要集中在内蒙古、江西和四川等地，主要精矿类型有混合型稀土矿、氟碳铈矿和离子型稀土矿。据安泰科统计，截至2011年，我国稀土精矿产能近26万吨/年，然而矿产品开采指标不足10万吨，产能利用率不足40%。

近几年，虽然国家逐渐加大对企业的环保整顿和对非法开采的打击治理力度，但是稀土价格高企，高额回报刺激了私采乱挖行为。稀土精矿产量呈下降趋势，但仍高于开采总量指标。2012年全年精矿产量为10.6万吨，比2011年减少13.03%（见表2）。

表2 我国稀土矿产品构成（REO）

单位：吨

品　种	2010年	2011年	2012年
混合型稀土矿	59600	59000	51649
氟碳铈矿	43062	41994	40880
离子型稀土矿	20297	20922	13500
总　计	122959	121916	106029

资料来源：安泰科。

2. 供给预测（ARIMA+德尔菲模型，下同）

测算说明：根据安泰科专家数据库过去的稀土精矿供求数据，用ARIMA模型预测2013~2030年部分年份数据，根据稀土精矿供给的时间序列数据，通过分析，该时间序列样本平稳。

```
Null Hypothesis: D(CU,2) has a unit root
Exogenous: Constant
Lag Length: 1 (Automatic based on SIC, MAXLAG=2)

                                        t-Statistic    Prob.*
Augmented Dickey-Fuller test statistic   -7.595346    0.0004
Test critical values:   1% level         -4.582648
                        5% level         -3.320969
                        10% level        -2.801384

*MacKinnon (1996) one-sided p-values.
```

图4 稀土精矿历史数据平稳性检验

对该时间序列的历史相关性分析，该时间序列自相关期数为1，偏相关系数为1，可得预测模型为ARIMA（1，0，1），并保证整体预测通过在10%的置信区间内，具体过程不再赘述，结合灰系统预测等进行组合后，经安泰科专家意见修订，得出稀土精矿产量预测结论如表3所示（后续计量及预测过程不再赘述）。

表3 2013~2038年部分年份稀土精矿产量预测（REO）

单位：吨

年　份	2013	2014	2015	2020	2030	2038
稀土矿产量	126000	128000	136000	179000	245000	310000

```
                        Correlogram of CU
Date: 05/25/13  Time: 10:00
Sample: 2001 2012
Included observations: 12

   Autocorrelation    Partial Correlation        AC      PAC    Q-Stat   Prob

                                            1   0.531    0.531   4.3002  0.038
                                            2   0.281   -0.000   5.6293  0.060
                                            3   0.111   -0.053   5.8594  0.119
                                            4   0.029   -0.013   5.8773  0.209
                                            5  -0.000    0.002   5.8773  0.318
                                            6   0.000    0.010   5.8773  0.437
                                            7   0.000   -0.002   5.8773  0.554
                                            8   0.000   -0.002   5.8773  0.661
                                            9   0.000    0.000   5.8773  0.752
                                           10   0.000    0.000   5.8773  0.825
```

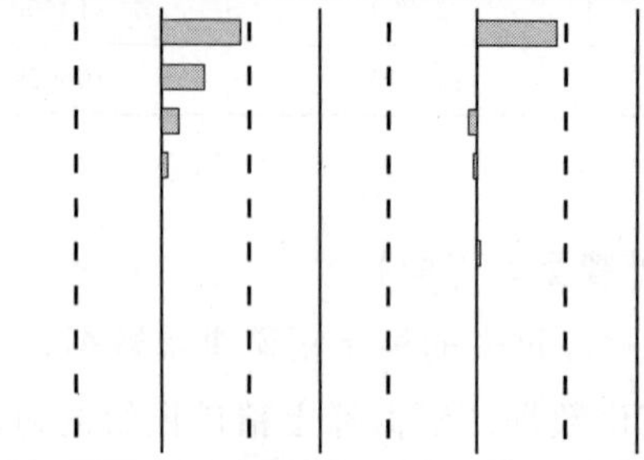

图 5 稀土精矿历史数据相关性检验

（三）稀土冶炼分离产品产量分析

1. 供给现状

我国冶炼分离产能过剩严重，据安泰科统计，截至 2011 年，我国稀土冶炼分离产能已超过 40 万吨，然而下游需求都不足 10 万吨。

由于监管乏力，超产屡禁不止，实际生产量一直高于指令性计划的安排。在国务院发布 12 号文（2011 年）、稀土处升格为稀土办、环保部展开环保核查、国土部严厉打击非法生产等重大举措的作用下，混乱的生产局面得到了较大程度的改观，非法生产得到一些遏制，冶炼分离产品产量逐年下降。2012 年，由于企业停产严重，全年冶炼分离产品产量仅为 9.5 万吨，比 2011 年大幅下降 16.6%。

表 4 我国稀土冶炼分离产品产量（REO）

单位：吨

年 份	2010	2011	2012
冶炼分离产品产量	118898	113934	95000

资料来源：安泰科。

2. 供给预测（ARIMA + 德尔菲模型，下同）

表5 2013～2038年部分年份稀土冶炼产量预测（REO）

单位：吨

年 份	2013	2014	2015	2020	2030	2038
稀土冶炼产量	110000	120000	132000	168000	236000	290000

（四）影响稀土矿和冶炼产品的供给的因素分析

1. 资源禀赋情况

稀土资源特别是离子型中重稀土资源主要集中在中国，国内11个省区有探明的稀土资源。近年受中国稀土产业政策的变化而即将引致稀土的多元化供给，轻稀土各种矿种在国外分布较广，在国外有200多个项目涉及稀土矿的开采，美国和澳大利亚的稀土项目已经形成产能并进行生产，向国际稀土市场提供了万吨以上的供给；随着稀土供给多元化与各国和地区把稀土资源作为战略性或关键性金属，带来了稀土价格大幅波动；当前稀土价格仍处在一个寻求价值区间的过程中，也正处在稀土矿和冶炼产品供给在整个供应链上形成稳定预期的过程中。

2. 开发利用情况

当前全球稀土精矿产能合计40余万吨。其中，美国产能为5万吨，占世界总产能的14%，仅次于中国（25.6万吨）。俄罗斯产能2.5万吨，产能占比为7%，位居第三。此外，澳大利亚产能2万吨，印度产能0.5万吨，巴西0.3万吨，马来西亚0.2万吨。其他的稀土生产国大约还有0.5万吨的产能。国外稀土矿山在建、拟建项目主要分布在美国、加拿大、澳大利亚和南非，初步统计的产能将近20万吨，而根据安泰科统计，在2013年实际投产的项目仅有两个，一个是美国钼公司在2013年形成4万吨的产能，实际生产了上万吨，并产生了销售；另一个是澳大利亚的莱纳斯将形成1.1万吨产能（此数据为一期产能），两者将形成5万多吨的稀土精矿产能。

随着美国、澳大利亚的稀土矿山进入项目投产期，中国稀土精矿产出占全球稀土份额有所降低。由于中国稀土产业政策的调整，国内矿山没有新的矿山项目，新矿山项目主要在国外，而国内原有矿区已被开采殆尽，越界开采现象突出，现有矿山的环保改造和合并采矿证所需的矿山环评引致南方矿山停产。

2011年，全球稀土冶炼分离产能为32万吨，主要分布在中国，产能近28万吨，美国为2万吨，日本产能1.5万吨，其他约为0.5万吨［其中爱沙尼亚的Silmet有3000吨产能（2011年被美国钼公司收购）］，近几年在冶炼分离产能上几乎没有变化。2002年以来，中国成为全球稀土冶炼分离产品的生产中心，其他国家或地区本土的稀土生产迅速萎缩。同时，中国的稀土冶炼分离工艺代表了全球领先水平。

稀土元素独特的电子层结构及物理化学性质为稀土元素的广泛应用提供了基础。稀土元素具有独特的4f电子结构、大原子磁矩、强自旋耦合等特性，与其他元素形成稀土配合物时，配位数可在6~12之间变化，并且晶体结构多种多样，使得稀土元素及其化合物无论是在传统材料还是高技术新材料领域都有极为广泛的应用。使用稀土的传统材料和新材料已深入到国民经济和现代科学技术的各个领域，并有力地促进了这些领域的发展。

通常将稀土材料的应用划分为传统材料领域和高技术新材料领域。稀土材料的生产、应用大多属于当前的前沿领域，技术含量高，研发环节对专利的争夺更为激烈。即使在传统产业中应用，大多也属于促进传统材料产业升级和产品更新换代的高新技术，在改造传统材料产业上发挥着越来越重要的作用。

由于产业演进的问题，当前稀土功能材料的知识产权都集中在日、美等国家的大集团手里，美国从80年代开始并购了欧洲大量的稀土高科技企业。欧洲在稀土荧光等领域占据一定地位的罗地亚最近几年被大化工企业苏威并购，而在加拿大的磁材企业NEO也被美国钼企业收购，这些公司几乎都在中国有投资项目。

3. 产业政策

中国稀土产业政策的变化直接影响了过去20年全球稀土产业供给格局。20世纪70年代中国稀土冶炼分离技术获得突破，同时由于处在计划体制下，徐光宪课题组发明的生产工艺并没有获得专利保护，国有企业技术人员流失引发的技术外溢导致稀土生产门槛大幅降低。20世纪90年代，当时盛行"有水快流"思潮，大量稀土采选、冶炼分离企业兴起，产能产量急速扩张。同时在"对外开放"的旗号下，中国采取开放生产、开放供应的政策，中国稀土产品出口量及出口企业数量迅速增长，各企业竞相压价，导致国际稀土价格急剧下跌，曾经由美国、澳大利亚等国家把持的世界稀土市场格局向中国占据绝大部分市场份额变迁。

21世纪初期，中国稀土供给占全球的市场份额已达95%，也迎来了稀土产业最为低迷、萧条的时期，争夺定价话语权、防止恶性竞争、结束廉价供应全球稀土需求局面随即成为稀土产业的使命。在以徐光宪为首的稀土专家呼吁下，中国政府高度重视，以2003年出口税率的调整为标志，表明我国进入稀土供给紧缩的时期。从2005年开始，提高稀土产品出口关税、将稀土原料列入加工贸易禁止类商品目录、稀土出口配额总量大幅下降、停发稀土矿采矿许可证、大幅缩减开采总量控制指标等调控措施相继实施。紧缩政策的出台改变了市场预期，稀土价格逐步回暖，产业逐步恢复活力。然而，由于企业数量众多、产业集中度低、产能过剩等原因，中国稀土供应量出现明显下降。随着稀土产业整合不断深入、产业管理政策实施及执行步入正轨，2010年，中国稀土矿产品产量快速下滑（由2009年的12.94万吨下降至2010年的8.9万吨），2012年更是仅有7.6万吨，致使全球稀土矿产品产量由2009年的13.6万吨下降至2012年的9.4万吨。

4. 市场价格

21世纪初，稀土价格低迷，国外主要稀土生产商纷纷退出稀土市场。2006年后，中国紧缩的产业政策使得稀土价格回暖，美国、澳大利亚开始谋求复产（金融危机爆发阻滞了复产进程）。2010年尤其是2011年上半年，稀土价格飙升（见图6），不仅美国、澳大利亚成功复产且向上下游一体化布局，印度、哈萨克斯坦、越南等国也在日本的支持下扩张稀土生产，其他在建、拟建的稀土矿山项目更是高达数十项（见表6）。

表6　国外主要稀土矿山建设项目状况

项目名称	所属公司	规模	精矿类型	预计投产时间
芒廷帕斯稀土矿山复产项目	美国钼（molycorp）公司	一期建设产能为1.9万吨（REO计），二期建设完成后总产能达4万吨（REO计）	氟碳铈矿	一期2012年二期待定

续表

项目名称	所属公司	规模	精矿类型	预计投产时间
澳大利亚韦尔德矿山复产项目	澳大利亚莱纳公司	一期建设产能为1.1万吨（REO计），二期建设完成产能达2.5万吨（REO计）	独居石	一期2012年二期待定
阿拉弗拉资源有限公司稀土项目	澳洲阿拉弗拉资源有限公司	项目总投资354.5万美元，项目建设完成产能达2万吨（REO计）	磷灰石	2015年
加拿大阿瓦隆托尔湖稀有金属	阿瓦隆稀有金属公司	规划产能为1万吨（REO计）	褐钇铌矿	2015年第四季度
顶峰原子稀土公司稀土矿项目	哈萨克斯坦原子能工业公司（占51%的股份），日本住友商事株式会社（占49%的股份）	规划产能为3000吨	含铀稀土（独居石）共生矿	2015年
ALKANE公司DZP项目	Australian Zirconia Ltd	规划产能为2580吨（REO计）	锆、铌、钽、稀土（独居石）伴生	2014年
南非Steenkampskraal稀土矿	大西部矿业集团有限公司	规划产能为2500吨（REO计）	独居石	2015年
加拿大霍益达斯湖稀土矿	大西部矿业集团有限公司	规划产能为2500吨（REO计）	磷灰石	2016年
格陵兰岛Kvanefjeld稀土项目	格陵兰矿产和能源有限公司	规划产能为43000吨（REO计）	稀土（独居石）、铀和锌共伴生矿	2017年
美国Bear Lodge稀土项目	稀有元素资源有限公司	规划产能为10400吨（REO计）	碳酸盐岩（氟碳铈矿）	2015年

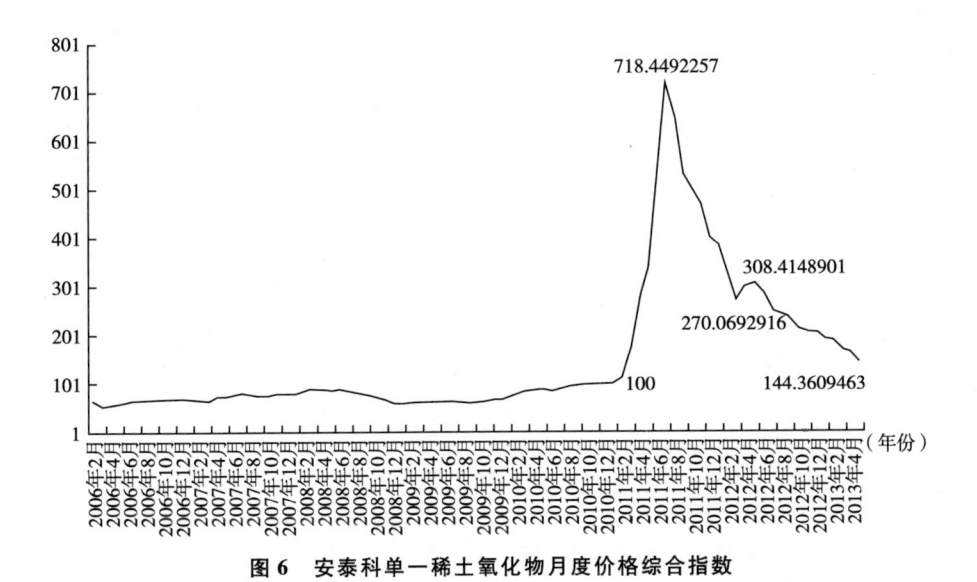

图 6 安泰科单一稀土氧化物月度价格综合指数

四 中国稀土矿产品需求分析

（一）需求情况分析

1. 稀土精矿

国内稀土精矿的消费需求来源于冶炼分离的需求，随着国家对稀土产业监管制度措施和力度的加强，冶炼分离产品产量逐年下降，稀土精矿的需求量逐年下降，2010～2012 年，国内稀土精矿消费量分别为 12.4 万吨、11.9 万吨和 9.9 万吨，具体如表 7 所示。

表 7 我国稀土精矿消费量（REO）

单位：吨

年 份	2010	2011	2012
消费量	123852	118681	98958

资料来源：安泰科。

2. 稀土冶炼分离产品

中国已逐渐成为全球最大的稀土消费国，消费量长期保持较快的速度增长。2011~2012年，稀土价格高企，引发了替代，抑制了下游需求。2012年下游需求持续低迷，下游企业开工率严重不足，消费量明显下降。尤其是传统消费领域，其下降幅度更为明显，2012年消费量仅为1.81万吨，较上年2.81万吨下降35.6%。全年消费量为6.48万吨，较上年下降22%（见表8）。

表8 我国稀土冶炼分离产品消费情况（REO）

单位：吨

应用领域		2010年	2011年	2012年
传统领域	冶金/机械	11200	10100	1000
	石油/化工	7500	7500	7600
	玻璃/陶瓷	7600	7000	7000
	农轻纺	6900	3500	2500
	合计	33200	28100	18100
新材料领域	荧光材料	5000	4800	3100
	液晶抛光	4600	4800	5000
	永磁材料	34125	36600	30847
	储氢材料	6300	4430	3190
	催化材料	3800	4380	4560
	合计	53825	55010	46697
总计		87025	83110	64797

资料来源：安泰科。

（二）未来需求预测

1. 稀土精矿需求量（ARIMA+德尔菲模型）

表9 2013~2038年部分年份稀土精矿需求预测（REO）

单位：吨

年份	2013	2014	2015	2020	2030	2038
需求	110000	123000	132000	166000	243000	288000

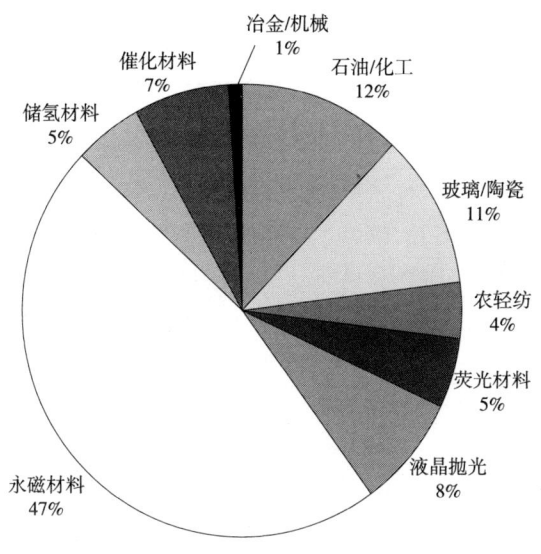

图7 2012年中国稀土消费结构

2. 稀土冶炼产品需求量（情景分析法+德尔菲模型）

表10　2013~2038年部分年份稀土冶炼需求预测（REO）

单位：吨

年份	2013	2014	2015	2020	2030	2038
需求	92402	95839	99276	156000	221000	280000

五　中国稀土产品贸易分析

（一）稀土精矿

1. 贸易现状

我国稀土精矿禁止出口，加之我国稀土精矿生产基本能够满足国内需求，因此我国每年仅从国外进口少量稀土精矿，主要进口国为马来西亚和泰国。近几年，随着国内对稀土精矿需求的下降，稀土精矿的进口量逐年下降。海关统计数据显示，2010~2012年我国稀土精矿进口量分别为11280吨、5120吨和55吨，进口金额分别为2074万美元、1746万美元和44万美元（见表11）。

表11　2010~2012年中国稀土精矿进口分国别统计（实物量）

单位：千克，美元

2010年			2011年			2012年		
国家/地区	数量	金额	国家/地区	数量	金额	国家/地区	数量	金额
马来西亚	410820	1861290	马来西亚	450878	483687	中国香港	22000	193078
泰国	10773000	18767711	泰国	4249000	12459104	马来西亚	23979	221949
中国台湾	2800	34876	越南	382810	57766	中国台湾	1250	19109
吉尔吉斯斯坦	21020	11369	中国台湾	1300	20066	索马里	7360	3691
西班牙	72000	65188	吉尔吉斯斯坦	31271	85143	澳大利亚	48	966
合　计	11279640	20740434	索马里	4000	4814	合　计	54637	438793
			澳大利亚	300	300			
			合　计	5119559	17463580			

资料来源：海关统计。

2. 贸易预测（ARIMA+德尔菲模型，下同）

表12　2013~2038年部分年份中国进口稀土精矿预测（REO）

单位：吨

年　份	2013	2014	2015	2020	2030	2038
稀土精矿进口	2000	3000	4000	20000	35000	40000

注：中国稀土精矿禁止出口，稀土贸易中随着国外稀土矿投产，中国稀土安环、人工等成本提升，进口稀土精矿会随之扩大。

（二）稀土冶炼产品

1. 贸易现状

我国是稀土生产大国，每年供应稀土量超过85%，是名副其实的稀土出口大国，而我国每年进口稀土量很小，2010~2012年进口冶炼分离产品数量分别为3000吨、884吨和1421吨。

自1999年以来，我国商务部便对稀土产品实行出口配额许可证管理，出口配额均为2.4万吨（REO），但是由于2011~2012年，稀土价格高企，需求减弱，出口量明显下降，出口配额大量闲置，实际出口量仅占配额总量的52%，如图8所示。

2012年，中国稀土冶炼分离产品实际出口量仅为1.4万吨，同比下降10.2%，占出口配额总量的52%。由于全球经济疲软，稀土需求弱而供应

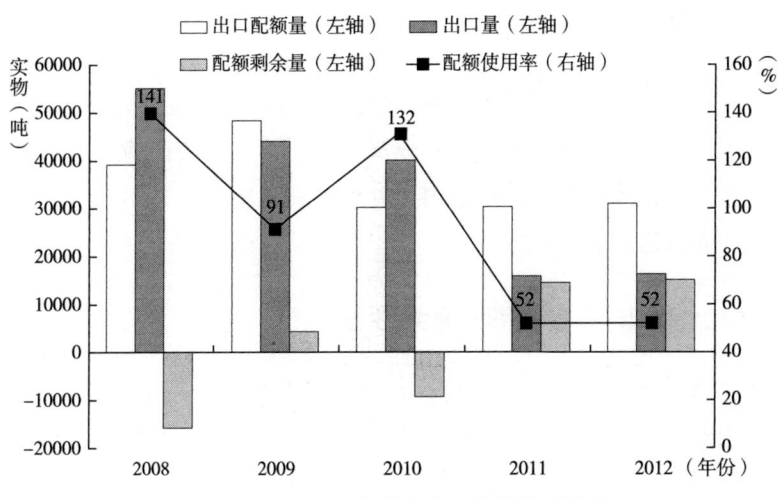

图 8 2008~2012 年稀土出口配额使用情况

量充足,稀土出口价格在一年多时间内大幅下挫,中国 2012 年稀土出口总额环比下降 66.03%,仅为 9.06 亿美元。

表 13 2010~2012 年我国稀土冶炼分离产品出口情况(REO)

单位:吨,万美元

种类	2010 年		2011 年		2012 年	
	数量	金额	数量	金额	数量	金额
氧化稀土	20900	58433	10092	179709	7305	56539
稀土盐类	6137	17671	1679	26689	3253	15353
金属及合金	7515	17867	3889	60316	3508	18732
总 计	34552	93971	15660	266714	14067	90624

资料来源:海关统计,稀土信息。

2. 贸易预测

表 14 2013~2038 年部分年份稀土产品出口预测(REO)

单位:吨

年 份	2013	2014	2015	2020	2030	2038
稀土出口	18900	20000	26000	26000	30000	35000

（三）影响外贸稀土产品供给的因素分析

除宏观等因素外，影响外贸稀土产品供给的因素主要包括以下几点：第一，国别资源禀赋和精矿产量及分离水平；第二，各国稀土产品出口管理及其进出口税收；第三，稀土国内外价差和运输成本；第四，各国下游需求发展和自己供给水平等。

（四）稀土贸易WTO诉案分析

2012年，美、欧、日正式向世贸组织提交对我稀土出口政策的诉讼，认为我国配额、关税、资质三方面的管理措施不符合世贸规定。商务部组建了律师团队，积极应对诉讼案，虽一审败诉，但中国的律师团队抗辩策略为放弃关税、资质这两项明显不符合WTO规则的管理措施，全力争取保留配额制度。

六 中国稀土矿产品供求平衡

（一）稀土资源供求平衡分析

1. 稀土精矿

近几年，中国坚持实施稀土矿开采指标和冶炼分离指令性计划等资源保护性发展措施，矿产品与冶炼分离产品产量逐年下降。另外，国内稀土矿山与冶炼分离一体化企业居多，矿产品产量与其消费量基本相当。因此，中国稀土矿的供求关系基本处于平衡状态（见表15）。

表15 我国稀土精矿的供求平衡（REO）

单位：吨

项 目	2010年	2011年	2012年
产 量	122959	121916	106029
进口量	11000	5120	55
出口量	10000	9000	7000

续表

项　目	2010 年	2011 年	2012 年
需求量	123852	118681	98958
供求平衡	107	-645	126

注：数据值估算走私量进行调整。

资料来源：安泰科。

2. 稀土冶炼分离产品

2011~2012 年，稀土价格高企，一方面刺激非法生产，另一方面抑制了下游需求。若剔除国家收储的因素，我国稀土冶炼分离产品过剩严重，过剩量均超过万吨（见表 16）。

表 16　我国稀土冶炼分离产品的供求平衡（REO）

单位：吨

项　目	2010 年	2011 年	2012 年
产　量	118898	113934	95000
进口量	3000	884	1379
出口量	35552	18660	16067
需求量	87025	83110 + 12000	64797 + 3000
供求平衡	-679	1048	10317

注：表中出口量为海关统计值和走私量（调研估计得来）的总和；2011 年和 2012 年需求量包含统计国家收储的数量，其收储量分别为 1.2 万吨和 0.3 万吨（REO）。

资料来源：安泰科。

（二）我国稀土资源优势及其趋势分析

1. 稀土精矿

我国稀土矿在南方离子型中重稀土精矿方面未来长时间内将具备绝对的优势，轻稀土将放开所有管制，在全球竞争中，因为北方轻稀土是选铁、炼铁后的尾矿渣综合利用，所以如果在不改变现有先炼铁后选稀土的工艺，成本具有巨大优势。但是我国稀土采选方面将在管理方面有很大的变革，所以环保投入巨大，将和国外稀土精矿价格收敛。

2. 稀土冶炼分离产品

我国拥有世界最先进的冶炼分离技术，但因为近几年相关知识产权保护意识淡薄，已经流失海外，稀土冶炼虽受到一定的冲击，而仍将在全球拥有绝对的话语权。

七 国内外政经和产业发展战略分析

（一）中国稀土产业政策演变及其全球影响

20 世纪 90 年代以前，为了赚取当时极缺的外汇，我国在全球市场尤其是日本以低价策略极力推广应用我国的稀土，从而促进了日本稀土下游应用产业的发展，也使得当时占全球最大份额的美国稀土矿山企业停产（促发停产的因素之一也包括环保问题），只保留了其冶炼分离部分的生产。因为中国的稀土精矿保证了全球的充足供给，日本、美国和欧洲等国家几乎全部从中国进口稀土原料产品。而欧美、日本则致力于稀土功能材料的研发，拥有了几乎全部高端产品的知识产权。2000 年以后，当中国意识到需要产业升级和结构调整时，资源乱采、乱挖甚至被廉价售卖，生产、投资和进出口贸易秩序混乱，环境污染严重，产能过剩，产业小、散、乱等结构不甚合理以及应用技术开发落后等诸多问题涌现。

为了有效解决这些问题，从总体上真正扭转国内稀土工业不规范的发展态势，中国政府从 1991 年起陆续出台了一些有关稀土产业发展的宏观调控政策。这些政策对规范和引导国内稀土产业逐渐步入良性发展轨道发挥了重要作用，并对稀土产业未来的可持续发展具有深远和积极意义。

目前，国内已经颁布的稀土产业政策，其作用范围主要集中在资源开发、投资管理、进出口贸易、产业结构调整和技术开发等方面。也就是说，国家有关稀土产业发展的政策可以细分为五个方面。

1. 资源开发和环境政策

1991 年，国家将离子吸附型稀土矿列入保护性开采的特定矿种，限制其开采规模；近年来又采取了控制稀土矿开采总量、稀土生产总量等调控措施。1999 年对稀土暂停颁发采矿许可证；稀土矿产品的生产被正式纳入我国矿产资源规划范围；2005 年，公布了被允许开采稀土矿产的企业名单；从 2006 年开始下达稀土矿开采总量控制年度生产指标及其分省指标；从 2007 年起，国家发改委开始对稀土生产实行指令性计划管理，并持续至今。12号文后,各地稀土采矿证进一步合并集中到几大国有企业手中。

2011年1月,国土资源部在江西赣州设立首批稀土国家规划矿区;2011年4月,国土资源部把赣州列为钨与稀土国家矿产资源节约和综合利用示范基地。

自2011年4月起,统一调整稀土矿原矿资源税税额标准。调整后的税额标准为:轻稀土,包括氟碳铈矿、独居石矿,60元/吨;中重稀土,包括磷钇矿、离子型稀土矿,30元/吨。

国家环保部于2011年开展了稀土环保核查,开展稀土矿采选、冶炼分离企业环保核查工作,并依据核查结果发布符合环保要求的稀土企业名单,截至目前,已经发布三批发布符合环保要求的稀土企业名单,极大地促进了稀土产业的环保投入。环保投入和运营成本的明显增加规范了生产企业的成本,近期在稀土价格下降过程中,这些企业的竞争力明显弱于违规、违法生产企业。

2. 投资管理政策和稀土行业准入政策

2005年,我国政府首先出台了《外商投资稀土行业管理暂行规定》,并于当年的8月1日起实行。该规定明确提出禁止外商投资中国境内的稀土矿山开发,不允许外商以独资方式建设稀土冶炼与分离项目(仅可投资合资、合作项目)。

对于国内企业,则明确了稀土项目的审批权限。凡投资建设稀土冶炼、分离项目,不论投资额多少,一律由各省、自治区、直辖市及计划单列市上报国家发改委,国家发改委将依据国家稀土产业政策和中长期发展规划进行审批,各省、自治区、直辖市及计划单列市均无权审批此类项目。

2012年依据《国务院关于促进稀土行业持续健康发展的若干意见》等要求,工信部会同有关部门制定了《稀土行业准入条件》,并于2012年8月发布。在规模、能耗、资源综合利用等技术经济指标方面提高了行业准入门槛。

3. 进出口贸易政策

为了有效遏制稀土产品进出口的盲目发展,更好地保护国内稀土资源和生态环境,我国政府从2005年开始对稀土产品的进出口贸易政策进行全面调整。首先,宣布从2005年5月1日起取消稀土产品的出口退税,并减少了出口配额,迫使一些出口成本高的稀土企业不得不退出稀土产品出口领域;其次,将稀土产品出口列入2005年实行出口许可证管理的47种货物中,对稀土产品出口实行出口配额与出口许可证管理;最后,国家发改委等7部委还于2005年12月15日颁布了《严控稀土等高耗能、资源性产品出口的通知》,并据此将2006年的稀土出口配额减少了10%,并声明此后每年都要适度缩减稀土产品的出口配额。

此外,国家商务部还根据2005年11月18日下发的《2006年稀土出口企业资质标准和申报程序》,实施了按年度审核确定稀土出口企业的制度,以杜绝一些资质差的稀土企业再从事稀土出口业务。2005年以前,国内有上百家公司、企业拥有稀土贸易出口权;然而,经过连续几年的审核筛选,现全国仅有20家稀土生产企业与贸易公司可从事稀土产品的出口贸易。

从2006年开始,国家在维持对稀土产品出口实施配额管理的基础上,又进一步在出口税收方面采取了力度更大的调控措施:从2006年11月1日起,对多种稀土产品加征10%的暂定出口关税,并将41种稀土金属及稀土合金、稀土氧化物等产品列入了加工贸易禁止类商品目录;从2007年6月1日起,又将稀土金属、氧化镝、氧化铽等产品的出口关税税率由10%提高到15%;从2008年1月1日起,则进一步将镝、铽、钇、铕等多种产品出口关税税率提高到了25%。

为了尽快提升我国出口稀土产品的科技含量,商务部在控制与减少初级稀土产品出口的同时,还出台了鼓励钕铁硼永磁材料与稀土荧光粉等稀土深加工产品出口的业务指南。

在强化稀土出口管理的同时,商务部与国家海关总署还以2005年26号文的形式发布了《列入加工贸易禁止类的商品目录》,决定从2005年8月1日起禁止国内稀土企业再搞外来稀土精矿的加工贸易等。

进出口贸易政策的实施起到了很大的作用,各界对稀土产业供给趋紧的预期愈发增强,国外稀土矿产品企业产出稀土的步伐也在加快。

4. 推进稀土企业重组整合政策

2005年底,国家发改委颁布了《产业结构调整指导目录(2005年本)》(以下简称《目录》)。该《目录》列出了稀土产业结构调整的原则:其一,淘汰未经国家主管部门批准、无采矿许可证的离子型稀土采选项目，以及未经国家主管部门批准建设的离子型稀土冶炼项目；其二，限制投资一般的稀土矿山和冶炼项目以及离子型稀土矿原矿池浸工艺项目；其三，鼓励建设稀土深加工及其应用项目。该《目录》的宗旨就是通过淘汰、限制落后产能和鼓励发展稀土深加工的方式，促进稀土企业进行产业结构调整。

从 2005 年下半年开始，国家有关主管部门联合地方政府又以整顿矿山生产秩序、促进环境治理的名义，强力推进稀土企业的环境治理与产业整合。经过艰苦的努力，内蒙古包头地区的稀土分离企业被减少到 30 余家，四川冕宁地区的稀土采选企业被整肃为 36 家，南方 5 省的稀土分离企业被减至 20 余家。

在此基础上，2008 年国家又引导部分大型国企参与稀土行业的再次整合，包钢稀土、赣州矿业、江西铜业、中国五矿、中色股份以及广晟有色公司等企业纷纷采取了行动，内蒙古、四川、江西、广东、福建等省区的稀土资源整合取得了阶段性成果。12 号文后，稀土产业整合进一步加快。

国家实施这项政策的目的非常明显，即通过宏观调控和市场资源配置等手段，坚持以市场为导向，推动企业联合重组，使稀土产业的经营实现规模化和合理化，以最终做大做强稀土产业。但稀土企业重组整合受到各地方政府的巨大影响。

2011 年，国务院印发了《国务院关于促进稀土行业持续健康发展的若干意见》（国发〔2011〕12 号）。这是迄今为止中国政府发布的有关稀土行业的最全面的政策，是指导稀土行业发展的纲领性文件。

2012 年，《国务院关于支持赣南等原中央苏区振兴发展的若干意见》（国发〔2012〕21 号）明确指出，支持赣州建设稀土产业基地和稀土产学研合作创新示范基地，享受国家高新技术产业园区和新型工业化产业示范基地扶持政策；积极推进技术创新，提升稀土开采、冶炼和应用技术水平，提高稀土行业集中度；按照国家稀土产业总体布局，充分考虑资源地利益，在赣州组建大型稀土企业集团。当前已经形成了"5 + 1"的稀土大集团结构。

（二）中国稀土产业政策的国内外影响分析

我国先后出台的稀土产业政策缺乏顶层设计，政策随意性和不透明性突出，使国外稀土产品市场感受到稀土供应链的不稳定，针对这种局面，西方发达国家采取了三方面的对策。

其一，以美、欧等为首，向 WTO 组织申诉，指责中国垄断稀土等资源出口。经过几轮磋商，从现有情况看，中国将是这场诉讼的输家。

其二，以日本、加拿大、澳大利亚等国的部分企业为主，开始加大对稀土资源的开发力度。尽管加拿大、澳大利亚等国的稀土资源开发还有待时日，但一些日本企业在哈萨克斯坦和越南的稀土资源开发已取得实质性进展，只是规模不大，尚不能完全满足日本企业对稀土资源的大量需求。

其三，国外稀土企业加快了稀土纵向一体化的购并。稀土贸易向公司内贸易进一步深化，如美国的钼公司。以日本稀土企业为主，在稀土资源供给日益趋紧的情况下，不得不实施"高端产品战略"，即在不断增大科技投入、持续强化产品研发的同时，积极发展稀土高端产品和替代产品。试图保持在稀土高端产品方面的诸多技术优势，借此来抗衡或削弱因稀土资源短缺而对其带来的不利影响。

其四，美国和欧盟出台了相应的包括稀土在内的关键金属的战略研究和法律，以应对这些金属供应链不稳定的状况。

（三）国内外稀土产业竞争格局的演变过程

经过 20 多年的高速发展，中国稀土产业已经形成规模效益并具备极强的竞争实力和发展优势，主要表现在资源丰富、冶炼技术先进、产业规模巨大、品种全、品质优、生产成本低等方面。中国稀土产业在生产、消费、出口方面均位居世界第一，尤其是在国家稀土产业调控政策的管理下，具备了左右全球稀土原材料供应的能力。这些优势形成我国稀土产业当前的核心竞争力，也是我国向稀土深加工环节快速延伸的基础。

20 世纪 90 年代以来，我国以质优价廉的稀土产品不断冲击国际市场，迫使美国、澳大利亚、法国、巴西等国的稀土产业萎缩，甚至退出市场，占据全球 95% 以上的市场份额，位居绝对垄断地位。较之国外，我国稀土产业前端明显处于竞争优势地位。

在稀土深加工环节，我国凭借原材料生产的垄断地位在产量上占据优势，但在高端领域处于明显劣势。在稀土永磁材料领域，中国主要处于中低端水平，高性能钕铁硼市场份额不足 10%；在高端荧光粉领域，中国白光LED（发光二极管）荧光粉占全球比重不足10%，CCFL（冷阴极荧光管）荧光粉仅有小批量生产，PDP（等离子）荧光粉市场完全空白；我国以储氢合金为原材料的镍氢电池应用集中在电动助动车、电动工具、电动玩具等领域，而日本则主要应用于混合型电动汽车、电动汽车、笔记本电脑等。

稀土原材料环节（矿产品及冶炼分离产品）的垄断优势不可能形成中国稀土产业长远发展的核心竞争力，主要原因为：①稀土资源并非中国独有，美国、澳大利亚、俄罗斯均是稀土资源超级大国；②普遍认为是我国独有的离子吸附型稀土矿也在国外稀土资源勘探中被发现（德国Tantalus Rare Earths公司在马达加斯加发现了离子吸附型稀土矿）；③环保投入和环保设备运行成本使得我国稀土生产成本逐年提升，与国外差距逐渐缩小；④国外稀土企业通过并购、签订长期供货协议、战略合作等形式直接或间接形成产业上下游一体化，抵御外部风险的能力得到增强。

总体而言，未来较长的时期内，我国稀土产业在矿产品及冶炼分离产品环节的优势地位不会改变，深加工环节处于劣势也将持续。稀土产业必须顺应我国产业结构升级的趋势，加强研发，致力于深加工关键技术及装备的突破，提升产业层次，逐步向高端布局，降低对原材料消耗的依赖，才能在全球稀土产业中占据主导地位。

（四）稀土产业发展趋势

1. 国外开采加速、稀土供应格局多元化

日本、美国、欧洲一直以来对中国稀土的依存度在70%以上。为降低对中国稀土的依赖度，日本努力谋求与印度、哈萨克斯坦、吉尔吉斯斯坦、越南、澳大利亚等国的合作，加快稀土资源的开发进程；美国则致力于推动本国芒廷帕斯稀土矿山的复产工作；欧洲与澳大利亚达成了稀土长期供货协议，加拿大、非洲等地的稀土矿产资源开发进程也得到了加速。当前已经形成4万吨的稀土矿生产能力，并且生产了近万吨的稀土精矿产品，国外稀土精矿产量将占据25%的市场份额，中国的垄断地位受到一定冲击。然而，目前国外在产、在建、拟建、勘探的项目中，几乎都是轻稀土矿，国外中重稀土元素未来的供给仍然非常有限。

2. 稀土减量使用技术及替代产品开发成为技术热点

目前对稀土的减量使用技术及替代产品研发已经取得了一些成果。日本东北大学开发减少钕铁硼添加剂镝用量的技术，日本产业技术综合研究所正在开发减少荧光体铽和铕用量的技术，日本精细陶瓷中心和立命馆大学等研究小组正在开发替代 CeO_2 的玻璃研磨剂。

在过去的数十年里，由于稀土性质优良及其价格低廉，稀土功能材料逐渐替代其他的功能材料，所以，只有稀土产品价格保持在合理的区间，稀土供应稳定，下游稀土消费量才能保持增长。

3. 国外稀土公司进行市场"内部化"运作趋势明显

美国钼公司拥有除中国外的世界最丰富的稀土矿床，即加利福尼亚拥有世界级的稀土矿山芒廷帕斯矿山。它还能够分离生产15种高纯稀土氧化物和金属，通过收购爱沙尼亚公司，在欧洲又拥有了冶炼分离能力3000吨、稀土金属生产能力700吨（爱沙尼亚公司是欧洲最大的稀土金属生产商之一）。通过收购加拿大NEO公司，拥有了世界级永磁生产能力和相关专利，并且通过NEO公司控制了其在中国的两家稀土冶炼分离企业和一家永磁生产企业，分别是淄博加华、江阴加华和麦格昆磁（天津）。此外，钼公司与住友金属建有合资企业，在日本生产永磁材料，与阿诺德磁技术公司合资在美国国内生产稀土永磁产品。近年通过兼并收购，成为从矿山到分离、金属和永磁的垂直一体化的公司。

八 中国稀土矿产资源健康发展存在的主要问题

（一）缺乏明确的战略规划和顶层设计

我国的稀土资源应如何充分利用、稀土产业应如何健康发展、稀土科技创新应如何有效开展，这些问题长期以来缺乏国家层面的统一认识和统筹规划，没有明确稀土产业的战略性定位。我国也曾出台过一些针对特定现象和问题的法规，但都相对独立、没有普适性，其贯彻落实情况也不甚理想。这说明我国还没有充分认识到稀土资源重要的战略地位，缺乏紧迫性。

稀土产业的盲目扩张严重影响了我国稀土产业健康有序的发展，为此从 2004 年起国家出台了调整稀土产业发展的措施，起到了一定作用。但由于国家层面的明确战略规划的缺乏和地方因私利而对政策执行不力，我国稀土产业仍旧处在几近失控的边缘。

（二）宝贵资源未得到有效利用，产业发展以牺牲环境为代价

虽然我国是资源丰富，但这些宝贵的资源并未得到有效利用，资源浪费现象严重。很多矿区普遍存在采易弃难、采富弃贫现象。包头稀土矿是伴生矿，开采量 90% 以上的稀土资源未能利用，成为尾矿，利用率仅有 6% 左右。在很多稀土企业，选矿设备落后，选矿回收率还不到 50%，大量资源被浪费。

另外，相当一部分稀土企业没有环保意识，只注重眼前经济效益，肆意开采资源而不关心环境，没有必要的环保投入。很多冶炼企业生产设备落后，分离技术和工艺简单，产生的大量"三废"直接排放，给当地生态环境带来不可逆转的严重污染。产业表面繁荣和经济利益背后都是建立在资源巨大浪费和环境极端破坏的基础上，是不可持续的。

（三）产业结构不合理，缺乏有效的监管和调控机制

我国稀土产品缺乏技术创新，以原料型为主的产业结构很不合理，总体水平较低，缺少附加值高的深加工产品。我国加工 1000 吨稀土产品收益平均为 815 万美元，而日本则高达 2500 万美元。以低端产品为主的产业结构直接导致了我国出口了大量宝贵的资源却没有取得较好的经济效益。

我国稀土资源分布在偏远地区，造成了执法部门监管困难。很多不法的中小企业与监管部门"捉迷藏""打游击"。另外，国土、环保等执法监管部门分属不同系统，难以协调共同行动，且职责不明确；地方保护主义抬头，为了地方短期经济利益而默许这些现象存在，使得中央的调控政策落实不到位。

（四）稀土应用水平较低，亟待重大技术突破和创新

稀土应用于新材料或元器件后产生的二次效益巨大，这才是稀土产

品的真正价值所在。长期以来,我国出口到国际市场的稀土产品以价格低廉的原料为主,而对附加值较高的新材料开发比较欠缺。这与我国在20世纪90年代前为了快速发展稀土产业而注重稀土分离和冶炼技术有关,导致我国稀土应用领域的研究相对较弱,甚至造成了出口稀土原料、进口稀土产品的现象。而国外企业在使用我国廉价原料的同时,通过生产出高附加值的稀土产品来攫取超额的利润。我国稀土产业的资源优势并没有转化为经济优势,根源在于稀土应用技术的落后。很多稀土企业满足于出卖低级产品的利润,对稀土的研发应用积极性较低。由于稀土应用基础较差,我国在功能材料和其他稀土应用技术领域缺少原创性成果,在新产品开发中也缺乏创新,亟待加大研发投入,取得突破性的技术成果。

九 海外稀土资源管理的历史经验和教训

美国钼公司曾经垄断供给了全球的稀土资源,是一家世界领先的稀土和稀土金属公司,拥有除中国外的世界最丰富的稀土矿床,即加利福尼亚拥有世界级的稀土矿山资源——Mt. Pass 矿山,平均品位能达到 8.36%。2011年国外稀土精矿产量为 1.1 万吨,其中,美国钼公司产量约 4500 吨。美国钼公司表示将大规模扩产,2012 年 8 月进入生产,年底产能达到 2 万吨,二期产能将达到 4 万吨,届时,稀土资源依赖中国的局面将彻底改变,而国外的稀土消费也仅为 4 万~5 万吨。

美国钼公司能够分离生产 15 种高纯稀土氧化物(达到 6N,99.9999%)和金属,通过收购爱沙尼亚公司,在欧洲又拥有了冶炼分离能力 3000 吨、稀土金属生产能力 700 吨(爱沙尼亚公司是欧洲最大的稀土金属生产商之一)。近年通过兼并收购,成为名副其实的从矿山到分离、金属和永磁的垂直一体化的公司。

针对下游深加工,美国钼公司通过收购加拿大 NEO 公司,拥有了世界级永磁生产能力和相关专利,并且通过 NEO 公司控制了其在中国的两家稀土冶炼分离企业和一家永磁生产企业——淄博加华、江阴加华和麦格昆磁(天津)。此外,钼公司与住友金属建有合资企业,在日本生产永磁材料,与阿诺德磁技术公司合资在美国国内生产稀土永磁产品。

日本拥有世界最先进的稀土金属、稀土合金和磁性材料等生产技术，只是缺乏资源，但日本已在资源供应上取得了较大的突破。日本通过与稀土资源国合作建设稀土厂的战略部署来获得长期稳定的稀土资源供应。丰田通商株式会社与印度原子能部下属的印度稀土有限公司合作，在印度东部的奥利萨邦建设一座稀土厂，提炼镧、铈、钕等轻稀土资源，并将每年向日本出口约4000吨稀土资源。日本于2012年5月与哈萨克斯坦达成协议，协议哈萨克斯坦每年向日本出口镝金属。与此同时，日本丰田通商、双日会社与越南当地企业展开合作。日越双方合资建设年产1000吨稀土厂。除此之外，双日会社还在同澳大利亚稀土矿商莱纳合作，按照计划，莱纳从2013年起向日本出口稀土资源，年出口量高达9000吨。

目前日本已确定合作的4个新稀土供应国（印度、哈萨克斯坦、越南和澳大利亚）都于2013年开始对日出口或增加出口量。上述国家出口日本的稀土总量达1.55万吨，超过目前日本年均稀土消费量的一半，意味着日本从中国进口稀土的比例大幅稀释，从80%降至50%以下。

由于稀土价格下跌，运营成本高企，国外稀土矿山开采处在无法盈利的状态。美国钼公司财报显示，钼公司2013年第一季度净收入增长了9%。由于经营成本的上升，第一季度净利润仍亏损4720万元（2012年亏损3.6亿美元）；公司度销售3274吨稀土，平均价格为44.71美元/千克，毛亏损2050万美元。

截至2013年3月，莱纳公司位于西澳大利亚的稀土选矿厂已生产5540吨（REO）稀土精矿，其在马来西亚的分离厂2013年第一季度已经实现生产。由于生产成本高出当前稀土价格25%，形成了销售即亏损的局面，莱纳公司实现了生产却不能获得销售收入。

综上，国外稀土资源为少数企业所垄断，垄断特征明显，稀土上下游一体化已完成布局。另外，为稳定稀土原料供给，日本企业寻求多元化供给并在减材和再利用方面做足了功课。

十 中国稀土产品资源保障应对策略

(一) 制定国家稀土资源战略规划，加强统一规划和协调管理

建立国家、地方、行业协会三位一体的产业管理体系。对关系国防工业和国家关键产业的稀土元素进行批量的战略储备，由国家每年进行有针对性的采购并建立稀土战略储备基地，加强对战略资源的有效管控。

以稀土深加工及功能材料应用为导向，把工信部稀土产品生产指令性计划、省内建设规划、土地利用规划等作为约束，不再批复新建冶炼分离项目。通过严格执行《稀土行业准入条件》中涉及的工艺装备、能耗、环保要求、安全生产等条款，加速落后冶炼分离产能退出，且做到公平、公正。

加强南方稀土产业发展的组织协调机制建设，进行区际产业管理体制和机制创新。建立由主要稀土产区的省工业和信息化委、省发改委、国土厅、科技厅、财政厅、环保厅等部门参加的省稀土产业发展协调机制；指导区际稀土相关政策实施；对鼓励发展的产业项目提供支持，推进重大科技创新项目；交流产业发展信息；组织专家咨询和培训；进行产业发展宣传；等等。对稀土产业发展中有关重大问题，提交区域内政府协调解决。

各企业必须建立科学和完善的生产、销售、财务、能耗、排放统计体系，能为监管提供极大的便利。同时，协同区际产业管理体制和机制，以统计体系为基础，建立物质流追溯机制，有效打击黑色产业链。

(二) 加强资源综合利用，保护资源

加强稀土生产技术、装备、工艺改造升级，通过科技进步降低"三废"对生态的破坏。国家要制定严格环境标准，治理稀土行业普遍存在的环境污染问题，切实做到对资源环境的保护性开发和利用。

理顺稀土矿山绿色管理体制，大力发展循环经济，提高资源综合利用效率，实现资源的高效利用和循环利用。稀土产业绿色发展营造良好的自然生态环境。

进一步明确责任主体，建立长效机制，实行上下联动、整体推进的办法，严厉打击黑色产业链，防止私挖滥采，加强稀土回收项目清理整顿，维护市场有序运行。

保护合法合规企业，公平对待，避免干扰。

在国家相关稀土产业管理措施（生产指令性计划等）框架内，保持稀土原材料稳定供应，维持价格平稳运行。

高效清洁开发利用稀土资源，支持进一步改良原地浸矿技术：①加强地质勘探，对地质条件不符合开采要求的矿点进行系统改造，必须经验收达标后方可开采；②开发环境友好型的稀土浸矿剂，最大程度降低水资源污染。

（三）稳定资源供给预期、创造良好的政经环境

改革稀土矿产资源开发利用和全产业链管理模式，包括：①稀土矿产资源分矿种管理，逐步放开轻稀土管理；②树立良好价格预期，促进稀土功能材料发展；③建立稀土矿产资源追溯机制；④加强技术、装备引进并逐步向高端布局等方面做出调整。

（四）行业（产业）层面的改革

应加快企业兼并重组，尽早淘汰落后产能，推动企业集约化经营、提高产业集中度。积极组建行业联盟，该联盟参照 IFM 或欧佩克等国际组织的模式进行组建，将拥有现有各部门的一定功能，通过联盟自律，改变现有产业混乱的现状，促进稀土产业的健康、可持续发展。加快基础研究、技术创新和稀土应用推广。

中国铀矿资源来源和应对策略研究[*]

一 研究对象

(一) 本课题主要研究对象

本课题主要研究对象是天然铀。

(二) 本课题研究的依据

十八大提出了到2020年全面建成小康社会的宏伟目标,提出包括生态文明建设在内的"五大工程"和建设"美丽中国"的要求,再次强调把生态文明建设放在突出地位,支持节能低碳产业和新能源、可再生能源发展,确保国家能源安全。核工业必将迎来新的发展机遇,责任更加重大。国家能源需求增长、节能减排和环境要求离不开核能的发展。进入"十二五"阶段,我国经济继续保持平稳较快发展,能源需求保持较快增长。多个省市出现了电力供应紧张的局面。重点时段、部分地区能源供需矛盾比较突出。未来较长一段时间,能源生产将继续保持较高的增长速度,供需难以平衡。同时,随着工业化进程加速,我国以煤电为主的能源结构面临严峻挑战,资源环境压力持续加大。我国政府承诺争取到2020年非化石能源占我国一次能源的比重达到15%,单位GDP二氧化碳排放强度比2005年下降40%~45%。要实现上述目标,核电等新能源产业将发挥越来越重要的作用。特别是核电作为安全可靠的清洁能源,是成熟的低碳能源技术,未来在我国能源结构中将继续占据重要的位置。发展核电仍是目前理性、现实的选择,是我国能源发展战略的重要组成部分。

---

[*] 本文作者单位:国家开发银行研究院、中国核科技信息与经济研究院。

铀资源是国家重要的战略性能源矿产资源，是核工业的"粮食"，在国民经济和国防建设中占有重要的地位。中国是世界第二大经济体，也是目前世界上在建反应堆最多的国家。相对世界铀矿资源殷实大国——加拿大、澳大利亚、哈萨克斯坦、纳米比亚、尼日尔、瑞典等国家而言，目前中国境内已查实的铀矿资源与其国土面积、铀成矿地质环境、经济实力、科技现状等是不"相衬"的。中国核能发电现状、未来发展对铀的需求与中国实际铀产量之间有较大缺口。如何解决此缺口，对保障我国核电的发展具有重要意义。

二 中国天然铀需求情况分析

（一）需求情况分析

1. 国内核电发展现状

我国的核能事业开始于1955年，但核能发电起步较晚，我国大陆第一座核电站（即秦山核电站）于20世纪70年代开始设计，1985年开始建设，1994年投入运行。其后，除1996年开工建设的秦山二期核电站是自主设计的以外，先后从法国引入大亚湾2×984MWe和岭澳一期轻水核电站，从加拿大引入秦山三期2×728MWe重水核电站，从俄罗斯引进田湾2×1060MWe核电站。

截至2013年6月30日，我国大陆已投入商业运行的核电机组为17台，在建28台机组，在运核电机组装机容量为1462.2万千瓦（见表1），在建核电机组装机总容量为3056万千瓦。

表1 我国在运核电厂装机总容量

运行核电厂名称		额定功率MWe	开工日期	投运年份
秦山核电厂		320	1985年3月20日	1991
大亚湾核电厂	1号机组	2×984	1987年8月7日	1994
	2号机组		1988年4月7日	1994

续表

运行核电厂名称		额定功率 MWe	开工日期	投运年份
秦山第二核电厂	1号机组	4×984	1996年6月2日	2002
	2号机组		1997年3月23日	2004
	3号机组		2006年4月28日	2010
	4号机组		2007年1月28日	2011
岭澳核电厂	1号机组	×990 2×1000	1997年5月15日	2002
	2号机组		1997年11月28日	2003
	3号机组		2005年12月15日	2010
	4号机组		2006年6月15日	2011
秦山第三核电厂	1号机组	2×728	1998年6月8日	2002
	2号机组		1998年9月25日	2003
田湾核电厂	1号机组	2×1060	1999年10月20日	2007
	2号机组		2000年9月20日	2007
红沿河核电厂	1号机组	1080	2007年8月18日	2013
宁德核电厂	1号机组	1080	2008年2月18日	2013
合 计				14622

2. 目前核电装机总量对天然铀资源的需求

按照截至目前的在运核电机组装机总量1462.2万千瓦，分别按12个月和18个月换料周期计算。按12个月换料周期，2013年当年所需天然铀为2330吨；按18个月换料周期计算，2013年当年所需天然铀8258吨。

3. 我国天然铀现有生产能力

据WNA（2013年5月）的资料，2012年中国年产1500tU，占当年世界产量58344tU的2.57%，较2011年大增了69.49%。2004~2012年，我国天然铀年产量数据如表2所示。

表2 2004~2012年天然铀产量

单位：吨铀

年 份	2004	2005	2006	2007	2008	2009	2010	2011	2012
产量（估计）	750	750	750	712	769	750	827	885	1500

资料来源：WNA网站。

（二）国内天然铀未来需求预测

1. 我国核电发展依据及主要目标

根据国务院 2012 年 10 月通过的《核电安全规划（2011～2020 年）》以及《核电中长期发展规划（2011～2020 年）》（调整），到 2015 年，运行核电装机总容量达 4000 万千瓦，在建 1800 万千瓦；到 2020 年，运行核电装机总容量达 5800 万千瓦，在建 3000 万千瓦左右。

2. 我国核电发展对天然铀资源的需求

按照《核电中长期发展规划（2011～2020 年）》（调整），明确到 2020 年我国在运核电装机总容量为 5800 万千瓦，在建 3000 万千瓦左右，即到 2025 年末，我国在运核电装机总容量为 8800 万千瓦。按上述方案进行预测，计算的边界条件为：

①首炉：161 组（157 组 + 4 组备用）元件，合 74.5 吨铀；丰度 1.8%、2.4%、3.1% 元件各 53 组、各合 24.8 吨铀。

②换料：

- 18 个月换料周期情况：每次换料 72 组元件，合 33.5 吨铀，丰度 4.45%。
- 12 个月换料周期情况：每次换料 52 组元件，合 24 吨铀，丰度 3.2%。

分别按 12 个月和 18 个月换料周期计算，根据 2025 年我国核电装机容量 8800 万千瓦对天然铀需求进行分析，2025 年共需天然铀 16 万～20 万吨，铀资源储量 23 万～29 万吨铀（见表 3、表 4）。

8800 万千瓦核电站在全寿期 60 年内共需天然铀 92 万～95 万吨铀。

表 3　2025 年前天然铀需求量（8800 万千瓦核电，12 个月换料）

项　目		核电容量（万千瓦）	天然铀（吨铀）	地质勘查（吨铀）	备　注
2015 年	当年	4000	6375	9107	天然铀采储率按 70% 计算
	累计		72720	103886	
2020 年	当年	5800	9244	13206	
	累计		105444	150634	
2025 年	当年	8800	14025	20036	
	累计		159984	228549	

表 4　2025 年前天然铀需求量（8800 万千瓦核电，18 个月换料）

项　目		核电容量 （万千瓦）	天然铀 （吨铀）	地质勘查 （吨铀）	备　注
2015 年	当年	4000	8258	11797	天然铀采储率按 70% 计算
	累计		91710	131015	
2020 年	当年	5800	11974	17106	
	累计		132980	189971	
2025 年	当年	8800	18167	25953	
	累计		201763	288232	

3. 国内供应能力保障程度分析

目前国内天然铀开采的唯一单位是中国核工业集团公司，铀矿采冶的能力较小。无论是核电当年的需求量还是累积需求量，我国天然铀生产能力远远满足不了国内核电发展的需求，目前国内所需铀资源的供应，除了自己生产的一部分，剩余部分是靠国际采购以及境外开发获得的。

按 2020 年、2025 年核电发展的需求预测，目前国内已探明的经济可采储量无法保证核电机组全寿期运行，需要加大国内铀资源勘查力度，增加铀资源储备。同时，必须加大海外开发工作的力度。只有在立足国内的前提下，充分利用和依靠国内国外"两种资源、两个市场"，才能确保国内核电发展的需要，实施国内生产、海外开发和国际贸易三条渠道并举的天然铀保障体系是必然的选择。

三　中国天然铀供给情况分析

（一）国内来源

1. 我国铀资源勘查发展史

我国的铀矿地质工作从 1955 年起步。到 1958 年，探明了一批可供矿山开采的铀矿储量，并开始建设三个铀矿山和一个铀冶炼厂，从此诞生了我国的核工业，为我国原子弹、氢弹和核潜艇的研制提供了必要的核原料。

20 世纪 60 年代铀矿勘查的指导思想是"扩大老矿区，开辟新基地，探索新类型"。70 年代开始"攻深找盲",在全国范围内开展了大规模的普查勘探工作,发现了贵东、诸广和桃山等一大批铀矿床、矿田和成矿带。80 年代,勘查工作的重点是继续扩大南方地区的老矿区,重点是寻找富矿、经济效益好的矿,同时加强了对北方地区新的铀矿类型的探索。90 年代以来,逐步对铀矿找矿方向和目标类型进行重大调整,找矿重点由在南方寻找硬岩型铀矿转移到北方寻找中新生代盆地中的地浸砂岩型铀矿,在新疆、内蒙古、辽宁等省区的伊犁、吐哈、鄂尔多斯、二连、松辽、海拉尔等中新生代沉积盆地中主攻地浸砂岩型铀矿。

通过 50 多年的铀矿地质工作,目前已在全国 25 个省区完成铀矿普查,面积 300 多万平方千米,航空放射性测量近 400 万平方千米,各种比例尺铀矿区域地质调查 400 多万平方千米,投入钻探工作量 3000 多万米,发现放射性异常 60000 余个,铀矿化点 3000 多个,查明铀矿矿产地 300 多个。提交了一批工业储量,控制了一批远景储量。其中,经济可采占有相当的比例,已被矿山开采利用的矿床达 80 多个,满足了我国核军工和核电发展的需要。

2. 我国铀资源类型和特点

(1) 探明铀资源类型

我国现已探明的铀资源按含矿主岩划分,主要有以下 5 种类型:

①产于花岗岩中的热液矿床,主要分布于华东南(江西、湖南、广东、广西)燕山期花岗岩及其围岩中,少量产于其他地区和其他时代花岗岩中;

②产于酸性火山岩(包括火山碎屑沉积岩)中的火山岩型热液矿床,多数分布于华东南(江西、浙江、福建、广东)的中生代火山岩区,少量产于内蒙古、河北中生代和新疆晚古生代酸性火山岩中;

③产于下古生界海相碳质硅质泥岩中的复成因矿床,主要分布于江南古陆东南侧(湖南、广西、江西),少量产于南秦岭西部;

④产于中新生代陆相盆地中受层间氧化或潜水氧化控制的砂岩型矿床,主要产于西北、内蒙古和东北的陆相盆地中,个别产于滇西第三纪陆相盆地中;

⑤产于中新生代盆地中的含铀煤(新疆)、含铀泥岩和泥质粉砂岩(内蒙古),以及有火山热水参与成矿的复成因矿床等。

(2) 探明铀资源的特点

①资源分布广

我国铀资源分布十分广泛，已有 23 个省（自治区）探明有铀矿资源储量，但主要集中在赣、粤、湘、新、桂五省（区），占全国铀资源储量的 76%；按成矿区划可划分为 5 个铀成矿省、18 个铀成矿带（区）。

②资源类型多

按含矿主岩划分，我国探明的铀资源类型有花岗岩型、火山岩型、砂岩型、碳硅泥岩型、伟晶岩型、混合岩型、碱性岩型、磷块岩型、石英岩型。其中花岗岩型铀矿储量所占比例为 38.8%，火山岩型为 26.9%，砂岩型为 14.2%，碳硅泥岩型为 13.4%，其他类型占 6.7%（见图 1）。

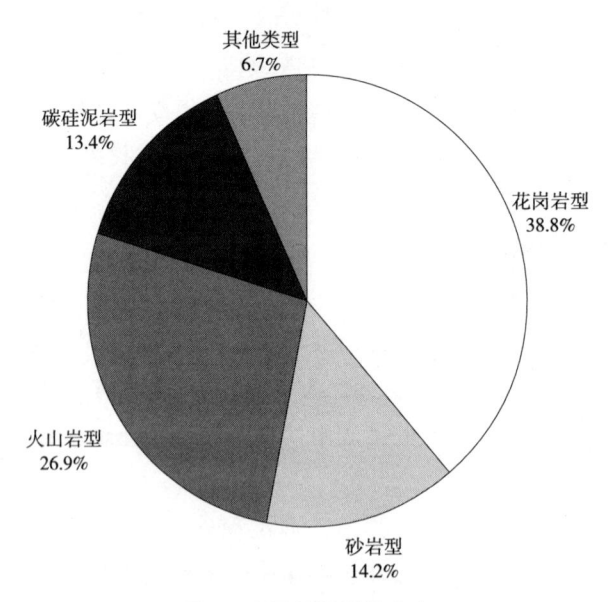

图 1　中国铀资源量分布

③单个矿床规模较小

我国已探明的铀矿床以中、小规模为主。但就资源储量而言，11 个铀矿田集中了全国铀矿储量的 50%。按 3000 吨以上为大型矿床、1000~3000 吨为中型矿床、100~1000 吨为小型矿床进行统计，18 个大型铀矿床的铀储量占总资源储量的 30%，中小型铀矿床占 70%（见图 2）。

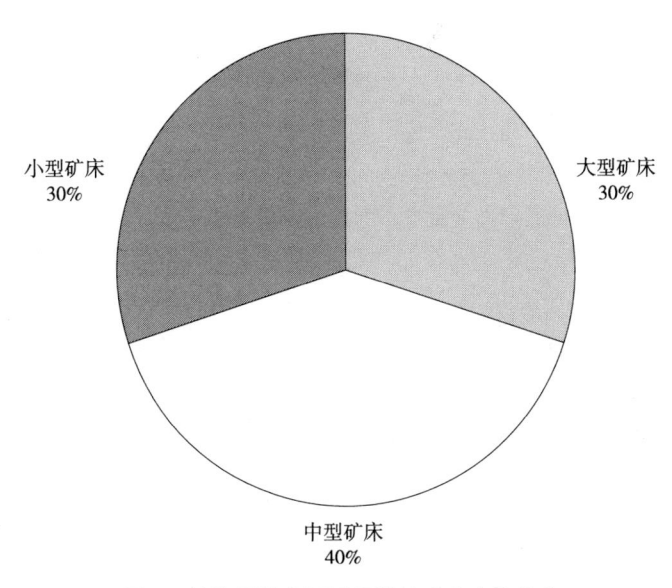

图 2 铀资源量在不同规模铀矿床中的分布

④矿床以中低品位为主，矿体厚度较小

矿床品位多数在 0.1% ~ 0.3%，占全国总资源储量的 60%，而高于 0.3% 的富矿只占 7%，低于 0.1% 的贫矿占 33%（见图 3）。矿体厚度以 1~5 米为主，占总资源储量的 73%（见图 4）。

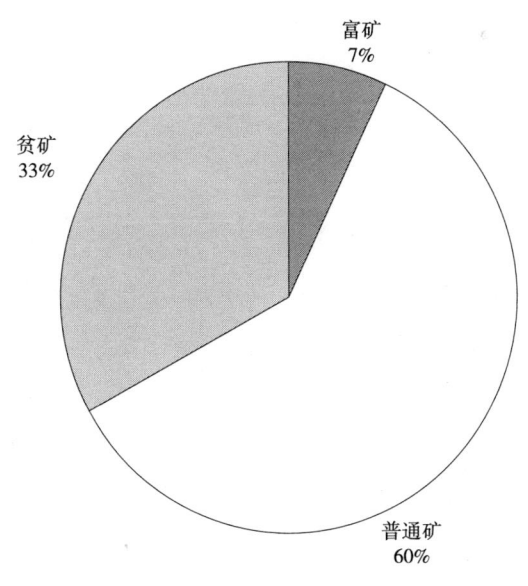

图 3 不同品级矿石量分布

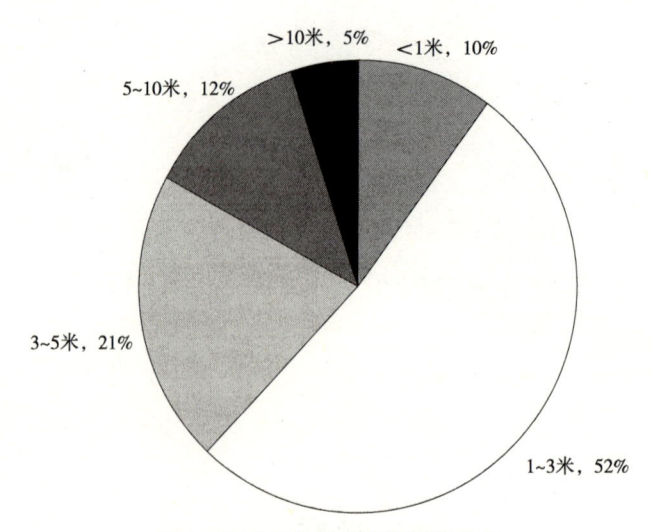

图 4　不同矿体厚度铀资源量分布

⑤矿床埋深不大

由于以往勘查深度一般控制在 500 米以内，故探明的矿床埋深一般小于 500 米。埋深 200～500 米的占资源储量的 74%，埋深 100～200 米的占 11%，埋深在 50～100 米、小于 50 米和在 500 米以上的只占少数（见图 5）。

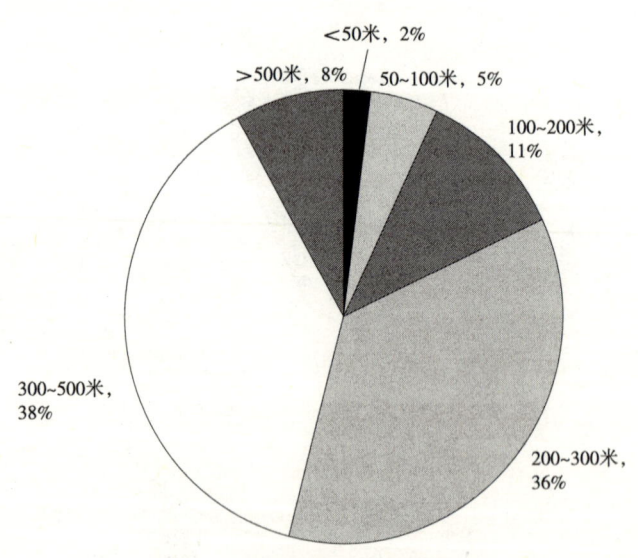

图 5　不同埋藏深度铀资源量分布

⑥共生、伴生的矿产种类多

目前已经发现与铀伴生的有钍、钼、锗、钒、钇和稀土等元素，其中云南临沧发现的锗－铀型矿床的锗储量为世界罕见，经济效益可观（见图6）。多数由于品位、技术等原因，综合利用程度较低。

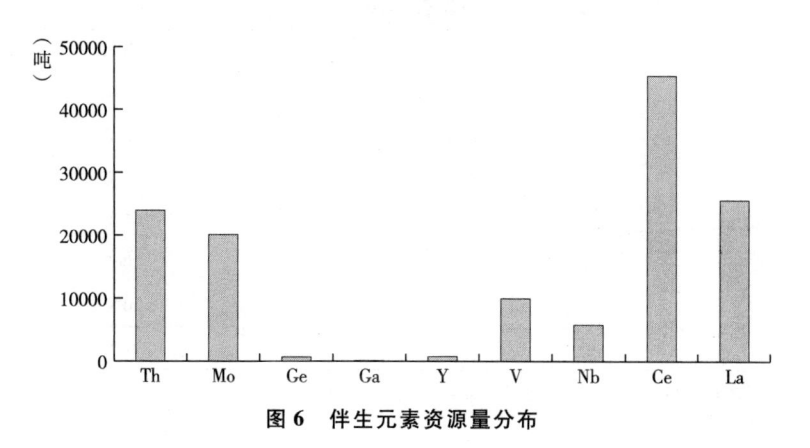

图6 伴生元素资源量分布

3. 我国铀资源储量

（1）已查明常规资源及其分布

根据中国政府公布资料，2009～2011年，中国新增已知常规资源（可靠储量和推断资源）50000tU，其中北方（伊犁、二连、吐鲁番－哈密、鄂尔多斯铀矿床）新增20000tU；南方（桃山、诸广南部、河源、鹿井和大州铀矿床）新增30000tU。到2011年1月1日，中国铀资源共计221500tU。中国铀资源分布如表5所示。

表5 中国铀资源分布

单位：tU

序　号	位　置		铀资源
1	江　西	相山	29000
		赣州	12000
		桃山	10500
2	广　东	下庄	12000
		诸广南部	20000
		河源	4000
3	湖　南	鹿井	9000

续表

序 号	位 置		铀资源
4	广 西	资源	11000
5	新 疆	伊犁	28000
		吐鲁番-哈密	10000
6	内蒙古	鄂尔多斯	23000
		二连	33000
		松辽	2000
7	河 北	青龙	8000
8	云 南	腾冲	6000
9	陕 西	蓝田	2000
	浙 江	大州	2000
总 计			221500

资料来源：2011年IAEA红皮书，数据截至2011年1月1日。

(2) 待查明常规资源（预测资源和推测资源）

中国拥有较多的潜在铀矿类型。根据中国一些研究部门的统计分析，待查明资源中的预测资源量为2000000tU。在过去的几年，已识别出来的有利地区是内蒙古的二连盆地和鄂尔多斯盆地。其他地区如新疆的塔里木盆地和准噶尔盆地、东北地区的松辽盆地也被认为是一个有利的潜在地区。继续勘探中国南方已知铀矿床，还可以获得更多的铀资源量。

(3) 中国已探明的铀矿资源储量在世界上的排位

中国已探明的铀矿资源储量总量位居世界前列，根据中国现已探明的铀矿资源储量的经济性概略分类结果与国际原子能机构2011年红皮书中世界铀资源的数据对比，中国开采成本≤130美元/kgU的资源储量为16.61万吨，居于世界前列（见表6）。

表6 低成本已探明铀资源（130美元/kgU）的分布

单位：万吨U，%

国 家	铀资源储量	全球份额
澳大利亚	166.16	31
哈萨克斯坦	62.91	12

续表

国　　家	铀资源储量	全球份额
俄　罗　斯	48.72	9
加　拿　大	46.87	9
尼　日　尔	42.10	8
南　　非	27.91	6
巴　　西	27.67	5
纳　米　亚	26.10	5
美　　国	20.74	4
中　　国	16.61	3
乌　克　兰	11.96	2
乌兹别克斯坦	9.62	2
蒙　　古	5.57	1

资料来源：2011年IAEA红皮书，数据截至2011年1月1日。

4. 中国铀资源与世界铀资源对比

如上所述，我国铀矿勘查取得了巨大的成绩，在短期内相继探明了一批铀矿床，从一个无铀资源的国家成为一个铀资源较富的国家。但与世界上主要的铀资源大国相比还有较大的差距（见表7），具体表现在以下方面。

表7　中国与世界铀资源状况对比

主要铀矿工业类型	全世界 矿化特征	全世界 主要产地	中国
石英卵石砾岩型	产于古砾岩中，为金铀综合矿石，矿石铀品位0.03%～0.15%，矿床铀资源量<1万～10万吨	南非、加拿大	不具备形成的地质条件
碱交代型	产于钠（钾）长石化岩石中，矿石品位0.1%±，矿床铀资源量<1万～5万吨	乌克兰、俄罗斯、巴西	已探明有中、小型矿床，其矿石质量与国外同类型相当，具有成矿地质环境和找矿前景

续表

主要铀矿工业类型	全 世 界		中 国
	矿化特征	主要产地	
热液脉型	产于强烈蚀变的花岗岩、火山岩和变质岩内，矿石品位变化大，由 0.n%~n%，矿床铀资源量＜1万~＞5万吨	德国、俄罗斯、哈萨克斯坦	主要的成矿类型，广泛发育，其矿石质量与国外同类型相当，还未探明超大型的矿床，具有良好的成矿地质环境，是今后找矿的重点对象
赤铁矿角砾杂岩型	产于赤铁矿角砾杂岩内，铜、铀、金综合矿石，铀品位为 0.03%~0.06%，矿床铀资源量＞100万吨	仅在澳大利亚探明奥林匹克坝1个矿床	是否存在成矿的地质环境待深入研究
砂岩型（含外生－后成渗入型）	产于透水的砂岩中，铀品位低（0.01%~0.n%），矿床铀资源量＜1万~40万吨	哈萨克斯坦、乌兹别克斯坦、美国、捷克、尼日尔	主要的成矿类型，广泛发育，其矿石质量与国外同类型相当，只是有的矿床矿石工艺性能较差，具有良好的成矿地质环境，是今后找矿的重点对象
不整合面型	产于古老地层不整合面附近，矿石极富（0.n%~n%、甚至更高），矿床铀资源量＜1万~＞10万吨	澳大利亚、加拿大	仅探明非典型的连山关小型矿床，需要进一步探索和研究

注：此表中的 n 无具体数值，只表示量级。

①探明的铀资源总量较少，未发现世界级的超大型矿床。世界上主要产铀大国探明的铀资源量不仅大，而且都探明有数万吨级和＞10万吨级的骨干矿床，为规模性生产天然铀创造了条件。我国铀矿床的规模小，特别是内生铀矿床大多数的储量较小，分布分散。近年来找到一些万吨级的砂岩型铀矿床，但与国外同类矿床相比，也属相对小的矿床。

②高质量的资源量明显不足。目前世界上最具有经济价值的矿床类型有三种：不整合面型，矿床的规模大，矿石铀含量特富；可地浸砂岩型，矿床的规模大，矿石品位低；综合型，矿床的规模大，矿石品位不高。中国目前仅探明有可地浸砂岩型，其他两种类型的勘查和研究非常不够。

总的来看，按探明的铀资源量，中国处于铀资源相对丰富的第二档次国家，矿床的规模和矿石质量属于中等水平。

5. 存在的主要问题

（1）铀矿勘查投资体制不够完善，是以钻探工作量作为投资的基本依据。近年投资强度虽有所增加，但仍偏低，造成铀矿地质基础工作、区域性的物化探工作、铀矿地质研究工作投资不足，影响到成矿区划和成矿预测的准确度。

（2）铀矿勘查工作一度把增加储量作为主要任务，忽视普查找矿工作，造成中国铀资源结构不合理，后备铀资源量和后备铀矿勘查基地严重不足。

（3）中国基础地质研究程度低，在铀矿勘查工作最多的年代许多地区都没有地质图或没有正规地质图，直接影响铀成矿地质条件分析和找矿。

（4）随着市场经济体制的发展，各地质部门之间严格封锁，抢占地盘；地方有关部门乱收费用，造成地质资料收集难，普查地区登记难，非地质工作费用大幅度上升，严重影响铀矿勘查工作的效率和成果。

（5）中国的铀矿地质勘查经验和理论水平总体上达到世界先进水平，在有的方面处于世界领先水平，但是目前铀矿勘查能力相对小，物化探测试仪器和勘探装备落后。

（二）国外来源

1. 全球铀资源量

截至2011年1月1日，世界范围内铀生产成本<130美元/kgU的已查明铀资源量为532.72万吨，与截至2009年1月1日该成本类别的资源量相比，减少了76.8万吨（见表8），下降了约1.4%，主要是由印度和约旦的此类资源量大幅减少所致，阿尔及利亚、澳大利亚、加拿大、哈萨克斯坦、纳米比亚和乌兹别克斯坦的此类资源量也有小幅减少。相反，坦桑尼亚和尼日尔的此类资源量却有大幅增加，蒙古、俄罗斯、斯洛伐克共和国和乌克兰则有小幅增加。新引入的<260美元/kgU高成本类别则增加到709.66万吨（与2009年<260美元/kgU类别的资源量总量相比增加了12.5%），已查明铀资源量共计增加了790300多吨，2009~2011年已查明铀资源量的增加值相当于2011年铀需求量的12倍。

低成本类别的已查明铀资源总量有所减少（<40美元/kgU和<80美元/kgU）分别下降了11.55万吨和66.34万吨，与截至2009年1月1日同

类别资源相比，两者分别下降了 14.5% 和 17.7%。低于 40 美元/kgU 级别只是小幅减少，源于乌兹别克斯坦在这一成本级别中报告了大量新资源。加拿大、尼日尔以及南非的该级别资源量大幅减少，致使这 2 种成本级别上的资源量全部下降。

截至 2011 年 1 月 1 日，全球待查明资源包括预测资源和推测资源为 10436600tU，比 2009 年的 10400000tU 略有上升。

表 8　近几年全球已查明铀资源量及其变化

单位：1000tU

铀资源类别	2009 年	2011 年	2009~2011 年变化值
已查明资源			
<260 美元/kgU	6306.3	7096.6	+790.3
<130 美元/kgU	5404.0	5327.2	-76.8
<80 美元/kgU	3741.9	3078.5	-663.4
<40 美元/kgU	796.4	680.9	-115.5
可靠资源			
<260 美元/kgU	4004.5	4378.7	+374.2
<130 美元/kgU	3524.9	3455.5	-69.4
<80 美元/kgU	2516.1	2014.8	-501.3
<40 美元/kgU	569.9	493.9	-76.0
推断资源			
<260 美元/kgU	2301.8	2717.9	+416.1
<130 美元/kgU	1879.1	1871.7	-7.4
<80 美元/kgU	1225.8	1063.7	-162.1
<40 美元/kgU	226.6	187.0	-39.6

注：①由于是独立取整，变化值可能与 2009 年、2011 年之间的差值不相等。②回收成本低于 40 美元/kgU 级别的资源量似乎比报告的要高，因为一些国家要么没有详细的评估数据，要么数据是保密的。

2. 全球各国家已查明铀资源分布

国际原子能机构 2011 年第 24 期红皮书的数据显示（见表 9），全球已查明的铀资源主要分布于澳大利亚、哈萨克斯坦、加拿大、俄罗斯、南非、纳米比亚、巴西、尼日尔、美国、中国、乌兹别克斯坦和乌克兰等国家（见图 7、图 8），在全球 <130 美元/kgU 的已查明铀资源中有 90% 以上

集中在上述国家，其中仅澳大利亚、哈萨克斯坦和加拿大三国已查明铀资源就占全球已查明铀资源的52%。

表9 已查明常规资源（可靠资源＋推断资源）（截至2011年1月1日的可回收资源，tU，取整至100）

国别	成本范围			
	<40美元/kgU	<80美元/kgU	<130美元/kgU	<260美元/kgU
澳大利亚	0	1349400	1661600	1738800
巴西	137900	229300	276700	276700
加拿大	350800	416800	468700	614400
中国	59200	13500	166100	166100
印度	0	0	0	104900
哈萨克斯坦	47400	485800	629100	819700
纳米比亚	0	6600	261000	518100
尼日尔	5500	5500	421000	445500
俄罗斯	0	55400	487200	650300
南非	0	186000	279100	372100
乌克兰	6400	61500	119600	224600
美国	0	39100	207400	472100
乌兹别克斯坦	71300	71300	96200	96200

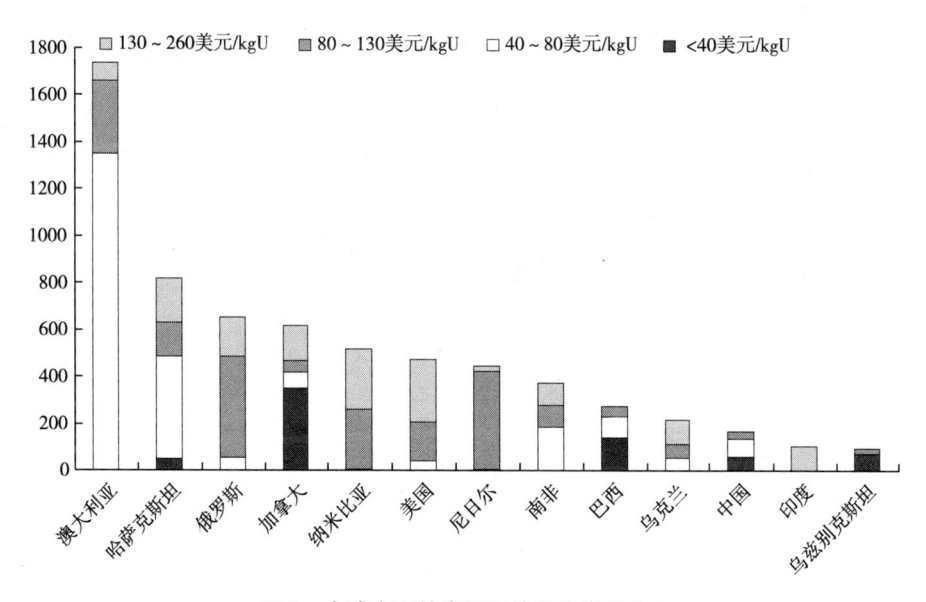

图7 全球主要铀资源国的查明资源分布

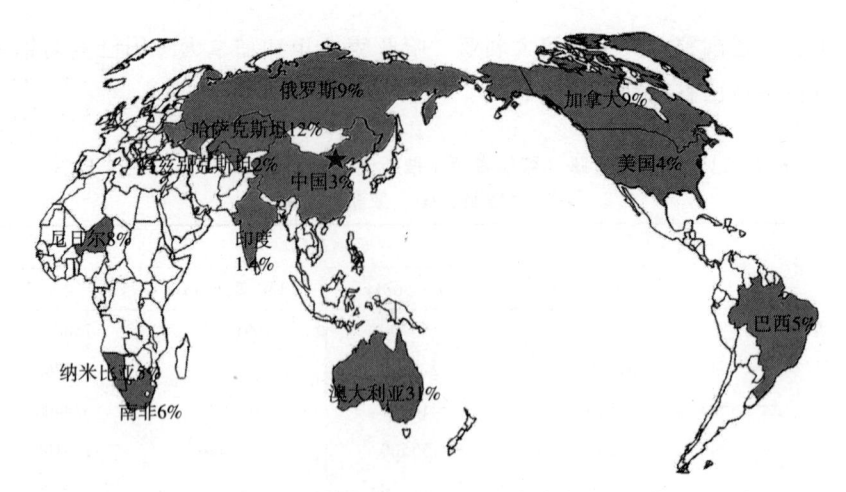

图 8　全球已查明铀资源的空间分布（生产成本＜130 美元/kgU）

3. 我国铀资源主要贸易国与进口国

我国铀资源主要贸易国与进口国包括加拿大、哈萨克斯坦、乌兹别克斯坦、澳大利亚、尼日尔等国。

（三）世界天然铀开采与贸易

1. 全球大型铀业公司的生产业绩

加拿大的 Cameco、法国的 Areva 和哈萨克斯坦的 KazAtomProm 是 2010 年度世界三大矿山铀生产量最高的公司，它们总共生产了 25193tU，占世界矿山总铀产量的 44%。Cameco、Areva 和 KazAtomProm 的铀产量在世界矿山铀生产量中的份额几乎"平分秋色"（Cameco、Areva 和 KazAtomProm 的铀产量在世界矿山铀生产量中的份额详见表 10），为 2010 年度世界铀矿业公司"三强"。2010 年世界铀产量最高的十家铀生产公司的产量占世界总铀产量的 91%。

表 10　世界三大铀业公司（Cameco、Areva 和 KazAtomProm）2009~2010 年的铀生产量

单位：tU，%

公司	2009 年产量	2010 年产量	2010 年产量占世界总产量的份额
Cameco	8000	8758	16
Areva	8623	8319	16

续表

公　司	2009年产量	2010年产量	2010年产量占世界总产量的份额
KazAtomProm	7467	8116	15
其他生产商	26682	28470	53

需要指出的是，2010年哈萨克斯坦总共产量17803tU，KazAtomProm占有8116tU，其余的9678tU为外企所有。在哈萨克斯坦与KazAtomProm合资生产铀的外企包括加拿大的Cameco、法国的Areva，以及俄罗斯、中国、日本等国家的国企与私企（哈萨克斯坦土地上生产的45.59%的铀归其所有，而其余54.41%落入外企的囊中）。

2. 国际天然铀贸易

（1）天然铀贸易形式

国际天然铀贸易主要包括两种贸易物项：天然的U_3O_8和天然的UF_6。其中，U_3O_8是国际铀产品贸易的主要物项，一般存放在转化厂，计量单位一般都采用每公斤铀的U_3O_8或每磅U_3O_8。天然级UF_6也是国际天然铀贸易的物项，是U_3O_8通过氟化所得，一般存放在浓缩厂，按公斤铀计量。

贸易方式逐步多样化，形成了长期合同、现货合同和租赁方式相结合的天然铀贸易方式，交货方式也发展为主要依靠寄售转账的方式实行天然铀所有权的转移。

（2）供需情况

在天然铀供求方面，2012年全球的天然铀的总需求量为67990吨铀，产量为58344吨铀。

3. 具体国家分析

目前全球10个核电发电能力最大的国家依次为美国、法国、日本、俄罗斯、德国、韩国、乌克兰、加拿大、英国和中国，上述10个国家大致可根据其铀需求量和生产量之间的关系分为3类（见图9）。

第一类国家：国内铀生产完全能满足需求，这里只有加拿大一个国家。

第二类国家：本身也属铀生产大国，但生产量仍不能满足需求，需要从国外进口一部分铀或从二次铀供给（铀库存、反应堆乏燃料的后处理铀、军用钚生产的核燃料和贫铀再浓缩生产的铀）给予补给。属于这一类国家的有俄罗斯和乌克兰。

第三类国家：自身几乎不生产铀，但同时又是铀消费大国。它们的核燃料补给主要依靠市场购买、境外合作和二次铀资源供给。最典型的国家就是法国，而美国、日本、韩国、德国、英国等也属于这一类国家。

结合前面铀资源和铀生产的阐述，还可划分出一类国家，它们是铀资源和铀生产大国，而本身却完全没有铀需求。最典型的代表就是澳大利亚、哈萨克斯坦、尼日尔、纳米比亚和乌兹别克斯坦，这些国家生产的铀全部用于出口。

这样，世界铀生产和铀需求就出现了奇怪的格局——大部分铀生产大国只有很小的铀需求量，而铀需求量大的许多国家却只有很小的铀产量。

要保障我国核电的可持续发展，仅仅依靠我国自身的铀资源和天然铀生产看来是相当有难度的。必须在加强国内铀资源勘查和开发的同时，积极推动海外铀资源的勘查和开发。开发海外铀资源是解决我国核电铀需求短缺的重要措施之一。

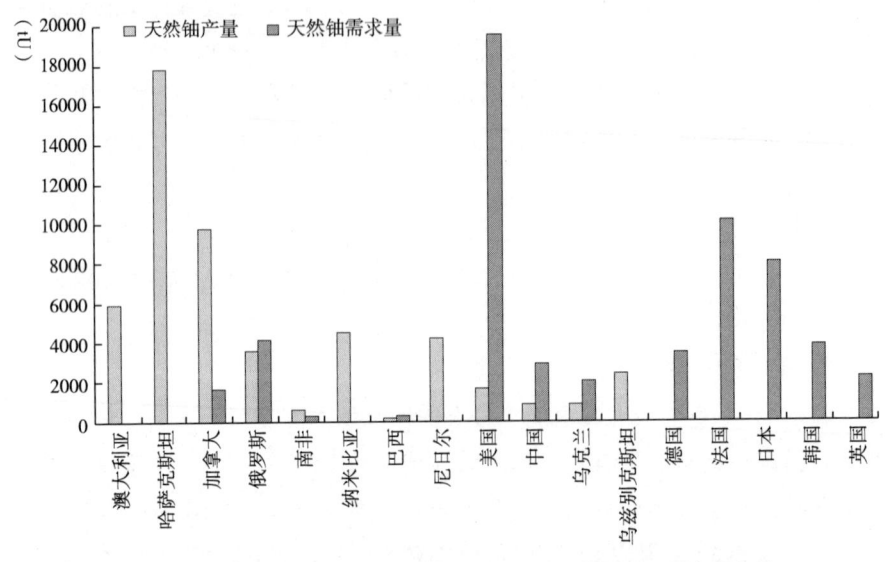

图9 全球主要铀生产国和消费国2010年铀产量和反应堆需求量

（四）全球主要铀资源供给国的铀政策

世界天然铀的生产主要分布在加拿大、澳大利亚、中亚、俄罗斯和非洲部分国家，但铀矿的开采主要集中在上文的几大铀矿业公司。

1. 澳大利亚

按照世界最佳实践环境和安全标准，澳大利亚政府支持澳大利亚铀矿业部门的可持续发展，并允许铀出口到那些遵守核不扩散条约（NPT）的国家，以及承诺核不扩散和核安全的国家。非核武器国家也必须遵守核武器不扩散条约的补充协议。2008年11月，西澳洲政府推翻了前州政府的有关在该州禁止铀矿开采的政策，现在允许和南澳与北领地政府一样进行钠勘查和采矿。西澳的铀采矿权获得须遵守严格的安全规定，对包括铀的开采和运输在内的所有活动要提供国际安全保障和有关的环境标准安全保障。

澳政府欢迎外国人在澳洲进行矿产勘探活动，且不强制要求澳方参与。5000万澳元以上的采矿投资计划只要不违背澳洲国家利益，其申请一般都可获得批准。铀矿不是特殊领域，对来自中国的投资没有特别限制。但是，要事先向澳大利亚投资局申报。2006年4月3日，中澳签订《中澳和平利用核能合作协定》和《核材料转让协定》，开启在核能领域的合作。

2. 乌兹别克斯坦

探明储量为10.3万吨铀，国内无核电站，全部出口，产量在2300吨铀以下由德国的NUKEM公司包销。乌兹别克斯坦与中国不接壤，从乌兹别克斯坦到中国的运输铁路要经过哈萨克斯坦或俄罗斯；公路要经过吉尔吉斯斯坦进入中国的南疆地区。

3. 哈萨克斯坦

国家在原子能使用方面的政策目标是：

- 建立发展核能的基础；
- 进一步发展铀生产和铀加工企业，发展相关的工业部门；
- 发展核科学以帮助开发核能和铀生产；
- 保护居民健康，保护环境，复垦放射性污染的土地；
- 改进教育，创建核工业部门的高素质人才队伍；
- 完善核领域的法规、制度；
- 保障辐射、核和铀工业的安全以及核场址的安全；
- 保障核武器不扩散；
- 在利用原子能领域发展国际合作。

2010年，哈萨克斯坦发布了2011~2014年发展核工业的新计划及至

2020年的远景目标，其目的是优先发展核工业和创建民用核计划作为加快工业革新和国家发展的平台。

执行这个计划会最终增强国家现有的出口资源能力，保障环境和能源技术的安全，促进核技术开发以及哈萨克斯地区和其他地区的社会经济发展。

该计划包括：

- 创建铀转化设施，至2016年达到产能1.2万吨UF_6/a，其中哈原工份额为$6000tUF_6$/a；
- 在乌尔宾水冶厂建立400t/a的燃料组装设施；
- 与俄罗斯建立合作伙伴关系，保障250万SWU/a的浓缩供应；
- 至2020年，建造1座新的核电站（取决于政府的支持决策）。

此2011~2020年计划估算总费用为1164.28亿坚戈，其中，11340.92亿坚戈由财政预算之外支付，273.36亿坚戈由财政预算支付。

哈萨克斯坦还在国内为国际原子能机构提供浓缩铀。

4. 加拿大

生产的天然铀绝大部分出口，主要的目标市场是美国。目前主要是Cameco、Cogema公司等西方主要的铀矿公司在加拿大开采铀矿，一般以期货合同销售为主，价格较高。另外，加拿大与美国关系紧密，对中国出口的保障监督要求较严，目前的中加核能合作协议中，仍然要求中方对从其采购的铀实行全程的保障监督。

加拿大出售的铀仅限于发电，为保证这一点，受国际安全保障监督。其他的设备和服务也仅限于和平用途。加拿大作为非核武国家，是核不扩散条约（NPT）成员国，它的核不扩散条约安全保障协议于1972年开始生效，与此有关的附加议定书于2000年开始实施。作为贸易前提，每个消费国都要签署NPT和IAEA要求之外的双边保障协议。

5. 纳米比亚

纳米比亚的采矿权由国家掌控，由1992年《矿业法》（勘探和采矿）管制。为了废除旧的法规继承殖民政体，在纳米比亚独立后不久，就颁布了这项法令。该法案目前正在审查，不久将正式进入正在制定的政策中。修订已达到了成熟阶段，一旦完成，还将提交法定起草人并提交国会审议。

2007年，纳米比亚政府实行无限期的铀勘查许可证发放暂停政策。当时，铀价已达到刺激全球特别是纳米比亚的矿产勘查的高水平，政府表示，暂停将会给他们实际来重新考虑铀需求回升后的铀政策，如水和能源方面问题。

依据《矿业法》的第102条，铀被定义为一种受控制的矿产，铀的出口、加工、拥有、浓缩都受该条款控制，但没有涉及铀生产和核燃料循环的相关政策和法规。为了制定这一政策，纳米比亚跟芬兰合作发展适当的管理。在IAEA技术合作方案RAF 3006的参考下，相关项目开始展开。2009年3月，纳米比亚政府开办了首个国有采矿公司——Epangelo采矿公司。该公司拥有15万纳元的启动资本，且100%为国有。该控股公司将持有净资产参与新的铀勘查和开发项目。

6. 俄罗斯

国内生产的天然铀，难以满足国内的核电站需求，部分依靠高浓铀稀释后的低浓铀。

四 中国寻求海外铀资源概况及国际合作的重点方向

（一）中国寻求海外铀资源概况

中国坚持利用"两种资源、两个市场""立足国内、开发国外"的原则，在加大国内铀资源勘查力度的同时，积极开展国外铀资源勘查，逐步构筑以国内供应为基础、国外供应为补充的全球铀资源配置体系，以提高铀资源对中国核电可持续发展的保障能力。目前，中国从事海外铀资源勘查与开发的公司主要有中国核工业集团公司（以下简称"中核集团"）、中国广核集团（以下简称"中广核"）和中国中钢集团公司等。

1. 中国核工业集团公司

中国核工业集团公司于2006年12月28日注册成立了全资子公司中国国核海外铀业有限公司（以下简称"国核铀业"），专职负责组织中核集团海外铀资源的勘探找矿、资源评价、矿山和水冶厂的建设投资、天然铀的生产经营等任务，是中核集团海外铀资源投资、勘探和开发的操作平台。

国核铀业成立至今，在尼日尔、纳米比亚、津巴布韦、蒙古共取得15

个铀矿勘探许可证，勘探面积达到 8265 平方千米。其中，尼日尔、纳米比亚和津巴布韦 4 个勘查项目已正式实施，初步控制铀资源 4.3（2.5）万吨。现有 1 个在建项目在按计划建设中。

尼日尔阿泽里克铀矿冶工程是第一个由我国控股并设计建设的最大规模的海外铀矿山；国核铀业通过香港上市公司持股 37.2%；建设规模 700t/a，资源储量 1.4 万 t；总投资 26.47 亿元；该项目于 2008 年 7 月正式动工，2011 年 3 月进入试生产运行，2012 年达产。

2012 年 10 月 22 日，中核集团阿泽里克矿业股份有限公司在尼日尔举行了首批铀产品启运仪式。阿泽里克铀矿历经 4 年多的建设和试生产，实现首次产品销售并进入商业运营，标志着中国企业海外铀资源商用实现"零的突破"。

2009 年 6 月，中核集团通过控股的香港上市公司——中核国际，成功收购了加拿大西部勘探者公司已发行普通股的 69%，取得了控股权。8 月 14 日，收购该公司全部股份，实现百分之百控股，从而取得该公司拥有的包括蒙古古尔万布拉克铀矿在内的 18 个矿产资源许可证的权益，古矿已探明资源量 8580 吨金属铀（平均品位 0.18%），推断资源 11000 吨金属铀（平均品位 0.11%）。该项目铀矿地质工作程度较高，铀矿规模较大、品位较高，资源量可靠，基础设施基本建成，如果蒙古政府能够顺利颁发采矿许可证，可在 3 年内建成年产 600 多吨的铀矿山。

2012 年 6 月 26 日，中核集团蒙古项目公司与蒙古国核能署签订了《古尔万布拉克铀矿开采前期工作协议》。这一协议的签订，标志着该项目进入了开工准备期，为中蒙铀矿资源进一步合作开发奠定了基础。

蒙古国铀矿资源丰富。2010 年，中核集团与蒙古国核能署签订了铀矿资源和核能领域合作备忘录。2011 年，古尔万布拉克铀矿床储量报告通过蒙古国矿产资源委员会评审并获得批准，中核集团蒙古项目公司积极开展了项目可研工作。2012 年，项目公司启动环评工作，并根据蒙古的《矿产资源法》向核能署提出了签订《开采前期工作协议》申请，双方经过反复沟通，就协议文本达成一致。根据该协议，在 3 年内，项目公司将正式进入开展项目可研评审、环评、工艺试验、初步设计、施工图设计等工作，并可办理开发所需的土地、水资源、化工原材料和火工材料等使用权证，直至完成开工建设条件。

该协议的签订，标志着中核集团海外铀资源开发取得了又一个重要进展。目前，中核集团正与蒙方就组建合资公司进行协商。

另外，中核集团下属的中国原子能工业有限公司，已开展核燃料国际贸易业务30多年，拥有成熟运作经验，与哈萨克斯坦、加拿大、澳大利亚、纳米比亚等国建立了天然铀贸易关系，通过长期合同锁定需求量和多渠道采购分散风险等方面，保证了国内核电发展对天然铀需求。

2. 中国广核集团

中国广核集团于2006年8月在北京成立了中广核铀业发展有限公司（以下简称"广核铀业"），主营国内外铀资源勘探开发、贸易及核燃料产品进出口等业务。注册资金12亿元人民币，净资产18亿元人民币，总资产33亿元人民币。

在海外铀资源开发方面，广核铀业于2008年12月与哈萨克斯坦成立合资公司，共同开发哈萨克斯坦境内的Irkol和Semizbay铀矿，Irkol铀矿资源量为25000~50000tU，计划年产量750tU，预计2011年底达产，Semizbay铀矿资源量10000~25000tU，计划年产量为750tU。广核铀业在合资公司占股49%。

广核铀业于2009年9月8日通过下属的中国铀业发展公司向澳大利亚铀资源勘探公司Energy Metals发起并购，斥资7210万美元收购Energy Metals 70%的股份，掌握了澳大利亚北领地地区Bigrlyi勘探项目，Bigrlyi矿床目前已探明储量约6000t，推断资源量约5000t，平均品位0.068%。

2009年9月广核铀业与乌兹别克斯坦地矿委员会成立中乌铀业有限责任公司，占股50%，合作对乌兹别克斯坦纳沃依州"波斯套"黑色页岩型铀矿区块进行勘探与开发。

2011年12月8日，中广核铀业公司对外公布了收购伦敦上市铀矿公司卡拉哈里矿业公司的要约。2012年初，广核铀业联手中非发展基金，成立合资性质的金牛座矿业公司（Taurus Minerals），广核铀业和中非发展基金在金牛座矿业公司中分别持股60%和40%，合资公司全资收购世界第五大尚未开发的白岗岩型铀矿——纳米比亚乎萨巴矿床。

2012年末，金牛座矿业公司又与纳米比亚国有性质的Epangelo矿业公司成立合资公司——斯瓦科普铀业公司，共同开发乎萨巴矿床，在该合资公司中，金牛座矿业公司持股90%，纳国Epangelo矿业公司持股10%。2013年，斯瓦科普铀业公司将乎萨巴矿床正式定名为湖山铀矿床。

该矿床资源总量达28.6万吨八氧化三铀，是纳米比亚最大的花岗岩型铀矿床，也是目前世界第三大单铀矿床。

湖山铀矿项目于2014年5月8日正式开工采矿生产，项目达产后年产量约6500吨八氧化三铀，可供20台百万千瓦级核电机组用40年。

广核铀业近年来也积极开展了国际天然铀贸易工作。2010年6月9日，中广核铀业公司与乌兹别克斯坦纳沃伊矿业联合企业代表在乌兹别克斯坦首都塔什干签署了《天然铀贸易合同》。

在反应堆购买与铀供应协议方面，中广核利用法国EPR技术在广东台山建设2个机组，同时签订了由法国提供2个机组15年燃料供应协议。

3. 中国中钢集团公司

中国中钢集团公司在澳大利亚成立了中钢南澳铀矿公司，收购了澳大利亚铀开采商皮皮尼矿业公司附属的一家铀矿公司60%的股权，这是中国企业首次直接持有澳洲铀矿股权。该合资企业将开发南澳的两座铀矿，产品全部由中钢集团销往中国，由中核集团负责技术加工。

4. 中国国际信托投资公司

中国国际信托投资公司（CITIC）澳大利亚分公司持有澳大利亚马拉松资源公司18.7%的股权。马拉松资源公司的核心资产位于南澳的铀及其他金属矿产。中国国际信托投资公司澳大利亚分公司入股马拉松资源公司纯系商业投资行为，暂未拥有铀承购权。

5. 其他企业

自20世纪90年代以来，有色南京分公司、甘肃白银集团、云南铜业公司等非铀地矿企业，以及多家民营企业、属地化了的铀矿地勘局、大队等先后试探性地试图投资非洲、澳洲、蒙古、加拿大等地的铀矿项目，至今没有一家"站住脚"，大部分无功而返。这充分反映了上述企业对海外铀市场的"陌生"，融资困难，各种风险承担能力脆弱，投资海外铀矿项目的模糊等问题。

（二）我国海外铀资源开发面临的问题

虽然我国海外铀资源开发利用已取得一系列成果，但是我国海外铀资源开发工作起步较晚、任务紧迫、基础薄弱，在"走出去"进行海外铀资源开发工作还面临一些外部和内部的不利环境。其中，外部不利环境包括：行业政治敏感性高，面临的政治风险大；面临美国、欧盟、日本、韩国和印度等铀资源需求国的强势竞争等。内部不利环境主要体现在：缺乏政府集中统一管理和扶持；我国企业规模小，国际综合竞争力弱；缺乏国际化人才，对国际规则不熟悉；海外开发资金不足、勘查技术装备落后等方面。

1. 行业政治敏感性高，面临的政治风险大

我国矿产资源企业在海外发展中面临的最大问题是政治风险。政治风险主要表现为东道国政策的变换、区域保护、经济和政治报复、区域内部协调、第三国的干预、民族主义和宗教矛盾、各国内部的利益集团和非政府组织的政治参与等。由于铀资源是一种高度敏感的战略资源，与国家利益、民族主义、地缘政治等复杂因素紧密相连，受政治影响极大、面临的政治风险极高。

目前世界上已探明铀资源绝大部分已被发达国家瓜分，并控制了世界铀勘探开发的主要市场。由于铀资源的战略重要性和分布不均衡性，对其争夺已经突破了企业层面间的争夺，导致国家层面参与争夺。当前部分国家并没有放松对我国的围追与阻挠，正加紧在其传统利益国家和地区开展工作，对我国设置种种障碍。比如，法国在非洲以政治支持和经济援助为诱饵、扶植亲法实力等干扰和阻滞中非铀资源合作；印、日、韩等国正加紧与我国争夺铀矿资源，这进一步加剧了我国海外铀资源开发利用的政治风险。

2. 面临铀资源需求国的强势竞争

由于铀资源在全球范围内分布不均，各国铀矿资源禀赋与本国需求之间存在着极大不平衡，核电大国往往铀矿资源贫乏，而铀矿资源丰富国家的核电产业不发达或根本不打算发展核电。我国作为发展核电国家之一，在海外铀资源勘探开发过程中同时面临着与拥有大型铀生产商的国家和周边国家的激烈竞争。

相对于拥有大型铀生产商的国家，如法国、加拿大、英国等拥有先进的铀矿勘查、开采及核燃料加工技术，且已在全球范围内获得了大量优质铀矿山的探矿权和采矿权，我国企业在"走出去"勘探开发海外铀资源

时，与之竞争明显处于劣势。

中亚地区拥有丰富的铀资源，作为邻国，我国在中亚地区勘探开发铀资源具有一定的地缘政治优势。但是我国周边国家韩国、日本由于国内铀资源十分贫乏，其也在积极争夺中亚地区铀资源，我国面临着激烈的竞争。此外，印度作为新兴国家，也在大力发展核电，是我国海外铀资源勘探开发中不可忽视的竞争对手。

目前，世界上探明的经济的铀资源大部分已被少数公司占有。在加拿大、澳大利亚、纳米比亚、尼日尔，经济的和较为经济的铀矿山已被加拿大卡梅科（Cameco）公司、法国阿海珐集团（Areva）、澳大利亚力拓矿业集团（Rio Tinto）和南非格鲁黄金公司（AngloGold）等公司所占有，即使是 21 世纪初开发的哈萨克斯坦可地浸砂岩铀矿这些公司也都有涉足，我国企业难以从中分一杯羹。

3. 缺乏政府集中统一管理和扶持

海外资源开发利用是一项非常巨大的工程，国家和企业必须根据本国的发展情况和人口的增长情况预测好对资源的需求，做好统一规划，并由相关部门领导实施。发达国家如日本、韩国等在海外铀资源开发利用方面都有明确的国家战略，并建立了专门的机构来实施这一战略，协调国内外各方关系，效果非常显著。而我国政府虽然提出了"走出去"的战略，但并未就海外铀资源的开发利用提出详细的、具有操作性的战略构想，在项目选择、资金、技术、管理、培训、信息、服务和对外关系等方面也尚未形成一套必需的支持系统。

4. 我国企业规模小，国际综合竞争力弱

西方矿产资源企业一般都是规模巨大的跨国公司，而由于矿产资源对国家经济发展的巨大影响，国家扶持力度日益加大，使得矿产资源企业的规模进一步扩张。矿产行业的规模效应十分明显，大规模、长期合同式的交易始终处于市场的主导地位。规模偏小使我国矿产资源企业在国际竞争中处于明显劣势，主要表现在：一是缺乏定价权，使得企业生产经营活动容易受国际市场价格影响，抗风险能力差；二是造成企业银行资信低，融资能力低，难以快速扩张；三是市场开拓能力弱，难以突破国际市场壁垒；四是容易受外部政策环境的影响，承担不必要的发展成本。

5. 缺乏国际化人才，对国际规则不熟悉

在实际的对外经营过程中，我国矿产资源企业碰到的最棘手问题，主要是来自对矿业国际惯例和运行模式不甚了解或缺乏研究。由于信息不对称、不熟悉国际惯例，不了解国外政治经济和社会风俗、法律制度等，我国企业有过很多失败的教训。目前，我国矿产资源企业缺乏了解国际社会经济环境、精通国际市场规则、熟悉国际法与投资地法律的综合型人才，以致在与外商的商谈过程中会出现提出严重背离国际惯例和矿业运行模式的要求和条款的情况，这严重阻碍了我国矿产资源企业全球拓展的步伐。因此，培养和造就一批适应全球化发展的企业经营管理人才是我国矿产资源企业的当务之急。

6. 海外开发资金不足

矿产投资具有高风险、高投入、技术性强、周期长、难度较大的特点，特别在海外进行勘探开发，需要有雄厚的资金实力，才能承担开发作业中的风险。而我国矿业企业与国外的跨国公司相比，普遍实力较弱，缺乏资金。且目前我国并未设立海外铀资源开发专项基金，这使我国企业在"走出去"的过程中面临着很大的资金压力。

7. 海外铀资源勘查的技术装备落后或严重不足

与国外跨国公司相比，我国企业除海外开发资金不足外，勘查技术装备也相对不足和落后。目前，我国进行海外铀资源勘查的技术装备严重不足，铀资源开发多依赖国外勘探公司的承包合同形式进行施工，或利用国内有关勘探企业的设备进行勘探。前者不仅成本费用很高，而且常常由于各种原因而不能保证勘探工作的需求。而国内有关勘探企业的装备往往比较落后，难以适应国外的气候及自然地理条件。

（三）铀资源国际合作的重点方向

1. 铀资源的勘查与开发

海外铀资源勘查、开发重点地区的选择应从成矿地质条件和政治、经济、社会等综合因素分析。结合我国经济和开发能力实际，我国国外铀资源勘探开发要分层次、有重点地进行。

第一层次为周边国家，重点是蒙古和哈萨克斯坦。蒙古政府与中国政府在矿业开发方面达成了协议，中国向在蒙古进行矿业开发的企业提供贷

款。目前，蒙古的铀矿地质工作程度虽然较低，但勘查前景和潜力巨大。我国与哈萨克斯坦哈原工的合作持续了多年，虽然一直没有取得突破，但与哈方建立了紧密的联系渠道。哈对与中方合作一直持欢迎的态度，只是合作条件上双方还没有达成最终的一致。我国应积极主动地提出继续与哈原工合作的新方案，推动在哈开发铀资源的合作。

第二层次为非洲国家，重点是尼日尔和阿尔及利亚。尼境内铀资源丰富，是世界前 5 位的产铀大国。因此，到尼日尔进行铀矿勘查开发是有前景、有条件的。目前中国核工业集团公司已经进入该国开发铀资源。阿尔及利亚政府与中国政府有着良好的外交关系，中阿在核领域也有着长期友好的合作历史，阿境内铀矿床具备较好的开发前景和价值。

在重点开展以上两个项目的同时，以此为基地，积极在非洲寻求新的合作伙伴。

第三层次为加拿大、澳大利亚等国的项目。2005 年 11 月 24 日，澳大利亚政府与中国政府在北京进行了会谈，就合作事宜达成共识。双方在矿业开发方面达成了协议，21 世纪澳将成为中国经济发展在资源和能源方面的"后花园"。澳矿业开发法律法规以及管理运行体制完善，因此，在澳进行铀矿勘查开发的大环境是很好的。加拿大与澳大利亚有着相似的环境和政策，而且加拿大的铀矿资源也十分丰富，因此我国应加强与加拿大的铀矿勘查开发公司的联系，积极寻求合作机会。

2. 铀产品的国际贸易

目前，我国已经与世界主要的天然铀供应商，包括低浓铀供应商建立了紧密的伙伴关系。根据国别情况和地域政治关系，我国铀产品的进口采购策略是：①中亚和非洲为主，澳大利亚和加拿大为辅；②保障监督要求低的为主，保障监督要求严的为辅。③由于俄罗斯只单纯出口低浓铀的政策以及欧洲的 Urenco 公司和法国的 Cogema 公司每年有从尾料再浓缩的核燃料生产的低浓铀，在规格和价格合适的情况下，可以考虑进口一部分低浓铀。

按照多元化采购和多通道运输的原则，同时服从国家统一的矿产资源进出口政策，采用零星市场采购与开发国外生产基地相结合、直接进口铀产品和与国外公司签订长期供货合同相结合、大中小相结合、供应渠道多元化、来源分散化、铀资源贸易和其他对外贸易相结合的策略，具体的国别原则如下。

——中亚地区：主要是从哈萨克斯坦或乌兹别克斯坦进口天然铀，每年进口一定的量，保证给中方最优惠的价格。由于地区位置的优势，中亚通道可以作为我们进口天然铀的主渠道。

——欧洲地区：由于欧洲的 NUKEM 公司在中亚有包销协议，有很大的影响力，既做国内的供料，又做国际核燃料贸易，其发展的模式，对我国的供料模式有参考价值。可以考虑每年进口少量的天然铀。

——非洲地区：将以市场公允的长期合同价与南非、纳米比亚和尼日尔的铀矿公司（有的公司的总部在欧洲，选一两家条件较好的）签订进口一定量的长期合同。

——其他地区：主要是加拿大、澳大利亚和南美，我国将逐一评价，首先与澳大利亚签订核材料转让协议后，可考虑签订长期合同。

五　应对策略与建议

作为后起的核电国家，在核电需要大规模发展的新形势下，我国应做好各种准备工作，扎扎实实地进入国际市场，各种保障措施要逐步落实。

（一）国家层面

1. 实施海外天然铀资源国家开发战略

为推动对国外天然铀资源的开发和利用，建议国家将天然铀作为国家矿产资源境外开发优先支持的矿种，充分利用和协调好政治、外交、经贸、金融和军事等方面工作，通过建立政府间长期合作开发机制和签订双边核保障协议为天然铀的开发创造良好的政治环境，鼓励和扶持国内企业的海外铀资源开发工作。

2. 建立和完善组织机构

建议借鉴国外经验，建立由有关部门组成的境外资源勘查开发协调机制，充分发挥政府行政管理及国有资产管理职能，在一定范围内进行明确分工，加强协作，为企业"走出去"进行资源开发提供全方位服务并实施有效的宏观调控，减少多部门管理的不协调现状。通过各部门有效的配合，从国家整体利益出发，统一协调我国企业的海外铀资源开发，引导企业在国家相关部门和行业协会的组织下，统一行动，形成合力。

3. 加大国家投入和政策支持

建议借鉴日、韩等铀资源贫乏国家的成功做法，利用财政、金融、税收等多种手段，重点支持已拥有相当经济实力、有能力参与国际矿业市场竞争的国有大型企业"走出去"，具体包括：加大对天然铀地质勘查和新技术开发的投入；建立海外铀资源风险勘查基金和天然铀产品储备资金；制定鼓励利用海外铀资源的财税、金融和税收优惠政策；对海外勘查开发的装备、设备和仪器的购置和运输等方面给予进出口方便。

4. 设立国外铀资源勘查开发资金

建议建立海外铀资源开发基金为企业提供资金支持，鼓励"走出去"开发海外铀资源。建议初期海外铀资源开发基金的规模为100亿元人民币，可由国家财政、中核集团、中广核集团及其他正在运行的核电企业共同出资，主要用于已探明资源的重大开发项目或在产及在建项目的并购。

5. 完善政策法规及配套体系

为实施"走出去"战略，我国已出台了一系列相应的法律法规。从目前国内的海外投资相关的法律法规来看，主要涵盖海外投资项目的核准和审批、境外担保、资金的审查、外汇管理等法律法规，比较分散，且对海外矿业勘查开发投资方面的保险、税收、人才培养机制等方面的法律法规尚存空白，因此应该针对矿业开发的特点，根据国际惯例制定《海外矿产勘查开发管理条例》，为企业参与海外铀资源勘查、开发的投融资业务提供法律保障。

海外铀资源勘探开发需要大量的资金，不能一味地依赖政府投入。政府应该建立和完善相关的投融资机制和保险机制，为矿业企业拓展融资渠道获得资金奠定基础。同时引导金融机构完善支持矿业企业"走出去"的服务体系，为矿业企业提供从前期项目谈判过程中的财务顾问业务，到并购阶段的并购贷款融资和资金汇划、汇率保值，再到并购完成后的项目开发融资等服务，更好地支持矿业企业"走出去"及海外并购。

6. 加强与民营资本及外资的合作

目前，我国海外铀资源的开发利用主要是由大型国企实施，资金主要来源于政府和国有资本投资。虽然政府和国有资本投资在促进我国海外铀资源开发利用方面发挥了不可替代的作用，但是海外铀资源开发利用所需资金庞大，仅靠政府和国有资本投资难免存在资金不足的问题，且由我国大型国企所开展的海外铀资源开发利用项目容易引起东道国对市场活动背后我国政治意图产生猜忌，从而增加政治阻力。

（二）行业层面

1. 加大铀矿资源勘查投资力度

将铀资源的地质勘查纳入核行业发展和国家重要资源利用长远规划，加大地勘资金投入和地质勘查力度，改善铀矿地质勘查装备，摸清家底，持续增加我国探明铀资源的储量，这不仅为核电的发展创造基础条件，而且也有利于海外铀资源的开发和利用。

设立重大科技专项，集中国内优势力量突破一批制约天然铀产业发展的关键技术；通过关键技术的规划化应用促进天然铀产业的快速发展，提高天然铀勘探开发效益。

2. 加强行业统筹规划、统一管理

国防科工局作为核行业主管部门，代表中央政府对国内铀矿勘查开发按军品实行统筹规划、统一管理和监督，制定和实施产业政策；国土资源部作为资源管理部门，联合环境保护等有关部门按照各自职责管理相关业务，省级政府相关部门给予协助。铀矿开采和加工必须在国家规划指导下有序进行，坚决取缔、依法严惩非法开采、加工、出售和收购铀产品的生产经营活动；切实加强核安全和核环保监管，坚决防止放射性环境污染。

3. 推进产业布局的优化，建设与世界接轨的规模化集约化铀矿山

按照"立足普查、远近兼顾，突出重点、优化布局，整装勘查、综合评价，依靠科技、创新机制"的部署原则，深入实施大基地战略，统筹部署铀矿勘查。围绕"358"找矿目标，加大北方盆地的找矿投入，加快找矿突破，落实勘查开发基地；以大中型铀矿床为重点，加强南方重要成矿带老矿田深部和外围的铀矿勘查，扩大矿床规模；加快区域铀矿资源潜力评价和基础地质调查，合理安排物化探测量，积极开辟找矿新区，尽快落实一批新的铀矿产地，加快摸清资源家底。

按照"上大下小"原则，统筹规划、分期建设、梯次推进，以北方新的资源富集区开发为产能增量主体，加快产能布局重心向北方转移，实现北方资源的规模化、集约化开发，建设与国际接轨的现代铀矿山。

4. 进一步完善铀矿勘查开发体制机制

近年来，国家鼓励符合条件的组织参股铀矿开发。相继出台《军工企业股份制改造实施暂行办法》(科工改〔2007〕1366号)、《关于加强铀矿地质勘查工作的若干意见》(国土资发〔2008〕45号)等文件，提出按照"谁投资、谁收益"的原则，允许社会资本投入铀矿勘查、开发领域。

在国家进行铀矿勘查投入的基础上，鼓励社会资本加强铀矿勘查工作，并建立矿权流转机制。在实行勘探社会化的同时，充分考虑铀矿勘查过程中的环境影响因素以及装备、人员、技术等特殊要求，制定放射性矿产资源勘查资质管理办法，明确放射性矿产资源勘查必须由具备规定资质条件的专业化队伍承担，明确必要的放射性勘查技术装备和辐射安全防护措施。

我国铀矿开发要坚持开发与保护并举的原则，要建立严格的市场准入机制，实行统筹规划、有序开发，加强铀资源的保护与管理，规范开采秩序，妥善处理好当前与长远、局部与整体的关系。

5. 解决历史遗留问题

社区和省局问题是在长期计划经济体制下形成的。建议国防科工局从行业主管部门的角度积极呼吁逐步给予解决。一是在事业单位分类改革中，争取省局进入公益一类事业单位，落实其经常性费用支出、在职人员事业费和离退休人员经费的财政资金渠道；二是争取国家出台专项政策，解决社区运行经费缺口、基础设施老化等一系列问题，尽快将社区移交地方。

附件：海外铀资源开发主要目标国家的投资环境

(一) 澳大利亚

1. 自然条件

澳大利亚联邦(The Commonwealth of Australia)位于南太平洋和印度洋之间，由澳大利亚大陆、塔斯马尼亚岛等岛屿和海外领土组成。东濒太平洋的珊瑚海和塔斯曼海，北、西、南三面临印度洋及其边缘海。海岸线长36735公里。北部属热带，大部分属温带。年平均气温北部27℃、南部14℃。

2. 社会经济概况

澳大利亚联邦国土面积769.2万平方公里；人口2155.9万（2009年1月），74%为英国及爱尔兰后裔；5%为亚裔，其中华裔约67万人，占3.4%；土著居民45.5万人，占2.3%；18.8%为其他民族。官方语言为英语。居民中约70%信奉基督教（其中，28%信奉天主教，21%信奉英国国教，21%信奉基督教及其他教派），约5%信奉佛教、伊斯兰教、印度教和犹太教等。非宗教人口约占25%。

澳大利亚资源丰富，农业、旅游、采矿业均具有较强优势。近年来，澳大利亚经济持续增长，对外贸易不断扩大，虽然长期存在逆差，但总体规模不大，进出口基本保持平衡。国际原材料价格上涨对澳大利亚出口有利，但澳元不断升值则导致出口竞争力下降。近5年来，澳大利亚外债总额不断增加，债务负担过重对财政资金的流向产生一定的影响。目前澳大利亚国际储备充足，支付方面没有太大风险。

3. 基础设施

为了促进经济的发展和出口需要，近年来澳大利亚政府采取推广集装箱运输，扩建、新建出口码头，促进全国铁路标准化等措施积极发展交通运输业。澳大利亚的国际海、空运输业发达。悉尼是南太平洋主要交通运输枢纽。交通运输业的产值占国内生产总值的5.1%（2004/2005年度）。

4. 政治环境和外交政策

总体而言，澳大利亚是一个比较安全、稳定的国家，历史上从来没有发生过因区域或党派之争引起的内战。民主制相当健全，即使出现政党轮换，一般也不会对政局产生太大的影响。社会整体治安状况比较良好。但考虑其积极支持美国发起的反恐战争，并参与了美国、英国等国在海外展开的一系列军事行动，现已被国际恐怖组织列为袭击目标之一。

在坚持巩固澳美同盟、发挥联合国作用以及拓展与亚洲联系三大传统外交政策的基础上，通过积极参与全球和地区热点问题提升国际影响力，着力推进"积极的、有创造力的中等大国外交"。

5. 澳大利亚矿业法规

澳大利亚宪法规定了澳大利亚联邦政府的权力，宪法没有做出明确规定的权力属于各个州和各省。所有与矿产资源及其产品有关的权力属于各州和各地区政府。除了澳大利亚首府，澳大利亚其他所有州和地区都有已探明的、可开采的矿物资源和成熟的矿业。

澳大利亚经济运行稳健、政治稳定、具备世界级的工业产能、素有创新文化底蕴、基础研究领先、基础设施完善、管理环境开放等，这些都使得澳大利亚成为极具吸引力的投资目标国。

在过去的十年里，澳大利亚总的勘探支出比非洲和拉丁美洲的任何国家都少。2005~2006年度，私人公司给澳大利亚的矿产勘探的投资超过93050万美元。其中，只有37%的投资是用于勘探"新矿床"的，而63%的投资都是用来开发已经存在的矿床。这导致的直接结果是，澳大利亚的矿物资源总量开始下降。相对于其他一些国家，澳大利亚的矿物勘探有所下降。其中一个原因就是许多刚成立的采矿公司的收益很少，还不够用以支持勘探成本。为了帮助这些刚启动的公司，澳大利亚政府对初级勘探者实行"资源流共享计划"。该计划使得个人投资者能够从勘探公司减免税务的优惠政策中直接受益。在未来四年的澳大利亚地球科学预算中，政府追加了4420万美元（5890万澳元），用以向勘探者提供地质科学信息[1]。

2006年，政府通过了两个法案用以修正《土著居民土地权法案》（北部地区）和《原住民权利法案》。超过60%的澳大利亚采矿场都与本地居民社区相邻近。《原住民权利法案》的制定保护了本地居民的权益，促进了矿产开发者和本地居民社团在土地使用协议上的互惠发展。修正法案还将与矿业开采有关的绝大多数的联邦政府内阁权力移交给北部地区政府，同时还制定措施来改进特许协会获得和分配资金的责任[2]。

6. 澳大利亚鼓励外商投资政策

在澳大利亚注册的外资企业，与澳本国企业一样，必须遵守和执行澳大利亚的相关法律、法规及政策。为吸引更多的外资进入澳大利亚，澳政府制定了鼓励外资的政策，这些政策多是为外资进入澳市场提供服务和便利；对于那些能为澳大利亚带来巨大经济利益的外资项目，澳政府给予一定的资金和税收方面的优惠政策，这类政策多是内、外资共享的政策。

---

[1] 澳大利亚地球科学局，2007。
[2] 据 USGS 网站提供的 2006 年澳大利亚矿业年报。

(1) 投资促进机构

澳大利亚投资局（Invest Australia）是澳大利亚政府设立的外商投资促进机构，隶属于澳大利亚工业、旅游和资源部，主要职能是促进大型外商投资项目，并为有意在澳投资开展业务的外国企业提供广泛的服务。

澳大利亚投资局开展的主要工作包括：

－帮助外国投资者与澳行业和政府部门取得联系；

－为投资者提供投资法规和政府计划方面的资料；

－为投资者安排实地访问并与潜在合资伙伴建立联系；

－提供有关澳大利亚行业能力和优势方面的专家建议；

－协助投资者寻找潜在的投资机遇；

－提供有关经商成本、人才技能、税务、研发和其他经商基础设施方面的资料；

－协调和简化项目审批程序；

－通过目标计划，促进重点项目的开展与实施。

澳大利亚投资局拥有一支协助投资活动的专业队伍，在纽约、旧金山、伦敦、巴黎、法兰克福、新加坡、东京、上海、北京、悉尼和堪培拉11个重要城市设有办事处，与澳各州政府和澳驻外使馆以及澳大利亚贸易委员会密切合作，积极推动外国投资者对澳大利亚可持续性发展项目进行投资。

(2) 对重大项目提供便利服务

为促进重大外资项目的引进，澳大利亚政府开设了为重大项目提供便利服务的项目，澳投资局为投资人提供相关资料、建议和支持，协助办理必要的政府审批手续，在联邦政府部门内部为潜在投资者提供单独的联络点。开展此项便利服务的主要目的是，简化审批手续和节省审批时间，推动项目尽快获得批准，投资计划得以尽早实施。

申请此项服务的外资项目必须符合以下条件：

①投资项目对澳大利亚具有战略意义；

②投资资本超过5000万澳元，投资项目具备商业价值；

③项目被要求呈送联邦政府审批；

④项目做好了商业准备，可随时提请政府审批。

对于符合上述资质条件的项目，澳投资局将提供如下服务：

①帮助甄别政府的审批手续，并确定审批的时间进度表；

②协调联邦和州政府机构，使投资项目的审批尽可能地同步进行；

③帮助投资者充分利用澳外资政策。

（3）技术人才支持计划

澳大利亚政府设立的"技术人才支持计划"旨在鼓励国际公司将澳大利亚选为其直接投资目的地。通过该计划，为澳大利亚带来重大投资项目的公司可以将自己公司内部的主要管理人员和专家移居澳大利亚，其前提条件是这些管理人员和专家必须是开展项目运作至关重要的人士。

技术人才支持的移民协议期限为三年，一旦个人签证获得签发，将不受协议期限的限制。此类移民协议不但可以办理永久居留签证和长期居留临时商务签证，而且签证手续也将大为简化，同时无须缴纳任何申请费。

申请此项计划的外资项目只要符合以下任何一项条件即可：

①项目将促进澳工业创新，增加研发和商业化能力；

②项目将对澳大利亚地区经济带来重大经济利益；

③项目金额超过5000万澳元，对澳经济增长、就业、（或）基础设施建设做出重大贡献；

④投资公司在澳建立地区总部和运营中心的跨国公司。

申请技术人才支持计划的外国投资者可以直接将申请提交给澳大利亚投资局并由投资局总裁核准。

（4）提供有限、特殊的投资鼓励措施

对于能给澳带来重大经济利益的外资项目，在有限的、特殊的情况下，澳大利亚投资局将向联邦政府推荐，争取获得联邦政府的投资鼓励措施（Investment Incentive）。

鼓励措施面向国际和国内的企业，包括资金扶持、税收减让和基础设施服务。此类措施必须逐案审批（Case by Case）。所要求的条件非常严格，包括：

①如果没有鼓励措施，项目投资地不会选择在澳大利亚；

②投资将给澳大利亚带来重大经济利益，诸如大规模增加就业、带动商业投资、极大地提高研发能力等；

③投资补充澳大利亚竞争优势；

④如果没有资金补助，投资可以长期进行；

⑤激励措施适用于外国及国内投资者;

⑥项目特别援助问题要发展来自澳大利亚人或各州和领地政府的其他援助的可能;

⑦符合国际规则,包括 WTO 的有关规定。

(5) 对在澳建立地区总部和营运中心提供优惠政策

对于在澳大利亚建立地区总部(Regional Headquarter)和运营中心(Operating Center)的跨国公司,澳联邦政府提供移民和税收优惠政策。

①在移民政策方面,外国公司可与澳工业、旅游和资源部签署"移民协议"。澳移民部将根据协议向公司的主要派驻人员颁发长期居留商务签证。有关人员将被免除许多移民审批要求。投资局将向外国公司免费提供协助。

②在税收政策方面,外国公司拥有或租赁的计算机和相关设备可以免除销售税,免税期为 2 年。外国公司建立地区总部的费用可从税收中抵扣,抵扣期为获得第一笔收入的前后各 12 个月。是否给予外国公司税收优惠政策由澳国库部决定。

(6) 对重大项目可行性研究提供资助

对于需要进行预可行性和可行性研究的重大外资项目,澳投资局协助提供资助。资助的最大金额为 5 万澳元。联邦政府提供的资助金额取决于项目承诺的投资金额和州政府提供的扶持水平。在 5 万澳元的限额内,联邦政府提供与州政府等额的配套资金。如果申请者能够证明实物投入是可行性研究所必需的,则该投入的 20% 金额可获得资助。

申请资助的外资项目应符合如下条件:

①投资超过 1000 万澳元;

②申请者对可行性研究的投入不能少于澳联邦与州政府的资助额;

③申请者必须证明可行性研究将用于论证项目的商业生命力,一旦项目论证可行,资金将保证到位,并且,投资项目已原则上获得州政府的扶持,没有政府的资助,可行性研究不太可能开展;

④投资项目没有获得澳政府其他形式的资助;

⑤可行性研究尚未开始进行;

⑥申请者须与政府签订保证投资到位的协议。

申请有关资助,外国公司应先向州政府提出申请,后者做出评估后转交联邦政府。符合资质的公司将与澳政府签署协议,同意成立并参与"可行性研究指导委员会";同意提供研究的进度报告和开支证明;同意对政府代表提出的问题做出回答并允许其查阅研究记录;同意在指定的时间范围完成研究。可行性研究指导委员会由政府代表与外国公司代表组成,负责确定研究的方向、框架、进度,评估研究的效率并保存会议纪要。

(7) 对支持贫困、边远地区的外资项目给予税收减让

考虑到与大城市隔离而导致商业和生活成本增加等因素,澳大利亚税收制度允许对边远地区的居民和雇主给予一定程度的税收减让。这些税收减让措施适用于符合条件的外国和当地居民。

根据澳大利亚税法规定,边远地区系指距离具有 1.4 万居民的人口中心至少 40 公里远,或离具有 13 万居民的人口中心至少 100 公里远的地区。

①附加利益税(Fringe benefits tax)方面的减让措施。根据澳大利亚法律规定,由澳雇主按其支付给雇员及其亲属的非现金利益总值的 48.5% 向政府缴纳附加利益税。对于边远地区的雇主,政府可以考虑参照其提供给雇员的房屋附加利益(包括与房屋有关的利益,如电、煤气和其他居民燃料等)以及假日旅游利益,对雇主进行税收减让,免征房屋附加利益税。

②所得税方面的减让措施。澳大利亚政府规定对边远地区居民给予一定程度的边远地区所得税减让,以对其面临的恶劣气候条件、与大城市的隔离,以及由此而导致的生活成本增加等方面给予补偿。根据距人口中心的隔离程度,对个人所得税减让的最大幅度可达每月 1173 澳元,同时还可考虑其受赡养者人数给予额外的所得税减让。

7. 澳大利亚投资激励措施简介

对于能为澳大利亚带来重大经济利益的投资项目,在有限的、特殊的情况下,澳大利亚联邦政府将依据战略投资协调标准,对项目提供激励措施。激励措施面向国际和国内的企业,包括资金扶持、税收减让和基础设施服务。

此类措施必须逐案审批,所要求的条件非常严格。澳大利亚十分谨慎使用这类激励措施,恐被指责为乞丐政策。自 1998 年以来,澳大利亚联邦政府仅对 10 个项目特批了激励措施。

在考虑是否给予激励措施时,澳政府必须考虑投资项目对本地区发展的重要影响,为此,澳政府机构之间将进行战略投资协调。这种协调机制

遵循的首要基本原则是将那些具有重大纯经济和就业利益的项目吸引到澳大利亚，否则这些项目就会建立在其他国家。该战略投资协调机制共设有7个标准。

①标准一：如果没有激励措施，投资就不可能在澳大利亚发生。

这一标准要求澳大利亚政府确信，如果没有激励措施，投资将会转向其他国家。在考虑这一标准时，政府应意识到全球外国直接投资的流动性，而这些项目对游资的竞争十分激烈。

提供投资激励措施可以克服其他国家投资环境的差异。在确定这样的差异时，政府必须确信，与其他地区相比较，在澳投资的成本是建立在健全的基础之上，其推论应在比较财政规划中得到恰当反映。

最终必须论证，如果给予了激励措施，项目的投资地点就有可能。重要的是，如果给予了激励政策，就将改变投资决定的结果。

②标准二：投资带来重大的纯经济利益，通过的方式是：就业有实质性增长；实质性商业投资；极大地促进澳大利亚的研发能力；为其他行业，无论是用户还是供应商（群体投资），带来重大利益；或带动这些行业的投资；确保该项目不会取代现有产业能力，对其他竞争项目来说，会带来不公平的优势。

③标准三：投资补充澳大利亚竞争优势。

这一标准要求，申请方必须论证项目投资将增进澳大利亚的竞争优势，以支撑项目的长期生存。重要的是，通过引进新技术、加工和技术转让，投资促进澳大利亚工业基础。

④标准四：如果没有补贴，投资可以长期进行。

这一标准要求确保项目在财政上是可行的，不会对纳税人造成持续的财政负担。申请方必须论证，如果获得了激励措施，项目将在更长的时期内对澳大利亚经济做出贡献。

⑤标准五：激励措施适用于外国投资者和国内投资者。

由于意识到全球投资环境的流动性，澳大利亚的投资激励政策可以提供给跨国公司、单独的外国投资者、国内投资者或外国和国内银团。申请方在申请时必须阐述公司结构和项目合伙人。

⑥标准六：项目特别援助总量要考虑来自澳大利亚人或各州和领地政府的其他援助的可能。

这一标准要求必须考虑来自各级政府的援助总量。所有现有的澳大利亚、州及领地的计划中可能得到援助的途径都要进行调查。

⑦标准七：任何激励措施必须与澳大利亚的国际承诺相一致，包括 WTO。

激励措施的提供机制可以是各种形式，如通过税务资助或税务减免。重要的是，给予激励措施，政府必须确保不违反国际协议，如 WTO 补贴与反补贴措施协定。

WTO 规则适用于 WTO 成员所有形式的补贴。澳大利亚采取合理的措施，确保各州地方政府遵守 WTO 规则，包括禁止补贴的规则。

（二）哈萨克斯坦

1. 自然条件

哈萨克斯坦共和国（The Republic of Kazakhstan）面积为 272.49 万平方公里。位于亚洲中部，是中亚地区幅员最辽阔的国家。北邻俄罗斯，南与乌兹别克斯坦、土库曼斯坦、吉尔吉斯斯坦接壤，西濒里海，东接中国。被称为"当代丝绸之路"的"欧亚大陆桥"横贯哈萨克斯坦全境。哈多为平原和低地，西部最低点是卡腊古耶盆地，低于海平面 132 米；东部和东南部为阿尔泰山和天山；平原主要分布在西部、北部和西南部；中部是哈萨克丘陵。荒漠和半荒漠占领土面积的 60%。主要河流有额尔齐斯河、锡尔河、乌拉尔河、恩巴河和伊犁河。湖泊众多，有 4.8 万个，其中较大的有里海、咸海、巴尔喀什湖和斋桑泊等。冰川多达 1500 条，面积为 2070 平方公里。属严重干旱的大陆性气候，夏季炎热干燥，冬季寒冷少雪。1 月平均气温 -19℃ ~ -4℃，7 月平均气温 19℃ ~ 26℃。绝对最高和最低气温分别为 45℃ 和 -45℃，沙漠中最高气温可高达 70℃。年降水量荒漠地带不足 100 毫米，北部 300 ~ 400 毫米，山区 1000 ~ 2000 毫米。

2. 社会经济概况

哈萨克斯坦人口 1696 万，由哈萨克、俄罗斯、乌克兰、乌兹别克、日耳曼和鞑靼等 131 个民族组成，其中哈萨克族占总人口的 53%。哈萨克语为国语，俄语是国家机关和地方自治机关使用的官方语言。多数居民信奉伊斯兰教，此外还有东正教、基督教和佛教等。

全国共分为 14 个州，分别为：北哈萨克斯坦州、科斯塔奈州、巴甫洛达尔州、阿克莫拉州、西哈萨克斯坦州、东哈萨克斯坦州、阿特劳州、阿克纠宾斯克州、卡拉干达州、曼格斯套州、克孜勒奥尔达州、江布尔州、阿拉木图州、南哈萨克斯坦州。两个直辖市是阿拉木图市和阿斯塔纳市。首都位于阿斯塔纳（Astana），人口 55 万。1997 年 12 月 10 日正式取代阿拉木图（Alma-ata）成为首都。

经济上以石油天然气、采矿（稀有、有色和黑色金属）、煤炭和农牧业为主，加工工业、机器制造业和轻工业相对落后。大部分日用消费品依靠进口。哈独立后实施全面、稳妥的经济改革，分阶段推行市场经济和私有化。近年来，政府采取了加强宏观调控，积极引进外资，在重点发展油气领域和采矿业的同时实施"进口替代"政策，扶植民族工业，大力发展中小企业，实行自由浮动汇率等一系列措施，使宏观经济形势趋向稳定。经济保持快速增长，但经济结构性改革远未完成。在 2002 年底哈政府制定了国家工业政策和 2010 年前经济发展战略规划，旨在重点发展加工工业、农业和中小企业，提高对居民的社会保障程度。

哈萨克斯坦自然资源丰富，已探明的矿藏有 90 多种。哈萨克斯坦拥有全球最大的铀矿。钨的储量占世界第一位，铬和磷矿石储量均占世界第二位。铜、铅、锌、钼的储量均占亚洲第一位。此外，铁、煤、石油、天然气的储量也较丰富。目前哈全国已探明总的石油储量为 100 亿吨，煤储量为 39.4 亿吨，天然气储量为 1.8 万亿立方米，锰 4 亿吨。森林和营造林 2170 万公顷。地表水资源 530 亿立方米。

哈萨克斯坦的经济有如下的特点：经济结构畸形。重工业基础好，但加工业十分薄弱，国内市场 80% 的轻纺、家电等日用消费品依赖进口。市场经济体系尚未确立。经济已完全市场化，但适应市场经济发展的市场机制及有关法律法规尚不完善。对外贸易有较大逆差，外汇紧缺，支付能力弱。对外来商品依存度很高。特别是高科技产品、生活日用品、轻工产品基本被美国、德国、日本、韩国、中国、土耳其的商品所替代。市场需求旺盛，物资集散辐射面广。

中哈直接的贸易联系始于 1992 年。目前中哈签订的政府间经贸协定有：经济贸易合作协定、投资保护协定、成立经贸混委会协定、商检协定、银行合作协定、汽车运输协定、过境运输协定、利用连云港协定、石油领域合作协定、中哈石油管线协定等。上述协定的签订为中哈经贸关系的发展奠定了较为坚实的法律基础。

3. 基础设施

交通以铁路、公路和航空运输为主。

4. 政治环境和外交政策

宪法规定哈萨克斯坦是"民主的、非宗教的和统一的国家";为总统制共和国,总统为国家元首,是决定国家对内对外政策基本方针并在国际关系中代表哈的最高国家官员,是人民与国家政权统一、宪法不可动摇性、公民权利和自由的象征与保证。国家政权以宪法和法律为基础,根据立法、司法、行政三权既分立又相互作用、相互制约、相互平衡的原则行使职能。总统由全民选举产生。

议会为哈萨克斯坦国家最高代表机构,行使立法职能,由上、下两院组成,上院(参议院)任期6年,下院(马日利斯)任期5年,主要职能是:通过共和国宪法和法律并对其进行修改和补充;同意总统对总理、国家安全委员会主席、总检察长、国家银行行长的任命;批准和废除国际条约;批准国家经济和社会发展计划、国家预算计划及其执行情况的报告等。在议会对政府提出不信任案、两次拒绝总统对总理任命、因议会两院之间或议会与国家政权其他部门之间无法解决的分歧而引发政治危机时,总统有权解散议会。

哈萨克斯坦的政治环境相对其他独联体国家而言比较稳定,然而缺乏公开透明的权力转移机制所可能带来的风险仍然不可忽略,政府权力过大可能加剧腐败。总统纳扎尔巴耶夫任期最后阶段的局势目前还难以预料,可能对投资环境和经济增长带来不利影响。

哈萨克斯坦面临的主要政治风险至少包括以下几个方面:其一,与周边国家的边境和里海划界争议,与乌兹别克斯坦的中亚主导权之争。其二,国际恐怖主义的威胁。哈萨克斯坦通过了《反极端主义活动法》,准备在恐怖主义活动升级时,随时与本地区所有国家和其他相关国家协调行动。其三,哈萨克斯坦连接俄罗斯和中亚各国的特殊地理位置,使其成为毒品买卖和贩卖人口的转运地,而警察、海关机构的低效率,更加重了其面临的有组织犯罪风险。其四,尽管哈萨克斯坦采取了一系列措施防止"颜色革命"的发生,但在复杂的国际及地区环境背景下,发生"颜色革命"的可能性并不能完全排除。

5. 哈萨克斯坦的投资、税收政策

（1）投资政策

哈萨克斯坦《投资法》规定了政府对内、外商投资的管理程序和鼓励办法。国家通过政府授权机关－哈萨克斯坦工贸部投资委员会鼓励投资流向优先发展领域，并为国内外投资人提供优惠政策。根据新的投资法，对外资无特殊优惠，内、外资一视同仁。

优惠政策包括三种形式：减免税、免除关税、提供国家实物赠与。税务投资优惠期（含延长期）最长五年。减免税的对象主要是财产税和利润税。免除关税的期限（含延长期）最长五年，适用对象为投资项目所需设备的进口关税。国家实物赠与的内容包括财产所有权和土地使用权，价值不得超过投资总规模的30%。2005年4月，哈修改投资法，将土地的国家实物赠与改为临时性无偿使用，而所有权只有在完成投资义务后才转让给投资者。

在投资者权益保障方面，规定投资商可以自行支配税后收入，在哈银行开立本外币账户；在实行国有化和收归国有时，国家赔偿投资商的损失；可以采取协商、通过哈法庭或国际仲裁法庭解决投资争议；第三方完成投资后，可以进行投资商权利转移。

为保持投资鼓励政策的延续性，投资法明确在其生效前"同授权国家投资机关签订的合同提供的优惠保留到该合同规定期满"，解除了现有外资企业的后顾之忧。

2003年5月，哈萨克斯坦政府公布了实施该法的配套措施——重新审定的优先投资领域清单和投资税收优惠政策。

根据新的优先投资领域清单，纺织、服装、家电生产以及玻璃、璃制品、各种陶瓷制品、耐火材料、砖瓦及其他建筑用黏土烧制品、水泥和石膏等建筑材料生产都属于优先投资领域。

（2）矿业税费

矿业公司在取得矿权之前必须偿还由哈萨克斯坦政府在该项目区块的地质勘查投入，矿业公司偿还哈政府的地质勘查投入可以减免25%，也可分期偿还。

①矿区使用费：按照勘查项目区块和矿区面积的大小按年收取，矿区使用费数额不大，对矿业投资影响不大。

②财产税：为财产残余价值的1%。财产税的范围包括矿山大型设备，由于矿山建设投资很大，财产税对矿业投资影响较大。

③权利金：按照矿山企业的矿产品销售产值收取。权利金的额度根据具体的不同情况，在可行性研究的基础上，视矿山开发项目的收益情况收取。权利金的费率确定因素包括总收入、总成本、总税收、税后净利润等，权利金费率由矿业公司与政府协商确定。在这一点上哈萨克斯坦与许多国家不同。

④进出口关税：与其他国家相比，哈萨克斯坦的采矿选矿设备的进口关税为5%，是比较合理的。但对辅助设备的进口，要征收20%的增值税。

⑤所得税：税率为30%，与国际标准是一样的。但是对投资者收益的影响因素除了税费以外还必须考虑税费减免、补贴、信用，以及是否双重征税。此外，对不同矿产的开发应有不同的税费政策。其他税费还有超额利润税等。

6. 外汇管理

哈萨克斯坦实行自由浮动汇率，经常项下和资本项下均实行有条件的可自由兑换。具体来说，经常项下的交易应在180天完成，如到期不能完成，还可延期。资本项下，只要双方有协议，在办理了一定的手续后，资本即可自由进出。从2007年7月1日起，哈萨克斯坦外汇管理制度将执行欧洲国家标准，取消外汇业务许可制度，实行通报制度。

7. 矿权情况

哈萨克斯坦1996年颁布了《地下资源法和地下资源利用法》。1999年9月对1996年的《地下资源法和地下资源利用法》进行了修订，出台了新的《地下资源法和地下资源利用法》。新法主要包括三项修改：一是，授予地下资源使用权许可证和签订合同的双轨制改为以与哈萨克斯坦投资委员会签订合同为主的单轨制，即仅依据与哈萨克斯坦投资局签署的合同就可进行矿产资源勘查和开发。在合同中，规定了与项目开发有关的细节，包括工作承诺、环境和税收事宜等。尽管矿权是依据合同授予的，但是在进行资源勘查开发时还要有行政监督，在必要的情况下，可以取消合同。二是，对于矿权转让加进了详细的条款和指南。三是，该法的第二个比较重要的修改是关于矿权抵押条款。事先可不经哈萨克斯坦投资委员会同意，便可对矿权进行抵押，但需要在哈萨克斯坦投资委员会登记，登记后抵押协议才能生效。

（三）加拿大

1. 自然条件

加拿大位于北美洲北部。东临大西洋，西濒太平洋，西北部邻美国阿拉斯加州，南接美国本土，北靠北冰洋。海岸线长24万多公里。东部气温稍低，南部气候适中，西部气候温和湿润，北部为寒带苔原气候。中西部最高气温达40℃以上，北部最低气温低至-60℃。国土面积998万平方公里，居世界第二位，其中陆地面积909万平方公里，淡水覆盖面积89万平方公里。

2. 社会经济概况

加拿大是西方七大工业国家之一。制造业、高科技产业、服务业发达，资源工业、初级制造业和农业是国民经济的主要支柱。近年来，加经济增长较为强劲，增速在发达工业国中名列前茅。加拿大以贸易立国，对外贸依赖较大，经济上受美国影响较深。

加拿大地域辽阔，森林和矿产资源丰富。加拿大领土面积中有89万平方公里为淡水覆盖，可持续性淡水资源占世界的7%。交通运输发达，水、陆、空运输均十分便利，人均交通线占有量居世界前列。

3. 政治环境和外交政策

①行政区划全国分10省3地区。10省为不列颠哥伦比亚、阿尔伯塔、萨斯喀彻温、曼尼托巴、安大略、魁北克、新布伦瑞克、诺瓦斯科舍、爱德华王子岛、纽芬兰-拉布拉多，3地区为育空、西北、努纳武特。各省设省督、省议长、省长和省内阁。地区也设立相应职位和机构。

加拿大至今没有一部完整的宪法，主要由在各个不同历史时期通过的宪法法案构成，其中包括1867年英国议会通过的《不列颠北美法案》。宪法规定，加实行联邦议会制，尊英王为加拿大国家元首，总督为英女王在加代表，英、法语均为官方语言。宪法宗旨：和平、秩序和良政。

②司法机构设联邦、省和地方（一般指市）三级法院。联邦法院一般受理财政、海事和有关经济方面的案件。最高法院由1名大法官和8名陪审法官组成，主要仲裁联邦和各省上诉的重大政治、法律、有关宪法问题以及重大民事和刑事案件。最高法院的裁决为终审裁决。各省设有省高等

法院和省法院，主要审理刑事案件及其他与该省有关的重要案件，但也有一些省级法院审理民事案件。地方法院一般审理民事案件。

③对外关系。2006年4月，加拿大保守党政府在首份施政报告中指出，加外交的总体目标是进一步提升加的国际地位，加强与美国的关系是加对外关系的首要任务。加将以建设性方式继续密切多边合作，继续支持加军在阿富汗的军事行动，更有效地开展外援，同时致力于在世界上进一步弘扬自由、民主和人权等加核心价值观。2007年10月，保守党政府发表第二份施政报告，将捍卫北极主权和提高加国际影响力列为未来施政重点，强调阿富汗是加发挥国际作用的重要舞台，重申加将在现有基础上继续履行其国际义务。报告继续将民主、自由、人权、法治作为加外交的指导思想。2008年11月，保守党政府发表第二任期施政报告，提出外交重点是参与改革国际金融体系，巩固加美关系，推进与欧洲、亚洲、拉丁美洲关系，加在阿富汗使命重点由军事转向重建和援助等，正式提出2011年从阿富汗全面撤军。2010年3月，保守党政府发表施政报告，总结了加在民主制度、共同价值观、移民国家、难民庇护所等方面的特征，强调在国际事务中执行由其价值观主导的、主权与国家利益相结合的外交政策，在全球安全和人权事务中发出自己的声音。

4. 矿业法规

省级矿业管理部门的职能，包括矿产资源的勘探、开发，以及矿山的建设管理、清理改造和关闭的全过程。

（1）关于矿业活动的程序性规定

第一阶段是申请普查证。第二阶段矿地声明。第三阶段开采租约。

（2）关于矿业投资融资

加拿大矿业投资融资方式主要有三种：捆绑式矿业投资融资；小公司以其勘探成果说服银行，直接向银行申请勘探贷款；大公司从生产矿山利润中拿出部分用于新矿山建设。通常矿业投资融资为以上3种形式的综合，而不是单一的一种形式。

（3）关于矿业活动监督的资格制度

加拿大的矿业活动监督是全程的（即从申请探矿开始直到闭坑后的复垦）、制度化的、公众化的，更从法规上明确了监督员、资格人制度。监督员是专业人士（如环境专家），受政府机构委托，同时监督几个矿山，既可经常性检查，亦可临时性抽查，一旦发现有违规矿区，立即提出制止或修正措施，在一定时期内未达到法规要求的，当即下达停产通知，否则交由法庭按法律规定处理。

(4) 关于矿业税及优惠政策

计算税基时的优惠包括：资本成本补贴、资源补贴、特殊考虑的税前扣除、开采税和加工补贴优惠。

(5) 矿山环境评估制度

调解：对矿山开发可能产生的环境影响涉及当事人不多的矿业项目，由环境部指定调解人协调；综合审查：对矿山开发可能产生的环境影响，涉及多个部门或跨几个地区的大型矿业项目，必须联邦组织综合审查；特别小组审查：适用于任何政府机构或公众要求必须包括一个独立小组的公众审查项目。

(6) 矿山关闭及复垦制度

由于复垦是一项长期的费用较高的投入，对部分矿山来讲，很难按计划实施，因此，往往采取以下多种方式：现金支付，按单位产量收费，积累资金，经营结束后返回；资产抵押，矿山用未在别处抵押的资产进行复垦资金的抵押；信用证，银行代表采矿公司把信用证签发给国家机构的买方并保证它们之间合同的履行；债券，采矿公司以购买保险的形式，由债券公司提供债券给复垦管理部门；法人担保，由财政排名高过一定程度的法人担保或信用好的公司自我担保。

5. 加拿大矿业投资环境

加拿大是由 10 个省和 3 个地区组成的联邦国家，其矿业管理部门分为联邦和省两级，两级间是分工、协作关系，除环境和矿山复垦等涉及社会公众利益或省间协调的问题外，分别按各自的立法管理权限履行职责。作为联邦制国家，加拿大的 13 个省（区）在管理自然资源方面拥有很大的权力。矿产除了部分由联邦政府或原住民所有外，大部分矿产是各省或地区所有，与勘探、开采等相关的法律主要由各省和地区制定和执行。

根据加拿大现行法规，矿产资源分别属联邦和省区两级政府所有，西北及育空地区矿产资源、大陆架资源和铀矿资源属联邦所有，其他属省区所有。各省区政府对其管辖的矿业负有管理责任，包括矿产资源的勘探、开发、开采以及矿址的建设、管理、清理、改造和关闭。联邦政府在矿业方面只享有对矿产的宏观管理权，如铀矿的勘探、开发管理；与国有企业有关的矿业活动、西北地区、育空地区和领海的矿产资源管理。

(1) 矿业立法

在加拿大联邦宪法之下，加拿大对矿产资源勘查、开发、保护和管理的立法通常由省里负责，环境保护、工作安全和劳工等影响到矿业活动问题的立法也通常由省里负责。每个省都有自己的矿业法。加拿大多数省的矿业法规鼓励进行矿产资源勘查和开发活动。在矿业活动被许可的地方，法律承认进入该区寻找矿产资源，获得勘查、开发和生产矿产资源的权利。矿业权人可以从国家获得勘探许可、勘区证、采矿租约以及开发矿产资源的地面权利。

加拿大政府积极鼓励外商投资，如果不直接涉及加拿大股票或商业资产获取等问题，外商投资通常不受加拿大投资法的约束。在矿业方面，矿产资源开发中的勘查阶段被认为不是商业获取，因此不受投资法约束。而矿产资源开发的生产则被认为是资产获取，需要经过审查批准后才能进行投资活动。

(2) 矿业税收政策

加拿大税收主要包括三级税：联邦政府所得税、省级政府所得税和省级开采税或权利金。联邦一级税收由加拿大海关及税务机构征收，省一级税收由各省财政部征收，联邦政府自然资源部监督税制。联邦税收包括所得税、大公司（资本）税、能源消费税和商品与服务税，联邦所得税率为28%，在计算时所有的勘查和开采成本将被扣除。

联邦政府所得税应税收入 = 收入 − 经营成本 − 资产成本补贴（折旧）= 资源利润 − 资源补贴 − 利息付款 − 勘探费用 − 开发费用

联邦政府所得税 = 联邦政府所得税应税收入 × 28%

可减免的风险投资税费取决于风险程度和政府鼓励投资的类型，砂、砾石、泥炭和石灰石等普通矿产业被认为是低风险的，不减免税费；对新矿床的勘查投入被认为是高风险投入，予以鼓励，减免率通常为投入当年的100%；矿山投产后的投入被认为是低风险的，每年的减免税率通常为30%。

省级税收有所得税、开采税/权利金、能源消费税和零售税等税种。

省级政府所得税总体套用联邦税制，应税收入计算基本一致，只是各省所得税税率有所不同，最低为8.9%，最高为17%，平均13.5%，扣除优惠后实际有效税率只有10.2%左右。省级开采税适用于矿产由省级拥有的情况，是专为矿产开采业设立的单独的税收制度。开采税税率一般为18%~20%。由于加拿大规定税前允许有多种扣除，实际的税率一般为经营利润的30%左右。

在加拿大从事矿业活动，可享受联邦和省级政府的各种税收优惠政策，使税率和应税收入大为降低，从而有效降低风险，保障矿业投资权人的正常获利。联邦和省区的税收激励措施有：资源补贴、勘查和产前开拓支出的100%划销、递进折旧、全部流动股票和其他减除政策与变通。安大略省在矿业税上的激励措施有加工补贴、税收免除（Tax Holiday）等。

加拿大新布伦瑞克省在公司所得税和权利金之外，对纯利润超过10万加元的超额利润征收16%的采矿税，而对10万加元以下的纯利润免征采矿税。

（3）矿权的取得和转让

在加拿大开发矿产，必须取得矿业权和地面所有权。矿业权由勘探许可、勘区证和采矿租约组成，这些权证反映了在加拿大取得矿业权的程序。

地面所有权是土地使用权。土地使用权与采矿权可分开处置。如果地面权为私人所有，采矿权人进入需经其同意；如果私人不同意，法律规定了采矿权人的程序。如果地面所有权国有，则采矿权人可直接进入，不用花费。

勘探许可：类似中国的资格证，有效期五年。要求低，只收取名义费用。

勘区证：打桩或在地图上确定勘探范围。只有权勘探，但有下一步工作的优先权。勘区证有效期一年，可申请延期。要求最低投入（很容易做到），每年要向政府交勘探工作报告。延期期间，勘探许可证有效。勘区证可转让给其他勘探许可证持有人，费用为20~50加元。

采矿租约为最高租约，包括采矿权和处置权。一般申请要求：做了足够的工作，进行了地面测量，证明已进行了地面权补偿（安大略省）。一般21年，可延期21年。申请费用也很少，1英亩1加元或总共75加元。

申请采矿租约，申请者不一定向政府出示矿产储量资料。在租约末期，权属收归政府。但如果没复垦完，政府不收回权属，直到矿山企业复垦完。

加拿大各省的矿业法都规定了矿业权申请程序。申请者须先申请取得勘探许可，再确定一定范围申请勘区证。经批准的矿区范围有的需要打桩，有的只需到政府有关部门在地图上圈出即可。

采矿租约证获取后的开发工作完全由投资者决定，政府只介入矿山开发后的复垦工作。矿山在开采前要提交复垦报告，由矿业公司与政府达成有关协议并缴纳足够的复垦保证金，保证金的数额由政府与矿权人商定，并可根据情况变化进行调整。采矿许可证到期后，矿区由政府收回，但如果矿山没有完成复垦，政府将不予收回。政府对矿山的监督工作由政府派出的观察员承担，观察员有权命令关闭矿山。

在加拿大进行矿业开采之前，一般还需要以下一些批文：环境评估证书：由环境评估部门审批，最主要的是环境许可。如果没有环境规章许可，开采工作将被停止。开采与回收许可：由能源与矿藏部门（MEM）审批开采计划或规划即为地下作业进行的地质评估和工程设计（矿坑、工厂、开矿道路、主要水坝、其他关键设施），采矿操作规程，还有酸物排泄系统和管理计划以及回收计划。废物管理许可：由水、土地和空气保护部门（WLAP）审批固体废物处理计划（液体排污、结构设计、废物管理和监测计划，包括污水排出池、尾料渗流、污水等），还有空气散发标准装备、粉尘控制以及其他管理和监测计划。水证书：由 WLAP 审批进行收回和转移等用水计划。水坝安全许可：基于充分的安全分析和风险管理计划的主要水坝设计。土地使用权许可：获得权利——土地占用包括地下作业的煤矿租约、深坑、工厂选址（主管部门为 MEM）；其他所需的许可。砍伐许可：由林业部门批准。道路使用许可：由林业部门批准使用林业部门的道路。其他许可、证书：由健康部门批准，包括饮用水供给、沙石采挖、一些设备的具体操作等。

加拿大矿业权可以进行转让。基本要求是矿业权转让按法规规定的样式，以书面形式由当事人执行。矿业立法特别强调书面形式，否则没有强制力。勘区证的转让则不要求法规同意，一些管理当局，包括安大略省则要求签发采矿租约的权威部门的书面认可。

所有的管理当局都有矿权转让的登记机制。魁北克省要求每个转让到由能源和矿山部管理的公共登记部门进行登记,而勘区证、勘探许可则不需要。其他当局,如安大略省和不列颠哥伦比亚省,登记是可选的。

在加拿大,首先获取矿权的往往是个人或小矿业公司。小公司由于资金有限,往往只做一些初步的勘探工作,一旦发现矿体,便将矿权转让给大的矿业公司。现在,大矿业公司越来越依赖于从小矿业公司收购矿权。政府对矿权转让不予干预,矿权转让所得一部分是现金,一部分从利润中分成取得(最高可达50%)。目前,加拿大比较流行大矿业公司与小矿业公司组建合资企业,因为这样大矿业公司可以通过用勘探费抵扣税前收入达到避税的目的。

加拿大矿业权转让市场发达,交易依法进行,手续比较简便。一是矿权的转让都必须得到矿业行政管理部门的书面认可,勘区证的转让则不要求法规同意。交易双方按照法律规定的样式,以书面形式执行。没有书面形式,就不具强制力。二是各省管理部门都有矿权转让的登记机制。魁北克省要求矿业权的转让到由能源和矿山部管理的登记部门进行登记。

(四) 纳米比亚

1. 自然条件

原称西南非洲,国土面积824269平方公里,北同安哥拉、赞比亚为邻,东、南毗博茨瓦纳和南非,西濒大西洋。海岸线长1600公里。全境大部分地区在海拔1000~1500米。西部沿海和东部内陆地区为沙漠,北部为平原。首都位于温得和克(Windhoek),人口23万,年最高气温30℃,最低气温7℃。

2. 社会经济概况

人口210万。88%为黑人。奥万博族是最大的民族,占总人口的50%,其他主要民族有卡万戈、达马拉、赫雷罗以及卡普里维、纳马、布什曼、雷霍伯特和茨瓦纳族。白人和有色人约占总人口的12%。官方语言为英语,通用阿非利卡语、德语和广雅语、纳马语及赫雷罗语。90%的居民信仰基督教,其余信奉原始宗教。

纳米比亚是世界上海洋渔业资源最丰富的国家之一,铀、钻石等矿产资源和产量居非洲前列。矿业、渔业和农牧业为三大传统支柱产业,种植业、制造业较落后。独立后，人组党政府先后制订了3个五年经济发展计划及2030年远景规划，大力吸引外资发展制造业、矿产品加工业、旅游业和金融服务业，扶持黑人企业发展。经济年均增长率为4.8%。波汉巴执政后，加强公路、铁路和港口等基础设施建设，努力提高国有企业效益，经济形势保持稳定。国际金融危机对纳经济造成一定影响，纳基础设施建设和矿产业等重要出口部门受到冲击，经济增速减缓。2010年纳经济呈较快复苏态势。

3. 基础设施

纳米比亚交通运输基础设施较发达。

铁路：总长2600公里；平均每年客运量60.2万人次，货运量68.7万吨公里。

公路：总长3.2万公里，其中沥青路5000公里；年均客运量5万人次，货运量18万吨。

水运：沃尔维斯湾是纳唯一深水港和西南非地区最大的贸易港与渔港，年吞吐量约200万吨。

空运：纳米比亚航空公司拥有波音747飞机1架、波音737飞机1架和B-1900涡轮螺旋式飞机3架，其国际和地区航线通往法兰克福、开普敦、约翰内斯堡、卢萨卡、哈拉雷和罗安达等城市，国内航线通往纳各主要城市及一些偏远城市。纳各大城市均有机场。

4. 政治环境和外交政策

纳米比亚于1990年3月21日宣布独立。纳独立后，政局一直保持稳定。人组党政府重视教育、卫生、基础设施建设等，注重人民生活的改善，经济社会事业不断发展。2009年11月，纳举行独立后第四次议会和总统大选，人组党获胜，赢得国民议会72个民选席位中的54席，该党候选人希菲凯普涅·波汉巴再次当选总统，于2010年3月正式就职。2010年11月，人组党在地方选举中获得压倒性胜利，在省议会选举中得票92%，掌控全国13个省中的12个；在地方政府选举中得票64%，获全部310个席位中的197个。

纳米比亚现行宪法于1990年2月制定。宪法规定：纳实行三权分立、两院议会和总统内阁制，总统为国家元首、政府首脑兼武装部队总司令，任期5年，不得超过两任；经内阁建议，总统可以宣布解散国民议会并举行全国大选；同时总统应辞职并在议会解散后的90天内选举新的总统；修改宪法须经议会两院各2/3多数通过等。

截至2010年12月，纳米比亚已与108个国家建立外交关系。奉行不结盟、睦邻友好的外交政策，强调外交为经济建设服务，支持加强非洲国家间的合作，主张建立国际政治经济新秩序，加强南南合作、南北对话。注重周边外交。加强同周边国家、亚洲国家的经贸往来。

中华人民共和国与纳米比亚共和国于1990年3月22日建交。建交以来，两国关系发展顺利。中、纳建交以来，中国完成了打井、经济住房、扬水站和儿童活动中心、地方议会大厦等援助项目。目前中国正在援建的项目有总统官邸、青年职业培训中心等。2010年，中纳贸易额为7.13亿美元，同比增长31.1%。其中，中国出口2.29亿美元，进口4.84亿美元。中国主要向纳出口机电产品、纺织品、运输设备等，进口矿产品、贱金属及其制品等。

5. 与矿业有关的政策

纳米比亚矿产资源十分丰富，素有"战略金属储备库"之称。主要矿藏有钻石、铀、铜、铅、锌、金等。但是制造业不发达，80%的市场由南非控制。制造企业约300家，90%以上为小规模私人企业，主要行业有食品饮料、纺织服装、皮革加工、木材加工和建材化工等。矿业是纳传统支柱产业，90%的矿产品出口，主要生产氧化铀、钻石、黄金等。2006年氧化铀产量为3394吨，黄金产量为2496公斤。2009年钻石产量为92.9万克拉，出口收入约48亿纳元。

（1）矿产资源法

1992年纳颁布了《矿产资源法》，共17章140条。该法主要规定：一切矿产归国家所有；依法保障国家及投资者利益；确定了对矿产进行踏勘、勘探和开采等活动及因此而产生的处置和控制权利，所有勘探和开采必须持有关执照进行；明确了执法和管理机构及代表的产生和职责权限；还规定了对独家探采权利和某些矿产探采的限制、探采权利的注册及转让、矿业辅助权利及相关管理机构、矿业协议及矿产出口、财务费用和环境保护等具体事项。由于近年来政府对开发矿产资源的重视不断提高，对于投资大、投资收回期较长的开发项目，可以一事一议，以此来加大吸引外资的力度。

(2) 矿业管理

矿业与能源部主要负责全国能源矿产政策的制定和实施。该部不直接参与矿产勘探和开采，但保持与矿业公司经常联系，其宗旨是为政府和矿业投资者服务。其主要职能为：研究制定和执行矿业政策法规，进行宏观管理；颁发矿业执照，核查勘探数据和矿产分析，收集有关地质、矿产和能源信息，在保守商业秘密前提下为投资者提供咨询。该部下设开采司、能源司、地质调查司和行政管理司，与其他部委、机关公共和私营顾问机构协调处理矿业有关事务。

开采司主要管理勘探、开采、矿山开发及矿产受益、加工、销售、出口等活动，并负责吸引和促进矿业投资，下辖矿权及矿产处、矿山安全与开发处、矿产经济和营销处。地质调查司负责收集整理和准备有关地质资料和数据，能进行地面绘图、矿产评估、矿样分析检测和空中地球物理勘测，拥有较先进的实验设备。

矿业委员会位居生产行业和政府部门之间的顾问机构，由矿能部长或其指定官员领导，成员包括政府和生产行业的代表，其主要职能是：对矿业探采政策、矿产的控制和处置提出建议；修订和运用《矿产资源法》；处理矿能部长依法交办的事项。

纳米比亚矿业协会是管理和协调矿业生产及矿产出口的行业组织，有会员56个，其中七个大矿产值占纳矿业总产值的90%。纳矿产政策的主要特点是：严格依法管理，保护和控制矿产资源；政府不参与经营活动，只负责政策管理和服务促进；增加矿业出口和税收，确保其支柱地位；确保宽松的商业政策，改善财务管理，降低矿业公司财务负担，鼓励私营行业矿业探采和增值加工投资；鼓励扶持当地公司小规模矿业活动，促进生产多元化；采取优惠措施吸引外商投资，寻求外国援助；加强矿业基础教育和职业技术培训。

(3) 开采许可

根据纳米比亚矿能部规定，任何在纳米比亚注册的公司都可申请矿山开采权，具体步骤如下：

①申请独家勘探权。由在纳米比亚注册的公司提交申请，在申请中需明确勘探区的具体方位、勘探面积、矿藏种类、勘探期限等。一般为6个月到3年，到期可再申请3年。如手续齐全，内容翔实，一般两个月后可

获得许可。

②在勘探期间如探明储量和品位值得开发，则可制订开采可行性研究和项目计划，交矿能部审批，获准后则可开始开采。

③如勘探权到期后，没有提出开采计划，则该地区的勘探权被收回。取得开采权后，如在规定的时间内仍没有进行开采，而其他公司申请在此开采，则矿能部长有权收回开采权，并将开采权授予其他公司。

6. 与矿业有关的税费

公司所得税

种类（保险公司、石油开采公司除外）税率

非矿产公司 35%

钻石公司 55%

其他矿业公司 $Y = 60 - 48/X$（注：Y 为应定收率，最低为 25%，X 为应税收入占总收入的比率。）

纳米比亚政府期望通过赋税来调节矿业产业结构，鼓励和扶植提升产品附加值的深加工投资企业。根据 1993 年颁布的《投资法案》，纳米比亚对国内外投资者实行同等对待。对于想要去纳米比亚投资锌、铜、金等矿业的国内企业来说这无疑是个好消息。另外需要特别指出的是，国外投资矿产开发的企业可以享受先期投入设备投资抵消纳税的政策优惠。

7. 资本开支折扣

①纳税人新建或扩建的商业楼，第一年为建筑成本的 20%，此后 20 年间每年 4%；雇员或经理和官员的住房设施不提折旧；机械、办公设备和车辆等使用第一年折旧 33.3%，此后两年每年 33.3%。

②矿业公司勘探开支折扣 100%；开采成本折扣第一年 33.3%，此后两年每年 33.3%。

③除土地、住房、农机具、器皿、车辆之外的其他资本开支可从农场收入中提取 100% 折扣，超支部分可转入下一年；雇员住房开支可从农场收入中提取 15000 纳元/每人折扣，超支部分可转入下一年；农机具、器皿、车辆等开支折扣第一年 33.3%，此后两年每年 33.3%，并可计入确定亏损。

④处置财产、暂停业务、撤离纳国或捐赠资产所获收入中以减免税的部分将补税。

8. 合作开发

纳米比亚独立后的经济发展速度一直处于低速缓慢增长势头，很大程度上是由于自己生产的产品不能消费，而所消费的产品自己不能生产。为改变这种发展状态，纳政府加大了吸引外资的工作力度，鼓励外商投资制造业，同时也希望外资投入矿业的开发和加工。

纳政局稳定，各种法规比较健全，社会治安状况较好，投资环境逐年得以改善，绝大多数地方能保证水、电、通信、交通条件。目前纳政府对于外来投资者采取灵活多变的政策，在外来投资法的框架下可一事一议，如争取享受出口加工区政策等。

——可选择的开发方式

①独资开发有利的方面在于管理、经营及销售活动都可以由自己决定，但前期的工作开展、对外联络等方面将遇到一些困难。

②合资开发采用合资方式，如找到合适的合作伙伴，将对在当地办理各种法律手续、协调各方面的关系等都将起到积极的作用，但寻找有实力、信誉好、能积极配合的当地公司有一定的难度。

③合作开发的灵活性比较强，可采用不同的合作方式，根据合作伙伴的实际能力或长项和实际情况在不同的情况下签订合作合同。

——存在问题

①矿区的资料不全。大多数矿区的资料均来源于1992年纳矿能部出版的《纳米比亚矿产资源》，对有些矿区的介绍较全，而对有些矿区的介绍很笼统，绝大多数没有储量，只有矿脉走向和地质资料，需先在当地注册公司，然后申请独家勘探权。

②大多资源为外国公司所控制。相当数量的高品位、储量大、交通、通信设施好的矿区都控制在外国和南非公司手中，有些它们正在开采之中，也有一些是它们已取得开采权，还没有进行开采。但根据纳矿能部的规定，如某个公司取得开采权而在一定的时间没有进行开采工作，矿能部部长有权将该矿开采权收回，并重新颁发该矿开采许可证。

③前期费用较高。矿业开发的前期费用较大，如矿区的基础设施不到位，投资还会加大，且纳米比亚的材料、设备、人工费用等都比国内要高。

④汇率不稳定。纳元与南非兰特挂钩，2001年纳元曾贬到1美元兑换

13 纳元，随后一路攀升至目前的 1∶6.2 左右。

（五）尼日尔

1. 自然条件

尼日尔共和国位于撒哈拉沙漠南缘，国土面积 1267000 平方公里。系西非的一个内陆国家，东邻乍得，西界马里、布基纳法索，南与贝宁、尼日利亚接壤，北与阿尔及利亚、利比亚毗连。北部属热带沙漠气候，南部属热带草原气候，全年分旱、雨两季，年平均气温 30℃，是世界上最热的国家之一。

2. 社会经济概况

全国划分为蒂拉贝里、多索、塔瓦、马拉迪、津德尔、阿加德兹和迪法 7 个大区与 1 个大区级市即首都尼亚美，36 个省和 265 个镇。尼日尔是世界上最穷的国家之一，社会经济发展水平十分低下，农业严重依赖气候，收成不稳定，且三年一闹灾，国内生产总值人均 352 美元（2010 年），63% 的人口生活在贫困线以下，34% 的人口生活在极端贫困中。按联合国人类发展指数的排名，近几年来一直在最后几位徘徊，其中 1995 年和 1996 年均列倒数第一，2001 年位列倒数第二。

经济以农牧业为主，是联合国公布的最不发达国家之一。2010 年在全球人文发展指数排名中列第 167 位。1986 年开始实施经济结构调整计划。20 世纪 90 年代，由于政局持续动荡，经济陷于半停顿状态。1994 年非洲法郎贬值使尼经济进一步遭受沉重打击。坦贾总统执政后，尼政府加强宏观调控，积极推进能源资源开发合作多元化政策，努力开展基础设施建设，整顿国家财政，开源节流，经济状况开始好转。同时，西方国家和国际金融机构陆续恢复对尼援助，尼成为"重债穷国减债计划"和"减贫与增长贷款"达标国，获得欧盟、世界银行和国际货币基金组织更多援款和减债。但 2009 年尼宪政危机后，部分国家停止对尼援助，尼财政状况有所恶化。此外，由于基础薄弱，债务负担沉重，经济发展受自然灾害、北部安全问题和国际市场波动影响较大，总体仍十分困难。

尼日尔工业基础薄弱，2009 年工业产值占国内生产总值的 15.1%。主要有电力、纺织、采矿、农牧产品加工、食品、建筑和运输业等。根据 1998~1999 年经济改革计划，尼开始对电信、能源、水、燃料等领域的国营企业实行私有化。

主要出口铀、牲畜和豇豆等，2009年铀和牲畜出口分别占当年出口收入的46.7%和14%。主要出口国家为法国、尼日利亚、美国和加纳。主要进口国家为中国、法国、荷兰和阿尔及利亚等。

2010年尼日尔主要经济指标如下：[①] 国内生产总值（2010年）56亿美元。人均国内生产总值（2010年）352美元。国内生产总值增长率（2010年）为7.5%。货币名称：非洲金融共同体法郎，简称非洲法郎。汇率：1美元=495非洲法郎。通货膨胀率（2010年）为0.9%。

尼日尔铀矿储量丰富，已探明铀储量27万吨。磷酸盐储量12.54亿吨，居世界第四位，尚未开发。煤储量600万吨。还有锡、铁、石膏、石油、黄金等矿藏。主要大型铀矿开采合营公司有阿伊尔矿业公司（Somair）和阿库塔矿业公司（Cominak），尼政府分别占33%和31%的股份。

3. 基础设施

尼为内陆国，境内无铁路。进出口物资主要经科托努、拉各斯和洛美等邻国港口转运和空运。

公路：总长为14660公里。其中沥青路3760公里，占26%，其余为土路。

空运：有尼亚美、阿加德兹和津德尔三个国际机场。尼亚美机场可起降波音747大型客机，阿加德兹和津德尔机场可起降737客机。另有4个国内民运机场。在尼经营国际航线的航空公司有法国航空公司、阿尔及利亚航空公司、埃塞俄比亚航空公司、摩洛哥皇家航空公司、塞内加尔航空公司、利比亚航空公司、苏丹航空公司等。尼亚美国际机场年均国际航班起降约1800架次，国内航班起降800架次，客运量8万人次。

水运：尼日尔河横贯尼境内550公里，有小型机动货船通行，雨季可航行较大船只。

4. 政治环境和外交政策

尼日尔过去为法国殖民地，1960年独立。20世纪90年代尼日尔政局一直动荡，经济陷入了长期危机阶段；在1999年民选政府成立后，由于西方国家及国际社会的认可与赞同，外援开始恢复，并在渐渐扩大，加之尼

---

① 据2011年2月经济季评。

日尔第五共和国政府始终把发展农业、解决粮食危机、战胜贫困作为首要任务来抓，经济出现了抬头的良好局面。2002年国内生产总值21.2亿美元，比上年增长2.9%。目前尼日尔经济总体呈发展态势，但由于经济基础薄弱，土地沙化严重，且债务负担重，经济仍十分困难。

2010年2月18日，尼部分军人发动政变，扣押坦贾总统，接管国家权力，成立"恢复民主最高委员会"并推举吉博为主席。军政权随后承诺还政于民，成立过渡政府和全国协商委员会，确定过渡期期限为一年，并启动了过渡期进程。2010年10月，尼通过第七共和国宪法。2011年1月，尼举行地方、立法和首轮总统选举。3月，尼独立选举委员会宣布，原反对党尼日尔争取民主和社会主义党候选人伊素福在同月举行的第二轮总统选举中，以57.96%的选票击败其竞争对手原执政党争取社会发展全国运动候选人奥马鲁。伊于4月6日宣誓就任尼第七共和国总统。目前尼局势基本稳定。

自2007年初以来，"尼日尔人争取正义运动"等尼北部反政府武装多次袭击政府军和外国公司，并在一些大城市制造恐怖袭击，造成平民伤亡。2008年6月，政府军展开大规模清剿行动。2009年5月，反政府武装表示愿放下武器，与政府进行谈判。10月，尼主要反政府武装宣布放下武器。

2009年底以来，伊斯兰马格里布基地组织从尼日尔与马里、阿尔及利亚等国交界的边境地区向尼内地渗透。2010年，基地组织在尼先后绑架了一名法国游客以及法国阿海珐公司的7名员工。2011年初，该组织在尼首都尼亚美再次绑架了两名法国人，两人在法方营救过程中遇害。

2010年10月经全民公投通过第七共和国宪法。宪法规定尼实行半总统制。总统为国家元首和军队统帅，通过两轮多数选举产生，任期5年，可连选连任一次。总理是政府首脑，领导、组织和协调政府工作，对国民议会负责。总统任免总理，并根据总理的提名，任免其他政府成员。

尼日尔奉行和平中立的外交政策，主张在平等、互相尊重国家主权和领土完整的基础上发展同一切国家或组织的友好关系。执行外交为国内政治和经济发展服务的方针。重视发展同西方大国、国际金融机构以及发展中大国的关系。坚持睦邻友好，积极参与地区事务。2007年，与阿尔及利亚、马里等签署边界安全协议，积极推动区域联合解决安全问题。针对近年来萨赫勒－撒哈拉地区日益猖獗的恐怖活动和武器、毒品走私现象，加强与马里、毛里塔尼亚、阿尔及利亚等国的合作，共同打击恐怖和走私犯罪活动。曾向利比里亚、塞拉利昂、几内亚比绍和科特迪瓦派遣维和部队，向东帝汶派遣民事警察。

5. 矿业方面的法律规定

尼日尔矿业法规定：任何公司或个人在尼日尔进行矿产资源勘查和开发必须先得到政府颁发的矿业许可证。许可证主要包括以下四种类型。

（1）找矿许可证

授权持证人寻找一种或多种矿产的权利。该许可证为非排他许可证，但授予持证人在授权的范围内和有效期限内最先取得有排他性勘探许可证选择权。找矿许可证有效期限为1年，每次可以展期1年，展期次数未限制。允许进行地表和地下勘探，可以使用遥感技术。没有费用和土地占用方面的要求，但申请人要在申请中说明勘探项目的目标。

（2）勘探许可证

有效期为3年，可以延期两次，每次延期3年。需要遵守某些减少土地占用标准和野外工作方面的规定。每个许可证的面积在一个矩形区块范围内不能超过2000平方公里。勘探许可证授权持证人处置勘查和测试工作中取得的任何矿产的权利，以及在发现可采储量的情况下获得采矿许可的权利。勘探许可证申请人必须说明所要寻找的矿种（以后可以增加）、时间和费用支出计划。需要交纳许可费，额度不定，持证人要就其进行的工作向政府部门提交进展报告。

（3）采矿许可证

勘探成功后，可以取得采矿许可证，政府有权参与项目。"小矿山"许可证有效期限为5年，可以延期三次，每次延期5年；"大矿山"许可证首次有效期为20年，可以延期两次，每次10年。如果仍然存在商业价值储量，可以进一步延期。

申请采矿许可证的公司必须遵守尼日尔公司法。政府要求，可以不支付任何成本而取得10%的干股，以后可以通过购买股份，最高持股达到33%。小矿山和大矿山采矿许可费分别约为1400美元和2000美元。

（4）小规模采矿许可证

主要用于手工采矿活动。在新上矿山项目中政府拥有10%的干股和

23%的股份选择权。

6. 环境保护规定

勘探和开发许可持有者进行油气作业时必须遵守现行涉及环境保护的立法，保护自然资源，保护自然环境。许可持有者必须采取措施保证人员和财产的安全。在许可证限定区内涉及由政府主管地产、环境、油气和文化的部委依法划定的居民区、耕作区、农田、水源、景点、文化景点和墓地的"保护区域"作业，必须先取得相关部委的许可。

所有勘探许可证的申请必须在取得许可证的 12 个月内接受主管环境的部委进行的环境影响的调查评价。开采许可证的申请必须接受主管环境的部委进行的环境影响调查和评价。

不管因何种原因勘探许可证和采矿许可证到期或合同到期，尤其是在许可证更新后，或是最终撤出，持证人须自担费用，在其区块上完成地面、地下设施的处置，做环保工作，按照石油合同的规定及现行的法律法规，进行环境复原。

7. 相关经济政策和税收

（1）有关税费

矿业公司需要缴纳很多类型的税费，主要包括：所得税、权利金、矿地租费、超额利润税等。所得税税率为40%；采矿权利金为所生产的矿产品的最终销售价格的5.5%，在去除经营和生产成本后，可以对权利金进行所得税扣减；除找矿许可证外，其他许可证均需缴纳年度面积租费。

尼日尔对矿山企业还征收超额利润税，当企业利润超过 20% 时征收，超额利润税率为 50%。

（2）相关经济政策

政府欢迎海外私人投资，将其视为振兴国家经济的关键，新的矿业法给潜在的投资者很多优惠，包括给予国内和海外投资者同等机会的所得税免税期和很多免税规定（免除关税，有些情况下免征增值税，可以自由汇回红利），担保不对投资进行征用和国有化。

小矿山享受 2 年的免征所得税待遇，而大矿山免税期可以从商业性生产开始延续 5 年。分配给持股人的红利要缴 16% 的资本利得税。其他税费包括印花税、公证费、增值税和为雇员支付的社会保险费。

对于为直接进行采矿工作或暂时用于勘查项目而进口的设备免征关

税。矿产品可以无关税出口。尼日尔的货币与法郎可以完全兑换。外汇方面法律很宽松，只是要求海外交易必须得到财政部的许可，并且要通过一家注册银行进行。

8. 矿业投资趋势

铀矿是尼日尔未来几年中最重要的矿业投资项目。近两年铀矿的勘查与开发投入不断增加，其中大部分投到铀矿的勘查和开发项目上。

在铀矿生产的外国投资者中，过去虽然也有日本和西班牙的投资商，但法国 Areva NC 公司一直处于垄断地位，近年来，尼政府实施了矿产资源合作伙伴多样化政策，吸引多国矿业资本投资尼铀矿项目。尼政府在 2008 年初先后向澳大利亚、南非、印度和加拿大等 7 家外国公司颁发了 19 个铀矿开发许可证，打破了法国 40 年垄断局面。上述公司三年的投资以及产生的税收可达 320 亿欧元。截至 2008 年 3 月尼政府已经向不同国家颁发了 48 个许可证。

目前尼日尔计划上马的最大项目是 Imouraren 铀矿。2009 年 1 月，法国 Areva NC 公司与尼日尔政府签订了联合开采尼日尔 Imouraren 铀矿区块的协议，协议规定法方和尼方分别占 66.65% 和 33.35% 的股份，项目总投资 3000 亿西非法郎（约 60 亿美元），预计 2012 年正式投产，产能为 4000 吨铀/年。

我国企业也积极参与了尼日尔的铀矿勘查与开发活动。例如阿泽里克（Azelik）铀矿总承包项目，合同金额达 1.4 亿美元。2006 年 7 月 14 日，中国核工业集团公司与尼日尔矿业能源部在尼亚美签署 Teguida 和 Madaouela 两个铀矿区块合作协议。这是我国与尼日尔在平等、互利、共赢的基础上在资源领域的又一次合作。

9. 尼日尔铀矿投资优劣势

（1）有利条件

①铀矿资源十分丰富，矿产出口为尼日尔的经济支柱；

②铀矿价格低；

③愿意引进外资，与中国关系良好；

④中国企业在当地积累了丰富的投资铀矿的经验。

（2）不利条件

①经济落后，工业基础薄弱，基础建设与配套设施薄弱；

②政局不稳定，社会不安定因素多，恐怖主义、绑架事件时有发生；

③合作对象的履约信誉欠佳、业务经营环境不良，经济活动中的腐败现象较为严重；

④政治与社会风险较大；

⑤劳动力素质低下；

⑥流行性传染病泛滥，一般为伤寒和疟疾，毒蛇咬伤也是需关注的问题。

（六）赞比亚

1. 自然经济地理概况

赞比亚位于非洲中南部的内陆国家，国土面积 752614 平方公里；人口为 1147 万 (2007 年 7 月)。赞比亚与八个国家为邻，东北邻坦桑尼亚，东面和马拉维接壤，东南和莫桑比克相连，南接津巴布韦、博茨瓦纳和纳米比亚，西面是安哥拉，北靠刚果（金）、坦桑尼亚。境内大部分地区为海拔 1000~1500 米的高原，平均海拔 1265 米。

赞比亚地势大致从东北向西南倾斜。全境按地貌分为五个区：东北部东非大裂谷区、北部加丹加高原区、西南部卡拉哈里盆地区、东南部卢安瓜－马拉维高原区和中部卢安瓜盆地区。

赞比亚全国分为 9 省 68 县，各省名称：卢阿普拉、北部、西北、铜带、中央、东部、西部、南部、卢萨卡。赞比亚人大多属班图语系黑人，有 73 个民族。首都卢萨卡，人口 120 多万。

赞比亚的经济结构单一，采矿业、农业和旅游业为赞经济的三大支柱。

赞比亚的自然资源丰富，以铜为主。铜蕴藏量 9 亿多吨，约占世界铜总蕴藏量的 6%，素有"铜矿之国"之称，赞比亚是世界第四大铜生产国，钴是铜的伴生矿，储量约 35 万吨，居世界第二位。此外还有铅、镉、硒、镍、铁、金、银、锌、锡、铀、绿宝石、水晶、钒、石墨、云母等矿物。

赞比亚的主要贸易对象是欧盟成员国 Comesa 成员国以及南非。长期以来，矿产品出口一直是赞比亚国家获取外汇收入的主要来源，占出口总数的 90% 以上。其中，铜的出口占出口总收入的 84%，铜矿开采与冶炼占矿业总产值的 90%，年贸易额 20 亿美元左右。2007 年人均 GDP 为 1054

美元。

2. 赞比亚的矿产资源经济的政策

（1）矿产资源经济政策概况

20世纪80年代以来，赞比亚政府的金融政策进行过多次调整，仅外汇汇率是否管制一项就反复过几次，1980年实行汇率双轨制，1985年实行汇率自由浮动和外汇拍卖制度，1987年取消汇率自由浮动的规定和废除外汇拍卖制度，于1993年1月取消了外汇管制，资本项目和现金项目下的货币都可自由兑换，赞比亚银行不干预，汇率完全由市场供求关系决定。外国居民可在赞外汇市场上自由交易，外国投资者的利润及红利可兑换成外币并可自由汇出境。目前在赞比亚有44所获准登记注册运营的私人外汇交易所。

外资在赞比亚的矿业发展史中占有重要地位。在殖民地时期，矿山企业大多为英国、南非和美国等国资本所控制。20世纪60年代国家独立以后，赞比亚政府对矿山企业实行国有化政策。政府通过购买公司股权的方式控制了主要的矿山企业。外国资本的发展自然也就受到了限制。进入90年代以后，国际形势发生了重大变化，"冷战"结束，对外开放已成为世界大环境中的发展趋势。国内形势也变化巨大，1991年新政府上台后采取了较开放的经济政策，针对国内矿业所面临的资金困境，政府决定全面开放国内矿业市场，大力吸引外资，对于外资管理采取了较宽松的态度。目前对来自境外的投资基本没有限制，但必须在赞比亚银行注册登记。

1998年9月8日，赞比亚颁布了《投资法》。其主要内容与前法相比，为投资者提供了更为广泛的鼓励措施，特别是在纳税折扣和关税豁免方面。此外，对投资过程中的欺骗等违法行为将予以法律制裁。1998年以来，赞比亚政府推出了一系列投资优惠政策。

（2）十分宽松自由的外汇政策

①货币兑换和银行利率完全由市场调控，政府不干预。

②取消外汇管制，外国企业资金进出赞比亚无限制，资金的流动和汇兑无控制，投资者的外汇和利润可自由汇出。

（3）企业享有完全自主的决策权

①政府不干预企业经济活动，企业在制定产品质量、生产产量和产品

价格方面完全自由。

②取消价格补贴，价格完全放开，以利于企业间公平竞争。

③政府对投资领域没有限制，投资者可进入赞任何经济领域进行投资。

（4）政府在矿业领域给予特殊的优惠政策

①投资开发矿业领域的进口设备和进口原材料税率为0~5%；

②矿业领域的进口设备投产后可加速其折旧率；

③一般行业的所得税为35%，而矿业的所得税为25%；

④外国投资企业投产后前五年可以免税。

（5）有关投资方面的法律保障

赞比亚为投资者提供了法律保障。《投资法》规定投资者的财产得到应有的保障，除非国会通过有关法律，否则国家不能对任何投资企业实行国有化。一旦被国有化，国家必须以企业投资时所投入的货币，迅速、全额地按市场汇率对被国有化的投资企业进行补偿。另外，投资者的投资经营活动在投资的头七年内可不因《投资法》的修改而受到不利影响。赞比亚是《多边投资保障机构》（Multilateral Investment Guarantee Agency）和其他国际投资保障协议的签字国，这些协议向外国投资者提供了如遇战争、冲突、天灾、其他动乱和没收情况下的保障。中国和赞比亚两国政府于1996年6月签署了《鼓励投资和保障协议》，为两国投资者相互投资创造了有利条件。

（6）与矿业有关的税收

赞比亚现行的矿业税费主要包括：所得税、进口税、出口税、增值税、权利金等，各项税种的征税税率如下：

①所得税：矿业公司所得税25%，股票交易所得税30%；

②增值税（1997年7月1日开始）17.5%；

③权利金（1995年矿业和矿产品法）2%；

④关税：1998年，赞比亚将进出口平均关税控制在20%~25%，并自1998年7月1日起，取消了进口清关费。

（7）赞比亚实施开放、自由的投资政策

近年来，赞比亚实施开放、自由的投资政策，允许国内外资本进入赞比亚各个经济领域，同时为了鼓励和吸引投资，在税收方面出台了一些优惠政策，具体如下：

①对矿山企业生产实施减税政策，所得税由35%减为25%，矿产权利金由占矿产总收入的2%下调到0.6%，此项政策一开始只是针对经过私有化的采矿业企业，2002年赞比亚政府宣布，将上述政策扩展到了整个从事矿业生产的企业，规定从2002年4月1日正式实施，以此鼓励和支持矿业这一传统支柱产业的生产；

②对采矿的绝大部分资本货物和机械设备免缴进口关税，其他部分关税为5%~15%；

③所有部门（含矿业部门）的电力消费税从10%减为7%；

④对投资地质勘探活动的资金，可全部从其应纳税收入或利润中扣除；

⑤矿业亏损结转期从过去的10年延长到20年；

⑥支付给股东和相关机构的利息、红利、权利金、管理费免征预扣税；

⑦投资矿业、制造业的资产，开始使用的第一年，折旧率为10%，以后每年固定折旧率为5%。

（七）南非

1. 自然条件

南非共和国位于非洲大陆最南端，北邻纳米比亚、博茨瓦纳、津巴布韦、莫桑比克和斯威士兰，东、西、南三面濒临印度洋和大西洋，另有莱索托为南非领土所包围。地处两大洋间的航运要冲，其西南端的好望角航线历来是世界上最繁忙的海上通道之一，有"西方海上生命线"之称。国土面积约122万平方公里。全境大部分为海拔600米以上的高原。德拉肯斯山脉绵亘东南，卡斯金峰高达3660米，为全国最高点；西北部为沙漠，是卡拉哈里盆地的一部分；北部、中部和西南部为高原；沿海是狭窄平原。奥兰治河和林波波河为两大主要河流。大部分地区属热带草原气候，东部沿海为热带季风气候，南部沿海为地中海式气候。12月至2月为夏季，最高气温可达32℃~38℃；6~8月是冬季，最低气温为-10℃~12℃。全年降水量由东部的1000毫米逐渐减少到西部的60毫米，平均450毫米。首都比勒陀利亚年平均气温17℃。

2. 经济概况

南非人口 4999 万（2010 年 6 月，南非国家统计局估计），分黑人、白人、有色人和亚裔四大种族，分别占总人口的 79.4%、9.2%、8.8% 和 2.6%。有 11 种官方语言，英语和阿非利卡语为通用语言。白人、大多数有色人和 60% 的黑人信奉基督教新教或天主教；亚裔人约 60% 信奉印度教，20% 信奉伊斯兰教；部分黑人信奉原始宗教。

南非属于中等收入的发展中国家，也是非洲经济最发达的国家。自然资源十分丰富。金融、法律体系比较完善，通信、交通、能源等基础设施良好。矿业、制造业、农业和服务业是经济的四大支柱，深井采矿等技术居世界领先地位。但国民经济各部门、地区发展不平衡，城乡、黑白二元经济特征明显。

20 世纪 80 年代初至 90 年代初受国际制裁影响，经济出现衰退。新南非政府制订了"重建与发展计划"，强调提高黑人社会、经济地位。1996 年推出"增长、就业和再分配计划"，旨在通过推进私有化、削减财政赤字、增加劳动力市场灵活性、促进出口、放松外汇管制、鼓励中小企业发展等措施实现经济增长，增加就业，逐步改变分配不合理的情况。2006 年实施"南非加速和共享增长倡议"，加大政府干预经济力度，通过加强基础设施建设、实行行业优先发展战略、加强教育和人力资源培训等措施，促进就业和减贫。2010 年 10 月，南非内阁提出"新增长路线"发展战略，系本届南非政府提出的首个经济发展战略。该战略在总体延续以往经济政策的同时，强调将就业置于经济发展的中心位置，计划未来 10 年优先在基础设施建设、农业、矿业、绿色经济、制造业、旅游及服务业 6 个重点领域挖掘潜力，争取创造 500 万个就业岗位，将失业率从目前的 25% 降至 15%，重点解决社会贫困、失业及贫富差距等问题。

1994 年新南非成立以来，经济年均增长 3%，2005～2007 年超过 5%。2008 年受国际金融危机影响，南非经济增速明显放缓，降至 3.1%。为应对金融危机冲击，南非自 2008 年 12 月以来 6 次下调利率，并出台增支减税、刺激投资和消费、加强社会保障等综合性政策措施，以遏止经济下滑势头。在政府经济刺激措施和国际经济环境好转的共同作用下，2009 年南非经济逐渐回升向好，四个季度经济增长率分别为 -7.4%、-2.8%、0.9% 和 3.2%。2010 年经济形势进一步好转，经济增长率为 2.8%。但通货膨胀率一直高位运行、官方失业率高达25%、国内消费不旺、外国直接投资不足等成为南非经济实现较快增长的制约因素。此外，南政府还于2010年4月起实施"新工业政策执行计划"，以解决南经济中长期存在的产业结构不合理和失业率高企等结构性问题，2010年主要经济数据如下：国内生产总值3694亿美元，人均国内生产总值7402美元，国内生产总值年增长率2.8%，货币名称为兰特，汇率（2011年2月平均值）为1美元=6.96兰特，通货膨胀率（2010年平均值）4.3%，官方失业率（2010年第四季度）24%。

南非矿产资源丰富，现已探明储量并开采的矿产有70余种。黄金、铂族金属、锰、钒、铬、硅铝酸盐的储量居世界第一位，蛭石、锆、钛、氟石居第二位，磷酸盐、锑居第四位，铀、铅居第五位，煤、锌居第八位，铁矿石居第九位，铜居第十四位。根据南非矿务局统计数据，2007年已探明的矿藏储量：黄金36000吨（占世界总储量的40.1%，下同），铂族金属7万吨（87.7%），锰40亿吨（80%），钒1200万吨（32%），蛭石8000万吨（40%），铬55亿吨（72.4%），铀34.1万吨（7.2%），煤279.81亿吨（6.1%），铁矿石15亿吨（0.9%），钛2.44亿吨（16.9%），锆1400万吨（19.4%），氟石8000万吨（16.7%），磷酸盐25亿吨（5.0%），锑20万吨（4.7%），铅300万吨（2.0%），锌1500万吨（3.3%），铜1300万吨（1.4%）。

南非低成本铀资源量（≤80美元/千克）为34.1万吨（比2001年增长56.42%），占世界总储量的7.2%，居世界第五位。南非的铀矿床主要集中在维特沃特斯兰德盆地的含金-铀砾岩中，为砾岩型金-铀矿床，储量大、品位低，铀作为副产品回收。砾岩中工业铀矿层多达20多层，矿层延伸达几公里至几十公里不等。卡鲁盆地二叠-三叠系的博拉铜矿（为浸染岩浆型）中的铀也作为副产品回收。

南非矿业历史悠久，具有完备的现代矿业体系和先进的开采冶炼技术，是经济的支柱。2008年产值约占国内生产总值的8%，直接就业人口约52万。矿产品是出口的重要构成部分，2008年矿产品出口额约占出口总额的31%。南非是世界上重要的黄金、铂族金属和铬的生产国和出口国。钻石产量约占世界的9%。南非德比尔斯（De Beers）公司是世界上最大的钻石生产和销售公司，总资产200亿美元，其营业额一度占世界钻石供应市场90%的份额，目前仍控制着世界粗钻石贸易的60%。

2008年矿产品产量如下：黄金204.9吨，铂族金属276吨，铬9863千吨（2007年），锰6807千吨，铁矿石4900万吨，煤1.97亿吨，铜97.2千吨，钻石12901千克拉。

3. 基础设施

南非有非洲最完善的交通运输系统，对本国以及邻国的经济发挥着重要作用。以铁路、公路为主，空运发展迅速。近年来加强了城镇及经济开发区交通基础设施建设。

铁路：总长3.41万公里，其中1.82万公里为电气化铁路，有电气机车2000多辆。年度货运量1.75亿吨。由比勒陀利亚驶往开普敦的豪华蓝色客车享有国际盛誉。目前正在修建连接行政首都比勒陀利亚和约翰内斯堡奥立佛·坦博国际机场的高速铁路，总长约80公里。

公路：分为国家、省及地方三级。国家级公路9600公里。双向高速公路1440公里，单向高速公路440公里，单向公路56967公里，收费公路2400公里。年客运量约450万人次，货运量310万辆。

水运：海洋运输业发达，约98%的出口要靠海运来完成，主要港口有开普敦、德班、东伦敦、伊丽莎白港、理查兹湾、萨尔达尼亚和莫瑟尔湾。有商船990艘，总吨位75.5万吨。年港口吞吐量约为12亿吨。德班是非洲最繁忙的港口及最大的集装箱集散地，年集装箱处理量达120万个。

空运：共有各类飞机10189架，其中南非航空公司拥有包括30余架波音飞机和15架空中客车在内的各类民航机共48架，是非洲大陆最大的航空公司，也是世界最大的50家航空公司之一。现有27个民航机场，其中11个是国际机场。每周有600多个国内航班和70多个国际航班，与非洲、欧洲、亚洲及中东、南美一些国家直接通航，平均年客运量达1200万人次，主要国际机场有奥立佛·坦博国际机场（原约翰内斯堡国际机场）、开普敦国际机场和新运营的德班夏卡王国际机场等。

管道运输：南非管道运输网络总长3000公里，输送全国85%的石油加工产品。

通信网络：南非电信和信息技术产业发展较快，电信发展水平列世界第20位。共有460万门固定电话。移动电话用户约1500万。因特网用户510万。南非电信公司TELKOM是非洲最大的电信公司，最大的两家信息技术公司 DIDATA 和 DATATEC 已在英美市场占有一席之地。其卫星直播和网络技术水平在世界上竞争力较强，南非米拉德国际控股公司（MIH）已垄断了撒哈拉以南非洲的绝大部分卫星直播业务。软件业也开始走向国际市场。

4. 政治环境和外交政策

1961 年退出英联邦（1994 年重新加入），成立南非共和国。全国共划为 9 个省，设有 283 个地方政府，包括 6 个大都市、47 个地区委员会和 230 个地方委员会。实行多党制。国民议会现有 13 个政党。

1994 年 4~5 月，南非举行首次不分种族大选，以非国大为首的非国大、南非共产党、南非工会大会三方联盟以 62.65% 的多数获胜，曼德拉出任南非首任黑人总统，非国大、国民党、因卡塔自由党组成民族团结政府。

以非国大为主体的民族团结政府奉行和解、稳定、发展的政策，妥善处理种族矛盾，全面推行社会变革，实施"重建与发展计划""提高黑人经济实力"战略和"肯定行动"，努力提高黑人政治、经济和社会地位，实现由白人政权向多种族联合政权的平稳过渡。1996 年，国民党退出民族团结政府，非国大领导的三方联盟基本实现单独执政。非国大继续奉行种族和解政策，努力保持社会稳定，不断提高黑人社会地位和生活水平，连续赢得 1999 年和 2004 年大选。2007 年，非国大提出建设"发展型国家"的理念，强调加快经济发展，妥善解决贫困、犯罪等社会问题。2008 年，南非政局发生重大变化。9 月 21 日，总统塔博·姆贝基（Thabo Mbeki）宣布辞职。9 月 25 日，国民议会选举非国大副领袖卡莱马·莫特兰蒂（Kgalema Mothlante）为新总统。11 月，部分前内阁和地方高官脱离非国大，另成立人民大会党。2009 年 4 月 22 日，南非举行第四次民主选举。非国大以 65.9% 的得票率再次赢得国民议会选举胜利，并在除西开普省以外的八省议会选举中获胜。反对党民主联盟取得西开普省议会选举胜利。5 月 6 日，国民议会选举非国大领袖祖马为南新总统。

1994 年临时宪法是南非历史上第一部体现种族平等的宪法。1996 年，在临时宪法基础上起草的新宪法被正式批准，并于 1997 年开始分阶段实施。宪法规定实行行政、立法、司法三权分立制度，中央、省级和地方政府相互依存，各行其权。宪法中的人权法案被称为南非民主的基石，明确保障公民各项权利。修改宪法序言须国民议会四分之三议员和省务院中的六省通过；修改宪法其他条款须国民议会三分之二议员通过；如修宪部分涉及省务条款，须省务院中的六省通过。

新南非奉行独立自主的全方位外交政策，主张在尊重主权和平等互利基础上同一切国家保持和发展双边友好关系。对外交往活跃，国际地位不断提高。已同186个国家建立外交关系。积极参与大湖地区和平进程以及津巴布韦、苏丹达尔富尔等非洲热点问题的解决，努力促进非洲一体化和非洲联盟建设，大力推动南南合作和南北对话。是联合国、非盟、英联邦、二十国集团等国际组织或多边机制的成员国。2004年成为泛非议会永久所在地。2006年当选联合国人权理事会成员（至2010年）。2007~2008年、2011~2012年担任联合国安理会非常任理事国。2010年12月被吸纳为金砖国家成员。

中国与南非于1998年1月1日建立外交关系。建交以来，两国关系全面、快速发展。2000年4月，中国国家主席江泽民应邀对南非进行国事访问，两国签署《中南关于伙伴关系的比勒陀利亚宣言》。2001年12月，南非总统姆贝基对中国进行国事访问。2004年，两国确定建立平等互利、共同发展的战略伙伴关系，使两国在政治、经济、文化等领域内的友好合作不断深化。2006年6月，温家宝总理对南非进行正式访问，两国签署了《中国和南非关于深化战略伙伴关系的合作纲要》。2006年11月姆贝基总统对中国进行国事访问。2007年2月，胡锦涛主席对南非进行国事访问，两国发表联合公报。2010年3月，贾庆林对南非进行正式友好访问。2010年8月，祖马总统对中国进行国事访问。两国领导人共同确立将双边关系提升至全面战略伙伴关系，并签署多项经济合作协议。2011年5月，吴邦国委员长对南非进行正式访问。2013年3月，习近平总书记访问南非，并出席金砖国家领导人第五次会晤。

南非是中国在非洲的最大贸易伙伴，中国是南非最大的贸易伙伴国。2010年双边贸易额为256.5亿美元，同比增长59.5%。

5. 矿业相关法规

南非与矿业有关的法律法规包括：《契约登记法》（1937年）、《采矿权登记法》（1967），2003年修正的《矿产技术法》（1989）、《地学法》（1993年）、《矿山健康和安全法》（1996）、《土地改革法》（1996年）、

《土地调查法》(1997年)、《国家环境管理法》(1998年)、《国家水法》(1998年)、《矿产和石油资源开采法》(2002年)。2004年5月,南非政府颁布了新的《矿产和石油资源开发法》。

《矿产和石油资源开发法》是南非废除种族隔离制度后,在南非国大党领导下的新政权制定的规范新时期南非矿产资源工业的一部矿业总法和基本法。南非总统姆贝基于2002年10月4日签署了这部法律。此后,南非内阁又颁布了新法的配套法规——《提高弱势群体在南非矿业领域社会经济地位基本章程》。

南非政府出台新矿业法与配套法规的主要目的:一是要将矿产资源的所有权收归国有;二是支持和鼓励以黑人为主的弱势群体参与资源工业,最终做到使全体南非人民都能平等地参与矿产资源的勘查、开发和利用。

新矿法明确规定:对原有的矿产资源所有权将采取"使用或放弃"原则,将闲置不用的矿区收归国有;对原先颁发的勘查和开采许可证规定了分别为2~5年的过渡期,两证持有人须在过渡期内到矿业和能源部办理更新手续,勘查许可证在2年过渡期届满后,可以再延长3年;开采许可证有效期为30年,期限届满可申请延长。如果想取得某一矿区的开采权,申请者须提供:开采计划、预先制订好的社会计划、用工计划、增加弱势群体在生产经营中的机会以及改善经济社会福利计划、上述社会和用工计划的财政支持计划。如果企业在实际经营过程中未能严格执行上述计划,有关部门将责令其在规定期限内改正,逾期不改的,将吊销其开采许可证。矿产资源勘查和开采许可证的转让须经有关部门批准,矿区环境必须依照法律规定予以严格保护。但上述法律存在许多问题,对矿业投资环境有较大的负面影响。例如,根据新矿业法,政府将于2009年把矿产和石油资源收归国有并执行矿业许可证制度,同时征收矿业权利金。但这两项制度今后怎样执行,政府没有拿出明确的规定。这造成了矿业公司投资的不确定性。

根据新矿业法,包括外国公司在内的所有正在南非从事矿业活动的公司必须在2009年和2014年以前先后将公司股份的15%和26%转让给南非黑人拥有的公司。但如何转让政府并没有出台详细的规定,包括转让价格等。有些矿业公司称,它们已经感觉到无法按公平市场价格把股权转让给黑人拥有的公司,希望政府就此项条款制定实施细则。新矿业法授予南非矿产和能源部长"自行决断权",目的是确保立法过程中出现的任何错误有得到纠正的机会。但这一规定更加深了矿业公司对未来发展的不确定。近年来,南非政府出台了限制一些矿产品原料出口的规定,如于2005年初宣布金、铂和金刚石等更多的南非矿产品必须在南非国内进行精加工。突发的规定打乱了企业原有的生产规划,对矿山企业的发展有较大的影响。

6. 矿业权管理

南非矿业的政府主管部门是南非矿山和能源部,负责有关矿法的实施和监督,矿产和石油资源的开发管理,包括各种矿业权证的审批、发放、拒绝、监管等。

2004年生效的新矿法对矿业权做了新的规定,主要矿业权包括以下几种。

①踏勘许可证:有效期2年,不能延期。在同地表权所有人或法定占有者咨询后可进入土地进行踏勘工作,但不能进行勘探和开采活动。不具有排他性。不可转让、中止、出租、转租、抵押。

②勘探权:期限不超过5年,可延期1次,不超过3年,具有排他性。

③采矿权(如果针对石油则称为生产权):不超过30年,可延期,不超过30年。矿产勘探和采矿权的转让必须得到有关部门批准。

④保留许可证:期限不超过3年,可延期1次,不超过2年。有获得相应区域采矿权的排他权。不可转让、中止、出租、转租、抵押。

⑤石油踏勘许可证:期限不超过一年,不得延期,不能转让。

⑥石油勘探权:期限不超过3年,可延期3次,每次不超过2年,具有排他性。在遵守规定的情况下可以转让和抵押。

新矿法规定,为取得某一矿区的开采权,申请者要提供:①开采计划;预先制订好的社会计划;②用工计划;增加弱势群体在生产经营中的机会以及改善社会福利的计划;③上述社会和用工计划的财政支持计划。如企业在实际经营过程中未能严格执行上述计划,有关部门将责令其在规定期限内改正,限期不改的,其开采许可证将被吊销。

新矿法还规定,矿产资源勘查和开采许可证的转让须经有关部门批准,并就矿区环境保护问题作了严格规定。

新矿法对以前颁发的勘探和开采许可证规定了一段时间的过渡期,其中勘探许可证的过渡期为2年,开采许可证的过渡期为5年。勘探和开采许可证的持有人需在过渡期内到矿山和能源部办理更新手续。

7. 金融与税收

南非具有一个发达的金融体系，严格受法律管制，并通过政府控制的南非储备银行对其他的金融机构进行管理。金融体系包括银行业、保险业以及邮政储蓄。南非的金融服务业也很发达，除了政府控制的南非储备银行外，还有56家经过批准的金融机构。

南非自1990年允许外国人开设金融机构后，目前已有60家外国银行在南非设立了办事机构。外国机构在得到政府有关部门批准的情况下，可经营已经上市的股票。

南非当地融资主要是各种金融机构提供的各种贷款和信贷。外国投资者通常同当地投资者一样可获得当地融资，但有外国股东的企业获得当地融资的难度要大些，对外资控股的公司提供的所有贷款都要按外汇管制的规定进行。需得到外汇管制部门的批准。

南非拥有非洲最大的股票交易所——约翰内斯堡股票交易所，现有600多家公司在该交易所上市。2005年6月30日，在该交易所上市的矿业公司有43家，列全球第五位。2004年该交易所矿业股票融资额为9.33亿美元，列全球第四位。

南非公司的所得税率为30%，此外还要对公司分红部分加收12.5%的红利税，如果一家公司把所有的未分配利润用来分红，则该公司的最高所得税率为37.8%。超过全球平均水平的29.07%。

2004年出台的新矿法规定从2009年开始执行权利金征收制度。按照提交的权利金草案，国家将以收入为基础对不同矿种征收不同的费率。例如，金征收3%，铂族金属征收4%，金刚石征收8%。据专业人士预测，实行新的权利金制度后，每年政府的矿业税收将增加10亿美元。新的权利金制度对提高国家财政收入有利，但对矿山企业是一个巨大的打击。矿业公司和矿产管理部门都抱怨税率太高，尤其是金。专业人士认为，以收入为基础征税将威胁到小型矿山的生存，同时该行业吸引投资也受到影响。南非矿业协会称，南非新的权利金议案将使金矿企业支付比目前高出3倍的税费，从而将加速该国金产量的下降。南非矿业协会表示，矿业税费的大幅上升将使金矿企业举步维艰，严重危及南非作为全球重要金生产国和世界最大铂族金属生产国的地位。目前政府还在重审该议案，可能会做出部分调整。如何调整，人们正拭目以待。但有一点恐怕不会改变，那就是矿山企业所要负担的政府收费一定会提高。

8. 南非对我国投资者的优惠政策

一是南非政府对新投资或追加投资（1.2亿元人民币以下）的企业，提供政府补贴。投资补贴以南非政府核定的投资总资产额为基准，投资者可享受为期三年的现金补贴，按季给付。

二是核准的企业可享有每年免税的现金补助，按季支付，为期三年。

三是在南非办企业不需要政府批准，只需会计师办一个营业执照即可。

四是南非与中国先后签订了《相互鼓励和保护投资协定》《避免双重征税协定》。

9. 矿业投资环境评价和中国与南非矿业合作现状

南非矿产资源丰富，政局稳定，经济相对发达，劳动力充足，素质相对较高，有投资优惠政策、基础设施很好，交通和通信非常发达。这一切为矿业引资创造了较好的条件，是国际矿业投资者关注的地区之一。加拿大Fraser研究所发布的2005~2006年度全球矿业公司调查结果中，南非矿业投资环境的总体评价居中等水平，在调查的非洲9个国家中排位也基本居中，其中代表政治稳定性、政策解释、法规实施、环境、环境控制、税收、土地占有制度、相关经济协议、地质数据库、安全和劳工问题等项指标的"政策潜力指数"排在第37位，但在非洲9国中排位靠上，位于加纳、马里和博茨瓦纳之后列第4位。这项指标较上一年度有大幅提高，上一年度全球排位为第53，2005~2006年度提高了16个位次。

南非和中国经济发展具有很强的互补性。中国相对短缺的铁、锰、铜、铬铁矿、钴、铂和金刚石等矿产资源在南非非常丰富，其产品可大量出口。特别是铬铁矿资源，受到中国相关企业的较高关注。目前已经有一些中国企业参与南非的铬铁矿开发活动，其中包括中国酒泉钢铁公司和中钢集团公司。

目前，中国与南非在矿业开发合作方面已经有了一个良好的开始，随着两国战略伙伴关系的进一步发展，将会有更多的中国企业投资南非矿业。

10. 南非铀矿投资优劣势

南非除拥有丰富的铀矿资源外，中国企业到南非进行铀矿投资还有以下有利条件。

（1）南非的矿业经济发展需要外资的支持

南非矿业在其经济发展中占有重要地位，矿业部门每年对其国内生产总值的贡献率超过7%。矿业是资金密集型产业，需要大量的资金投入。而南非国内资本投入远远不能满足其发展的需求，需要大量外资支持。

由于缺少投资，南非的矿业产能很难增长。在矿产原材料价格飞涨的今天，南非矿业可从中获得的利益显然受到了限制。为促进矿业的快速发展，南非需要大量的外资投入。此外，南非经济在地域上发展是极不平衡的，边远的部族聚集区经济发展落后，其中一些地区拥有丰富的矿产资源，但是由于投入不足而长期闲置在那里，目前急需资金投入开发这些资源以带动当地经济发展。

（2）中南两国关系友好

中华人民共和国与南非共和国自1998年1月1日建交，双边关系发展顺利。2004年双方宣布中南建立战略伙伴关系，两国关系进入了新的发展阶段。此后，中南战略伙伴关系稳步发展，高层交往频繁，政治互信进一步增强。2006年6月，双方签署了《中华人民共和国和南非共和国关于深化战略伙伴关系的合作纲要》等有关领域的合作文件。在经济方面，中南经济结构互补性强，合作潜力很大。多年来经贸合作稳步发展。南非是中国在非洲最大的贸易伙伴，中南政治与经济关系的顺利发展有利于两国矿业合作的进一步开展。

11. 目前在南非进行矿业投资的主要风险

（1）法律制度和相关政策不清晰

2004年5月颁布《矿产和石油资源开发法》的主要目的：一是将矿产资源的所有权收归国有；二是支持和鼓励以黑人为主的弱势群体参与资源工业，最终做到使全体南非人民都能平等地参与矿产资源的勘查、开发和利用。突发的规定打乱了企业原有的生产规划，对矿山企业的发展产生较大的影响。

（2）电力短缺影响矿业生产

电力不足也是目前影响南非矿业发展的主要因素之一。据南非媒体报道，南非 2008 年采矿业第一季度产量下降了 22.1%，是 40 年来的最低水平。其中重要原因之一是由于电力供应不足造成一些矿山停产。以金矿为例，2008 年第一季度南非金产量为 52228 公斤，较 2007 年第四季度下滑 15.6%，较上年同期下滑 16.8%。南非矿业协会称，南非黄金产量下滑的关键原因是 2008 年 1 月 25～31 日电力短缺导致该国主要金矿停产。其他矿山企业也存在同样的问题。另外，电价提升也将大幅度增加矿山企业的负担。南非的电价应当属于世界最低之列，这曾经是吸引矿业投资的重要原因之一。近年来，由于国内能源供应紧张以及受国际能源价格大幅度增长等因素影响，南非国营电力公司 Eskom 向能源主管机关核准其在 2008 年大幅度调涨电价（超过 50%），南非政府已经决定将电价提高 27.5%，并且立即从 2008 年开始实行。该举措令用电量大的矿山企业生产成本大幅度提高。对矿业投资的负面影响较大。

（3）社会治安不稳

近年来南非的社会治安问题较多，特别是针对外国人抢劫或骚乱，包括对中国人的袭击也时有报道。虽然到目前为止，这些问题还没有对其经济产生明显影响，但以后可能会显现出来。

（4）南非本国核电站的建设将增加南非铀矿的需求

南非两座反应堆正在运行，计划 2025 年 2000 万千瓦，未来南非需要的铀燃料几乎增加 10 倍。所带来的影响也需要考虑。

12. 南非进行矿业投资的几点建议

（1）认真做好投资前的调研和可行性分析工作

南非虽然矿产资源丰富，但这里并非满地黄金。矿产开发项目众多，但不一定适合。因此，要到南非进行矿业投资必须做好前期的调研工作。投资前应当先与南非政府取得联系，获得其矿业宏观、微观经济的政策信息，然后寻找政府此方面投资推广的中介机构，与其联系以便得知更多的信息，并发掘市场上的合作者。如果匆忙进入，结局很可能是失败的。近年来，中国民营企业在南非投资矿业有上升的趋势。更有大量民营企业在未了解清楚当地情况的前提下，便蜂拥到当地投资，最终很少有真正成功的。据中国矿业联合会的资料，2006 年有几十个中国矿业企业代表团的几百个企业到南非寻找机会，但真正有结果的寥寥无几。

(2) 基础设施的后续投入不容忽视

南非基础设施在非洲地区是比较好的，交通和通信发达。但具体到矿产项目不一定如此，许多新项目都位于交通不便的边远地区，交通、供水、电力等基础设施的建设需要大量的投入。电价也是未来增加投入的一大因素，虽然目前南非的电价在提升后仍然属于世界最低之列，但2008年的提价可能仅仅是一个开始，由于目前南非电力短缺，今后几年电价可能会持续攀升。这点投资者在项目投资规划中必须考虑。

(3) 搞好劳资关系非常重要

南非民众的维权意识较强，劳资双方出现问题应当及时解决，否则容易发生罢工事件，进而严重影响生产，给企业造成不必要的损失。

总之，南非虽然矿产资源丰富，有巨大的开发潜力，但目前的投资环境并不好，由于法律不清晰和政策不稳定，矿业投资存在较大的变数，目前不建议投资者开展新的项目，如要投资须谨慎从事。

（八）俄罗斯

1. 自然条件

俄罗斯联邦（俄罗斯）位于欧洲东部和亚洲北部，其欧洲领土的大部分是东欧平原。它横跨欧亚大陆，东濒太平洋，西接波罗的海芬兰湾，东西最长9000千米，南北最宽4000千米，领土面积1707.54万平方公里（占苏联领土面积的76%），是世界上领土面积最大的国家。陆地邻国西北面有挪威、芬兰，西面有爱沙尼亚、拉脱维亚、立陶宛、波兰、白俄罗斯，西南面是乌克兰，南面有格鲁吉亚、阿塞拜疆、哈萨克斯坦，东南面有中国、蒙古和朝鲜。东面与日本和美国隔海相望。海岸线长33807公里。大部分地区处于北温带，气候多样，以大陆性气候为主。温差普遍较大，1月平均温度为 -1℃ ~37℃，7月平均温度为11℃ ~27℃。年降水量平均为150~1000毫米。

2. 社会经济概况

俄罗斯联邦现由83个联邦主体组成，包括21个共和国、9个边疆区、46个州、2个联邦直辖市、1个自治州、4个民族自治区。

俄罗斯是苏联经济实力最强的国家，在当前世界也是经济大国。从工农业总产值来看，它占原苏联工农业总产值的70%。工业基础雄厚，部门齐全，以机械、钢铁、冶金、石油、天然气、煤炭、森林工业及化工等为主。

俄罗斯自然资源十分丰富，种类多，储量大，自给程度高。国土面积1707万平方公里，居世界第一位。深林资源、水资源丰富，天然气、煤炭、石油储量位居世界前列，铁、铝、黄金、镍、锡等矿产资源储量也极其丰富，其中铀蕴藏量占世界探明储量的14%。

3. 基础设施

俄罗斯各类运输方式俱全，铁路、公路、水运、航空都起着重要作用。据俄统计委的统计，2008年俄客运量为223.51亿人次，客运周转量为4755亿人公里，货运量为94.51亿吨，货运周转量49480亿吨公里。

铁路：2008年客运量12.96亿人次，客运周转量为1759亿人公里，货运量13.04亿吨，货运周转量21160亿吨公里。

公路：至2007年俄罗斯道路建设几乎停滞不前，2007年全国公路总长96.3万公里。2008年客运量为121.12亿人次，客运周转量1154亿人公里，货运量68.93亿吨，货运周转量2160亿吨公里。

水运：至2009年初俄罗斯实际管理控制的海船共有1486艘，总吨位1700万吨，其中65.3%是挂外国旗的船舶。2008年俄海运客运量为140万人次，客运周转量为7000万人公里，货运量3500万吨，货运周转量840亿吨公里；2008年俄内河客运量为2000万人次，客运周转量为8亿人公里，货运量1.51亿吨，货运周转量640亿吨公里；主要海港位于波罗的海、黑海、太平洋、巴伦支海、白海等，包括摩尔曼斯克、圣彼得堡、符拉迪沃斯托克、纳霍德卡、新罗西斯克等。

空运：2008年客运量5100万人次，客运周转量1226亿人公里，货运量100万吨，货运周转量37亿吨公里（其中国际货运周转量为29亿吨公里）。至2009年底，俄运行机场总数为232个，其中国际机场71个。年运力超过100万人次的大型航空公司有11家，主要机场有莫斯科的谢列梅杰沃F（原2号）国际机场、谢列梅杰沃B（原1号）国际机场、谢列梅杰沃D国际机场、伏努科沃1号国际机场、多莫杰多沃机场、圣彼得堡国际机场、下诺夫哥罗德机场、新西伯利亚机场、叶卡捷琳堡机场、哈巴罗夫斯克机场等。

管道运输：目前，底石油、天然气输送管道总长超22.4万公里。2009

年输油气总量 9.849 亿吨，其中天然气 4.799 亿吨，石油 4.744 亿吨，油品 0.306 亿吨。周转量为 24650 亿吨公里。

4. 政治环境和外交政策

1993 年 12 月 12 日，俄罗斯联邦举行全体公民投票，通过了俄罗斯独立后的第一部宪法。同年 12 月 25 日，新宪法正式生效。这部宪法规定俄罗斯是共和制的民主联邦法制国家，确立了俄罗斯实行总统制的联邦国家体制。

宪法规定，俄罗斯联邦总统是国家元首，是俄罗斯联邦宪法、人和公民的权利与自由的保障；总统按俄罗斯联邦宪法和联邦法律决定国家对内对外政策；总统任命联邦政府总理、副总理和各部部长，主持联邦政府会议；总统是国家武装力量最高统帅并领导国家安全会议；总统有权解散议会，而议会只有指控总统犯有叛国罪或其他十分严重罪行并经最高法院确认后才能弹劾总统。

俄罗斯联邦政府是国家权力最高执行机关。联邦政府由联邦政府总理、副总理和联邦部长组成。宪法还规定，各联邦主体（共和国、边疆区、州、自治州和自治区）的权利、地位平等。俄罗斯联邦主体的地位只有在俄罗斯联邦和俄罗斯联邦主体根据联邦宪法进行相互协商后才能改变。

外交上，俄罗斯对外政策的总体目标是为国内发展创造良好的外部条件，具体包括维护国家主权、领土完整和安全，促进建立公平、民主的世界秩序，在互惠基础上同各国及国际组织建立伙伴关系，全面保护俄公民和法人在海外合法权益，推广俄罗斯语言和文化等。

俄罗斯和中国两国拥有 4300 多公里的共同边界，是山水相连的友好邻邦。中俄于 2001 年签署《中华人民共和国和俄罗斯联邦睦邻友好合作条约》，标志着中俄关系再上一个新台阶。2008 年，中俄两国彻底解决了历史遗留的边界问题，为两国战略协作伙伴关系的深入发展奠定了基础。中俄战略协作伙伴关系是建立在睦邻友好、平等互信、互利合作、共同发展基础上的新型国家关系。双方以"不结盟、不对抗、不针对第三国"为指针，大力加强在政治、经济、人文、科技、军事等领域的合作。经过近十多年的发展，中俄战略协作伙伴关系已具备牢固的法律基础、完善的合作机制；两国政治互信达到前所未有的高度，在涉及对方国家主权、领土完整的重大问题上相互支持，在国际舞台上密切协作。今天，中俄两国战略协作伙伴关系发展日臻成熟，已成为大国关系的楷模、睦邻友好的典范。

5. 矿业投资环境

俄罗斯的矿业投资环境，随着俄罗斯政治和经济体制改革的进程逐步得到改善，并有一个不断完善的过程。普京政府组成后，通过管理体制改革，权力更多地集中到联邦政府；通过对地下资源立法和税制改革，使矿产资源所有权更多地集中到联邦政府；通过矿产资源开发，使联邦政府获得更多的收益；吸引外商投资，开发利用矿产资源，促进西伯利亚和远东地区的经济社会发展。

普京政府自2001年起，逐步加强国家管理和监督的改革，组成了专门的委员会，研究联邦—主体—地方的权限关系，提出了两条改革的原则：一是联邦部的主要任务是制定政策和起草法规，管理工作由联邦署（局）执行，使执行与监督职能分开；二是联邦政府决定不同层次机构的职权范围，据职权范围给各机构拨款开展工作。

2004年新组建的自然资源部，在性质上较前一轮机构有重大改革。自然资源部由7个司组成，主要职责是负责国家政策制定和法规文件草案的起草、协调，同时管理三个联邦管理署（联邦地下资源利用署、联邦林业署和联邦水资源署）和一个联邦自然资源利用领域监察局，负责对上述三方面职能的监督。上述机构分别对部长、副部长负责。三署一局都是独立法人，实际是联邦政府的独立机构。

7个联邦大区设自然资源利用和环境保护领域国家监督和远景发展司，各主体设自然资源和环境保护总局，由联邦自然资源利用领域监督局领导。同时各主体设有与自然资源部的职能相应的三个管理局，是联邦自然资源部的派出机构。机构改革和新的地下资源法公布后，主体政府机构的作用相对小了。

6. 矿业相关法律

与地下资源开发利用有关的法律和法规很多，但是与铀矿相关的主要法律有4个，即地下资源法、产品分成协议法、联邦大陆架法和矿产开采税等法律。根据改革的需要和政策调整，近年来地下资源法、产品分成协议法和矿产开采税法等做了多次较大的修改，并已公布实施。

——地下资源法

1992年公布的地下资源法，至今已实施12年，并已修改多次。（据专家介绍大大小小修改达51次）。专家带来了2003年的地下资源法（修改本）和2004年8月30日俄报纸公布的新的修改决定。最终新的地下资源法尚待俄罗斯联邦杜马审议通过。新法律与最初的法律比较已经面目全非。主要修改涉及如下几个方面。

①地下资源的所有权，除广泛分布的矿产（指砂石土、一般建筑材料、泥炭等）外，所有地下资源均归联邦国家所有。地下资源的占有、使用和支配问题，由俄罗斯联邦和俄罗斯联邦主体共同管理，城市地下水供水由联邦政府管，农村用水由地方政府管理。

②勘查开采地下资源（除建筑用砂石土等资源外）由联邦国家地下资源管理机关统一颁发许可证。勘探发现矿产资源后可以不需要竞争即取得采矿权。

③矿产开采税在税法典中规定，地下资源使用费由地下资源法规定，五种收费全部上交联邦预算。

④实行地下资源储量评审和储量平衡表制度，国家储量评审工作由自然资源部领导。储量评审费由国家制定标准，评审费归联邦预算收入。储量评审工作费用列预算支出，但比过去大大减少了（俄目前储量分类尚未与国际规则接轨，储量评审是评估矿区全部储量，在开采全过程每年进行审计。俄政府准备对储量分类和评审进行改革，评审范围拟改为对许可证期限内的储量进行评审）。

——产品分成协议法

该法于1995年颁布实施后，分别于1999年、2001年和2003年作了增订。它是俄罗斯联邦对国内外（主要是对外）招商引资的基本法律，主要用来调节在签订、执行和终止产品分成协议过程中产生的各种关系，规定产品分成协议的基本条款。不仅适用油气资源，也适用非油气资源。

产品分成协议其实就是一份合同，由代表俄罗斯联邦的国家为一方（甲方）和代表经营活动的主体的投资者为另一方（乙方）签订。根据这份合同，甲方拨给乙方一定的地下地段按规定的期限有偿地使用，进行矿产普查、勘探和开采及与此相关的工作，而乙方则自筹资金、自担风险进行上述工作。

甲方拨给乙方使用的地下地段，一般是甲方认为将该地下地段拨给乙方使用是"合理的"地下地段。比如，除按产品分成的办法再不可能依法进行地质研究、探矿和采矿的地下地段，拍卖不出去的地下地段，位于大陆架和北部边远地区的地下地段，缺乏居民点、交通运输等基础设施的地下地段，要用专门昂贵的技术才能采矿的、矿山地质条件复杂的地下地段，等等。

乙方雇用的职工，俄罗斯人至少应占80%，只有在工作初期或在缺少具有相应水平的俄罗斯人的情况下才能吸收外国人。

乙方购置的供地质研究、探矿、采矿、运输和加工用的技术设备和材料等，按价值算至少应有70%是俄罗斯制造的。

乙方应为俄罗斯人提供工程承包、供货和运输的优先权。

乙方应保护环境和居民健康，不得在这方面留下后患。

乙方要给责任事故投保，如果这些责任事故给自然环境造成有害影响，从而需要负责赔偿损失的话。比如，在少数民族地区工作，乙方要依法采取措施保护少数民族固有的居住环境和生活方式，否则应依法给予相应补偿。

产品按地下地段的经济评价和价值评估、协议的技术设计和技术经济论证指标分成，但乙方的分成不得超过68%。分成的对象是成品或其价值。

对乙方为进行协议规定的工作而投入的经费给予"补偿产品"，最多不得超过产量的75%，即使在大陆架上采矿，也不得超过90%。

乙方要依法照章缴纳费税，如缴纳协议规定的一次性地下资源使用费、地下资源信息费、水域和海底地下地段使用费、常规定期地下资源使用费、甲方矿产普查勘探费的补偿费、少数民族地区损失的补偿费等。

协议执行、终止和失效引起的纠纷，由法院按协议规定的条例解决。

甲乙双方在涉及产品分成方面的法律面前平等，即乙方可以状告甲方，甲方必须执行法院的裁决。反之亦然。

该法公布近十年了，立法时对其寄予了很大希望，但很少有项目得到实施，因为开发者要对矿区的每一个块段进行会计核算，这很难，不可能取得合理的利润。

——联邦大陆架法

　　该法是规范大陆架资源探、采的法规。向所有开发者明确大陆架的资源属联邦所有，是唯一的。法律还规定了如何注册勘探船和开采平台。

　　——矿产开采税法

　　征收矿产资源开采的费还是税，一直有争议。2002年以前规定征收费，所以在地下资源法中规定；2002年1月改税后，故纳入税法体系，在税法典第26章中规定。地质师、地质经济师都反对这样规定，因为改税后取消了地下资源再生产提留，不利于地质工作。但是，联邦政府、经济部支持费改为税。

　　7. 勘查、开采许可证

　　俄罗斯联邦政府于2001年2月批准了《生态和自然资源目标计划（2002~2010）》，目的是均衡开发各类自然资源，以满足国家经济社会发展对能源资源、矿物原料资源、水资源、森林资源和生物资源等方面的需要。该目标计划包括12个子计划，矿物原料资源是其中一个子计划。

　　自然资源部根据目标计划，制订每年的矿物原料生产计划，由杜马批准拨款，每年70亿~75亿卢布，主要进行公益性地质工作、科学研究和矿产普查；每个州也制订相应计划，总共约200亿卢布，进行勘探前期的地质工作；勘探工作费用由探矿者自己投入。俄罗斯这样大的国土面积，国家仅有的地质工作投资不足，所以很多地质工作未进行。

　　资源部地下资源利用署设有油气司和非油气司，负责按主体编制勘查计划，经自然资源部审批后，地下资源利用署负责发证。并公布次年将要公开招标或拍卖的矿区项目名单。

　　根据项目名单每个主体组织项目招标（或拍卖）委员会，提出招标（或拍卖）条件，申请竞标者提出项目的技术经济建议书、投入资金数、社会经济目标和最初报价，揭标后，谁的报价高谁中标。过去招标的收益60%归主体、40%归联邦，现在全部归联邦。

　　经济部反对招标方式，认为它是官员腐败的原因。现在采取拍卖的办法。产品分成协议法已有规定，但地下资源法未修改。

　　专家认为，实际上这两种办法都是出价高者获得探矿权，有钱的人能拿到项目，与评委会关系好的能拿到项目，小公司不会参加拍卖活动，也不易得到项目。他们赞成挪威的办法,把申请人组成联合企业,企业提出的各项指标接近政府规定的,便获得勘查开采许可证。

8. 矿业政策调整

地下资源是俄罗斯最主要的财富,所有权归联邦政府,国家要从地下资源开发中获得更多的收益。总统、新政府和自然资源部部长更强调对地下资源的控制,从过去的自由开发过渡到加强国家调控。将资源管理权限集中到联邦政府,主要有以下几点。

①加强发证和签约管理,改变过去的随意行为。

②国家营造平等竞争的环境,不让少数企业垄断经营,采取措施发展中小矿山开采。

③在税收政策上改变过去对所有矿山一个标准的税制,要考虑矿山企业的级差收益和利润差别。

④探矿、采矿合起来发一个许可证,通过市场机制加强地质工作,不仅仅是靠国家预算,探矿者探到矿可以直接开采,有利于加强勘查工作。

⑤研究矿产资源所有权和资源资产管理,勘查成果、地质信息属于谁,国家如何调控。新的地下资源法规定,投资者终止合同后,矿山企业拥有的资源、开采设施、设备、地质信息和储量的所有权归国家。过去一个勘查项目批准几万平方公里,现在勘查许可证要在一定的地下地段范围内,采取竞争的办法取得探矿权。

专家认为1992年改革以来,实行市场经济,大量的矿山地租(实际指矿山开采的级差地租)落入少数寡头手中,资金大量流失,政府失去控制。

矿山地租是矿业发展的杠杆,如何征收,争议较大。2002年前,国家重视征税,未考虑矿山地租,不论资源质量、开发条件好坏实行一个征税标准。矿山企业实行掠夺式开采,地质勘查工作严重下滑,十年市场经济,基本没有新的地质勘查投入,基础性工作也基本未做,因此,无论油气田还是金属矿山生产力都下降,无新的接续矿区。但是,大量的资金落入寡头手中,并流向国外,而国内资金短缺。联邦政府要控制这一局面,停止财富集中在少数人手中的状况;同时要更好地利用国外资金勘查、开采矿产资源。因此,新修改的地下资源法将权益尽可能集中到联邦政府。也就是说,一方面国家要从大公司那里收回地租,集中资金;另一方面,要在新区开展地质工作，在那些无基础设施的边远地区，经过勘查工作找到矿，自然就会开发。在那些地区开展地质工作，目前不会有大公司竞争。

9. 勘查、开采矿产资源的税、费制度

——矿产开采税

《税法典》第 26 章规定，主要税种在联邦总预算中占第三位，为 17%。经过改革后，俄罗斯减少了矿业的税种。矿产开采税，自 2002 年 1 月 1 日起实施，并替代了原来的三种收费（即矿物原料再生产提留，矿产资源开采使用费，石油、凝析气消费税）。税额以油气为例：目前石油每吨为 347 卢布；天然气每 1000 方为 109 卢布；2005 年 1 月 1 日起，石油每吨为 419 卢布；天然气每 1000 方为 135 卢布。

——地下资源法中仍保留的五种付费

①出现许可证约定的某种事件时一次性地下资源使用费，付费后即可勘查、开采矿产资源。现在 1 吨石油征收 2~3 美元，趋势要提高到 5 美元。

②定期地下资源使用费，即租金。如油气普查 120~360 卢布/km^{2}年，勘探 5000~20000 卢布/km^{2}年。由于普查勘探没有明确界限，往往探矿者按普查付费。

③地下资源地质信息费，到地质资料馆查阅复制一次的最低付费为 1 万卢布。如要报告全文资料，要增加付费。

④投标（拍卖）参加费，相当于报名费，为 2000~10000 卢币/人。资料包费由组织招标拍卖者确定，有的收 50000 卢布。中标后，提供的资料不再收费。

⑤许可证颁发费，为发证手续费、工本费，为 1000~10000 卢布。

——出口海关税

在海关法中规定。如石油的出口关税取决于国际市场石油的价格，征收 20%~65%。以石油为例，2002 年 2 月每吨为 8 美元；2003 年 8 月每吨为 25.1 美元。

一个投资者开采矿产资源要向政府付税额约为企业总销售额的 38%~42%。其中，矿产开采税 2%，增值税 20%（2005 年减少到 18%），利润税（所得税）24%（原为 32%），统一社会保险税为工资总额的 35.6%，

还有土地税、排污税、水资源税等。此外，地方税不超过 1%，包括保安税、教育税、广告税、养狗税等。少数民族也征收一些费，如养殖费、钓鱼费等，由企业与当地政府签约，有时给点汽油和酒也就可以了。

如果投资者执行产品分成合同，只需要缴纳三种税，即矿产开采税（减半征收）、统一社会保险税（工资总额的 35.6%）和利润税，其余税费在分成合同里解决，出口关税免征。利润分成比例：利润率低于 17.5%，国家得 10%，投资者得 90%；利润率在 17.5%~24%，国家得 50%，投资者得 50%；利润率高于 24%，国家得 70%，投资者得 30%。开采 10 年后，双方对半分成。

自然资源部认为应按矿山开采的不同阶段、不同技术经济条件，有区别地分类征税。矿山进入开采中后期应减税。要区别矿区储量、矿石质量、易采选的程度，区别矿区所在地的社会经济条件、基础设施状况、距主要交通线和油气运输主干道的距离来确定税率。石油公司反对这样做，理由是分类困难。

矿业公司纳税的情况，主要问题在利润税的计算。现在石油公司纳税不超过 8%，普遍未缴够利润税。

从总体上看，当前俄罗斯矿产资源勘查开采领域的政策法规不断改革，投资环境逐步改善，但是，矿业投资环境还不是十分理想。有关法规没有完全同国际接轨，尚在完善中。国外公司投资比较多的是油气资源，固体矿产不多；审批手续比较烦琐，而且不规范；腐败问题大。虽然提出要积极吸引外资开发俄罗斯东西伯利亚和远东地区的矿产资源，但是没有看到具体的优惠政策出台。

中国大宗矿产品供需预测
——模型架构专项*

本研究采用多种计量方法对大宗矿产品的供需情况进行预测。由于供需影响因素的多样性及自身的易变性，仅采用任何一种方法，都是很难获得满意的结果的。为了对大宗矿产品供需预测这一复杂问题进行分析与研究，必须要有多种方法的综合集成。本研究预测采用的方法主要有 ARIMA 模型外推法、宏观经济变量多元回归法、时间趋势法。并采用简单平均与误差加权平均得到最终集成后的结果。

ARIMA 模型外推法：自回归移动平均单整模型（ARIMA 模型）是 Box 和 Jenkins 于 70 年代初提出的一种有效的时间序列预测方法。本研究首先对数据的平稳性进行检验，如不满足平稳性，则对数据进行变换，再用自相关和偏自相关系数确定 ARIMA 模型的滞后阶数，建立 ARIMA（p, d, q）模型。

宏观经济变量多元回归法：首先由散点图分析各变量之间的关系，再建立多元回归模型，根据变量显著性及 R^2 等指标对模型进行筛选。多元回归法有明确的经济解释含义，但因各单变量并没有未来的值，只能通过设定不同经济情形外推对外生变量赋值，再通过多元回归对供需进行预测。

时间趋势法：在长期的预测方面，目前较为常用的是趋势预测模型，即根据时间序列自身发展变化的基本规律和特点即趋势，选取适当的趋势模型进行分析和预测。本研究采取定量和定性相结合的方法，判断序列可能的运行规律，最终在趋势预测模型中，设定不同的经济增长模式，采取时间的线性函数、指数曲线函数、多项式曲线函数等形式，采取最小二乘

---

* 本文作者单位：国家开发银行研究院、中央财经大学。

（OLS）估计。

为对预测模型进行评价，本研究在建模时，留出最后几个数据作为样本内检测，根据误差情况，为得到更为稳定和可行的长期预测结果，将上述模型预测结果进行综合集成。综合集成我们选取如下3种方法。

（1）选取拟合最好的模型预测

由于多元回归模型预测比较符合经济运行规律，建模拟合效果较好；ARIMA模型在没有结构性变化时，短期预测时效果很好。因此，我们可以选取多元回归模型或ARIMA这一最优模型作为最终预测模型，其他模型预测结果给予权重为0。

（2）简单加权平均

由于各种模型均有一定合理性，因此采取简单加权平均可以考虑各种模型的预测结果。

（3）根据误差给定权重综合集成（简称"组合预测"）

由于模型的拟合误差反映了模型解释效果，分别计算每个模型中的预测误差，然后根据误差赋予权重，进行加权平均。

最后，要说明的是，从经济计量学的角度建立计量预测模型，力图对需求做很精确的定量分析。计量方法对于短期定量分析有一定的优势，但是市场经常受到各种外生变量的影响，而且初始数据的扰动在中长期预测过程中将会造成很大的误差。所以，还将预测结果反馈给业内专家，用德尔菲法进行微调。

主要创新点有：①传统预测大多采用ARMA模型，由历史数据外推。但考虑到一般ARMA模型短期预测效果较好，长期预测则误差很大，为得到更为稳定和可行的长期预测结果，本研究多种模型预测结果进行综合集成得到最后的预测结果。②考虑到未来经济情况的变化可能较大，本研究在时间趋势法中，采取时间的线性函数、指数曲线函数、多项式曲线函数等形式来拟合未来经济发展的不同情境，在多元回归中也才采用不同的经济增速，做情境分析，最终给出在三种不同经济增速下的预测结果。③在模型的集成方面，采用了动态可变权重。为对预测模型进行评价，本研究在建模时，留出最后几个数据作为样本内检测，根据误差情况，得到初始权重。一般由于ARMA模型短期拟合较好，从而ARMA模型权重较高，但ARMA模型长期拟合较差，如果采用静态权重，长期预测误差将会很大。

本研究将 ARMA 模型的权重随时间递减，宏观经济变量多元回归法、时间趋势法的权重随时间递增。

一 铜预测模型说明

（一）数据

本文使用精炼铜的消费量和产量来表示铜的需求量和供给量，数据来源为：统计年鉴、wind 资讯、机构提供。下文使用数据的单位分别为，需求量和供给量：万吨；人均 GDP：万元；工业增加值：亿元；人均 GDP：元；铜期货收盘价：元；下游用户中，电网发电量：十亿千瓦时；铜矿砂及其精矿的进口量：万吨；工业增加值：亿元；下游产品中，家电组合使用铜量：吨。

由于选用的历史数据的增长趋势只适应于短期预测，长期预测时，考虑到资源禀赋约束、消费需求结构变化等因素的影响，增长趋势需要做一定的调整。

（二）铜供给预测

1. 单变量预测 ARIMA（p, d, q）模型

（1）平稳性检验

对精炼铜生产量序列，取对数处理，得到 lnproduction = log（production），其中，production 为精炼铜生产量序列。对序列 lnproduction 进行 DF 检验，检验表明，该序列经过一阶差分为平稳序列。

因此，建立 ARIMA 模型时，$d = 1$，即对精炼铜生产量对数一阶差分序列建立 ARMA 模型。

（2）滞后阶数的确定

从自相关分析可见，lnproduction 的一阶差分序列的自相关系数和偏自相关均不明显，经对 AR（1）、AR（2）、AR（3）、MA（1）、MA（2）、MA（3）的测试，根据 AIC、SE 最小的原则，可以看出，应选择 AR（2）、MA（2）、MA（3）。

（3）估计模型参数

建立模型 Lnproduction = $-0.73 + 1.02 \times ar(1) + \varepsilon_t$

（4）模型样本内预测

根据预测值与真实值的误差确定权重，具体方法见集成预测。

（5）模型样本外预测

见集成预测。

2. 趋势模型

（1）直线趋势预测模型

①模型参数估计

得出直线趋势预测模型为：

$$production = 17.33756t + e_t$$

②模型样本内预测

我们用2011~2012年的2个数据，检测上一步中模型估计的准确性。根据预测值与真实值的误差确定权重，具体方法见集成预测。

③模型样本外预测

见集成预测。

（2）二次多项式预测模型

①模型参数估计

得出二次多项式预测模型为：

$$production = 69.77670 - 6.211683t + 1.159145t^2 + e_t$$

②模型样本内预测

我们用2011~2012年的2个数据，检测上一步中模型估计的准确性。根据预测值与真实值的误差确定权重，具体方法见集成预测。

③模型样本外预测

见集成预测。

（3）指数趋势预测模型

①模型参数估计

得出指数趋势预测模型如下：

$$Lnproduction = 3.843435 + 0.106159t + e_t$$

②模型样本内预测

我们用2011~2012年的2个数据，检测上一步中模型估计的准确性。

根据预测值与真实值的误差确定权重，具体方法见集成预测。

③模型样本外预测

见集成预测。

3. 集成预测与情景分析

本部分将在分情形讨论的情况下，对以上几种预测结果进行集成预测。

（1）经济增速稳定

集成预测基于二项式趋势模型预测值和 ARIMA 模型预测值为因子。初始权重以各个模型预测精度为基准，计算方法如下：

$$\frac{(1-e_i)}{\sum_{i=1}^{n} 1-e_i}$$

其中，e_i 为预测误差，n 为模型的个数。确定的各模型权重如表 1 所示。

表 1 权重

单位：%

项　　目	二项式趋势预测	ARIMA 预测
初始权重	90.83	9.17

预测结果如表 2 所示。

表 2 集成预测值

单位：万吨，%

年　份	二项式趋势模型	权　重	ARIMA 模型	权　重	集成预测结果
2013	588.36	90.83	653.38	9.17	594
2014	638.95	88.42	745.5	11.58	651
2015	691.85	86.02	852.66	13.98	714
2016	747.08	83.62	977.63	16.38	785
2017	804.62	81.22	1123.72	18.78	865
2018	864.48	78.82	1294.93	21.18	956
2019	926.66	76.42	1496.11	23.58	1061

续表

年 份	二项式趋势模型	权 重	ARIMA 模型	权 重	集成预测结果
2020	991.15	74.02	1733.11	25.98	1115
2021	958.855	90.00	1839.749	10.00	1115.5
2022	1021.303	90.00	2143.334	10.00	1134
2023	916.775	90.00	2035.078	10.00	1029
2024	912.755	90.00	2385.999	10.00	1060
2025	966.714	90.00	2484.824	10.00	1119
2026	1022.287	90.00	2931.934	10.00	1213
2027	1079.497	90.00	3469.942	10.00	1319
2028	1138.318	90.00	4119.332	10.00	1436
2029	1198.766	90.00	4905.576	10.00	1569
2030	1093.244	90.00	5860.55	10.00	1570

（2）经济形势好

以前文三种趋势模型中的指数模型为准，集成预测基于指数趋势模型预测值和 ARIMA 模型预测值为因子。初始权重以各个模型预测精度为基准，计算方法如下：

$$\frac{(1-e_i)}{\sum_{i=1}^{n} 1-e_i}$$

其中，e_i 为预测误差，n 为模型的个数。确定的各模型权重如表 3 所示。

表 3　权重

单位：%

项 目	指数趋势预测	ARIMA 预测
初始权重	48.73	51.27

预测结果如表 4 所示。

（3）经济增速缓慢

经济增速缓慢体现在 ARIMA 模型和直线模型中，权重如表 5 所示。

表 4　集成预测

单位：万吨，%

年　份	指数趋势模型	权　重	ARIMA 模型	权　重	集成预测结果
2013	596.6	48.73	653.38	51.27	626
2014	663.42	48.81	745.5	51.19	705
2015	737.72	48.88	852.66	51.12	796
2016	820.34	48.96	977.63	51.04	901
2017	912.22	49.03	1123.72	50.97	1020
2018	1014.39	49.11	1294.93	50.89	1157
2019	1128	49.18	1496.11	50.82	1315
2020	1254.33	49.25	1733.11	50.75	1440
2021	1269.377	49.33	1493.127	50.67	1440
2022	1272.068	49.40	1539.416	50.60	1407
2023	1414.534	49.48	1566.15	50.52	1491
2024	1400.488	49.55	1564.458	50.45	1483
2025	1557.337	49.63	1522.562	50.37	1540
2026	1731.767	49.70	1424.798	50.30	1577
2027	1688.558	49.78	1694.314	50.22	1691
2028	1482.0955	49.85	2021.104	50.15	1752
2029	1208.205	49.93	2418.552	50.07	1814
2030	1343.527	50.00	2903.51	50.00	2124

表 5　权重

单位：%

项　目	直线趋势预测	ARIMA 预测
初始权重	69.23	30.77

可得预测值：

表 6　集成预测

单位：万吨，%

年　份	直线趋势模型	权　重	ARIMA 模型	权　重	集成预测结果
2013	416.1	81.82	653.38	18.18	489
2014	433.44	79.95	745.5	20.05	533

续表

年　份	直线趋势模型	权　重	ARIMA 模型	权　重	集成预测结果
2015	450.78	78.07	852.66	21.93	584
2016	468.11	76.20	977.63	23.80	642
2017	485.45	74.33	1123.72	25.67	711
2018	502.79	72.46	1294.93	27.54	791
2019	520.13	70.59	1496.11	29.41	887
2020	537.46	68.72	1733.11	31.28	884.5
2021	501.054	80.00	1839.749	20.00	769
2022	516.66	80.00	2143.334	20.00	842
2023	532.266	80.00	2269.542	20.00	880
2024	547.862	80.00	2385.999	20.00	915
2025	563.469	80.00	2484.824	20.00	948
2026	579.075	80.00	2931.934	20.00	1050
2027	594.681	80.00	3026.035	20.00	1081
2028	610.277	80.00	3594.775	20.00	1207
2029	625.884	80.00	4283.82	20.00	1357
2030	641.49	80.00	5121.29	20.00	1537

（4）情景分析总预测结果

分情景讨论总的预测结果如表 7 所示。

表 7　情景分析预测值

单位：万吨

年　份	经济形势正常	经济形势好	经济形势差
2013	594	626	489
2014	651	705	533
2015	714	796	584
2016	785	901	642
2017	865	1020	711
2018	956	1157	791
2019	1061	1315	887
2020	1115	1440	884.5
2021	1115.5	1440	769

续表

年　份	经济形势正常	经济形势好	经济形势差
2022	1134	1407	842
2023	1029	1491	880
2024	1060	1483	915
2025	1119	1540	948
2026	1213	1577	1050
2027	1319	1691	1081
2028	1436	1752	1207
2029	1569	1814	1357
2030	1570	2124	1537

（三）铜需求预测

1. 单变量预测 ARIMA (p, d, q) 模型

（1）平稳性检验

对铜消费量序列，取对数处理，得到 lncons = log (cons)，其中，cons 为铜消费量序列。对序列 lncons 进行 ADF 单位根检验，检验表明，该序列为一阶单整序列。

因此，建立 ARIMA 模型时，d = 1，即对铜消费量对数一阶差分序列建立 ARMA 模型。

（2）滞后阶数的确定

对 lncons 一阶差分序列进行自相关偏自相关检验，判断 ARIMA 模型应选择的滞后阶数。可以发现，自相关和偏自相关均无明显的截尾现象。经对 AR (1)、AR (2)、AR (3)、MA (1)、MA (2)、MA (3) 的测试，根据 AIC、SE 最小的原则，可以看出，应选择 AR (2)、MA (2)、MA (3)。

（3）估计模型参数

可以得到模型为

$$D(lncons) = 0.13 - 0.62 \times ar(2) + 0.81 \times ma(2) + 0.31 \times ma(3) + e_t$$

（4）模型样本内检测

根据预测值与真实值的误差确定权重，具体方法见集成预测。

(5) 模型样本外预测

见集成预测。

2. 趋势模型

(1) 直线趋势预测模型

①模型参数估计

我们可以得出直线趋势预测模型为:

$$\text{cons} = -26.95 + 28.08t + e_t$$

②模型样本内预测

我们用 2011~2012 年的 2 个数据,检测上一步中模型估计的准确性。根据预测值与真实值的误差确定权重,具体方法见集成预测。

③模型样本外预测

见集成预测。

(2) 二次多项式预测模型

①模型估计参数

根据上表统计结果,我们可以得出二次多项式预测模型为:

$$\text{cons} = 106.61 - 14.09t + 2.1t^2 + e_t$$

②模型样本内预测

我们用 2011~2012 年的 2 个数据,检测上一步中模型估计的准确性。根据预测值与真实值的误差确定权重,具体方法见集成预测。

③模型样本外预测

见集成预测。

(3) 指数趋势预测模型

①模型参数估计

得出指数趋势预测模型,如下式:

$$\text{lncons} = 4.15 + 0.11t + e_t$$

②模型样本内预测

我们用 2010~2012 年的 2 个数据,检测上一步中模型估计的准确性。根据预测值与真实值的误差确定权重,具体方法见集成预测。

③模型样本外预测

见集成预测。

3. 多元回归模型

（1）回归因素的选择

①人均GDP

经济增长往往是带动一个国家能源消费增长的最主要因素，特别是在能源密集和发展中经济体系影响更为强烈。人口是影响能源消费的重要变量。人口越多，能源消费量也越大，两者之间存在正相关关系。从图1可以看出，消费量跟人均GDP正相关。

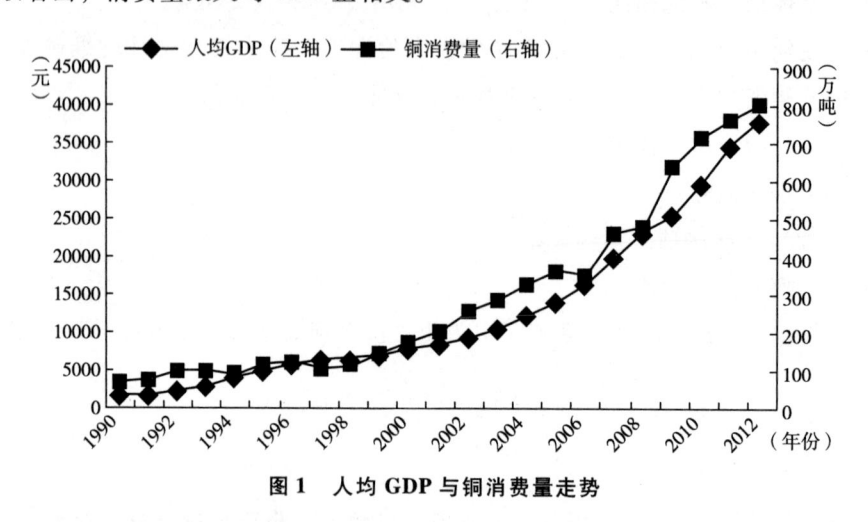

图1 人均GDP与铜消费量走势

②上海铜期货的收盘价

铜期货的价格与铜的消费量有一定的相关性。

③工业增加值

铜消费结构中，相比居民生活，工业用气占比最大。因此，工业增加值的快速增长往往也会带动铜的消费需求增加。

④下游用户需求量

铜行业的下游行业为电力设备行业、家电行业、建筑业、交通运输业以及半导体集成电路行业。以电力行业为例，电网发电量间接影响着铜的消费量。

⑤下游产品需求量

可以看出，下游产品中家电组合使用铜的数量与精炼铜的消费量成正

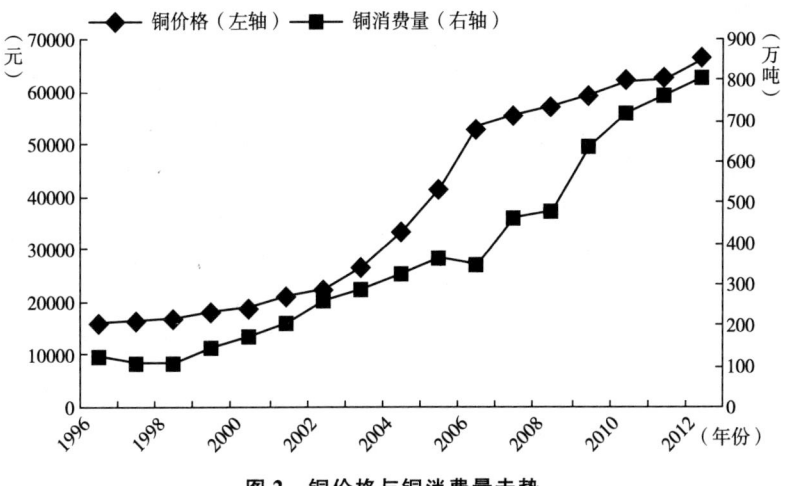

图 2　铜价格与铜消费量走势

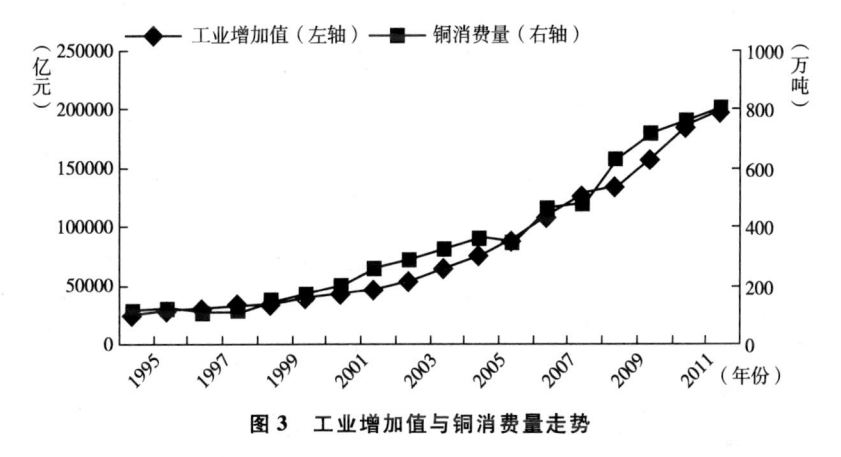

图 3　工业增加值与铜消费量走势

相关。

(2) 估计模型参数

以人均 GDP、上海铜期货的收盘价、工业增加值、电网发电量以及家电组合使用铜量为自变量，以精炼铜的消费量为因变量建立模型。样本选取 2001~2010 年的数据，2011 年、2012 年的数据留作检验。

经过多次测试，留下 ELEC、JD、PRICE 作为自变量。

建立模型得：

$$CONS = -36.4680350338 + 0.0230165685294 \times JD + 0.279805727778 \times ELEC - 0.00927697723007 \times P$$

其中，JD 为家电使用铜量，ELEC 为电网发电量，P 为期货价格。

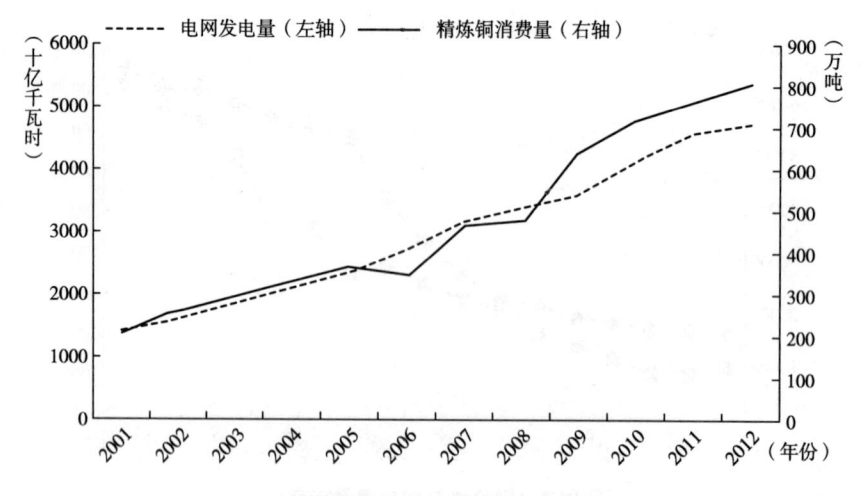

图 4　电网发电量与精炼铜消费量走势

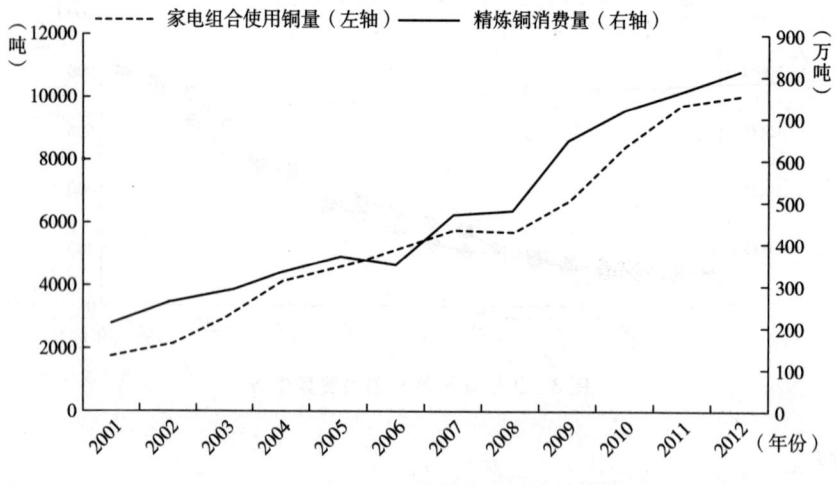

图 5　家电组合使用铜量与精炼铜消费量走势

（3）模型样本内检测

根据预测值与真实值的误差确定权重，具体方法见集成预测。

4. 集成预测与情景分析

本部分将在分情形讨论的情况下，对以上几种预测结果进行集成预测。

（1）经济增速稳定

经济增速稳定体现在多元回归和趋势模型两个方面。

①多元回归

各个自变量预测如下。

表8　多元回归预测值

单位：万吨

年　份	ELEC	JD	price	cons
2013	4866.94	10072.69	69185.14	915.34
2014	4925.34	10092.84	71909.79	906.87
2015	4994.30	10113.03	74281.88	904.62
2016	5074.20	10133.25	76353.69	908.22
2017	5165.54	10153.52	78168.45	917.41
2018	5268.85	10173.82	79761.89	932.00
2019	5384.77	10194.17	81163.70	951.90
2020	5514.00	10214.56	82398.72	977.07
2021	5657.36	10234.99	83487.96	1007.55
2022	5815.77	10255.46	84449.33	1043.43
2023	5990.24	10275.97	85298.21	1084.84
2024	6181.93	10296.52	86047.96	1132.00
2025	6392.12	10317.12	86710.21	1185.14
2026	6622.23	10337.75	87295.15	1244.57
2027	6873.88	10358.43	87811.75	1310.67
2028	7148.83	10379.14	88267.92	1383.85
2029	7449.08	10399.90	88670.63	1464.60
2030	7776.84	10420.70	89026.08	1553.49

②趋势模型

以前文中三种趋势模型预测结果中数值中等的结果为准，即使用二项式趋势模型。

③集成预测

集成预测基于经济增速稳定情况下多元回归预测值、二项式趋势模型预测值和ARIMA模型预测值为因子。初始权重以各个模型预测精度为基准，计算方法如下：

$$\frac{(1-e_i)}{\sum_{i=1}^{n}1-e_i}$$

其中，e_i 为预测误差，n 为模型的个数。然后考虑到 ARIMA 和二项式未来趋势的高估，确定的各模型权重如表 9 所示。

表 9 权重

单位：%

项 目	二项式趋势预测	ARIMA 预测	多元回归预测
初始权重	4.65	4.65	90.70
调整权重	10	10	80

得到预测值：

表 10 集成预测

单位：万吨，%

年 份	多元回归	Weight	二项式	Weight	ARIMA	Weight	集成预测
2013	915.34	90.70	898.13	4.65	1059.50	4.65	921
2014	906.87	87.32	983.16	6.34	1191.33	6.34	930
2015	904.62	83.95	1072.40	8.03	1374.96	8.03	956
2016	908.22	80.57	1165.86	9.71	1569.67	9.71	998
2017	917.41	77.20	1263.54	11.40	1763.10	11.40	1053
2018	932.00	73.82	1365.44	13.09	1993.86	13.09	1128
2019	951.90	70.45	1471.56	14.78	2277.72	14.78	1225
2020	977.07	67.08	1581.89	16.46	2591.03	16.46	1342
2021	1007.55	80.00	1538.25	10.00	2928.94	10.00	1253
2022	1043.43	80.00	1136.63	10.00	3319.64	10.00	1280
2023	1084.84	80.00	1212.11	10.00	3777.24	10.00	1367
2024	1132.00	80.00	1290.12	10.00	4290.87	10.00	1464
2025	1185.14	80.00	1370.66	10.00	4862.47	10.00	1571
2026	1244.57	80.00	1453.73	10.00	5515.84	10.00	1693
2027	1310.67	80.00	1539.33	10.00	6266.51	10.00	1829
2028	1383.85	80.00	1627.47	10.00	7114.83	10.00	1981
2029	1464.60	80.00	1718.13	10.00	8070.35	10.00	2151
2030	1553.49	80.00	1811.32	10.00	9157.81	10.00	2340

(2) 经济增速快

经济增速快体现在多元回归和趋势模型两个方面。

①多元回归

以前文部分估计的参数为准，设定在经济增速快的情景下各个自变量的预测值，然后再代入模型中，得出需求量的预测值，具体如表11所示。

表11 多元回归预测

单位：万吨

年 份	ELEC	JD	price	cons
2013	4915.13	10092.80	69185.14	929.28
2014	5023.26	10133.17	71909.79	935.19
2015	5143.82	10173.70	74281.88	947.85
2016	5277.56	10214.40	76353.69	966.99
2017	5425.33	10255.26	78168.45	992.44
2018	5588.09	10296.28	79761.89	1024.15
2019	5766.91	10337.46	81163.70	1062.12
2020	5962.98	10378.81	82398.72	1106.48
2021	6177.65	10420.33	83487.96	1157.40
2022	6412.40	10462.01	84449.33	1215.12
2023	6668.89	10503.86	85298.21	1279.98
2024	6948.99	10545.87	86047.96	1352.36
2025	7254.74	10588.05	86710.21	1432.74
2026	7588.46	10630.41	87295.15	1521.67
2027	7952.71	10672.93	87811.75	1619.77
2028	8350.34	10715.62	88267.92	1727.78
2029	8784.56	10758.48	88670.63	1846.53
2030	9258.93	10801.52	89026.08	1976.95

②趋势模型

以前文三种趋势模型预测结果中数值偏好的结果为准，即指数趋势模型。

③集成预测

集成预测基于经济增速快情况下多元回归预测值、指数趋势模型预测值和 ARIMA 模型预测值为因子。初始权重以各个模型预测精度为基准，计算方法如下：

$$\frac{(1-e_i)}{\sum_{i=1}^{n}1-e_i}$$

其中，e_i 为预测误差，n 为模型的个数。然后考虑到 ARIMA 和指数趋势的未来趋势的高估，确定的各模型权重如表 12 所示。

表 12 权重

单位：%

项 目	指数趋势预测	ARIMA 预测	多元回归预测
初始权重	14.55	14.55	70.90
调整权重	10	10	80

得到预测值：

表 13 集成预测

单位：万吨，%

年 份	多元回归	Weight	二项式	Weight	ARIMA	Weight	集成预测
2013	929.28	70.90	868.37	14.55	1059.50	14.55	939
2014	935.19	68.69	973.19	15.65	1191.33	15.65	981
2015	947.85	66.48	1090.65	16.76	1374.96	16.76	1043
2016	966.99	64.27	1222.29	17.86	1569.67	17.86	1120
2017	992.44	62.06	1369.82	18.97	1763.10	18.97	1210
2018	1024.15	59.85	1535.16	20.07	1993.86	20.07	1321
2019	1062.12	57.64	1720.45	21.18	2277.72	21.18	1459
2020	1106.48	55.43	1928.11	22.28	2591.03	22.28	1620
2021	940.66	80.00	1968.02	10.00	2669.83	10.00	1216
2022	998.31	80.00	2205.56	10.00	3026.75	10.00	1322
2023	1063.16	80.00	2471.77	10.00	3445.27	10.00	1442
2024	1135.62	80.00	2770.11	10.00	3913.14	10.00	1577
2025	1216.17	80.00	3104.46	10.00	4433.38	10.00	1727
2026	1305.37	80.00	3479.17	10.00	5029.59	10.00	1895

续表

年份	多元回归	Weight	二项式	Weight	ARIMA	Weight	集成预测
2027	1403.86	80.00	3899.11	10.00	5714.93	10.00	2084
2028	1512.38	80.00	4369.73	10.00	6488.18	10.00	2296
2029	1631.76	80.00	4897.15	10.00	7358.86	10.00	2531
2030	1762.97	80.00	5488.24	10.00	8350.78	10.00	2794

（3）经济增速缓慢

经济增速缓慢体现在多元回归和趋势模型两个方面。

①多元回归

以前文部分估计的参数为准，设定在经济增速缓慢的情景下各个自变量的预测值，然后再代入模型中，得出供给量的预测值。其中，price 的估计值使用 ARIMA 预测，并假设三种情形下都保持不变，具体如表 14 所示。

表 14　多元回归预测

单位：万吨

年份	ELEC	IMPORT	PRICE	CONS
2013	4842.84	786.92	69185.14	694.87
2014	4876.74	792.42	71909.79	679.21
2015	4920.63	799.56	74281.88	669.65
2016	4974.76	808.35	76353.69	665.77
2017	5039.43	818.86	78168.45	667.27
2018	5115.02	831.14	79761.89	673.93
2019	5201.98	845.27	81163.70	685.58
2020	5300.82	861.33	82398.72	702.14
2021	5412.13	879.42	83487.96	723.60
2022	5536.61	899.65	84449.33	749.98
2023	5675.03	922.14	85298.21	781.35
2024	5828.26	947.03	86047.96	817.84
2025	5997.27	974.50	86710.21	859.62
2026	6183.19	1004.71	87295.15	906.91
2027	6387.24	1037.86	87811.75	959.98

续表

年 份	ELEC	IMPORT	PRICE	CONS
2028	6610.79	1074.19	88267.92	1019.13
2029	6855.39	1113.93	88670.63	1084.75
2030	7122.75	1157.38	89026.08	1157.26

②趋势模型

以前文三种趋势模型预测结果中数值偏小的结果为准，即直线趋势模型。

③集成预测

集成预测基于经济增速缓慢情况下多元回归预测值、直线趋势模型预测值和 ARIMA 模型预测值为因子。初始权重以各个模型预测精度为基准，计算方法如下：

$$\frac{(1-e_i)}{\sum_{i=1}^{n}1-e_i}$$

其中，e_i 为预测误差，n 为模型的个数。考虑到 ARIMA 预测远期的高估，调整权重，确定的各模型权重如表 15 所示。

表 15 权重

单位：%

项 目	直线趋势预测	ARIMA 预测	多元回归预测
初始权重	38.47	10.48	51.05
调整权重	40	10	50

由于随时间的推移，模型的预测精度不再保持不变，权重也应该随之变化，具体预测结果如表 16 所示。

表 16 集成预测

单位：万吨，%

年 份	多元回归模型	权 重	直线趋势模型	权 重	ARIMA 模型	权 重	集成预测结果
2013	694.87	51.05	619.05	38.47	1059.50	10.48	704
2014	679.21	50.01	647.14	38.17	1191.33	11.82	727

续表

年份	多元回归模型	权重	直线趋势模型	权重	ARIMA模型	权重	集成预测结果
2015	669.65	48.97	675.23	37.87	1374.96	13.16	765
2016	665.77	47.92	703.32	37.57	1569.67	14.51	811
2017	667.27	46.88	731.40	37.26	1763.10	15.85	865
2018	673.93	45.84	759.49	36.96	1993.86	17.20	933
2019	685.58	44.80	787.58	36.66	2277.72	18.54	1018
2020	702.14	43.76	815.66	36.36	2591.03	19.89	1119
2021	723.60	50.00	762.18	40.00	2669.83	10.00	934
2022	749.98	50.00	703.09	40.00	2733.85	10.00	930
2023	781.35	50.00	725.56	40.00	3113.31	10.00	992
2024	817.84	50.00	748.03	40.00	3535.42	10.00	1062
2025	859.62	50.00	770.50	40.00	4004.29	10.00	1138
2026	906.91	50.00	792.97	40.00	4543.34	10.00	1225
2027	959.98	50.00	815.44	40.00	5163.35	10.00	1322
2028	1019.13	50.00	837.91	40.00	5861.53	10.00	1431
2029	1084.75	50.00	860.38	40.00	6647.38	10.00	1551
2030	1157.26	50.00	882.85	40.00	7543.74	10.00	1686

（4）情景分析总预测结果

分情景讨论总的预测结果如表17所示。

表17 情景分析预测

单位：万吨

年 份	经济形势正常	经济形势好	经济形势差
2013	921	939	704
2014	930	981	727
2015	956	1043	765
2016	998	1120	811
2017	1053	1210	865
2018	1128	1321	933
2019	1225	1459	1018
2020	1342	1620	1119
2021	1253	1216	934

续表

年 份	经济形势正常	经济形势好	经济形势差
2022	1280	1322	930
2023	1367	1442	992
2024	1464	1577	1062
2025	1571	1727	1138
2026	1693	1895	1225
2027	1829	2084	1322
2028	1981	2296	1431
2029	2151	2531	1551
2030	2340	2794	1686

二 铝预测模型说明

（一）数据

人均国内生产总值、居民消费价格指数、固定资产投资数据来源于国家统计局；下游数据中，新房开工面积的数据来源于 Wind 资讯，铝材产量由机构提供，原铝的消费量和供给量由机构提供。人均国内生产总值单位为元，铝材产量单位为万吨，原铝消费量和原铝供给量的单位为万吨，新房开工面积单位为万平方米。

由于选用的历史数据的增长趋势只适应于短期预测，长期预测时，考虑到资源禀赋约束、消费需求结构变化等因素的影响，增长趋势需要做一定的调整。

（二）铝供给预测

1. 单变量预测 ARIMA (p, d, q) 模型

（1）平稳性检验

对原铝产量序列，取对数处理，得到 lnproduction = log (production)，其中，production 为原铝生产量序列。对序列 lnproduction 进行 ADF 单位根检验，检验表明，该序列为一阶单整序列。

因此，建立 ARIMA 模型时，d = 1，即对天然气生产量对数一阶差分序列建立 ARMA 模型。

（2）滞后阶数的确定

对 lnproduction 一阶差分序列进行自相关偏自相关检验，判断 ARIMA 模型应选择的滞后阶数。我们可以发现，不存在明显的自相关关系，所以模型中应当只包含常数项。

（3）估计模型参数

我们用 1978～2007 年的 30 个数据估计模型，根据回归结果，我们得到方程：

$$D(\text{lnproduction}) = 0.128858 + \varepsilon_t$$

（4）模型样本内检测

我们用 2008～2012 年的 5 个数据，检测上一步中模型估计的准确性，进而确定权重，具体方法见集成预测。

（5）模型样本外预测

数据见集成预测。

2. 趋势模型

（1）直线趋势预测模型

①模型参数估计

我们可以得出直线趋势预测模型为：

$$\text{production} = -161.7183 + 28.7001t + e_t$$

②模型样本内预测

我们用 2008～2012 年的 5 个数据，检测上一步中模型估计的准确性，进而确定权重，具体方法见集成预测。

③模型样本外预测

数据见集成预测。

（2）二次多项式预测模型

①模型参数估计

我们可以得出二次多项式预测模型为：

$$\text{production} = 138.0331 - 35.5323t + 2.2149t^2 + e_t$$

②模型样本内预测

我们用 2008～2012 年的 5 个数据，检测上一步中模型估计的准确性。

进而确定权重,具体方法见集成预测。

③模型样本外预测

数据见集成预测。

(3) 指数趋势预测模型

①模型参数估计

我们得出指数趋势预测模型如下:

$$Lnproduction = 3.1546 + 0.1232t + e_t$$

②模型样本内预测

我们用 2008~2012 年的 5 个数据,检测上一步中模型估计的准确性,进而确定权重,具体方法见集成预测。

③模型样本外预测

预测值见集成预测。

3. 集成预测与情景分析

本部分将在分情形讨论的情况下,对以上几种预测结果进行集成预测。

(1) 经济增速稳定

以前文第一部分的三种趋势模型预测结果中数值中等的结果为准,即二项式趋势模型。

集成预测基于二项式趋势模型预测值和 ARIMA 模型预测值为因子。初始权重以各个模型预测精度为基准,计算方法如下:

$$\frac{(1-e_i)}{\sum_{i=1}^{n}1-e_i}$$

其中,e_i 为预测误差,n 为模型的个数。确定的各模型权重如表 18 所示。

表 18 权重

单位:%

项 目	二项式趋势预测	ARIMA 预测
初始权重	42.67	57.33
调整权重	60	40

预测结果如表 19 所示。

表 19 集成预测

单位：万吨，%

年 份	二项式趋势模型	权 重	ARIMA 模型	权 重	集成预测结果
2013	1608	42.67	2536	57.33	2140
2014	1729	43.10	2885	56.90	2387
2015	1856	43.53	3282	56.47	2661
2016	1986	43.96	3733	56.04	2965
2017	2121	44.40	4246	55.60	3303
2018	2261	44.83	4830	55.17	3678
2019	2404	45.26	5495	54.74	4096
2020	2553	45.69	6251	54.31	4389
2021	2706	60.00	6485	40.00	4390
2022	2863	60.00	6485	40.00	4312
2023	3024	60.00	6666	40.00	4481
2024	3190	60.00	6774	40.00	4623
2025	3361	60.00	6786	40.00	4731
2026	3536	60.00	6672	40.00	4790
2027	3715	60.00	6399	40.00	4789
2028	3899	60.00	6603	40.00	4980
2029	4087	60.00	6740	40.00	5148
2030	4279	60.00	6791	40.00	5284

（2）经济形势好

以前三种趋势模型预测结果中数值中等的结果为准，即指数趋势模型。

集成预测基于指数趋势模型预测值和 ARIMA 模型预测值为因子。初始权重以各个模型预测精度为基准，计算方法如下：

$$\frac{(1-e_i)}{\sum_{i=1}^{n} 1-e_i}$$

其中，e_i 为预测误差，n 为模型的个数。确定的各模型权重如表 20

所示。

表 20　权重

单位：%

项　目	指数趋势预测	ARIMA 预测
初始权重	40.72	59.28
调整权重	60	40

预测结果如表 21 所示。

表 21　集成预测

单位：万吨，%

年　份	指数趋势模型	权　重	ARIMA 模型	权　重	集成预测结果
2013	1749	40.72	2536	59.28	2215
2014	1978	41.27	2885	58.73	2511
2015	2238	41.82	3282	58.18	2845
2016	2531	42.36	3733	57.64	3224
2017	2863	42.91	4246	57.09	3653
2018	3238	43.45	4830	56.55	4138
2019	3663	44.00	5495	56.00	4689
2020	4143	44.54	6251	55.46	4985
2021	3857	60.00	5860	40.00	4985
2022	3895	60.00	5955	40.00	4719
2023	4406	60.00	5965	40.00	5029
2024	4683	60.00	6326	40.00	5340
2025	4755	60.00	6463	40.00	5438
2026	4842	60.00	6518	40.00	5512
2027	5043	60.00	7280	40.00	5938
2028	5115	60.00	8280	40.00	6381
2029	5341	60.00	9419	40.00	6972
2030	5414	60.00	10715	40.00	7535

（3）经济增速缓慢

以前文第一部分的三种趋势模型预测结果中数值较小的结果来体现经

济增速缓慢，即直线趋势模型。

集成预测基于直线趋势模型预测值和 ARIMA 模型预测值为因子。初始权重以各个模型预测精度为基准，计算方法如下：

$$\frac{(1-e_i)}{\sum_{i=1}^{n} 1-e_i}$$

其中，e_i 为预测误差，n 为模型的个数。确定的各模型权重如表22所示。

表22 权重

单位：%

项 目	直线趋势预测	ARIMA 预测
初始权重	35.94	64.06
调整权重	60	40

预测结果如表23所示。

表23 集成预测

单位：万吨，%

年 份	直线趋势模型	权 重	ARIMA 模型	权 重	集成预测结果
2013	843	35.94	2536	64.06	1927
2014	871	36.77	2885	63.23	2144
2015	900	37.60	3282	62.40	2386
2016	929	38.42	3733	61.58	2656
2017	958	39.25	4246	60.75	2955
2018	986	40.08	4830	59.92	3289
2019	1015	40.90	5495	59.10	3663
2020	1044	41.73	6251	58.27	3782
2021	1072	60.00	7110	40.00	3783
2022	1101	60.00	8088	40.00	3896
2023	1130	60.00	8391	40.00	4034
2024	1158	60.00	8626	40.00	4145
2025	1187	60.00	8765	40.00	4218

续表

年 份	直线趋势模型	权 重	ARIMA 模型	权 重	集成预测结果
2026	1216	60.00	8780	40.00	4242
2027	1245	60.00	9311	40.00	4471
2028	1273	60.00	9821	40.00	4692
2029	1302	60.00	10295	40.00	4899
2030	1331	60.00	10715	40.00	5085

（4）情景分析总预测结果

分情景讨论总的预测结果如表24所示。

表24 情景分析预测

单位：万吨

年 份	经济形势正常	经济形势好	经济形势差
2013	2140	2215	1927
2014	2387	2511	2144
2015	2661	2845	2386
2016	2965	3224	2656
2017	3303	3653	2955
2018	3678	4138	3289
2019	4096	4689	3663
2020	4389	4985	3782
2021	4390	4985	3783
2022	4312	4719	3896
2023	4481	5029	4034
2024	4623	5340	4145
2025	4731	5438	4218
2026	4790	5512	4242
2027	4789	5938	4471
2028	4980	6381	4692
2029	5148	6972	4899
2030	5284	7535	5085

（三）铝需求预测

1. 单变量预测 ARIMA（p，d，q）模型

（1）平稳性检验

对原铝消费量序列，取对数处理，得到 lnconsume = log（consume），其中，consume 为原铝消费量序列。对序列 lnconsume 进行 ADF 单位根检验，检验表明，该序列为一阶单整序列。

因此，建立 ARIMA 模型时，d = 1，即对天然气消费量对数一阶差分序列建立 ARMA 模型。

（2）滞后阶数的确定

对于 ARMA 模型的滞后阶数，由于差分后序列不存在明显的自相关函数和偏自相关函数，滞后阶数均选择为 0，这样 ARMA 模型只有常数项。

（3）估计模型参数

我们用 1978~2007 年的 30 个数据估计模型，根据回归结果，我们得到方程：

$$D(\text{lnconsume}) = 0.1132 + \varepsilon_t$$

（4）模型样本内检测

我们用 2008~2012 年的 5 个数据，检测上一步中模型估计的准确性。进而确定权重，具体方法见集成预测。

（5）模型样本外预测

预测值见集成预测。

2. 趋势模型

（1）直线趋势预测模型

①模型参数估计

得出直线趋势预测模型为：

$$\text{consume} = -122.5269 + 25.80645t + e_t$$

②模型样本内预测

我们用 2008~2012 年的 5 个数据，检测上一步中模型估计的准确性，进而确定权重，具体方法见集成预测。

③模型样本外预测

预测值见集成预测。

（2）二次多项式预测模型

①模型估计参数

可以得出二次多项式预测模型为：

$$consume = 149.4456 - 32.47336t + 2.009649t^2 + e_t$$

②模型样本内预测

我们用 2008~2012 年的 5 个数据，检测上一步中模型估计的准确性，进而确定权重，具体方法见集成预测。

③模型样本外预测

具体见集成预测。

（3）指数趋势预测模型

①模型参数估计

根据上表结果，可以得出指数趋势预测模型，如下：

$$lnconsume = 3.5776 + 0.1029t + e_t$$

②模型样本内预测

我们用 2008~2012 年的 5 个数据，检测上一步中模型估计的准确性，进而确定权重，具体方法见集成预测。

③模型样本外预测

具体见集成预测。

3. 多元回归模型

（1）检测各变量的关系

①人均 GDP 与原铝需求量的关系

根据散点图，我们可以看出两者之间存在明显的正向关系。通过简单的回归，我们也可以发现自变量系数为正，证实了上述正向关系。

②CPI 与原铝消费量的关系

根据散点图，我们可以看出两者之间存在明显的正向关系。通过简单的回归，我们也可以发现自变量系数为正，证实了上述正向关系。

③固定资产投资额与原铝消费量的关系

根据散点图，我们可以看出两者之间存在明显的正向关系。通过简单

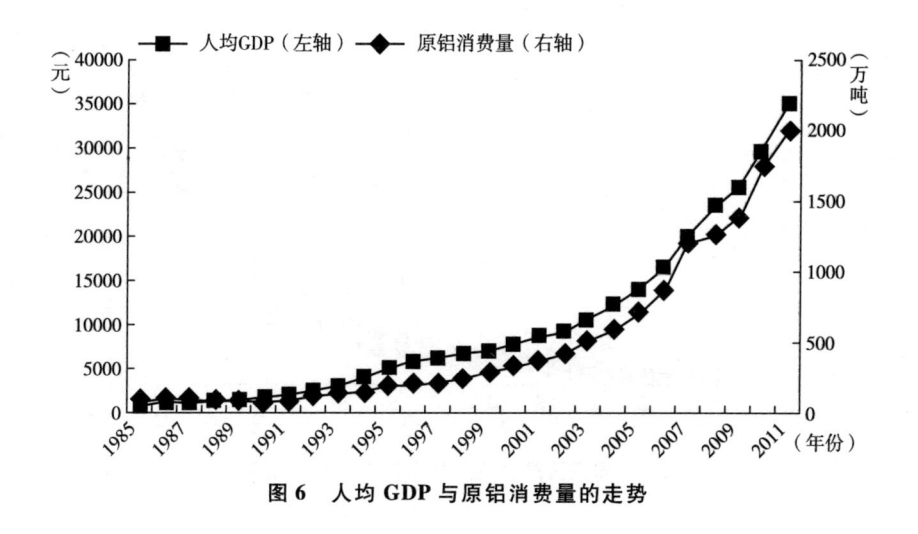

图 6 人均 GDP 与原铝消费量的走势

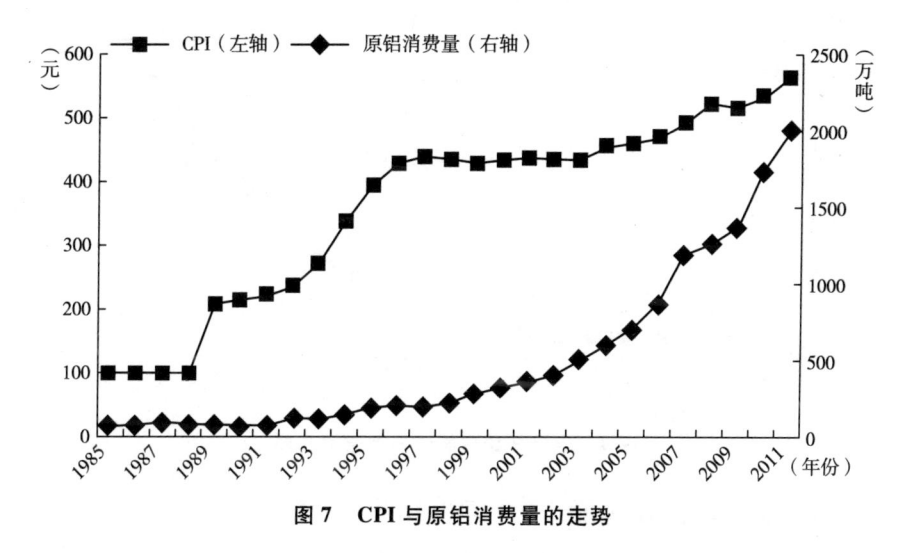

图 7 CPI 与原铝消费量的走势

的回归，我们也可以发现自变量系数为正，证实了上述正向关系。

④铝材产量与原铝消费量的关系

根据散点图，我们可以看出两者之间存在明显的正向关系。通过简单的回归，我们也可以发现自变量系数为正，证实了上述正向关系。

⑤新房开工面积与原铝消费量的关系

根据散点图，我们可以看出两者之间存在明显的正向关系。通过简单的回归，我们也可以发现自变量系数为正，证实了上述正向关系。

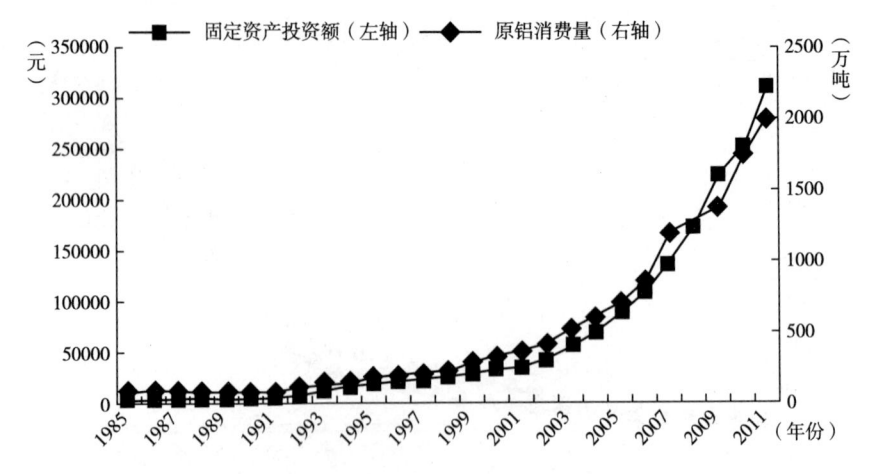

图 8　固定资产投资额与原铝消费量的走势

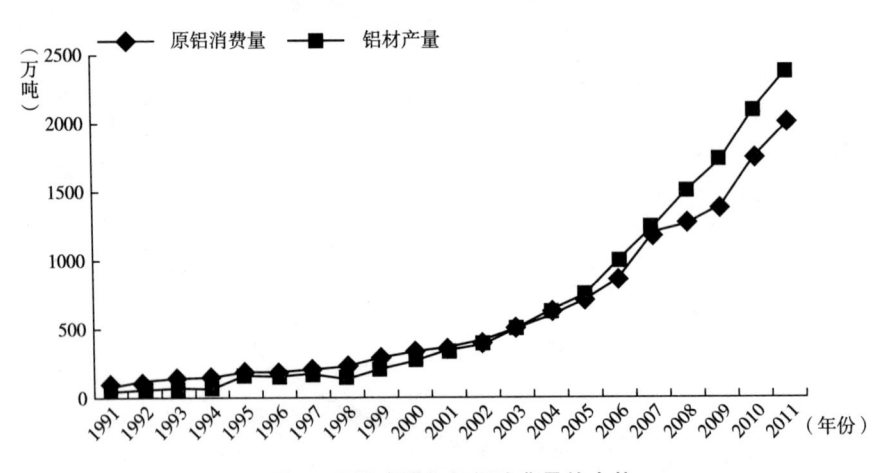

图 9　铝材产量与原铝消费量的走势

（2）估计多元回归模型

根据回归结果，可以得到如下估计方程：

$$CONS = -250.325341343 + 0.071557513804 \times AGDP + 0.00317503967888 \times XFKG - 0.312311105368 \times LCCL$$

其中，AGDP 表示人均 GDP，XFKG 表示新房开工面积，LCCL 表示铝材的生产量。

（3）多元回归模型预测

对回归变量进行预测，然后带入即可得到预测结果，详见集成预测。

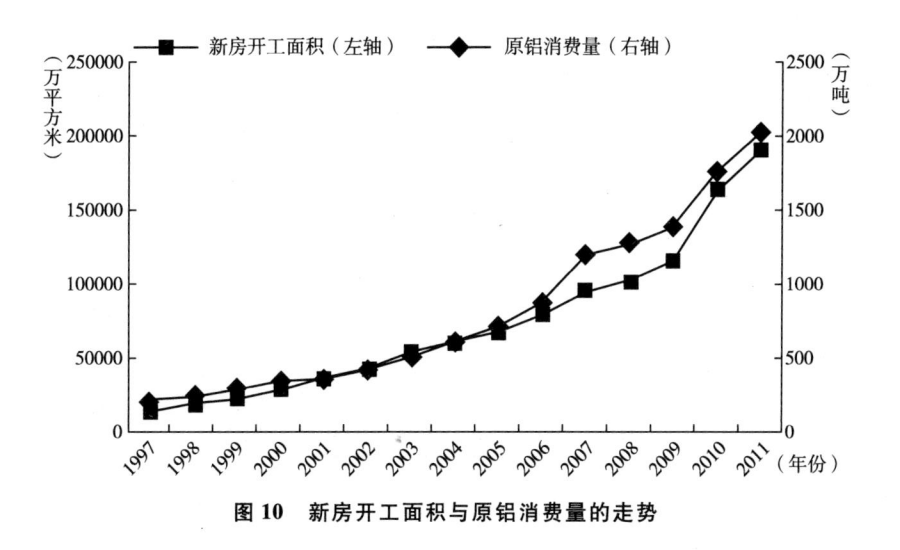

图 10　新房开工面积与原铝消费量的走势

4. 集成预测与情景分析

本部分将在分情形讨论的情况下，对以上几种预测结果进行集成预测。

（1）经济增速稳定

经济增速稳定体现在多元回归和趋势模型两个方面。

①多元回归

预测结果为：

表 25　多元回归预测

单位：万吨

年　份	AGDP	LCCL	XFKG	DEMAND
2013	42955.95	2545.08	177688.287	2593
2014	48119.26	2550.17	178043.664	2962
2015	53912.81	2555.27	178399.751	3376
2016	60414.70	2560.38	178756.551	3841
2017	67712.80	2565.50	179114.064	4362
2018	75906.04	2570.63	179472.292	4948
2019	85105.86	2575.77	179831.236	5606
2020	95437.71	2580.93	180190.899	6345
2021	107042.93	2586.09	180551.281	7175
2022	120080.76	2591.26	180912.383	8107

续表

年 份	AGDP	LCCL	XFKG	DEMAND
2023	134730.61	2596.44	181274.208	9155
2024	151194.69	2601.64	181636.756	10333
2025	169700.93	2606.84	182000.03	11657
2026	190506.26	2612.05	182364.03	13145
2027	213900.43	2617.28	182728.758	14819
2028	240210.18	2622.51	183094.216	16701
2029	269804.07	2627.76	183460.404	18818
2030	303097.90	2633.01	183827.325	21200

②趋势模型

以前文三种趋势模型预测结果中数值中等的结果为准，即二次多项式趋势模型。

③集成预测

集成预测基于经济增速稳定情况下多元回归预测值、二次多项式趋势模型预测值和 ARIMA 模型预测值为因子。初始权重以各个模型预测精度为基准，计算方法如下：

$$\frac{(1-e_i)}{\sum_{i=1}^{n} 1-e_i}$$

其中，e_i 为预测误差，n 为模型的个数。确定的各模型权重如表 26 所示。

表 26 权重

单位：%

项 目	二次项趋势预测	ARIMA 预测	多元回归预测
初始权重	29.34	9.28	61.39
调整权重	60	20	20

（2）经济增速快

经济增速快体现在多元回归和趋势模型两个方面。

表 27　集成预测

单位：万吨，%

年　份	多元回归模型	权　重	二次多项式趋势模型	权　重	ARIMA模型	权　重	集成预测结果
2013	2593	61.39	1475	29.34	2447	9.28	2251
2014	2962	59.74	1585	29.57	2740	10.69	2531
2015	3376	58.09	1699	29.81	3069	12.11	2839
2016	3841	56.44	1817	30.04	3437	13.52	3178
2017	4362	54.79	1940	30.28	3849	14.94	3552
2018	4948	53.14	2066	30.51	4310	16.35	3964
2019	5606	51.49	2196	30.75	4827	17.77	4419
2020	6345	49.84	2331	30.98	5405	19.18	4921
2021	7175	20.00	2236	60.00	5513	20.00	3879
2022	8107	20.00	2364	60.00	5568	20.00	4154
2023	9155	20.00	2627	60.00	6236	20.00	4655
2024	10333	20.00	2632	60.00	6984	20.00	5043
2025	11657	20.00	2740	60.00	6970	20.00	5370
2026	13145	20.00	2639	60.00	7806	20.00	5774
2027	14819	20.00	2739	60.00	8741	20.00	6355
2028	16701	20.00	2704	60.00	9790	20.00	6921
2029	18818	20.00	2655	60.00	9626	20.00	7282
2030	21200	20.00	2779	60.00	10780	20.00	8063

①多元回归

设定在经济增速快的情景下各个自变量的预测值，然后代入模型中，得出供给量的预测值，具体如表 28 所示。

表 28　多元回归预测

单位：万吨

年　份	AGDP	LCCL	XFKG	DEMAND
2013	43339.49	2547.62	177865.621	2620
2014	48982.29	2555.26	178399.218	3023
2015	55369.58	2562.93	178934.415	3479
2016	62600.84	2570.62	179471.219	3996

续表

年　份	AGDP	LCCL	XFKG	DEMAND
2017	70789.03	2578.33	180009.632	4581
2018	80062.40	2586.06	180549.661	5244
2019	90566.58	2593.82	181091.31	5995
2020	102467.03	2601.60	181634.584	6846
2021	115951.69	2609.41	182179.488	7810
2022	131234.13	2617.24	182726.026	8903
2023	148557.03	2625.09	183274.204	10142
2024	168196.27	2632.96	183824.027	11547
2025	190465.46	2640.86	184375.499	13140
2026	215721.18	2648.79	184928.626	14946
2027	244368.95	2656.73	185483.411	16995
2028	276870.02	2664.70	186039.862	19320
2029	313749.11	2672.70	186597.981	21959
2030	355603.24	2680.71	187157.775	24953

②趋势模型

以前文第二部分的三种趋势模型预测结果中数值偏好的结果为准，即指数趋势模型。

③集成预测

集成预测基于经济增速快的情况下多元回归预测值、二项式趋势模型预测值和 ARIMA 模型预测值为因子。初始权重以各个模型预测精度为基准，计算方法如下：

$$\frac{(1-e_i)}{\sum_{i=1}^{n} 1-e_i}$$

其中，e_i 为预测误差，n 为模型的个数。确定的各模型权重如表29所示。

表29　权重

单位：%

项　目	指数趋势预测	ARIMA 预测	多元回归预测
初始权重	19.31	10.59	70.1
调整权重	60	20	20

得到预测值：

表 30 集成预测

单位：万吨，%

年 份	多元回归模型	权 重	指数趋势模型	权 重	ARIMA模型	权 重	集成预测结果
2013	2620	70.10	1314	19.31	2447	10.59	2349
2014	3023	67.93	1456	20.14	2740	11.93	2674
2015	3479	65.77	1614	20.96	3069	13.27	3034
2016	3996	63.61	1789	21.79	3437	14.60	3434
2017	4581	61.45	1983	22.61	3849	15.94	3877
2018	5244	59.28	2198	23.44	4310	17.28	4369
2019	5995	57.12	2437	24.26	4827	18.62	4915
2020	6846	54.96	2701	25.09	5405	19.96	5519
2021	7810	20.00	2454	60.00	4972	20.00	4029
2022	8903	20.00	2719	60.00	4963	20.00	4405
2023	10142	20.00	2683	60.00	5558	20.00	4750
2024	11547	20.00	2974	60.00	6224	20.00	5338
2025	13140	20.00	2888	60.00	6120	20.00	5585
2026	14946	20.00	3201	60.00	6854	20.00	6281
2027	16995	20.00	3548	60.00	7675	20.00	7063
2028	19320	20.00	3933	60.00	8596	20.00	7943
2029	21959	20.00	4360	60.00	9626	20.00	8933
2030	24953	20.00	4832	60.00	10780	20.00	10046

（3）经济增速缓慢

经济增速缓慢体现在多元回归和趋势模型两个方面。

①多元回归

设定在经济增速缓慢的情景下各个自变量的预测值，然后代入模型中，得出供给量的预测值，具体如表31所示。

表 31 多元回归预测

单位：万吨

年 份	AGDP	LCCL	XFKG	DEMAND
2013	41766.99	2542.54	177510.95	2508
2014	45492.61	2545.08	177688.46	2774

续表

年 份	AGDP	LCCL	XFKG	DEMAND
2015	49559.65	2547.63	177866.15	3065
2016	54000.19	2550.18	178044.02	3383
2017	58849.41	2552.73	178222.06	3729
2018	64145.85	2555.28	178400.29	4108
2019	69931.81	2557.83	178578.69	4522
2020	76253.65	2560.39	178757.26	4974
2021	83162.23	2562.95	178936.02	5468
2022	90713.36	2565.51	179114.96	6008
2023	98968.27	2568.08	179294.07	6599
2024	107994.18	2570.65	179473.37	7244
2025	117864.85	2573.22	179652.84	7951
2026	128661.27	2575.79	179832.49	8723
2027	140472.37	2578.37	180012.33	9568
2028	153395.83	2580.95	180192.34	10492
2029	167538.92	2583.53	180372.53	11504
2030	183019.52	2586.11	180552.90	12612

② 趋势模型

以前三种趋势模型预测结果中数值偏好的结果为准，即直线趋势模型。

③ 集成预测

集成预测基于经济增速缓慢的情况下多元回归预测值、直线趋势模型预测值和 ARIMA 模型预测值为因子。初始权重以各个模型预测精度为基准，计算方法如下：

$$\frac{(1-e_i)}{\sum_{i=1}^{n} 1-e_i}$$

其中，e_i 为预测误差，n 为模型的个数。确定的各模型权重如表 32 所示。

表32 权重

单位：%

项 目	直线趋势预测	ARIMA预测	多元回归预测
初始权重	11.27	11.65	77.08
调整权重	60	20	20

表33 集成预测

单位：万吨，%

年 份	多元回归模型	权 重	直线趋势模型	权 重	ARIMA模型	权 重	集成预测结果
2013	2508	21.97	781	74.71	2447	3.32	1216
2014	2774	22.63	807	72.28	2740	5.08	1351
2015	3065	23.30	832	69.85	3069	6.85	1506
2016	3383	23.97	858	67.41	3437	8.62	1685
2017	3729	24.64	884	64.98	3849	10.38	1893
2018	4108	25.31	910	62.54	4310	12.15	2132
2019	4522	25.98	936	60.11	4827	13.91	2409
2020	4974	26.65	961	57.68	5405	15.68	2727
2021	5468	20.00	987	60.00	4972	20.00	2680
2022	6008	20.00	1013	60.00	5568	20.00	2923
2023	6599	20.00	1039	60.00	5558	20.00	3055
2024	7244	20.00	1065	60.00	5465	20.00	3181
2025	7951	20.00	1090	60.00	5270	20.00	3298
2026	8723	20.00	1116	60.00	4949	20.00	3404
2027	9568	20.00	1142	60.00	4477	20.00	3494
2028	10492	20.00	1168	60.00	5014	20.00	3802
2029	11504	20.00	1194	60.00	5615	20.00	4140
2030	12612	20.00	1219	60.00	6288	20.00	4511

（4）情景分析总预测结果

分情景讨论总的预测结果如表34所示。

表 34　情景分析预测

单位：万吨

年　份	经济形势正常	经济形势好	经济形势差
2013	2251	2349	1216
2014	2531	2674	1351
2015	2839	3034	1506
2016	3178	3434	1685
2017	3552	3877	1893
2018	3964	4369	2132
2019	4419	4915	2409
2020	4921	5519	2727
2021	3879	4029	2680
2022	4154	4405	2923
2023	4655	4750	3055
2024	5043	5338	3181
2025	5370	5585	3298
2026	5774	6281	3404
2027	6355	7063	3494
2028	6921	7943	3802
2029	7282	8933	4140
2030	8063	10046	4511

三　电解镍预测模型说明

（一）数据

本文数据中，汽车生产量、电力设备生产量、固定资产投资、固定资本形成总额数据来源于国家统计局，电解镍产量、消费量以及镍精矿产量来自中国有色金属工业年鉴。电解镍产量、消费量的单位均为万吨，固定资产投资、固定资本形成总额单位均为万亿元，电力设备生产量单位为万吨，汽车生产量单位为万吨。

（二）电解镍供给预测

1. 单变量预测 ARIMA (p, d, q) 模型

（1）平稳性检验

对电解镍产量序列（Supply）进行 ADF 单位根检验，检验表明，该序列不平稳，但为二阶单整序列。因此，建立 ARIMA 模型时，d = 2，即对电解镍产量二阶差分序列建立 ARMA 模型。

（2）滞后阶数的确定

对 Supply 二阶差分序列进行自相关偏自相关检验，判断 ARIMA 模型应选择的滞后阶数。根据对自相关系数和偏自相关系数的分析，得知其自相关系数和偏自相关系数在 1 阶截尾，因此模型中存在 ar（1），ma（1）项。即建立 ARIMA（1，2，1）模型。

（3）估计模型参数

用 1990~2012 年的 23 个数据估计模型，回归结果为：

表 35 回归结果

Variable	Coefficient	Std. Error	t – Statistic	Prob.
C	0.124064	0.040442	3.067678	0.0084
AR (1)	-1.162287	0.256756	-4.526813	0.0005
MA (2)	-0.842527	0.122717	-6.865617	0.0000
R – squared	0.327994	Mean dependent var	0.194706	
Adjusted R – squared	0.231993	S. D. dependent var	0.825016	
S. E. of regression	0.723011	Akaike info criterion	2.348001	
Sum squared resid	7.318431	Schwarz criterion	2.495039	
Log likelihood	-16.95801	Hannan – Quinn criter.	2.362617	
F – statistic	3.416572	Durbin – Watson stat	1.137846	
Prob (F – statistic)	0.061889			

(4) 样本外预测

表 36 样本外预测

单位：万吨

年 份	电解镍产量	年 份	电解镍产量
2013	31.74	2022	52.62
2014	31.08	2023	69.22
2015	37.71	2024	58.20
2016	36.13	2025	79.55
2017	44.36	2026	63.55
2018	41.46	2027	91.23
2019	51.77	2028	68.40
2020	46.99	2029	104.55
2021	60.01	2030	72.42

2. 趋势模型

①模型参数估计

根据模型调试，我们可以得出直线趋势预测模型为：

$$DJNCL = 0.641672 \times t$$

②模型样本外预测

表 37 样本外预测

单位：万吨

年 份	电解镍产量	年 份	电解镍产量
2013	14.76	2022	20.53
2014	15.40	2023	21.18
2015	16.04	2024	21.82
2016	16.68	2025	22.46
2017	17.33	2026	23.10
2018	17.97	2027	23.74
2019	18.61	2028	24.38
2020	19.25	2029	25.03
2021	19.89	2030	25.67

3. 多元回归模型

（1）回归因素分析

①经济增长

经济增长往往是带动一个国家工业产品产量增长的最主要因素，特别是在资本密集和发展中经济体系影响更为强烈。衡量经济增长的指标有很多，如国内生产总值（GDP）、三次产业的生产总值、工业增加值等。我们希望把这些因素考虑到模型中去。

②人口数量

人口是影响工业产品生产的重要变量。理论来讲，人口越多，工业产品产量也越大，因此，我们试图将人口因素考虑到模型中去。

③主要产成品

我国电解镍主要用于不锈钢及合金的冶炼，即用于加工转换，其下游产品很多，如电力设备、家用电器、汽车等。因此这些因素也都是我们考虑进模型的重要指标。

④投资

工业生产是资本密集型的，需要大量的设备投入，因此固定资产投资和固定资本形成总额是我们考虑进入模型的重要参考。

（2）估计模型参数

综上所述，经过调试，我们将把电力设备生产量、固定资本形成总额考虑到模型中，数据区间为 1990～2012 年。模型估计结果如下：

$$DJNCL = 2.096631 + 0.0000151 \times DLSBSCL + 0.714361 \times GDZB$$

其中，DJNCL 表示电解镍产量，DLSBSCL 表示电力设备生产量，GDZB 表示固定资本形成总额。

（3）模型样本内检测

我们用上述回归方程来根据三个自变量的历史数据来拟合因变量煤炭消费量，再将其和历史真实数据进行比对，结果如下。

表 38 预测值比较

单位：万吨，%

年　份	真实值	预测值	预测误差
1990	2.75	2.61	4.94

续表

年　份	真实值	预测值	预测误差
1991	2.78	2.70	2.87
1992	3.08	2.92	5.23
1993	3.05	3.27	7.21
1994	3.13	3.59	14.69
1995	3.89	3.85	0.96
1996	4.46	4.05	9.17
1997	4.33	4.20	2.90
1998	4.00	4.41	10.32
1999	4.44	4.50	1.37
2000	5.09	4.71	7.50
2001	4.97	5.00	0.51
2002	5.24	5.53	5.58
2003	6.47	6.48	0.13
2004	7.58	7.82	3.23
2005	9.51	8.86	6.84
2006	10.19	10.18	0.13
2007	11.57	11.51	0.48
2008	12.87	13.28	3.17
2009	16.48	15.34	6.90
2010	15.86	17.14	8.04
2011	18.51	19.77	6.81
2012	22.90	21.48	6.20

（4）模型样本外预测

为了预测 2013~2030 年我国电解镍供给量，我们需要先对电力设备生产量和固定资本形成总额的未来值进行预测，得出预测值之后，再代入上述多元线性回归模型，即可得出电解镍供给量预测值。

各自变量以及电解镍供给量的预测值如表 39 所示。

表 39　样本外预测

年　份	DLSBSCZL（万吨）	GDZB（万亿元）	DJNCL（万吨）
2013	14772	27.7	24.1
2014	15579	31.8	27.2
2015	16414	36.4	30.6

续表

年 份	DLSBSCZL（万吨）	GDZB（万亿元）	DJNCL（万吨）
2016	17277	41.5	34.4
2017	18169	47.3	38.6
2018	19088	53.9	43.4
2019	20035	61.2	48.8
2020	21009	69.3	54.8
2021	22009	78.5	61.5
2022	23034	88.7	68.9
2023	24085	100.0	77.2
2024	25159	112.6	86.3
2025	26256	126.5	96.4
2026	27374	141.9	107.6
2027	28513	158.9	119.9
2028	29671	177.7	133.5
2029	30846	198.2	148.4
2030	32036	220.8	164.7

（5）二次多项式预测模型

①模型估计参数

根据模型调试，我们可以得出二次多项式预测模型为：

$$DJNCL = 3.641896 - 0.383612 \times t + 0.050983 \times t^2$$

②模型样本外预测

表40　样本外预测

单位：万吨

年 份	电解镍产量	年 份	电解镍产量
2013	21.79	2020	38.02
2014	23.80	2021	40.74
2015	25.92	2022	43.57
2016	28.13	2023	46.50
2017	30.45	2024	49.54
2018	32.87	2025	52.67
2019	35.39	2026	55.91

续表

年 份	电解镍产量	年 份	电解镍产量
2027	59.24	2029	66.23
2028	62.68	2030	69.87

(6) 指数趋势预测模型

①模型参数估计

根据上表结果，可以得出指数趋势预测模型，如下式：

$$Ln(DJNCL) = 0.844364 + 0.088857 \times t$$

②模型样本外预测

表 41　样本外预测

单位：万吨

年 份	电解镍产量	年 份	电解镍产量
2013	17.96	2022	39.96
2014	19.63	2023	43.67
2015	21.45	2024	47.73
2016	23.44	2025	52.16
2017	25.62	2026	57.01
2018	28.00	2027	62.31
2019	30.61	2028	68.10
2020	33.45	2029	74.43
2021	36.56	2030	81.34

4. 集成预测与情景分析

本部分将在分情形讨论的情况下，对以上几种预测结果进行集成预测，分别是经济增速稳定、经济增速较快、经济增速缓慢。

(1) 经济增速稳定

经济增速稳定体现在人均 GDP 和固定资产投资这两个自变量的增速稳定。

①多元回归

以前文的预测值为基准。

②集成预测

在进行经济增速稳定情形下的集成预测时，我们希望将所有模型都集成进去，但是直线趋势模型和 ARIMA 模型的预测精度较差，分别为 79.67% 和 64.76%，因而将这两个模型舍去。而多元回归模型的预测精度为 94.99%，二项式模型预测精度为 89.60%，指数模型的预测精度为 87.21%，因此只用多元回归模型、二项式模型和指数趋势模型来进行集成预测。初始权重以各个模型预测精度为基准，计算方法如下：

$$\frac{(1-e_i)}{\sum_{i=1}^{n} 1-e_i}$$

其中，e_i 为预测误差，n 为模型的个数。确定的各模型权重如表 42 所示。

表 42 权重

单位：%

项 目	多元回归模型	二项式趋势模型	指数趋势模型
初始权重	34.95	32.96	32.09

考虑到远期预测精度差别会变小，因此，我们设定到 2030 年，这三个模型的权重均等，并且使其权重以每年不变的速率变化，权重变化及预测结果如表 43 所示。

表 43 集成预测

单位：万吨，%

年 份	多元回归模型	权 重	指数趋势模型	权 重	ARIMA 模型	权 重	集成预测结果
2013	24.15	34.95	21.79	32.96	17.96	32.09	21.39
2014	27.16	34.85	23.80	32.99	19.63	32.16	23.63
2015	30.55	34.76	25.92	33.01	21.45	32.23	26.09
2016	34.37	34.66	28.13	33.03	23.44	32.31	28.78
2017	38.65	34.57	30.45	33.05	25.62	32.38	31.72
2018	43.45	34.47	32.87	33.07	28.00	32.45	34.94
2019	48.81	34.38	35.39	33.09	30.61	32.53	38.45

续表

年 份	多元回归模型	权 重	指数趋势模型	权 重	ARIMA模型	权 重	集成预测结果
2020	54.81	34.28	38.02	33.12	33.45	32.60	42.29
2021	61.49	34.19	40.74	33.14	36.56	32.67	46.47
2022	68.92	34.09	43.57	33.16	39.96	32.75	51.03
2023	77.17	34.00	46.50	33.18	43.67	32.82	56.00
2024	86.32	33.90	49.54	33.20	47.73	32.89	61.41
2025	96.45	33.81	52.67	33.22	52.16	32.97	67.30
2026	107.62	33.71	55.91	33.25	57.01	33.04	73.71
2027	119.94	33.62	59.24	33.27	62.31	33.11	80.66
2028	133.49	33.52	62.68	33.29	68.10	33.19	88.22
2029	148.37	33.43	66.23	33.31	74.43	33.26	96.41
2030	164.66	33.33	69.87	33.33	81.34	33.33	105.29

（2）经济增速较快

经济增速较快体现在人均GDP和固定资产投资这两个自变量的增速较快。

①多元回归

以前文估计的参数为准，设定在经济增速较快的情景下各个自变量的预测值，然后代入模型中，得出供给量的预测值，具体如表44所示。

表44 预测

年 份	DLSBSCL（万吨）	GDZB（万亿元）	DJNCL（万吨）
2013	14912	28.0	24.3
2014	15876	32.4	27.6
2015	16885	37.3	31.3
2016	17942	43.0	35.5
2017	19048	49.4	40.3
2018	20202	56.7	45.7
2019	21406	65.0	51.8
2020	22660	74.4	58.6

续表

年 份	DLSBSCL（万吨）	GDZB（万亿元）	DJNCL（万吨）
2021	23966	84.9	66.4
2022	25322	96.8	75.1
2023	26730	110.1	84.8
2024	28189	125.1	95.7
2025	29700	141.8	107.9
2026	31263	160.5	121.5
2027	32876	181.3	136.6
2028	34539	204.5	153.4
2029	36252	230.2	172.0
2030	38014	258.7	192.7

②集成预测

我们采取前文同样的方法，即用经济增速较快情形下的多元回归模型预测结果和二项式趋势模型以及指数趋势模型的预测结果进行集成，权重及预测结果如表45所示。

表45 集成预测

单位：万吨，%

年 份	多元回归模型	权重	指数趋势模型	权重	ARIMA模型	权重	集成预测结果
2013	24.34	34.95	21.79	32.96	17.96	32.09	21.45
2014	27.60	34.85	23.80	32.99	19.63	32.16	23.78
2015	31.31	34.76	25.92	33.01	21.45	32.23	26.35
2016	35.52	34.66	28.13	33.03	23.44	32.31	29.18
2017	40.29	34.57	30.45	33.05	25.62	32.38	32.29
2018	45.68	34.47	32.87	33.07	28.00	32.45	35.71
2019	51.77	34.38	35.39	33.09	30.61	32.53	39.47
2020	58.64	34.28	38.02	33.12	33.45	32.60	43.60
2021	66.37	34.19	40.74	33.14	36.56	32.67	48.14
2022	75.05	34.09	43.57	33.16	39.96	32.75	53.12
2023	84.79	34.00	46.50	33.18	43.67	32.82	58.59

续表

年 份	多元回归模型	权 重	指数趋势模型	权 重	ARIMA模型	权 重	集成预测结果
2024	95.69	33.90	49.54	33.20	47.73	32.89	64.59
2025	107.88	33.81	52.67	33.22	52.16	32.97	71.17
2026	121.46	33.71	55.91	33.25	57.01	33.04	78.37
2027	136.59	33.62	59.24	33.27	62.31	33.11	86.26
2028	153.39	33.52	62.68	33.29	68.10	33.19	94.89
2029	172.03	33.43	66.23	33.31	74.43	33.26	104.32
2030	192.65	33.33	69.87	33.33	81.34	33.33	114.62

（3）经济增速缓慢

经济增速缓慢体现在多元回归中人均GDP和固定资产投资增速缓慢这两个方面。

①多元回归

以前文估计的参数为准，设定在经济增速缓慢的情景下各个自变量的预测值，然后再代入模型中，得出供给量的预测值，具体如表46所示。

表46 预测

年 份	DLSBSCL（万吨）	GDZB（万亿元）	DJNCL（万吨）
2013	14632	27.5	24.0
2014	15285	31.2	26.7
2015	15951	35.4	29.8
2016	16631	40.1	33.2
2017	17323	45.3	37.1
2018	18026	51.1	41.3
2019	18740	57.5	46.0
2020	19463	64.6	51.2
2021	20195	72.5	56.9
2022	20934	81.2	63.3
2023	21680	90.8	70.2
2024	22430	101.3	77.8

续表

年 份	DLSBSCL（万吨）	GDZB（万亿元）	DJNCL（万吨）
2025	23183	112.8	86.2
2026	23939	125.4	95.3
2027	24696	139.2	105.2
2028	25451	154.2	116.1
2029	26205	170.5	127.8
2030	26954	188.2	140.6

②集成预测

我们采取和前文同样的方法，即用经济增速较快情形下的多元回归模型预测结果和二项式趋势模型以及指数趋势模型的预测结果进行集成，权重及预测结果如表47所示。

表47 集成预测

单位：万吨，%

年 份	多元回归模型	权 重	指数趋势模型	权 重	ARIMA模型	权 重	集成预测结果
2013	23.96	34.95	21.79	32.96	17.96	32.09	21.32
2014	26.72	34.85	23.80	32.99	19.63	32.16	23.48
2015	29.81	34.76	25.92	33.01	21.45	32.23	25.83
2016	33.25	34.66	28.13	33.03	23.44	32.31	28.39
2017	37.07	34.57	30.45	33.05	25.62	32.38	31.18
2018	41.31	34.47	32.87	33.07	28.00	32.45	34.20
2019	46.01	34.38	35.39	33.09	30.61	32.53	37.49
2020	51.21	34.28	38.02	33.12	33.45	32.60	41.05
2021	56.94	34.19	40.74	33.14	36.56	32.67	44.91
2022	63.26	34.09	43.57	33.16	39.96	32.75	49.10
2023	70.20	34.00	46.50	33.18	43.67	32.82	53.63
2024	77.82	33.90	49.54	33.20	47.73	32.89	58.53
2025	86.17	33.81	52.67	33.22	52.16	32.97	63.83
2026	95.29	33.71	55.91	33.25	57.01	33.04	69.55

续表

年　份	多元回归模型	权　重	指数趋势模型	权　重	ARIMA模型	权　重	集成预测结果
2027	105.24	33.62	59.24	33.27	62.31	33.11	75.72
2028	116.07	33.52	62.68	33.29	68.10	33.19	82.38
2029	127.83	33.43	66.23	33.31	74.43	33.26	89.55
2030	140.59	33.33	69.87	33.33	81.34	33.33	97.27

（4）情景分析总预测结果

分情景讨论总的预测结果如表48所示。

表 48　情景分析预测

单位：万吨

年　份	经济增速稳定	经济增速较快	经济增速缓慢
2013	21.39	21.45	21.32
2014	23.63	23.78	23.48
2015	26.09	26.35	25.83
2016	28.78	29.18	28.39
2017	31.72	32.29	31.18
2018	34.94	35.71	34.20
2019	38.45	39.47	37.49
2020	42.29	43.60	41.05
2021	46.47	48.14	44.91
2022	51.03	53.12	49.10
2023	56.00	58.59	53.63
2024	61.41	64.59	58.53
2025	67.30	71.17	63.83
2026	73.71	78.37	69.55
2027	80.66	86.26	75.72
2028	88.22	94.89	82.38
2029	96.41	104.32	89.55
2030	105.29	114.62	97.27

(三) 电解镍需求预测

1. 单变量预测 ARIMA (p, d, q) 模型

对电解镍消费量序列 (DJNXFL) 进行 ADF 单位根检验, 检验表明, 该序列不平稳, 二阶序列也不平稳, 因此, 无法建立 ARIMA 模型对其进行预测, 因此在电解镍需求预测方面舍弃该种方法。

2. 趋势模型

(1) 直线趋势模型预测

①模型参数估计

根据模型调试, 我们可以得出直线趋势预测模型为:

$$DJNXFL = 1.474304 \times t$$

②样本外预测

表 49 预测

单位: 万吨

年 份	预测值	年 份	预测值
2013	33.91	2022	47.18
2014	35.38	2023	48.65
2015	36.86	2024	50.13
2016	38.33	2025	51.60
2017	39.81	2026	53.07
2018	41.28	2027	54.55
2019	42.75	2028	56.02
2020	44.23	2029	57.50
2021	45.70	2030	58.97

(2) 多项式趋势模型

①模型参数估计

根据模型调试, 我们可以得出直线趋势预测模型为:

$$DJNXFL = 8.516913 - 2.944875 \times t + 0.261566 \times t^2$$

②样本外预测

表 50 预测

单位:万吨

年 份	预测值	年 份	预测值
2013	79.15	2022	182.12
2014	88.50	2023	196.18
2015	98.37	2024	210.76
2016	108.77	2025	225.87
2017	119.69	2026	241.49
2018	131.13	2027	257.64
2019	143.09	2028	274.31
2020	155.58	2029	291.51
2021	168.59	2030	309.23

(3) 指数趋势模型

①模型参数估计

根据模型调试,我们可以得出直线趋势预测模型为:

$$LN(DJNXFL) = 0.580274 + 0.160019 \times t$$

②样本外预测

表 51 预测

单位:万吨

年 份	预测值	年 份	预测值
2013	70.86	2022	299.13
2014	83.16	2023	351.04
2015	97.59	2024	411.96
2016	114.52	2025	483.45
2017	134.40	2026	567.34
2018	157.72	2027	665.80
2019	185.09	2028	781.34
2020	217.21	2029	916.92
2021	254.90	2030	1076.04

可以看出，指数趋势模型的偏差较大，在 2030 年竟然达到了 1076 万吨，这显然是不符合实际情况的，因此我们在电解镍需求预测这一方面舍弃该种方法。

3. 多元回归模型

（1）回归因素分析

①经济增长

经济增长往往是带动一个国家工业产品产量增长的最主要因素，特别是在资本密集和发展中经济体系影响更为强烈。衡量经济增长的指标有很多，如国内生产总值（GDP）、三次产业的生产总值、工业增加值等。我们希望把这些因素考虑到模型中去。

②人口数量

人口是影响工业产品生产的重要变量。理论来讲，人口越多，工业产品产量也越大，因此，我们试图将人口因素考虑到模型中去。

③主要产成品

我国点解镍主要用于不锈钢及合金的冶炼，即用于加工转换，其下游产品很多，如电力设备、家用电器、汽车等。因此这些因素也都是我们考虑进模型的重要指标。

④投资

工业生产是资本密集型的，需要大量的设备投入，因此固定资产投资和固定资本形成总额是我们考虑进模型的重要参考。

（2）估计模型参数

综上所述，经过调试，我们将把电力设备生产量、固定资本形成总额考虑到模型中，数据区间为 1990~2012 年。模型估计结果如下：

$$DJNXFL = -1.009222 + 0.022267 \times QCSCL + 0.677026 \times GDZCTZ + 0.00025 \times DLSBSCL$$

其中，DJNXFL 表示电解镍产量，DLSBSCL 表示电力设备生产量，GDZCTZ 表示固定资产投资，QCSCL 代表汽车生产量。

（3）模型样本内检测

我们用上述回归方程来根据三个自变量的历史数据来拟合因变量煤炭消费量，再将其和历史真实数据进行比对，结果如下：

表 52　预测比较

单位：万吨，%

年　份	真实值	预测值	预测误差
1990	2.77	0.73	73.76
1991	3.46	1.24	64.13
1992	3.80	2.27	40.33
1993	3.31	3.14	5.27
1994	3.41	3.61	5.95
1995	3.80	4.02	5.74
1996	4.00	4.22	5.47
1997	4.20	4.62	10.05
1998	4.20	5.00	19.03
1999	3.90	5.46	40.03
2000	5.80	6.15	6.04
2001	8.54	7.06	17.35
2002	8.40	9.70	15.50
2003	13.28	13.58	2.23
2004	14.39	16.88	17.31
2005	20.08	20.12	0.21
2006	22.50	25.62	13.87
2007	35.29	31.38	11.08
2008	30.52	34.86	14.23
2009	54.13	48.31	10.74
2010	56.15	59.88	6.65
2011	69.05	64.84	6.10
2012	68.50	70.78	3.33

（4）模型样本外预测

为了预测 2013~2030 年我国电解镍供给量，我们需要先对电力设备生产量和固定资本形成总额的未来值进行预测，得出预测值之后，再代入上述多元线性回归模型，即可得出电解镍供给量预测值。

各自变量以及电解镍供给量的预测值如表 53 所示。

表 53　样本外预测

年　份	QCSCL（万吨）	GDZCTZ（万亿元）	DLSBSCL（万吨）	DJNCL（万吨）
2013	1981	46	14772	78
2014	2035	55	15579	86
2015	2091	67	16414	95
2016	2149	80	17277	105
2017	2208	95	18169	117
2018	2268	112	19088	130
2019	2331	131	20035	145
2020	2395	153	21009	161
2021	2461	176	22009	179
2022	2528	202	23034	198
2023	2598	231	24085	219
2024	2669	261	25159	242
2025	2743	294	26256	265
2026	2818	328	27374	290
2027	2896	363	28513	316
2028	2975	399	29671	343
2029	3057	436	30846	370
2030	3141	473	32036	397

4. **集成预测与情景分析**

本部分将在分情形讨论的情况下，对以上几种预测结果进行集成预测，分别是经济增速稳定、经济增速较快、经济增速缓慢。

(1) 经济增速稳定

经济增速稳定体现在多元回归自变量的增速稳定。

①多元回归

以前文的预测值为基准。

②集成预测

在进行经济增速稳定情形下的集成预测时，我们希望将所有模型都集成进去，但是指数趋势模型的预测精度较差，而 ARIMA 模型根本无法进行预测，因而将这两个模型舍去，只用多元回归模型、直线趋势模型和二项式趋势模型来进行集成预测。初始权重以各个模型预测精度为基准，计算方法如下：

$$\frac{(1-e_i)}{\sum_{i=1}^{n}1-e_i}$$

其中，e_i 为预测误差，n 为模型的个数。确定的各模型权重如表 54 所示。

表 54 权重

单位：%

项　目	多元回归模型	二项式趋势模型
初始权重	58.14	41.86

考虑到远期预测精度差别会变小，因此，我们设定到 2030 年，这三个模型的权重均等，并且使其权重以每年不变的速率变化，权重变化及预测结果如表 55 所示。

表 55 集成预测

单位：万吨，%

年　份	多元回归模型	权　重	二项式趋势模型	权　重	集成预测结果
2013	78	58	79	42	78
2014	86	58	89	42	87
2015	95	57	98	43	96
2016	105	57	109	43	107
2017	117	56	120	44	118
2018	130	56	131	44	130
2019	145	55	143	45	144
2020	161	55	156	45	158
2021	179	54	169	46	174
2022	198	54	182	46	191
2023	219	53	196	47	208
2024	242	53	211	47	227
2025	265	52	226	48	247
2026	290	52	241	48	267
2027	316	51	258	49	288

续表

年 份	多元回归模型	权 重	二项式趋势模型	权 重	集成预测结果
2028	343	51	274	49	309
2029	370	50	292	50	331
2030	397	50	309	50	353

（2）经济增速较快

经济增速较快体现在自变量增速缓慢。

①多元回归

以前文估计的参数为准，设定在经济增速较快的情景下各个自变量的预测值，然后代入模型中，得出供给量的预测值，具体如表56所示。

表56 参数预测

年 份	QCSCL（万吨）	GDZCTZ（万亿元）	DLSBSCL（万吨）	DJNCL（万吨）
2013	2000	45.7	14912	78
2014	2075	55.4	15876	87
2015	2153	66.7	16885	96
2016	2234	79.8	17942	107
2017	2317	94.8	19048	120
2018	2404	111.8	20202	133
2019	2494	131.1	21406	149
2020	2588	152.6	22660	166
2021	2685	176.4	23966	184
2022	2786	202.5	25322	204
2023	2890	230.8	26730	226
2024	2998	261.3	28189	250
2025	3111	293.7	29700	275
2026	3228	327.8	31263	301
2027	3349	363.2	32876	328
2028	3474	399.5	34539	355
2029	3604	436.2	36252	384
2030	3740	472.9	38014	412

②集成预测

我们采取和前文同样的方法,即用经济增速较快情形下的多元回归模型预测结果和二项式趋势模型以及指数趋势模型的预测结果进行集成,权重及预测结果如表57所示。

表 57　集成预测

单位:万吨,%

年　份	多元回归模型	权　重	二项式趋势模型	权　重	集成预测结果
2013	78	58	79	42	79
2014	87	58	89	42	87
2015	96	57	98	43	97
2016	107	57	109	43	108
2017	120	56	120	44	120
2018	133	56	131	44	132
2019	149	55	143	45	146
2020	166	55	156	45	161
2021	184	54	169	46	177
2022	204	54	182	46	194
2023	226	53	196	47	212
2024	250	53	211	47	231
2025	275	52	226	48	251
2026	301	52	241	48	272
2027	328	51	258	49	294
2028	355	51	274	49	316
2029	384	50	292	50	338
2030	412	50	309	50	361

(3)经济增速缓慢

经济增速缓慢体现在多元回归中自变量增速缓慢。

①多元回归

以前文估计的参数为准,设定在经济增速缓慢的情景下各个自变量的预测值,然后代入模型中,得出供给量的预测值,具体如表58所示。

表 58　参数预测

年　份	QCSCL（万吨）	GDZCTZ（万亿元）	DLSBSCL（万吨）	DJNCL（万吨）
2013	1961	45.3	14702	77
2014	1996	54.5	15432	84
2015	2031	65.1	16182	92
2016	2066	77.2	16952	101
2017	2102	90.9	17742	112
2018	2139	106.4	18551	123
2019	2177	123.6	19378	136
2020	2215	142.6	20223	150
2021	2253	163.4	21085	165
2022	2293	186.0	21962	181
2023	2333	210.2	22853	199
2024	2374	235.8	23758	217
2025	2415	262.7	24675	237
2026	2458	290.6	25603	257
2027	2501	319.0	26566	277
2028	2544	347.7	27565	298
2029	2589	376.3	28601	319
2030	2634	404.1	29677	339

②集成预测

我们采取和前文同样的方法，即用经济增速较快情形下的多元回归模型预测结果和二项式趋势模型以及指数趋势模型的预测结果进行集成，权重及预测结果如表 59 所示。

表 59　集成预测

单位：万吨，%

年　份	多元回归模型	权　重	二项式趋势模型	权　重	集成预测结果
2013	77	58	79	42	78
2014	84	58	89	42	86

续表

年 份	多元回归模型	权 重	二项式趋势模型	权 重	集成预测结果
2015	92	57	98	43	95
2016	101	57	109	43	105
2017	112	56	120	44	115
2018	123	56	131	44	127
2019	136	55	143	45	139
2020	150	55	156	45	152
2021	165	54	169	46	167
2022	181	54	182	46	182
2023	199	53	196	47	198
2024	217	53	211	47	214
2025	237	52	226	48	232
2026	257	52	241	48	249
2027	277	51	258	49	268
2028	298	51	274	49	286
2029	319	50	292	50	305
2030	339	50	309	50	324

（4）情景分析总预测结果

分情景讨论总的预测结果如表60所示。

表60 情景分析预测

单位：万吨

年 份	经济增速稳定	经济增速较快	经济增速缓慢
2013	78	79	78
2014	87	87	86
2015	96	97	95
2016	107	108	105
2017	118	120	115
2018	130	132	127
2019	144	146	139
2020	158	161	152
2021	174	177	167

续表

年 份	经济增速稳定	经济增速较快	经济增速缓慢
2022	191	194	182
2023	208	212	198
2024	227	231	214
2025	247	251	232
2026	267	272	249
2027	288	294	268
2028	309	316	286
2029	331	338	305
2030	353	361	324

四 稀土预测模型说明

(一) 数 据

国内生产总值（GDP）、人口历史数据来源于国家统计局统计年鉴，稀土矿产量、稀土消费来源于民生银行动态数据库。GDP 的单位是十亿元，人口单位是万人，稀土矿产量是吨，稀土消费量是吨。

(二) 稀土供给预测

在单变量预测模型和趋势预测模型中，样本数据为 1993~2012 年我国稀土矿产品产量（单位为吨）。

1. 单变量预测 ARIMA（p，d，q）模型

（1）平稳性检验

对序列 p 进行 ADF 单位根检验，检验表明，该序列为一阶单整序列，其中，p 为稀土生产量序列。

因此，建立 ARIMA 模型时，$d = 1$，即对稀土消费量对数一阶差分序列建立 ARMA 模型。

（2）滞后阶数的确定

对 p 一阶差分序列进行自相关、偏自相关检验，判断 ARIMA 模型应选择的滞后阶数。我们可以发现，自相关系数存在拖尾现象，偏自相关系数在滞后二阶、滞后五阶截尾，因此，模型中应存在 ar（2）项。

（3）估计模型参数

我们用 1993~2012 年的 20 个数据估计模型，根据回归结果，我们得到方程：

$$p = 99351.7773337 + 0.634981979163 \times p^{-2}$$

（4）模型样本外预测

表 61　ARIMA

单位：吨

年　份	p 预测值	年　份	p 预测值
2013	90202.46339	2022	96944.16108
2014	84542.23402	2023	98407.29132
2015	93542.12785	2024	97822.9844
2016	89947.98421	2025	98752.04574
2017	95662.75461	2026	98381.02137
2018	93380.53817	2027	98970.95858
2019	97009.31438	2028	98735.26479
2020	95560.14807	2029	99109.96429
2021	97864.35557	2030	98960.36648

2. 趋势模型

（1）直线趋势预测模型

①模型参数估计

根据统计结果，我们可以得出直线趋势预测模型为：

$$p = 43086.7285714 + 4163.6075188 \times t$$

②模型样本外预测

表 62　直线趋势

单位：吨

年　份	p 预测值	年　份	p 预测值
2013	126358.8789	2015	134686.094
2014	130522.4865	2016	138849.7015

续表

年 份	p 预测值	年 份	p 预测值
2017	143013.309	2024	172158.5617
2018	147176.9165	2025	176322.1692
2019	151340.5241	2026	180485.7767
2020	155504.1316	2027	184649.3842
2021	159667.7391	2028	188812.9917
2022	163831.3466	2029	192976.5992
2023	167994.9541	2030	197140.2068

（2）二次多项式预测模型

①模型参数估计

根据统计结果，我们可以得出二次多项式预测模型为：

$$p = 14012.3519481 + 13855.0663933 \times t - 510.076782866 \times t^2$$

②模型样本外预测

表 63　多项式趋势

单位：吨

年 份	p 预测值	年 份	p 预测值
2013	87082.96667	2022	-13165.29704
2014	80024.88496	2023	-29404.76083
2015	71946.64969	2024	-46664.3782
2016	62848.26086	2025	-64944.14912
2017	52729.71846	2026	-84244.07362
2018	41591.02249	2027	-104564.1517
2019	29432.17296	2028	-125904.3833
2020	16253.16986	2029	-148264.7685
2021	2054.013192	2030	-171645.2072

（3）指数趋势预测模型

①模型参数估计

我们得出指数趋势预测模型如下：

$$\ln p = 10.6347511944 + 0.0628549161275 \times t$$

②模型样本外预测

表 64　指数趋势

单位：吨

年　份	lnp 预测值	p 预测值
2013	11.89184952	146071.2093
2014	11.95470443	155547.1894
2015	12.01755935	165637.8983
2016	12.08041427	176383.2151
2017	12.14326918	187825.6056
2018	12.2061241	200010.2907
2019	12.26897901	212985.4247
2020	12.33183393	226802.2859
2021	12.39468885	241515.4792
2022	12.45754376	257183.1516
2023	12.52039868	273867.2224
2024	12.58325359	291633.6279
2025	12.64610851	310552.5815
2026	12.70896343	330698.8517
2027	12.77181834	352152.0575
2028	12.83467326	374996.9827
2029	12.89752818	399323.9116
2030	12.96038309	425228.985

3. 集成预测与情景分析

本部分将在分情景讨论的情况下，对以上几种预测结果进行集成预测。

（1）经济增速稳定

由于前文指数趋势模型数据异常，将其舍去。以前文的三种趋势模型预测结果中数值较小的结果来体现经济增速稳定，即直线趋势模型。

集成预测基于直线趋势模型预测值和 ARIMA 模型预测值为因子。初始权重以各个模型预测精度为基准，计算方法如下：

$$\frac{(1-e_i)}{\sum_{i=1}^{n}1-e_i}$$

其中，e_i 为预测误差，n 为模型的个数。确定的各模型权重如表 65 所示。

表 65 权重

单位：%

项 目	直线趋势预测	ARIMA 预测
初始权重	49.02	50.98

预测结果如表 66 所示。

表 66 经济增速稳定

单位：吨，%

年 份	直线趋势	权 重	ARIMA 模型	权 重	集成预测结果
2013	126359	47.96	98529	52.04	111876
2014	130522	48.08	98620	51.92	113958
2015	134686	48.20	98829	51.80	116112
2016	138850	48.32	98887	51.68	118197
2017	143013	48.44	99020	51.56	120330
2018	147177	48.56	99057	51.44	122423
2019	151341	48.68	99141	51.32	124551
2020	155504	48.80	99164	51.20	126658
2021	159668	48.92	99218	51.08	128790
2022	163831	49.04	99233	50.96	130912
2023	167995	49.16	99267	50.84	133053
2024	172159	49.28	99276	50.72	135192
2025	176322	49.40	99298	50.60	137348
2026	180486	49.52	99304	50.48	139505
2027	184649	49.64	99318	50.36	141676
2028	188813	49.76	99321	50.24	143852
2029	192977	49.88	99330	50.12	146041
2030	197140	50.00	99332	50.00	148236

(2) 经济增速快

以前文的三种趋势模型预测结果中数值中等的结果为准,即二项式趋势模型。

集成预测基于二项式趋势模型预测值和 ARIMA 模型预测值为因子。初始权重以各个模型预测精度为基准,计算方法如下:

$$\frac{(1-e_i)}{\sum_{i=1}^{n} 1-e_i}$$

其中,e_i 为预测误差,n 为模型的个数。确定的各模型权重如表 67 所示。

表 67 权重

单位:%

项 目	二项趋势预测	ARIMA 预测
初始权重	50.92	49.08

预测结果如表 68 所示。

表 68 经济增速快

单位:吨,%

年 份	二项趋势模型	权 重	ARIMA 模型	权 重	集成预测结果
2013	146071	47.73	98529	52.27	121220
2014	155547	47.86	98620	52.14	125867
2015	165638	48.00	98829	52.00	130895
2016	176383	48.13	98887	51.87	136186
2017	187826	48.26	99020	51.74	141881
2018	200010	48.40	99057	51.60	147915
2019	212985	48.53	99141	51.47	154391
2020	226802	48.66	99164	51.34	161279
2021	241515	48.80	99218	51.20	168656
2022	257183	48.93	99233	51.07	176520
2023	273867	49.07	99267	50.93	184935
2024	291634	49.20	99276	50.80	193913

续表

年 份	二项趋势模型	权 重	ARIMA 模型	权 重	集成预测结果
2025	310553	49.33	99298	50.67	203514
2026	330699	49.47	99304	50.53	213765
2027	352152	49.60	99318	50.40	224722
2028	374997	49.73	99321	50.27	236423
2029	399324	49.87	99330	50.13	248926
2030	425229	50.00	99332	50.00	262281

（3）经济增速缓慢

经济增速缓慢体现在 ARIMA 模型中。

具体预测结果如表 69 所示。

表 69　经济增速缓慢

单位：吨

年 份	集成预测结果	年 份	集成预测结果
2013	98529	2022	99233
2014	98620	2023	99267
2015	98829	2024	99276
2016	98887	2025	99298
2017	99020	2026	99304
2018	99057	2027	99318
2019	99141	2028	99321
2020	99164	2029	99330
2021	99218	2030	99332

4. 情景分析总预测结果

分情景讨论总的预测结果如表 70 所示。

表 70　情景分析总预测结果

单位：吨

年 份	经济增速稳定	经济增速快	经济增速缓慢
2013	111876	121220	98529
2014	113958	125867	98620

续表

年 份	经济增速稳定	经济增速快	经济增速缓慢
2015	116112	130895	98829
2016	118197	136186	98887
2017	120330	141881	99020
2018	122423	147915	99057
2019	124551	154391	99141
2020	126658	161279	99164
2021	128790	168656	99218
2022	130912	176520	99233
2023	133053	184935	99267
2024	135192	193913	99276
2025	137348	203514	99298
2026	139505	213765	99304
2027	141676	224722	99318
2028	143852	236423	99321
2029	146041	248926	99330
2030	148236	262281	99332

（三）稀土需求预测

在单变量预测模型和趋势预测模型中，样本数据为1993～2012年我国稀土消费量（单位为吨）。

1. 单变量预测ARIMA（p, d, q）模型

（1）平稳性检验

对序列q进行ADF单位根检验，检验表明，该序列为一阶单整序列，其中，q为稀土消费量序列。

因此，建立ARIMA模型时，d=1，即对稀土消费量对数一阶差分序列建立ARMA模型。

（2）滞后阶数的确定

对q一阶差分序列进行自相关、偏自相关检验，判断ARIMA模型应选择的滞后阶数。我们可以发现，自相关系数存在拖尾现象，偏自相关系数在滞后三阶、滞后八阶截尾，因此，模型中应存在ar（2）项。

(3) 估计模型参数

我们用1993~2012年的20个数据估计模型,根据回归结果,我们得到方程:

$$D(q) = 172472.9 + 0.948473D(q)^{-2}$$

(4) 模型样本外预测

表71 ARIMA

单位:吨

年 份	q预测值	年 份	q预测值
2013	87714.64466	2022	89823.00972
2014	70345.26755	2023	107414.1392
2015	92082.02354	2024	94081.74985
2016	75607.6468	2025	110766.4527
2017	96224.36237	2026	98121.0478
2018	80598.86888	2027	113946.0298
2019	100153.2569	2028	101952.2109
2020	85332.90581	2029	116961.7713
2021	103879.7053	2030	105585.9637

2. 趋势模型

(1) 直线趋势预测模型

①模型参数估计

根据统计结果,我们可以得出直线趋势预测模型为:

$$q = -1637.743 + 4316.526t$$

②模型样本外预测

表72 直线趋势

单位:吨

年 份	q预测值	年 份	q预测值
2013	84692.76842	2016	97642.34511
2014	89009.29398	2017	101958.8707
2015	93325.81955	2018	106275.2962

续表

年 份	q 预测值	年 份	q 预测值
2019	110591.9218	2025	136491.0752
2020	114908.4474	2026	140807.6008
2021	119224.9729	2027	145124.1263
2022	123541.4985	2028	149440.6519
2023	127858.0241	2029	153757.1774
2024	132174.5496	2030	158073.703

（2）二次多项式预测模型

①模型估计参数

根据统计结果，我们可以得出二次多项式预测模型为：

$$q = 6677.845 + 1544.663t + 145.8875t^2$$

②模型样本外预测

表 73　多项式趋势

单位：吨

年 份	q 预测值	年 份	q 预测值
2013	95926.10614	2022	174164.462
2014	103452.1568	2023	184316.4877
2015	111269.9824	2024	194760.2883
2016	119379.583	2025	205495.864
2017	127780.9587	2026	216523.2147
2018	136474.1093	2027	227842.3404
2019	145459.035	2028	239453.2411
2020	154735.7356	2029	251355.9168
2021	164304.2113	2030	263550.3676

（3）指数趋势预测模型

①模型参数估计

根据统计结果，可以得出指数趋势预测模型，如下式：

$$\ln q = 9.147350 + 0.123837t$$

②模型样本外预测

表74 指数趋势

单位：吨

年　份	lnq 预测值	q 预测值
2013	11.62408326	111757.1245
2014	11.74791992	126490.1758
2015	11.87175658	143165.4997
2016	11.99559324	162039.1478
2017	12.1194299	183400.9275
2018	12.24326655	207578.8515
2019	12.36710321	234944.175
2020	12.49093987	265917.0959
2021	12.61477653	300973.2073
2022	12.73861319	340650.8002
2023	12.86244984	385559.1291
2024	12.9862865	436387.7671
2025	13.11012316	493917.1941
2026	13.23395982	559030.782
2027	13.35779647	632728.3579
2028	13.48163313	716141.5575
2029	13.60546979	810551.201
2030	13.72930645	917406.9604

3. 多元线性回归模型

（1）回归因素的选择

①经济增长

经济增长往往是带动一个国家能源消费增长的最主要因素，特别是在能源密集和发展中经济体系影响更为强烈。稀土消费量与我国 GDP 呈正相关关系。

②人口

人口是影响能源消费的重要变量。人口越多，能源消费量也越大，两者之间存在正相关关系。人口和稀土消费的正向变动关系。

(2) 估计模型参数

综上所述,我们将把国内生产总值(GDP)、人口等因素考虑到模型中;具体的解释变量为人均 GDP;数据区间为 1993~2012 年。

模型估计参数之前,我们先定义解释变量名称,并对其进行平稳性检验,结果如下:

$$q = -262929.004538 + 1.02216089606 \times GDP + 2.20709968481 \times PO$$

(3) 模型样本外预测

为了预测 2013~2030 年我国稀土消费量,我们需要先采用 ARIMA 模型对 GDP、PO 等变量的未来值进行预测,得出预测值之后,再代入上述多元线性回归模型,即可得出稀土消费量预测值。

表 75 多元线性回归

单位:吨

年 份	DGP 预测值	PO 预测值	q 预测值
2013	62918.54476	135924.0754	101381.8555
2014	69081.7085	136419.0544	108774.0684
2015	83731.98365	136890.148	124788.7573
2016	91950.55374	137338.5088	134179.0353
2017	111486.6748	137765.2338	155089.9189
2018	122446.1264	138171.367	167188.6183
2019	148497.5162	138557.9021	194670.4518
2020	163111.9292	138925.7849	210420.6872
2021	197851.4205	139275.9153	246702.8095
2022	217339.7196	139609.1501	267358.4691
2023	263664.7819	139926.3045	315410.1276
2024	289652.4011	140228.1545	342639.8688
2025	351426.8058	140515.4386	406417.3145
2026	386081.2591	140788.8597	442443.2092
2027	468457.3402	141049.0868	527219.1651
2028	514669.0044	141296.7566	575001.5531
2029	624517.3916	141532.4749	687804.5328
2030	686140.5802	141756.8186	751288.4955

4. 集成预测与情景分析

本部分将在分情形讨论的情况下,对以上几种预测结果进行集成预测。

（1）经济增速稳定

经济增速稳定体现在多元回归和趋势模型两个方面。

①多元回归中

以前文的预测值为基准,其结果为:

表 76 多元线性回归

年 份	GDP（元）	PEOPLE（万人）	SUPPLY（吨）
2013	56087	135924	94399
2014	60462	136419	99963
2015	65419	136890	106070
2016	70522	137339	112276
2017	76305	137765	119129
2018	82257	138171	126109
2019	89002	138558	133856
2020	95944	138926	141764
2021	103811	139276	150579
2022	111909	139609	159591
2023	121085	139926	169671
2024	130530	140228	179991
2025	141233	140515	191566
2026	152249	140789	203429
2027	164734	141049	216765
2028	177583	141297	230445
2029	192145	141532	245850
2030	207132	141757	261665

②趋势模型

以前文的三种趋势模型预测结果中数值中等的结果为准,即二项式趋势模型。

③集成预测

集成预测基于经济增速稳定情况下多元回归预测值、二项式趋势模型预测值和ARIMA模型预测值为因子。初始权重以各个模型预测精度为基准，计算方法如下：

$$\frac{(1-e_i)}{\sum_{i=1}^{n} 1-e_i}$$

其中，e_i为预测误差，n为模型的个数。确定的各模型权重如表77所示。

表77 权重

单位：%

项 目	二项式趋势预测	ARIMA 预测	多元回归预测
初始权重	37.59	26.50	35.91

预测结果如表78所示。

表78 经济增速稳定

单位：吨，%

年 份	多元回归模型	权 重	二项式趋势模型	权 重	ARIMA模型	权 重	集成预测结果
2013	94399	35.91	95926	37.59	76682	26.50	90279
2014	99963	35.76	103452	37.34	77336	26.90	95179
2015	106070	35.61	111270	37.09	81618	27.30	101323
2016	112276	35.46	119380	36.84	82239	27.70	106571
2017	119129	35.21	127781	36.59	86300	28.11	113068
2018	126109	35.16	136474	36.34	86888	28.51	118694
2019	133856	35.00	145459	36.09	90740	28.91	125579
2020	141764	34.85	154736	35.84	91298	29.31	131620
2021	150579	34.70	164304	35.59	94952	29.71	138934
2022	159591	34.55	174164	35.24	95481	30.12	145433
2023	169671	34.40	184316	35.09	98946	30.52	153225
2024	179991	34.24	194760	34.84	99448	30.92	160232

续表

年 份	多元回归模型	权 重	二项式趋势模型	权 重	ARIMA模型	权 重	集成预测结果
2025	191566	34.09	205496	34.58	102735	31.32	168559
2026	203429	33.94	216523	34.33	103211	31.72	176131
2027	216765	33.79	227842	34.08	106328	32.13	185061
2028	230445	33.64	239453	33.83	106780	32.53	193266
2029	245850	33.49	251356	33.58	109736	32.93	202875
2030	261665	33.33	263550	33.33	110165	33.33	211793

（2）经济增速快

经济增速快体现在多元回归和趋势模型两个方面。

①多元回归

以前文估计的参数为准，设定在经济增速快的情景下各个自变量的预测值，然后代入模型中，得出供给量的预测值，具体如表79所示。

表79　多元线性回归

年 份	GDP（元）	PEOPLE（万人）	SUPPLY（吨）
2013	56087	135924	94399
2014	60742	136419	100250
2015	65966	136890	106629
2016	71837	137339	113619
2017	78446	137765	121317
2018	85898	138171	129831
2019	94316	138558	139288
2020	103842	138926	149837
2021	114642	139276	161649
2022	126908	139609	174923
2023	140868	139926	189892
2024	156786	140228	206829
2025	174973	140515	226054
2026	195795	140789	247940

续表

年 份	GDP（元）	PEOPLE（万人）	SUPPLY（吨）
2027	219682	141049	272931
2028	247143	141297	301546
2029	278777	141532	334402
2030	315297	141757	372226

② 趋势模型

以前文的三种趋势模型预测结果中数值偏好的结果为准，即指数趋势模型。

③ 集成预测

集成预测基于经济增速快情况下多元回归预测值、指数趋势模型预测值和 ARIMA 模型预测值为因子。初始权重以各个模型预测精度为基准，计算方法如下：

$$\frac{(1-e_i)}{\sum_{i=1}^{n} 1-e_i}$$

其中，e_i 为预测误差，n 为模型的个数。确定的各模型权重如表 80 所示。

表 80　权重

单位：%

项 目	指数趋势预测	ARIMA 预测	多元回归预测
初始权重	38.52	26.10	35.28

预测结果如表 81 所示。

表 81　经济增速快

单位：吨，%

年 份	多元回归模型	权重	指数趋势模型	权重	ARIMA模型	权重	集成预测结果
2013	94399	35.28	111757	38.52	76682	26.10	96460
2014	100250	35.26	126490	38.21	77336	26.53	104198

续表

年 份	多元回归模型	权重	指数趋势模型	权重	ARIMA模型	权重	集成预测结果
2015	106629	35.14	143165	37.91	81618	26.95	113737
2016	113619	35.02	162039	37.60	82239	27.38	123234
2017	121317	34.90	183401	37.30	86300	27.80	134735
2018	129831	34.78	207579	36.99	86888	28.23	146468
2019	139288	34.66	234944	36.69	90740	28.66	160470
2020	149837	34.54	265917	36.38	91298	29.08	175046
2021	161649	34.42	300973	36.08	94952	29.51	192233
2022	174923	34.30	340651	35.77	95481	29.93	210429
2023	189892	34.18	385559	35.47	98946	30.36	231682
2024	206829	34.06	436388	35.16	99448	30.78	254494
2025	226054	33.94	493917	34.86	102735	31.21	280940
2026	247940	33.82	559031	34.55	103211	31.63	309649
2027	272931	33.69	632728	34.25	106328	32.06	342745
2028	301546	33.57	716142	33.94	106780	32.48	379007
2029	334402	33.45	810551	33.64	109736	32.91	420637
2030	372226	33.33	917407	33.33	110165	33.33	466599

（3）经济增速缓慢

经济增速缓慢体现在多元回归和趋势模型两个方面。

①多元回归

以前文估计的参数为准，设定在经济增速缓慢的情景下各个自变量的预测值，然后代入模型中，得出供给量的预测值，具体如表82所示。

表82 多元线性回归

年 份	GDP（元）	PEOPLE（万人）	SUPPLY（吨）
2013	56087	135924	94399
2014	60405	136419	99906
2015	64875	136890	105514
2016	69482	137339	111212

续表

年　份	GDP（元）	PEOPLE（万人）	SUPPLY（吨）
2017	74206	137765	116983
2018	79030	138171	122810
2019	83930	138558	128672
2020	88881	138926	134545
2021	93859	139276	140406
2022	98833	139609	146226
2023	103775	139926	151977
2024	108652	140228	157629
2025	113433	140515	163150
2026	118084	140789	168507
2027	122571	141049	173668
2028	126861	141297	178599
2029	130921	141532	183269
2030	134717	141757	187645

②趋势模型

以前文的三种趋势模型预测结果中数值偏小的结果为准，即直线趋势模型。

③集成预测

集成预测基于经济增速缓慢情况下多元回归预测值、直线趋势模型预测值和ARIMA模型预测值为因子。初始权重以各个模型预测精度为基准，计算方法如下：

$$\frac{(1-e_i)}{\sum_{i=1}^{n}1-e_i}$$

其中，e_i为预测误差，n为模型的个数。确定的各模型权重如表83所示。

由于随时间的推移，模型的预测精度不再保持不变，权重也应该随之变化，我们假定在预测期末所有模型的权重相等，在此部分，则为1/3，即33.33%。

表83 权重

单位: %

项 目	直线趋势预测	ARIMA 预测	多元回归预测
初始权重	35.23	27.50	37.27

具体预测结果如表84所示：

表84 经济增速缓慢

单位: 吨, %

年 份	多元回归模型	权 重	直线趋势模型	权 重	ARIMA模型	权 重	集成预测结果
2013	94399	37.27	84693	35.23	76682	27.50	86108
2014	99906	37.04	89009	35.12	77336	27.84	89795
2015	105514	36.81	93326	35.01	81618	28.18	94512
2016	111212	36.58	97642	34.90	82239	28.53	98211
2017	116983	36.35	101959	34.78	86300	28.87	102899
2018	122810	36.11	106275	34.67	86888	29.21	106583
2019	128672	35.88	110592	34.56	90740	29.56	111211
2020	134545	35.65	114908	34.45	91298	29.90	114849
2021	140406	35.42	119225	34.34	94952	30.24	119386
2022	146226	35.19	123541	34.23	95481	30.59	122940
2023	151977	34.96	127858	34.11	98946	30.93	127346
2024	157629	34.72	132175	34.00	99448	31.27	130778
2025	163150	34.49	136491	33.89	102735	31.62	135013
2026	168507	34.26	140808	33.78	103211	31.96	138281
2027	173668	34.03	145124	33.67	106328	32.30	142305
2028	178599	33.80	149441	33.56	106780	32.65	145368
2029	183269	33.57	153757	33.44	109736	32.99	149140
2030	187645	33.33	158074	33.33	110165	33.33	151961

5. 情景分析总预测结果

分情景讨论总的预测结果如表85所示。

表 85　情景分析总预测结果

单位：吨

年　份	经济增速稳定	经济增速快	经济增速缓慢
2013	90279	96460	86108
2014	95179	104198	89795
2015	101323	113737	94512
2016	106571	123234	98211
2017	113068	134735	102899
2018	118694	146468	106583
2019	125579	160470	111211
2020	131620	175046	114849
2021	138934	192233	119386
2022	145433	210429	122940
2023	153225	231682	127346
2024	160232	254494	130778
2025	168559	280940	135013
2026	176131	309649	138281
2027	185061	342745	142305
2028	193266	379007	145368
2029	202875	420637	149140
2030	211793	466599	151961

五　石油供需预测

（一）数据

国内生产总值（GDP）、CPI、人口总数、工业增加值、原油生产量、石油消费总量的数据来源于国家统计局统计年鉴，国际油价数据来源于国际能源署。在本文中，GDP、CPI、工业增加值的单位是亿元，原油生产量和石油消费总量的单位是万吨，人口总数以亿计，国际油价的单位是美元/桶。

（二）石油供给预测

在单变量预测模型和趋势预测模型中，样本数据为 1990~2010 年我国原油生产量(单位为万吨)。

1. 单变量预测 ARIMA (p, d, q) 模型

(1) 平稳性检验

对序列 p 进行 ADF 单位根检验,检验表明,该序列为一阶单整序列,其中,p 为原油生产量序列。

因此,建立 ARIMA 模型时,d = 1,即对原油生产量对数一阶差分序列建立 ARMA 模型。

(2) 滞后阶数的确定

对 p 一阶差分序列进行自相关、偏自相关检验,判断 ARIMA 模型应选择的滞后阶数。我们可以发现,自相关系数存在拖尾现象,偏自相关系数在滞后二阶截尾,因此,模型中应存在 ar(2) 项。

(3) 估计模型参数

我们用 1990~2010 年的 21 个数据估计模型,根据回归结果,我们得到方程:

$$p = 3781.820 + 1.047856 \times p^{-2}$$

(4) 模型样本外预测

表 86 ARIMA

单位:万吨

年 份	p 预测值	年 份	p 预测值
2013	21036	2022	25011
2014	21391	2023	25579
2015	21862	2024	26027
2016	22234	2025	26622
2017	22727	2026	27092
2018	23117	2027	27715
2019	23633	2028	28208
2020	24042	2029	28860
2021	24583	2030	29376

2. 趋势模型

(1) 直线趋势预测模型

①模型参数估计

根据统计结果，我们可以得出直线趋势预测模型为：

$$p = 10969.52 + 293.9805 \times t$$

②模型样本外预测

表 87　直线趋势

单位：万吨

年　份	p 预测值	年　份	p 预测值
2013	20377	2022	23023
2014	20671	2023	23317
2015	20965	2024	23611
2016	21259	2025	23905
2017	21553	2026	24199
2018	21847	2027	24493
2019	22141	2028	24787
2020	22435	2029	25081
2021	22729	2030	25375

(2) 二次多项式预测模型

①模型参数估计

根据统计结果，我们可以得出二次多项式预测模型为：

$$p = 12541.98 + 109.7461 \times t + 4.848273 \times t^2$$

②模型样本外预测

表 88　多项式趋势

单位：万吨

年　份	p 预测值	年　份	p 预测值
2013	21018	2016	22322
2014	21443	2017	22776
2015	21878	2018	23240

续表

年 份	p 预测值	年 份	p 预测值
2019	23713	2025	26757
2020	24196	2026	27298
2021	24689	2027	27849
2022	25192	2028	28410
2023	25704	2029	28980
2024	26226	2030	29560

（3）指数趋势预测模型

①模型参数估计

根据统计结果，我们得出指数趋势预测模型如下：

$$LNP = 9.371749 + 0.017726 \times t$$

②模型样本外预测

表 89　多项式趋势

单位：万吨

年 份	p 预测值	年 份	p 预测值
2013	20723	2022	24307
2014	21093	2023	24742
2015	21471	2024	25184
2016	21855	2025	25635
2017	22246	2026	26093
2018	22643	2027	26560
2019	23048	2028	27035
2020	23461	2029	27518
2021	23880	2030	28011

3. 集成预测与情景分析

本部分将在分情形讨论的情况下，对以上几种预测结果进行集成预测。

（1）经济增速差

以前文的三种趋势模型预测结果中数值较小的结果来体现经济增速

差,即直线趋势模型。

集成预测基于直线趋势模型预测值和 ARIMA 模型预测值为因子。初始权重以各个模型预测精度为基准,计算方法如下:

$$\frac{(1-e_i)}{\sum_{i=1}^{n} 1-e_i}$$

其中,e_i 为预测误差,n 为模型的个数。确定的各模型权重如表 90 所示。

表 90 权重

单位:%

项 目	直线趋势预测	ARIMA 预测
初始权重	50.00	50.00

预测结果如表 91 所示。

表 91 经济增速差

单位:万吨,%

年 份	直线趋势模型	权 重	ARIMA 模型	权 重	集成预测结果
2013	20377	50.00	21036	50.00	20706
2014	20671	50.00	21391	50.00	21031
2015	20965	50.00	21862	50.00	21413
2016	21259	50.00	22234	50.00	21746
2017	21553	50.00	22727	50.00	22140
2018	21847	50.00	23117	50.00	22482
2019	22141	50.00	23633	50.00	22887
2020	22435	50.00	24042	50.00	23238
2021	22729	50.00	24583	50.00	23656
2022	23023	50.00	25011	50.00	24017
2023	23317	50.00	25579	50.00	24448
2024	23611	50.00	26027	50.00	24819
2025	23905	50.00	26622	50.00	25263
2026	24199	50.00	27092	50.00	25645

续表

年份	直线趋势模型	权重	ARIMA 模型	权重	集成预测结果
2027	24493	50.00	27715	50.00	26104
2028	24787	50.00	28208	50.00	26497
2029	25081	50.00	28860	50.00	26971
2030	25375	50.00	29376	50.00	27376

（2）经济增速稳定

以前文的三种趋势模型预测结果中数值中等的结果为准，即指数趋势模型。

集成预测基于指数趋势模型预测值和 ARIMA 模型预测值为因子。初始权重以各个模型预测精度为基准，计算方法如下：

$$\frac{(1-e_i)}{\sum_{i=1}^{n} 1-e_i}$$

其中，e_i 为预测误差，n 为模型的个数。确定的各模型权重如表 92 所示。

表 92 权重

单位：%

项目	指数趋势预测	ARIMA 预测
初始权重	50.03	49.97

预测结果如表 93 所示。

表 93 经济增速稳定

单位：万吨，%

年份	指数趋势模型	权重	ARIMA 模型	权重	集成预测结果
2013	20723	50.03	21036	49.97	20879
2014	21093	50.03	21391	49.97	21242
2015	21471	50.03	21862	49.97	21666
2016	21855	50.02	22234	49.98	22044
2017	22246	50.02	22727	49.98	22486

续表

年　份	指数趋势模型	权　重	ARIMA 模型	权　重	集成预测结果
2018	22643	50.02	23117	49.98	22880
2019	23048	50.02	23633	49.98	23341
2020	23461	50.02	24042	49.98	23751
2021	23880	50.02	24583	49.98	24232
2022	24307	50.01	25011	49.99	24659
2023	24742	50.01	25579	49.99	25160
2024	25184	50.01	26027	49.99	25606
2025	25635	50.01	26622	49.99	26128
2026	26093	50.01	27092	49.99	26593
2027	26560	50.01	27715	49.99	27137
2028	27035	50.00	28208	50.00	27621
2029	27518	50.00	28860	50.00	28189
2030	28011	50.00	29376	50.00	28694

（3）经济增速快

以前文的三种趋势模型预测结果中数值较大的结果来体现经济增速快，即二项趋势模型。

集成预测基于二项趋势模型预测值和 ARIMA 模型预测值为因子。初始权重以各个模型预测精度为基准，计算方法如下。

$$\frac{(1-e_i)}{\sum_{i=1}^{n}1-e_i}$$

其中，e_i 为预测误差，n 为模型的个数，确定的各模型权重如表 94 所示。

表 94　权重

单位：%

项　目	二项趋势预测	ARIMA 预测
初始权重	50.04	49.96

预测结果如表 95 所示。

表 95 经济增速快

单位：万吨，%

年　份	二项趋势模型	权　重	ARIMA 模型	权　重	集成预测结果
2013	21018	50.04	21036	49.96	21027
2014	21443	50.04	21391	49.96	21417
2015	21878	50.04	21862	49.96	21870
2016	22322	50.04	22234	49.96	22278
2017	22776	50.03	22727	49.97	22751
2018	23240	50.03	23117	49.97	23178
2019	23713	50.03	23633	49.97	23673
2020	24196	50.03	24042	49.97	24119
2021	24689	50.02	24583	49.98	24636
2022	25192	50.02	25011	49.98	25102
2023	25704	50.02	25579	49.98	25641
2024	26226	50.02	26027	49.98	26126
2025	26757	50.01	26622	49.99	26690
2026	27298	50.01	27092	49.99	27195
2027	27849	50.01	27715	49.99	27782
2028	28410	50.01	28208	49.99	28309
2029	28980	50.00	28860	50.00	28920
2030	29560	50.00	29376	50.00	29468

4. 情景分析总预测结果

分情景讨论总的预测结果如表 96 所示。

表 96 情景分析总预测结果

单位：万吨

年　份	经济增速稳定	经济增速快	经济增速缓慢
2013	20879	21027	20706
2014	21242	21417	21031
2015	21666	21870	21413
2016	22044	22278	21746
2017	22486	22751	22140
2018	22880	23178	22482

续表

年 份	经济增速稳定	经济增速快	经济增速缓慢
2019	23341	23673	22887
2020	23751	24119	23238
2021	24232	24636	23656
2022	24659	25102	24017
2023	25160	25641	24448
2024	25606	26126	24819
2025	26128	26690	25263
2026	26593	27195	25645
2027	27137	27782	26104
2028	27621	28309	26497
2029	28189	28920	26971
2030	28694	29468	27376

（三）石油需求预测

在单变量预测模型和趋势预测模型中，样本数据为1990~2011年我国石油消费总量（单位为万吨）。

1. 单变量预测ARIMA (p, d, q) 模型

（1）平稳性检验

对序列q进行ADF单位根检验，检验表明，该序列为一阶单整序列，其中，q为石油消费总量序列。

因此，建立ARIMA模型时，d=1，即对石油消费总量对数一阶差分序列建立ARMA模型。

（2）滞后阶数的确定

对q一阶差分序列进行自相关、偏自相关检验，判断ARIMA模型应选择的滞后阶数。我们可以发现，自相关系数存在拖尾现象，偏自相关系数在滞后一阶、滞后三阶截尾，因此，模型中应存在ar (1)、ar (3) 项。

（3）估计模型参数

我们用1990~2011年的22个数据估计模型，根据回归结果，我们得到方程：

$$D(q) = -9817.451 + 0.827022 \times D(q)^{-1} + 0.240279 \times D(q)^{-3}$$

(4) 模型样本外预测

表 97 ARIMA

单位：万吨

年 份	q 预测值	年 份	q 预测值
2013	50383	2022	80766
2014	53179	2023	84974
2015	56105	2024	89376
2016	59167	2025	93983
2017	62371	2026	98804
2018	65724	2027	103849
2019	69232	2028	109129
2020	72904	2029	114653
2021	76746	2030	120434

2. 趋势模型

(1) 直线趋势预测模型

①模型参数估计

根据统计结果，我们可以得出直线趋势预测模型为：

$$q = -5604.505 + 1587.381 \times t$$

②模型样本外预测

表 98 直线趋势

单位：万吨

年 份	q 预测值	年 份	q 预测值
2013	45192	2022	59478
2014	46779	2023	61066
2015	48366	2024	62653
2016	49954	2025	64240
2017	51541	2026	65828
2018	53129	2027	67415
2019	54716	2028	69002
2020	56303	2029	70590
2021	57891	2030	72177

(2) 二次多项式预测模型

①模型估计参数

根据统计结果,我们可以得出二次多项式预测模型为:

$$q = 879.4555t + 19.28398t^2$$

②模型样本外预测

表 99　多项式趋势

单位:万吨

年　份	q 预测值	年　份	q 预测值
2013	47889	2022	68474
2014	50022	2023	70954
2015	52194	2024	73473
2016	54404	2025	76030
2017	56652	2026	78626
2018	58940	2027	81260
2019	61265	2028	83933
2020	63630	2029	86644
2021	66033	2030	89394

(3) 指数趋势预测模型

①模型参数估计

根据统计结果,可以得出指数趋势预测模型,如下式:

$$\ln q = 8.783999 + 0.065248t$$

②模型样本外预测

表 100　指数趋势

单位:万吨

年　份	lnq 预测值	q 预测值
2013	10.87192621	52676.5787
2014	10.93717393	56228.21333
2015	11.00242164	60019.31127
2016	11.06766936	64066.01796
2017	11.13291708	68385.56743

续表

年　份	lnq 预测值	q 预测值
2018	11.1981648	72996.35566
2019	11.26341251	77918.01895
2020	11.32866023	83171.51757
2021	11.39390795	88779.225
2022	11.45915567	94765.02318
2023	11.52440338	101154.4043
2024	11.5896511	107974.5793
2025	11.65489882	115254.5937
2026	11.72014654	123025.4516
2027	11.78539425	131320.2472
2028	11.85064197	140174.3062
2029	11.91588969	149625.3361
2030	11.98113741	159713.5866

3. 多元线性回归模型

（1）检测各变量的关系

影响石油需求的因素主要包括 GDP、CPI、国际油价、人口、工业增加值五个因素。

①GDP 与石油消费总量的关系

根据散点图，我们可以看出两者之间存在明显的正向关系。通过简单的回归，我们也可以发现自变量系数为正，证实了上述正向关系。

②CPI 与石油消费总量的关系

根据散点图，我们可以看出两者之间存在明显的正向关系。通过简单的回归，我们也可以发现自变量系数为正，证实了上述正向关系。

③国际油价与石油消费总量的关系

根据散点图，我们可以看出两者之间存在明显的正向关系。通过简单的回归，我们也可以发现自变量系数为正，证实了上述正向关系。

④人口与石油消费总量的关系

根据散点图，我们可以看出两者之间存在明显的正向关系。通过简单的回归，我们也可以发现自变量系数为正，证实了上述正向关系。

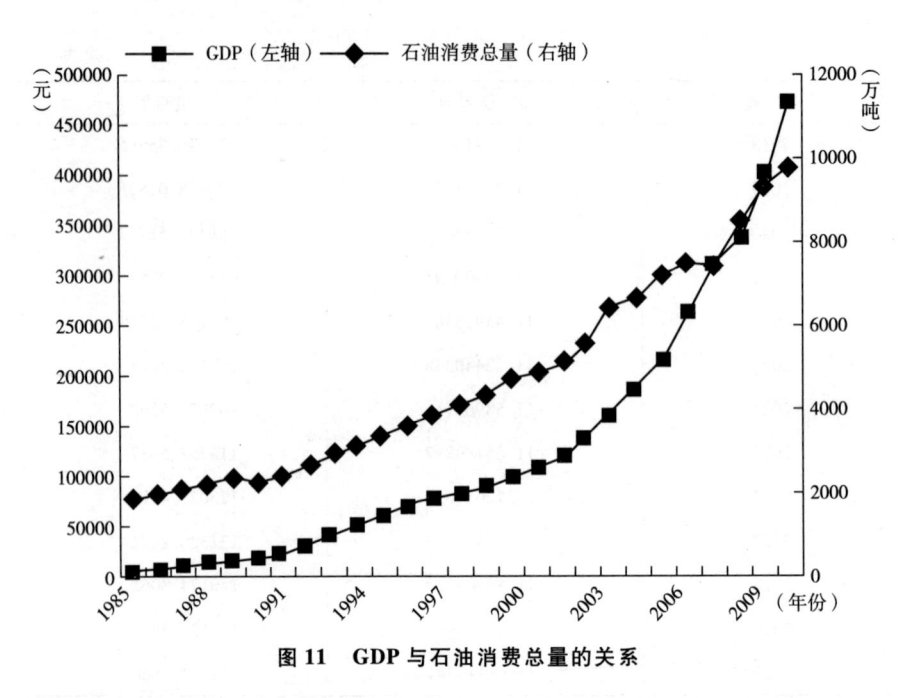

图 11　GDP 与石油消费总量的关系

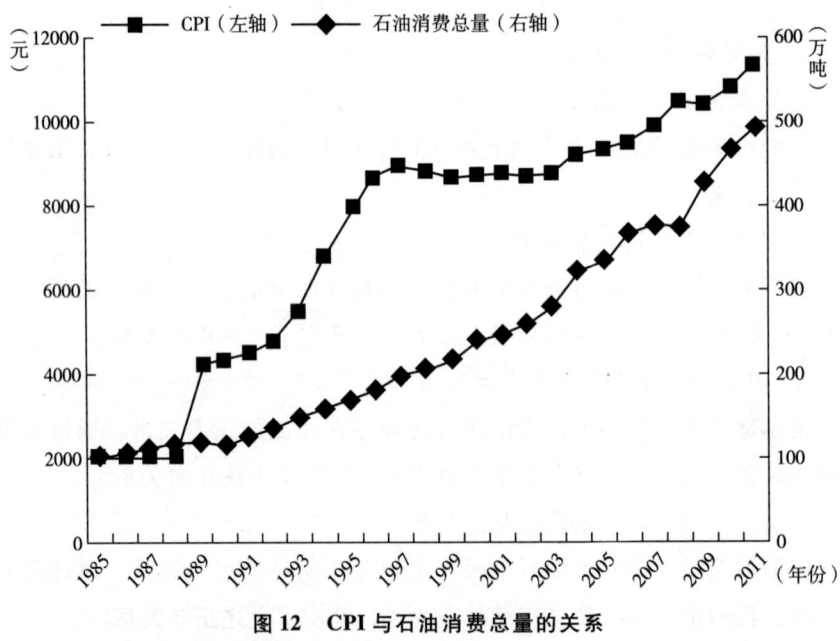

图 12　CPI 与石油消费总量的关系

⑤工业增加值与石油消费总量的关系

根据散点图,我们可以看出两者之间存在明显的正向关系。通过简单

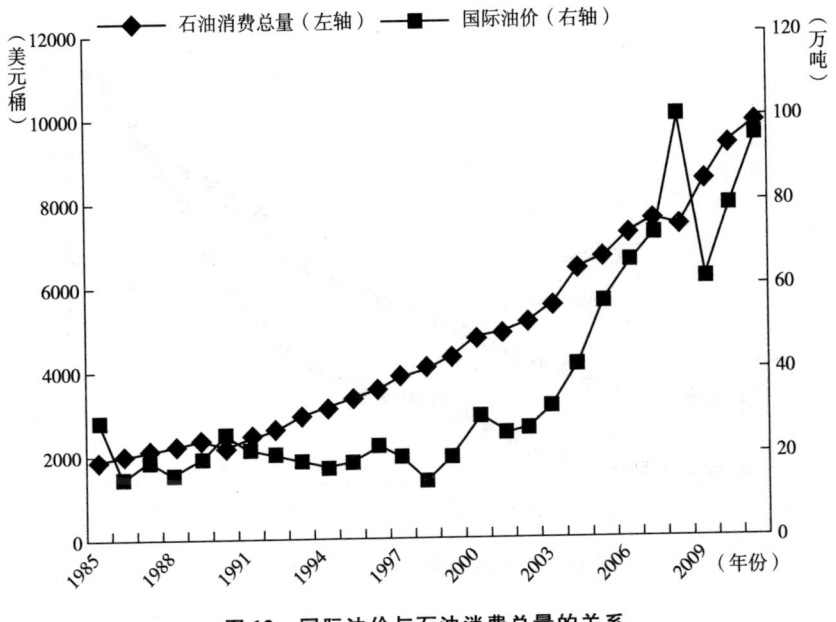

中国大宗矿产品供需预测——模型架构专项 | 475

图 13 国际油价与石油消费总量的关系

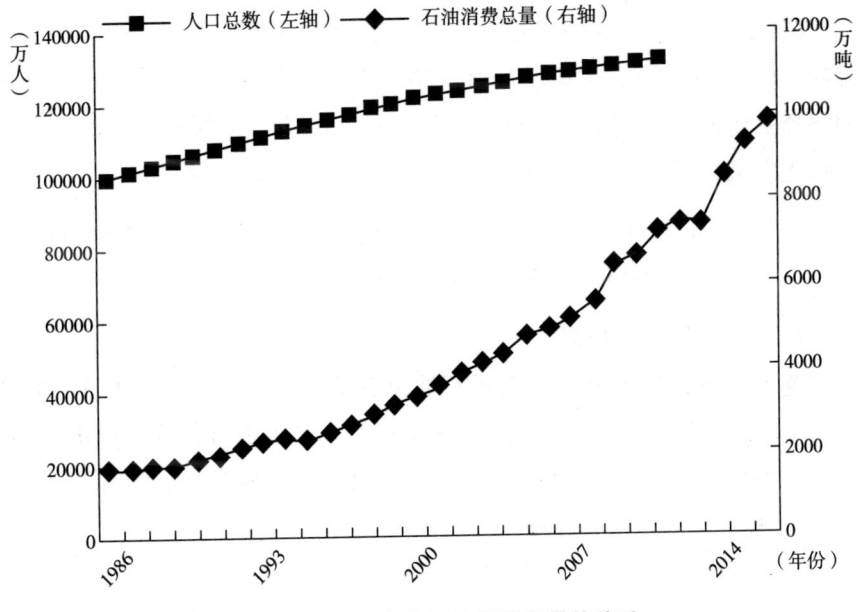

图 14 人口总数与石油消费总量的关系

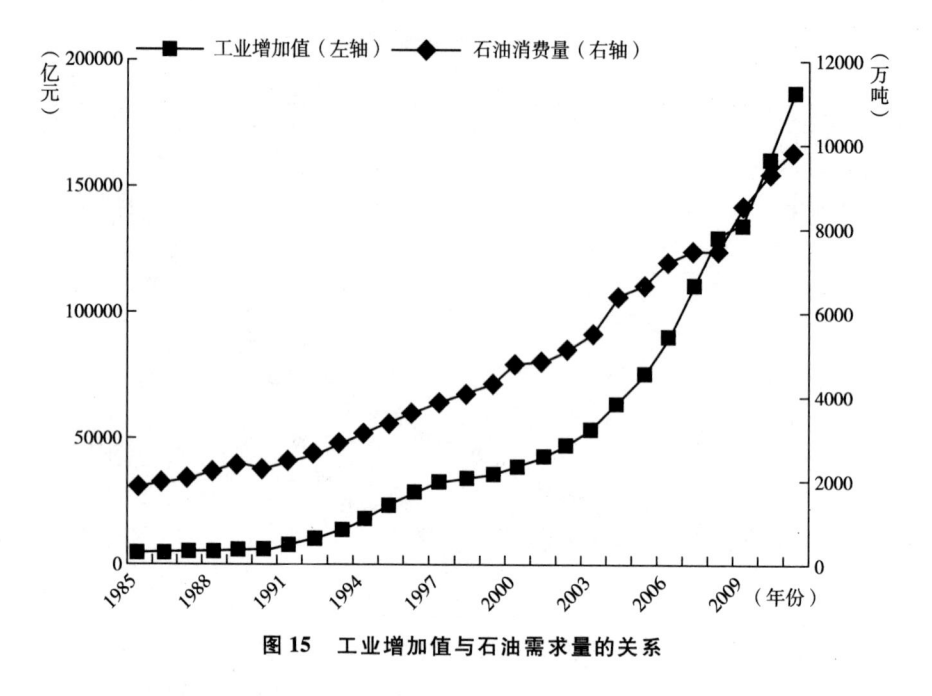

图 15　工业增加值与石油需求量的关系

的回归，我们也可以发现自变量系数为正，证实了上述正向关系。

（2）估计模型参数

综合上面所述，我们将把国内生产总值（GDP）、人口（PO）、CPI、国际油价（PRICE）、工业增加值（IN）等几个因素考虑到模型中；具体的解释变量为人均 GDP；数据区间为 1993～2012 年。模型估计参数之前，我们先定义解释变量名称，并对其进行平稳性检验，结果如下：

$$q = -140402.050349 - 35.7605885623 \times CPI + 3810.17411713 \times LNPRICE - 20591.91036493 \times LNIN + 33444.32548353 \times LNGDP$$

（3）模型样本外预测

为了预测 2013～2030 年我国石油消费量，我们需要先采用 ARIMA 模型对 CPI、GDP、PRICE、PO、IN 等变量的未来值进行预测，得出预测值之后，再代入上述多元线性回归模型，即可得出石油消费总量预测值。

4. 集成预测与情景分析

本部分将在分情形讨论的情况下，对以上几种预测结果进行集成预测。

（1）经济增速稳定

经济增速稳定体现在多元回归和趋势模型两个方面。

表 101　多元线性回归

单位：万吨

年　份	q 预测值	年　份	q 预测值
2013	46408	2022	57434
2014	47754	2023	58515
2015	49069	2024	59570
2016	50353	2025	60598
2017	51607	2026	61601
2018	52830	2027	62579
2019	54024	2028	63533
2020	55189	2029	64462
2021	56325	2030	65369

①多元回归

以前文的预测值为基准。

②趋势模型

以前文的三种趋势模型预测结果中数值中等的结果为准，即二项式趋势模型。

③集成预测

集成预测基于经济增速稳定情况下多元回归预测值、二项式趋势模型预测值和 ARIMA 模型预测值为因子。初始权重以各个模型预测精度为基准，计算方法如下：

$$\frac{(1-e_i)}{\sum_{i=1}^{n}1-e_i}$$

其中，e_i 为预测误差，n 为模型的个数。确定的各模型权重如表 102 所示。

表 102　权重

单位：%

项　目	二项式趋势预测	ARIMA 预测	多元回归预测
初始权重	33.254	33.335	33.411

预测结果如表 103 所示。

表 103　经济增速稳定

单位：万吨，%

年　份	多元回归模型	权　重	二项式趋势模型	权　重	ARIMA模型	权　重	集成预测结果
2013	46408	33.41	47889	33.25	50383	33.33	48226
2014	46394	33.41	50022	33.26	53179	33.33	49862
2015	46567	33.40	52194	33.26	56105	33.33	51618
2016	46676	33.40	54404	33.27	59167	33.33	53411
2017	46969	33.39	56652	33.27	62371	33.33	55325
2018	47193	33.39	58940	33.28	65724	33.33	57279
2019	47597	33.38	61265	33.28	69232	33.33	59358
2020	47929	33.38	63630	33.29	72904	33.33	61480
2021	48438	33.37	66033	33.29	76746	33.33	63731
2022	48871	33.37	68474	33.30	80766	33.33	66030
2023	49479	33.37	70954	33.30	84974	33.33	68462
2024	50008	33.36	73473	33.31	89376	33.33	70946
2025	50709	33.36	76030	33.31	93983	33.33	73568
2026	51329	33.35	78626	33.31	98804	33.33	76248
2027	52117	33.35	81260	33.32	103849	33.33	79071
2028	52822	33.34	83933	33.32	109129	33.33	81958
2029	53693	33.34	86644	33.33	114653	33.33	84995
2030	54478	33.33	89394	33.33	120434	33.33	88102

（2）经济增速快

经济增速快体现在多元回归和趋势模型两个方面。

①多元回归

以前文估计的参数为准，设定在经济增速快的情景下各个自变量的预测值，然后代入模型中，得出需求量的预测值。

②趋势模型

以前文的三种趋势模型预测结果中数值偏好的结果为准，即指数趋势模型。

③集成预测

集成预测基于经济增速快情况下多元回归预测值、指数趋势模型预测值和 ARIMA 模型预测值为因子。初始权重以各个模型预测精度为基准,计算方法如下:

$$\frac{(1-e_i)}{\sum_{i=1}^{n}1-e_i}$$

其中,e_i 为预测误差,n 为模型的个数。确定的各模型权重如表 104 所示。

表 104 权重

单位:%

项 目	指数趋势预测	ARIMA 预测	多元回归预测
初始权重	33.51	33.21	33.28

预测结果如表 105 所示。

表 105 经济增速快

单位:万吨,%

年 份	多元回归模型	权重	指数趋势模型	权重	ARIMA模型	权重	集成预测结果
2013	46408	33.28	52677	33.51	50383	33.21	49828
2014	46612	33.29	56228	33.50	53179	33.22	52015
2015	47034	33.29	60019	33.49	56105	33.22	54396
2016	47671	33.29	64066	33.48	59167	33.23	56980
2017	48521	33.30	68386	33.47	62371	33.24	59772
2018	49580	33.30	72996	33.46	65724	33.25	62781
2019	50846	33.30	77918	33.45	69232	33.25	66014
2020	52317	33.30	83172	33.44	72904	33.26	69481
2021	53991	33.31	88779	33.43	76746	33.27	73189
2022	55865	33.31	94765	33.42	80766	33.27	77149
2023	57938	33.31	101154	33.40	84974	33.28	81372
2024	60206	33.32	107975	33.39	89376	33.29	85869

续表

年 份	多元回归模型	权 重	指数趋势模型	权 重	ARIMA模型	权 重	集成预测结果
2025	62669	33.32	115255	33.38	93983	33.30	90651
2026	65324	33.32	123025	33.37	98804	33.30	95732
2027	68169	33.32	131320	33.36	103849	33.31	101124
2028	71202	33.33	140174	33.35	109129	33.32	106844
2029	74422	33.33	149625	33.34	114653	33.33	112905
2030	77827	33.33	159714	33.33	120434	33.33	119325

（3）经济增速缓慢

经济增速缓慢体现在多元回归和趋势模型两个方面。

①多元回归

以前文估计的参数为准，设定在经济增速缓慢的情景下各个自变量的预测值，然后代入模型中，得出需求量的预测值。

②趋势模型

以前文的三种趋势模型预测结果中数值偏小的结果为准，即直线趋势模型。

③集成预测

集成预测基于经济增速缓慢情况下多元回归预测值、直线趋势模型预测值和 ARIMA 模型预测值为因子。初始权重以各个模型预测精度为基准，计算方法如下：

$$\frac{(1-e_i)}{\sum_{i=1}^{n} 1-e_i}$$

其中，e_i 为预测误差，n 为模型的个数。确定的各模型权重如表 106 所示：

表 106　权重

单位：%

项 目	直线趋势预测	ARIMA 预测	多元回归预测
初始权重	32.91	33.51	33.58

由于随时间的推移，模型的预测精度不再保持不变，权重也应该随之变化，我们假定在预测期末所有模型的权重相等，在此部分，则为 1/3，即 33.33%。

具体预测结果如表 107 所示。

表 107 经济增速缓慢

单位：万吨，%

年 份	多元回归模型	权 重	直线趋势模型	权 重	ARIMA模型	权 重	集成预测结果
2013	46408	33.58	45192	32.91	50383	33.51	47340
2014	46300	33.57	46779	32.94	53179	33.50	48762
2015	46097	33.55	48366	32.96	56105	33.49	50196
2016	45796	33.54	49954	32.99	59167	33.48	51643
2017	45395	33.52	51541	33.01	62371	33.465	53105
2018	44891	33.51	53129	33.04	65724	33.46	54582
2019	44281	33.49	54716	33.06	69232	33.45	56076
2020	43564	33.48	56303	33.08	72904	33.43	57588
2021	42736	33.47	57891	33.11	76746	33.42	59121
2022	41795	33.45	59478	33.13	80766	33.41	60676
2023	40740	33.44	61066	33.16	84974	33.40	62256
2024	39567	33.42	62653	33.18	89376	33.39	63861
2025	38275	33.41	64240	33.21	93983	33.38	65496
2026	36862	33.39	65828	33.23	98804	33.37	67161
2027	35324	33.38	67415	33.26	103849	33.36	68860
2028	33662	33.36	69002	33.28	109129	33.35	70595
2029	31871	33.35	70590	33.31	114653	33.34	72370
2030	29951	33.33	72177	33.33	120434	33.33	74188

5. 情景分析总预测结果

分情景讨论总的预测结果如表 108 所示。

表 108 情景分析总预测结果

单位：万吨

年 份	经济增速快	经济增速稳定	经济增速缓慢
2013	49828	48226	47340
2014	52015	49862	48762
2015	54396	51618	50196
2016	56980	53411	51643
2017	59772	55325	53105
2018	62781	57279	54582
2019	66014	59358	56076
2020	69481	61480	57588
2021	73189	63731	59121
2022	77149	66030	60676
2023	81372	68462	62256
2024	85869	70946	63861
2025	90651	73568	65496
2026	95732	76248	67161
2027	101124	79071	68860
2028	106844	81958	70595
2029	112905	84995	72370
2030	119325	88102	74188

六 天然气供需预测

（一）数 据

我们将把国内生产总值（GDP）、人口、工业用气量、替代能源价格、能源结构等因素考虑到模型中；具体的解释变量为人均 GDP、工业用气量、WTI 原油现货价格、能源消费结构中煤炭 & 石油占比；数据区间为 1990~2011 年，其中，国内生产总值（亿元）、人口、工业用气量（十亿立方米）、能源结构历史数据来源于国家统计局统计年鉴，WTI 原油价格（美元/桶）来源于《BP 世界能源统计 2012》。

(二) 天然气供给预测

在单变量预测模型和趋势预测模型中,样本数据为 1990~2011 年我国天然气产量(单位为亿立方米),数据来源于统计年鉴。

1. 单变量预测 ARIMA (p, d, q) 模型

(1) 平稳性检验

对天然气生产量序列 production 进行 ADF 单位根检验,检验表明,该序列为二阶单整序列。

因此,建立 ARIMA 模型时,d = 2,即对天然气生产量二阶差分序列建立 ARMA 模型。

(2) 滞后阶数的确定

对 production 二阶差分序列进行自相关、偏自相关检验,判断 ARIMA 模型应选择的滞后阶数。我们可以发现,production 二阶差分序列不存在自相关、偏自相关现象。

(3) 估计模型参数

由于天然气生产量原序列的二阶差分序列不存在自相关、偏自相关现象,我们将试图通过不断尝试的方法确定模型中的滞后阶数。我们用 1990~2007 年的 17 个数据估计模型,根据回归结果,我们得到方程:

$$D(production, 2) = -431.6873 + 1.392426 \times D(production, 2)^{-1} - 0.372658 \times D(production, 2)^{-3}$$

(4) 模型样本外预测

表 109 ARIMA

单位:亿立方米

年 份	production 预测值	年 份	production 预测值
2013	1336.248	2019	2104.434
2014	1445.762	2020	2261.704
2015	1562.100	2021	2428.735
2016	1685.678	2022	2606.132
2017	1816.940	2023	2794.536
2018	1956.357	2024	2994.629

续表

年 份	production 预测值	年 份	production 预测值
2025	3207.136	2028	3927.070
2026	3432.825	2029	4197.417
2027	3672.514	2030	4484.532

2. 趋势模型

（1）直线趋势预测模型

①模型参数估计

根据统计结果，我们可以得出直线趋势预测模型为：

$$production = -10.61818 + 39.86234 \times t$$

②模型样本外预测

表 110　直线趋势

单位：亿立方米

年 份	production 预测值	年 份	production 预测值
2013	906.216	2022	1264.977
2014	946.078	2023	1304.839
2015	985.940	2024	1344.701
2016	1025.803	2025	1384.564
2017	1065.665	2026	1424.426
2018	1105.527	2027	1464.288
2019	1145.390	2028	1504.151
2020	1185.252	2029	1544.013
2021	1225.114	2030	1583.875

（2）二次多项式预测模型

①模型参数估计

根据统计结果，我们可以得出二次多项式预测模型为：

$$production = 194.9792 - 21.81686 \times t + 2.937105 \times t^2$$

②模型样本外预测

表 111　多项式趋势

单位：亿立方米

年　份	production 预测值	年　份	production 预测值
2013	1246.920	2022	2504.435
2014	1363.147	2023	2673.530
2015	1485.248	2024	2848.499
2016	1613.224	2025	3029.342
2017	1747.073	2026	3216.060
2018	1886.797	2027	3408.652
2019	2032.395	2028	3607.118
2020	2183.868	2029	3811.458
2021	2341.214	2030	4021.672

（3）指数趋势预测模型

①模型参数估计

根据上表结果，我们得出指数趋势预测模型如下：

$$\ln production = 4.785086 + 0.097065 \times t$$

②模型样本外预测

表 112　指数趋势

单位：亿立方米

年　份	production 预测值	年　份	production 预测值
2013	1116.079	2022	2673.543
2014	1229.843	2023	2946.062
2015	1355.203	2024	3246.360
2016	1493.341	2025	3577.267
2017	1645.560	2026	3941.904
2018	1813.295	2027	4343.709
2019	1998.127	2028	4786.471
2020	2201.800	2029	5274.365
2021	2426.233	2030	5811.990

3. 集成预测与情景分析

集成预测部分，我们将情景假设分析法考虑进来，包括经济增速快、经济增速稳定、经济增速缓慢。将直线趋势预测模型、二次式趋势预测模型及指数型趋势预测模型的预测结果按照数值大小分成上述三种情景，然后将每种情景下的趋势预测模型与 ARIMA 进行集成预测。集成预测模型初始权重以各个模型预测精度为基准，计算方法如下：

$$\frac{(1-e_i)}{\sum_{i=1}^{n} 1-e_i}$$

其中，e_i 为预测误差，n 为模型的个数。现列出最终计算结果如表 113 所示。

表 113 情景分析

单位：亿立方米

年 份	ARIMA 模型	直线型	增速差	二次式	增速稳定	指数型	增速快
2013	1336	906	1082	1247	1275	1116	1189
2014	1446	946	1153	1363	1390	1230	1304
2015	1562	986	1228	1485	1511	1355	1428
2016	1686	1026	1307	1613	1638	1493	1563
2017	1817	1066	1390	1747	1772	1646	1709
2018	1956	1106	1478	1887	1912	1813	1868
2019	2104	1145	1570	2032	2060	1998	2040
2020	2262	1185	1668	2184	2214	2202	2226
2021	2429	1225	1772	2341	2376	2426	2427
2022	2606	1265	1881	2504	2546	2674	2645
2023	2795	1305	1998	2674	2725	2946	2881
2024	2995	1345	2121	2848	2912	3246	3135
2025	3207	1385	2252	3029	3108	3577	3410
2026	3433	1424	2391	3216	3315	3942	3707
2027	3673	1464	2539	3409	3532	4344	4028
2028	3927	1504	2696	3607	3760	4786	4374
2029	4197	1544	2864	3811	4000	5274	4746
2030	4485	1584	3042	4022	4253	5812	5148

(三) 天然气需求预测

在单变量预测模型和趋势预测模型中,样本数据为 1990~2011 年我国天然气消费量(单位为十亿立方米),数据来源于统计年鉴。

1. 单变量预测 ARIMA (p, d, q) 模型

(1) 平稳性检验

对天然气消费量原序列 consume,进行 ADF 单位根检验;检验表明,该序列为二阶单整序列。

因此,建立 ARIMA 模型时,d = 2,即对天然气消费量二阶差分序列建立 ARMA 模型。

(2) 滞后阶数的确定

对 consume 二阶差分序列进行自相关、偏自相关检验,判断 ARIMA 模型应选择的滞后阶数。我们可以发现,天然气消费量原序列的二阶差分序列不存在自相关、偏自相关现象。

(3) 估计模型参数

由于天然气消费量原序列的二阶差分序列不存在自相关、偏自相关现象,我们将试图通过不断尝试的方法确定模型中的滞后阶数,最终选择 ARIMA 模型。我们用 1990~2007 年的 17 个数据估计模型,根据回归结果,我们得到方程:

$$D(consume,2) = -278.1904 + 1.347202 \times D(consume,2)^{-1} - 0.323992 \times D(consume,2)^{-4}$$

(4) 模型样本外预测

表 114 ARIMA

单位:十亿立方米

年 份	consume 预测值	年 份	consume 预测值
2013	2050	2018	3641
2014	2305	2019	4073
2015	2588	2020	4553
2016	2902	2021	5087
2017	3252	2022	5680

续表

年 份	consume 预测值	年 份	consume 预测值
2023	6339	2027	9793
2024	7071	2028	10908
2025	7885	2029	12147
2026	8789	2030	13524

2. 趋势模型

（1）直线趋势预测模型

①模型参数估计

根据统计结果，我们可以得出直线趋势预测模型为：

$$consume = -49.13960 + 43.89312 \times t$$

②模型样本外预测

表 115 直线趋势

单位：十亿立方米

年 份	consume 预测值	年 份	consume 预测值
2013	960	2022	1355
2014	1004	2023	1399
2015	1048	2024	1443
2016	1092	2025	1487
2017	1136	2026	1531
2018	1180	2027	1575
2019	1224	2028	1619
2020	1268	2029	1663
2021	1312	2030	1707

（2）二次多项式预测模型

①模型估计参数

根据统计结果，我们可以得出二次多项式预测模型为：

$$consume = 228.5503 - 39.41385 \times t + 3.966999 \times t^2$$

②模型样本外预测

表 116 多项式趋势

单位：十亿立方米

年　份	consume 预测值	年　份	consume 预测值
2013	1421	2022	3030
2014	1568	2023	3248
2015	1723	2024	3474
2016	1885	2025	3709
2017	2056	2026	3951
2018	2235	2027	4201
2019	2422	2028	4459
2020	2616	2029	4725
2021	2819	2030	4999

（3）指数趋势预测模型

①模型参数估计

根据上表结果，可以得出指数趋势预测模型，如下式：

$$\ln consume = 4.702895 + 0.101957 \times t$$

②模型样本外预测

表 117 指数趋势

单位：十亿立方米

年　份	consume 预测值	年　份	consume 预测值
2013	1150	2022	2880
2014	1274	2023	3189
2015	1411	2024	3531
2016	1562	2025	3910
2017	1730	2026	4330
2018	1915	2027	4795
2019	2121	2028	5310
2020	2349	2029	5879
2021	2601	2030	6511

3. 多元线性回归模型

（1）回归因素的选择

①经济增长

经济增长往往是带动一个国家能源消费增长的最主要因素，特别是在能源密集和发展中经济体系影响更为强烈。由图16可以看出，天然气消费量与我国GDP成正相关关系。

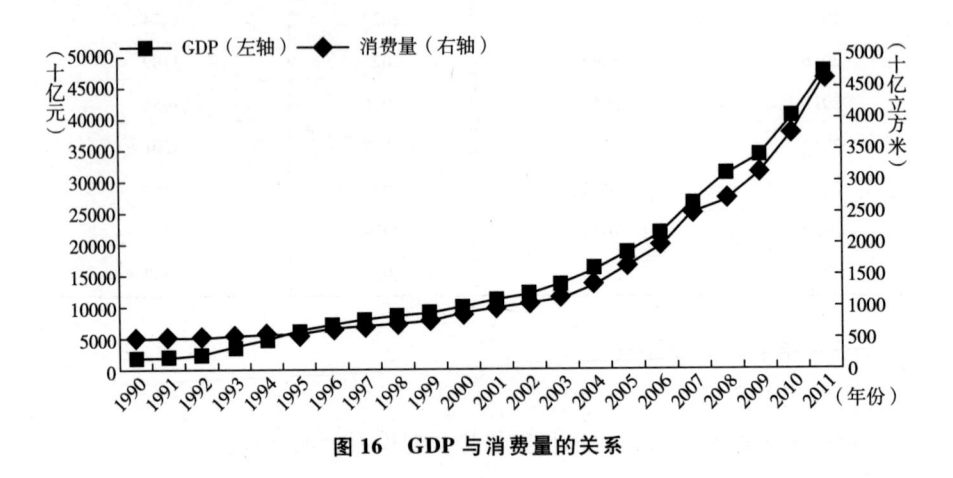

图16　GDP与消费量的关系

②人口

人口是影响能源消费的重要变量。人口越多，能源消费量也越大；两者之间存在正相关关系。图17反映了人口和天然气消费的正向变动关系。

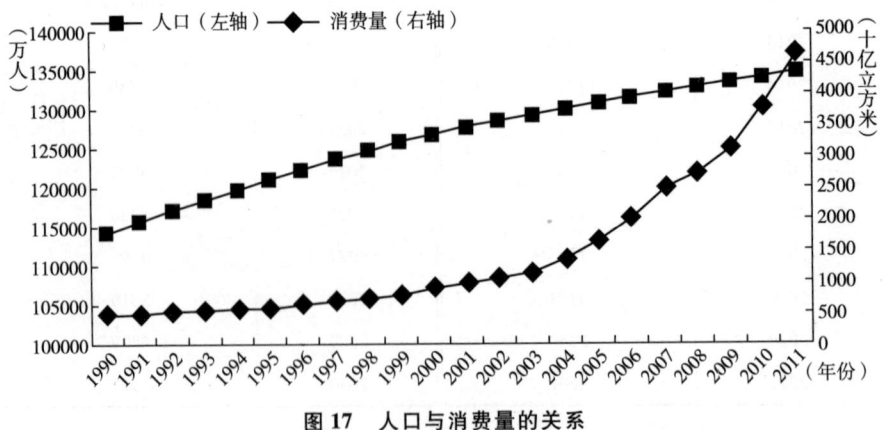

图17　人口与消费量的关系

③工业用气量

天然气消费结构中，相比居民生活用气、农林牧渔业用气等，工业用气占比最大。根据图18，我们得出二者之间呈正比例关系。

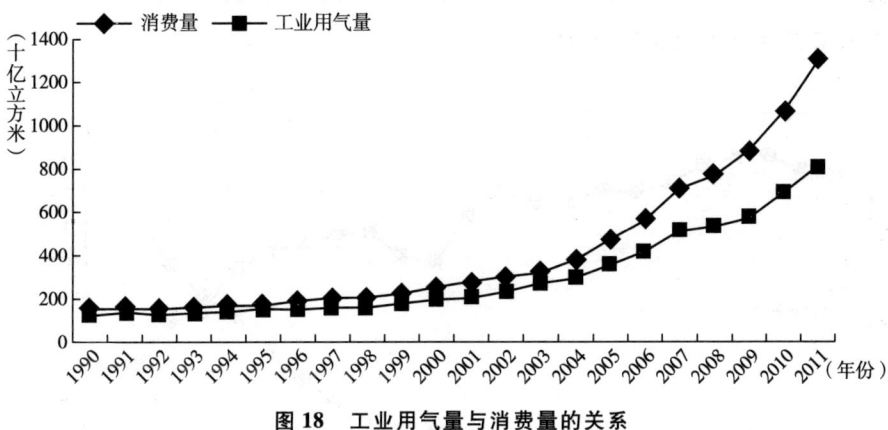

图18　工业用气量与消费量的关系

④WTI原油现货价格

目前，国际上并没有统一的天然气价格；我们选择原油价格作为解释变量，一方面，是因为部分天然气定价挂靠原油价格；另一方面，石油作为天然气的替代能源之一，其价格变动也会影响天然气需求。从图19可以看出，原油价格变动与天然气消费量成正比。

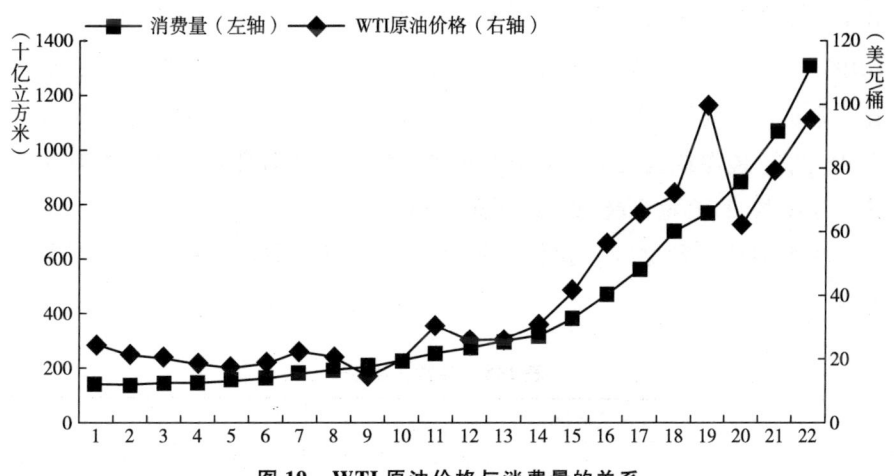

图19　WTI原油价格与消费量的关系

⑤能源消费结构

能源消费结构即各种能源的消费量占能源总消费量的比重。在我国，能源消费结构中，煤炭占据了主导地位，石油次之，其后是水电、核电、风能、太阳能，天然气最少。因此，历年能源消费结构的变化，可作为预测未来能源消费量的解释指标。

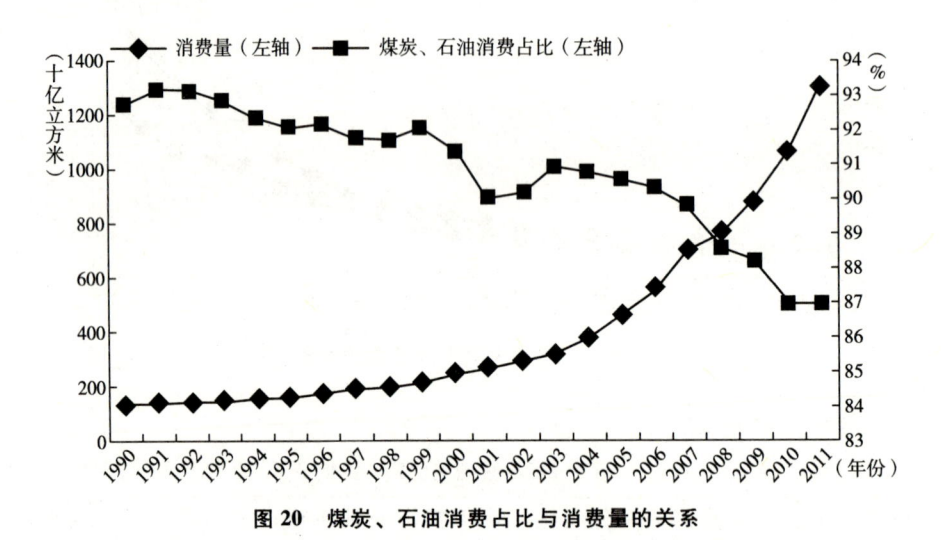

图 20　煤炭、石油消费占比与消费量的关系

（2）估计模型参数

综上所述，我们将把国内生产总值（GDP）、人口、工业用气量、替代能源价格、能源结构等几个因素考虑到模型中；具体的解释变量为人均GDP、工业用气量、WTI 原油现货价格、能源消费结构中煤炭 & 石油占比；数据区间为 1990~2011 年，其中，国内生产总值（GDP）、人口、工业用气量、能源结构历史数据来源于国家统计局统计年鉴，WTI 原油价格来源于报告《BP 世界能源统计（2012）》。

模型估计参数之前，我们先定义解释变量名称，并对其进行平稳性检验。

表 118　参数平稳性

变量名称		平稳性
天然气消费量	lnconsume	对数一阶差分序列平稳
人均 GDP	lnrjgdp	取对数后序列平稳

续表

变量名称		平稳性
工业用气量	lngyyql	对数一阶差分序列平稳
WTI 原油现货价格	lnwtip	对数一阶差分序列平稳
能源消费结构中煤炭 & 石油占比	nyjg	原序列一阶差分后平稳

采用最小二乘法对上述变量进行回归,得到如下结果;据此,我们得出回归模型:

$$D(consume) = 4232.219 + 786.4493D(lngyyql) - 6304.636 \times D(nyjg) - 219.6966 \times lnrjgdp - 129.8467 \times D(lnwtip)$$

(3) 模型样本外预测

为了预测 2012~2030 年我国天然气消费量,我们需要先采用 ARIMA 模型对 lnrjgdp、lnwtip、nyjg、lngyyql 等变量的未来值进行预测,得出预测值之后,再代入上述多元线性回归模型,即可得出天然气消费量预测值。

表 119 多元线性回归

年份	lnrjgdp	d(lngyyql)	d(lnwtip)	d(nyjg)	d(lnconsume)	lnconsume	consume
2012	10.5753	0.1640	0.0961	-0.0051	0.2040	8.6430	5670.2814
2013	10.6816	0.1654	0.0125	-0.0054	0.2027	8.8457	6944.1943
2014	10.7852	0.1665	0.0495	-0.0057	0.2106	9.0563	8572.4076
2015	10.8863	0.1676	0.0031	-0.0060	0.2120	9.2683	10596.6711
2016	10.9849	0.1685	0.0237	-0.0063	0.2185	9.4868	13183.9123
2017	11.0810	0.1694	-0.0020	-0.0067	0.2212	9.7080	16448.0749
2018	11.1748	0.1701	0.0094	-0.0070	0.2268	9.9347	20634.8815
2019	11.2663	0.1708	-0.0049	-0.0074	0.2302	10.1650	25977.5374
2020	11.3555	0.1714	0.0014	-0.0079	0.2353	10.4002	32867.7177
2021	11.4425	0.1720	-0.0065	-0.0083	0.2391	10.6393	41744.9232
2022	11.5273	0.1725	-0.0030	-0.0088	0.2437	10.8831	53267.4570
2023	11.6101	0.1729	-0.0074	-0.0093	0.2477	11.1308	68242.1342
2024	11.6908	0.1733	-0.0054	-0.0098	0.2522	11.3830	87815.3531
2025	11.7696	0.1737	-0.0079	-0.0103	0.2562	11.6392	113461.5980
2026	11.8464	0.1740	-0.0068	-0.0109	0.2605	11.8997	147228.7728

续表

年份	lnrjgdp	d（lngyyql）	d（lnwtip）	d（nyjg）	d（lnconsume）	lnconsume	consume
2027	11.9213	0.1743	-0.0081	-0.0115	0.2646	12.1643	191825.8685
2028	11.9943	0.1745	-0.0075	-0.0122	0.2688	12.4332	250986.0295
2029	12.0656	0.1748	-0.0083	-0.0129	0.2729	12.7061	329736.9270
2030	12.1350	0.1750	-0.0080	-0.0136	0.2771	12.9831	435005.3851

4. 集成预测与情景分析

集成预测部分，我们将情景假设分析法考虑进来，包括经济增速快、经济增速稳定、经济增速缓慢。首先是在多元线性回归模型预测中，对工业用气量增速进行了假定，经济增速快时为8.5%，经济增速缓慢时为5.5%；然后将直线趋势预测模型、二次式趋势预测模型及指数型趋势预测模型的预测结果按照数值大小分成上述三种情景，最后是将每种情景下的多元回归模型和相对应的趋势模型以及ARIMA进行集成预测。集成预测模型初始权重以各个模型预测精度为基准，计算方法如下：

$$\frac{(1-e_i)}{\sum_{i=1}^{n} 1-e_i}$$

其中，e_i为预测误差，n为模型的个数。具体计算步骤及最终计算结果如表120所示。

表120　经济增速快

	形势好						
	多元回归（好）		指　数		ARIMA		总　计
预测精度	85.62%		83.79%		54.97%		224.38%
新集合预测权重	38.16	0.28%	37.34%	0.24%	24.50%	-0.52%	100.00%
年　份	consume（十亿立方米）	Weight（%）	consume（十亿立方米）	Weight（%）	consume（十亿立方米）	Weight（%）	consume（十亿立方米）
2013	2539	38.16	3147.5292	37.34	6711.401	24.50	1901
2014	2620	37.87	3441.2992	37.11	7956.0466	25.02	2042
2015	2705	37.59	3762.4878	36.87	9343.4209	25.54	2198

续表

	形势好								
	多元回归（好）		指　数		ARIMA		总　计
预测精度	85.62%		83.79%		54.97%		224.38%
新集合预测权重	38.16	0.28%	37.34%	0.24%	24.50%	-0.52%	100.00%	
年　份	consume（十亿立方米）	Weight（%）	consume（十亿立方米）	Weight（%）	consume（十亿立方米）	Weight（%）	consume（十亿立方米）	
2016	2793	37.31	4113.6541	36.64	10880.0651	26.06	2370	
2017	2884	37.02	4497.596	36.40	12572.4781	26.58	2561	
2018	2977	36.74	4917.3725	36.16	14427.127	27.10	2773	
2019	3075	36.45	5376.3283	35.93	16450.4449	27.62	3008	
2020	3176	36.17	5878.12	35.69	18648.8315	28.14	3268	
2021	3281	35.89	6426.7458	35.46	21028.6529	28.66	3557	
2022	3390	35.60	7026.5767	35.22	23596.242	29.18	3879	
2023	3504	35.32	7682.3919	34.98	26357.8987	29.70	4236	
2024	3622	35.04	8399.4167	34.75	29319.8799	30.22	4633	
2025	3744	34.75	9183.364	34.51	32488.4497	30.73	5074	
2026	3872	34.47	10040.4798	34.28	35869.7797	31.25	5566	
2027	4004	34.18	10977.5933	34.04	39470.0492	31.77	6113	
2028	4142	33.90	12002.1709	33.81	43295.395	32.29	6722	
2029	4285	33.62	13122.3759	33.57	47351.9222	32.81	7400	
2030	4434	33.33	14347.1336	33.33	51645.7037	33.33	8156	

表 121　情景分析总预测结果

单位：十亿立方米

年　份	经济形势好	经济形势稳定	经济形势差
2013	1901	1990	1898
2014	2042	2138	2008
2015	2198	2300	2126
2016	2370	2474	2253
2017	2561	2666	2390
2018	2773	2872	2540

续表

年　份	经济形势好	经济形势稳定	经济形势差
2019	3008	3098	2703
2020	3268	3343	2883
2021	3557	3613	3081
2022	3879	3906	3299
2023	4236	4229	3541
2024	4633	4582	3810
2025	5074	4972	4109
2026	5566	5399	4443
2027	6113	5872	4814
2028	6722	6392	5229
2029	7400	6969	5694
2030	8156	7605	6213

七　钢铁预测模型说明

（一）数　据

本文使用粗钢的产量和表现消费量来表示钢铁的供给量和需求量，数据来源为统计年鉴。下文使用数据的单位分别为，需求量和供给量：万吨；人均 GDP：万元；工业增加值：亿元；建筑总产值：亿元；新开工房屋面积：万平方米。

由于选用的历史数据的增长趋势只适应于短期预测，长期预测时，考虑到资源禀赋约束、消费需求结构变化等因素的影响，增长趋势需要做一定的调整。

（二）钢铁供给预测

1. 单变量预测 ARIMA（p，d，q）模型

（1）平稳性检验

对钢铁生产量序列，取对数处理，得到 lnproduction = log（production），其中，production 为钢铁生产量序列。对序列 lnproduction 进行 ADF

检验，检验表明，该序列经过一阶差分为平稳序列。

因此，建立 ARIMA 模型时，d=1，即对钢铁生产量对数一阶差分序列建立 ARMA 模型。

（2）滞后阶数的确定

从自相关分析图可见，lnproduction 的一阶差分序列的自相关系数和偏自相关均不明显，经对 AR（1）、AR（2）、AR（3）、MA（1）、MA（2）、MA（3）的测试，根据 AIC、SE 最小的原则，可以看出，应选择 AR（2）、MA（2）。

（3）估计模型参数

建立模型

$$D(LNPRODUCTION) = 0.093 - 0.81 \times AR(2) + 0.9 \times MA(2)$$

（4）模型样本内检测

根据预测值与真实值的误差确定权重，具体方法见集成预测。

（5）模型样本外预测

见集成预测。

2. 趋势模型

（1）直线趋势预测模型

①模型参数估计

根据统计结果，我们可以得出直线趋势预测模型为：

$$PRODUCTION = -2935.38 + 1597.62 \times t$$

②模型样本内预测

我们用 2011~2012 年的 2 个数据，检测上一步中模型估计的准确性。根据预测值与真实值的误差确定权重，具体方法见集成预测。

③模型样本外预测

见集成预测。

（2）二次多项式预测模型

①模型参数估计

我们可以得出二次多项式预测模型为：

$$PRODUCTION = 9932.40848385 - 1490.64954528 \times t + 118.779577702 \times t^2$$

②模型样本内预测

我们用 2011~2012 年的 2 个数据,检测上一步中模型估计的准确性。根据预测值与真实值的误差确定权重,具体方法见集成预测。

③模型样本外预测

见集成预测。

(3) 指数趋势预测模型

①模型参数估计

我们得出指数趋势预测模型如下:

$$LNPRODUCTION = 8.39780682512 + 0.0864314103387 \times t$$

②模型样本内预测

我们用 2011~2012 年的 2 个数据,检测上一步中模型估计的准确性。根据预测值与真实值的误差确定权重,具体方法见集成预测。

③模型样本外预测

见集成预测。

3. 集成预测与情景分析

本部分将在分情形讨论的情况下,对以上几种预测结果进行集成预测。

(1) 经济增速稳定

集成预测基于二项式趋势模型预测值和 ARIMA 模型预测值为因子。初始权重以各个模型预测精度为基准,计算方法如下:

$$\frac{(1-e_i)}{\sum_{i=1}^{n} 1-e_i}$$

其中,e_i 为预测误差,n 为模型的个数。确定的各模型权重如表 122 所示:

表 122　权重

单位:%

项　目	二项式趋势预测	ARIMA 预测
初始权重	50.75	49.25
调整权重	60	40

预测得：

表 123 集成预测

单位：万吨，%

年 份	二项式趋势模型	权 重	ARIMA 模型	权 重	集成预测结果
2013	72114.54206	50.75	82987	49.25	77469
2014	77869.44675	50.71	90617	49.29	84153
2015	83861.9106	50.66	98919	49.34	91290
2016	90091.93361	50.62	108938	49.38	99398
2017	96559.51577	50.58	120002	49.42	108146
2018	103264.6571	50.53	131244	49.47	117106
2019	110207.3576	50.49	143510	49.51	126696
2020	117387.6172	50.44	157842	49.56	137435
2021	124805.436	60.00	157850	40.00	138023
2022	132460.8139	60.00	157850	40.00	142616
2023	140353.751	60.00	155373	40.00	146362
2024	148484.2472	60.00	151069	40.00	149518
2025	156852.3026	60.00	145446	40.00	152290
2026	165457.9172	60.00	136994	40.00	154072
2027	174301.0909	60.00	124561	40.00	154405
2028	183381.8238	60.00	122673	40.00	159098
2029	192700.1158	60.00	120152	40.00	163681
2030	202255.967	60.00	115425	40.00	167523

（2）经济形势好

以前文三种趋势模型中的指数模型为准，集成预测基于指数趋势模型预测值和 ARIMA 模型预测值为因子。初始权重以各个模型预测精度为基准，计算方法如下：

$$\frac{(1-e_i)}{\sum_{i=1}^{n} 1-e_i}$$

其中，e_i 为预测误差，n 为模型的个数。确定的各模型权重如表 124 所示。

表 124　权重

单位：%

项　目	指数趋势预测	ARIMA 预测
初始权重	34.01	65.99
调整权重	60	40

预测结果如表 125 所示。

表 125　集成预测

单位：万吨，%

年　份	指数趋势模型	权　重	ARIMA 模型	权　重	集成预测结果
2013	59323	34.01	82987	65.99	74940
2014	64678	34.95	90617	65.05	81553
2015	70517	35.89	98919	64.11	88726
2016	76883	36.83	108938	63.17	97133
2017	83824	37.77	120002	62.23	106338
2018	91391	38.71	131244	61.29	115817
2019	99642	39.65	143510	60.35	126116
2020	108637	40.59	157842	59.41	132881
2021	118445	60.00	142066	40.00	132881
2022	122680	60.00	138010	40.00	128812
2023	126716	60.00	132059	40.00	128853
2024	138155	60.00	135041	40.00	136910
2025	150628	60.00	132420	40.00	143345
2026	164226	60.00	127074	40.00	149365
2027	179051	60.00	136441	40.00	162007
2028	195216	60.00	150318	40.00	177256
2029	212839	60.00	165122	40.00	193752
2030	206270	60.00	180535	40.00	195976

（3）经济增速缓慢

经济增速缓慢体现在 ARIMA 模型和直线模型中。

表 126　权重

单位：%

项　目	直线趋势预测	ARIMA 预测
初始权重	52.88	47.12
调整权重	60	40

预测得：

表 127　集成预测

单位：万吨，%

年　份	直线趋势模型	权　重	ARIMA 模型	权　重	集成预测结果
2013	44993.20515	52.88	82987	47.12	62896
2014	46590.82462	52.71	90617	47.29	67411
2015	48188.4441	52.54	98919	47.46	72265
2016	49786.06357	52.37	108938	47.63	77960
2017	51383.68305	52.20	120002	47.80	84182
2018	52981.30252	52.03	131244	47.97	90523
2019	54578.922	51.86	143510	48.14	97388
2020	56176.54147	51.69	157842	48.31	105288
2021	57774.16095	60.00	173634	40.00	104118
2022	59371.78042	60.00	190100	40.00	111663
2023	60969.3999	60.00	189089	40.00	112217
2024	62567.01937	60.00	187066	40.00	112366
2025	64164.63885	60.00	182731	40.00	111591
2026	65762.25832	60.00	174828	40.00	109389
2027	67359.8778	60.00	177745	40.00	111514
2028	68957.49727	60.00	180484	40.00	113568
2029	70555.11675	60.00	181687	40.00	115008
2030	72152.73622	60.00	180535	40.00	115506

（4）情景分析总预测结果

分情景讨论总的预测结果如表 128 所示。

表 128　情景分析预测

单位：万吨

年　份	经济形势正常	经济形势好	经济形势差
2013	77469	74940	62896
2014	84153	81553	67411
2015	91290	88726	72265
2016	99398	97133	77960
2017	108146	106338	84182
2018	117106	115817	90523
2019	126696	126116	97388
2020	137435	132881	105288
2021	138023	132881	104118
2022	142616	128812	111663
2023	146362	128853	112217
2024	149518	136910	112366
2025	152290	143345	111591
2026	154072	149365	109389
2027	154405	162007	111514
2028	159098	177256	113568
2029	163681	193752	115008
2030	167523	195976	115506

（三）钢铁需求预测

1. 单变量预测 ARIMA（p，d，q）模型

（1）平稳性检验

对粗钢消费量序列，取对数处理，得到 lncons = log（cons），其中，cons 为粗钢消费量序列。对序列 lncons 进行 ADF 单位根检验，检验表明，该序列为一阶单整序列。

因此，建立 ARIMA 模型时，d = 1，即对粗钢消费量一阶差分序列建立 ARMA 模型。

（2）滞后阶数的确定

对 lncons 一阶差分序列进行自相关偏自相关检验，判断 ARIMA 模型应选择的滞后阶数。我们可以发现,自相关和偏自相关均无明显的截尾现象。经对 AR（1）、AR（2）、AR（3）、MA（1）、MA（2）、MA（3）的测试,根据 AIC、SE 最小的原则,可以看出,应选择 AR（2）、MA（2）。

（3）估计模型参数

可以得到模型为

$$D(LNCONS) = 0.092 - 0.81 \times AR(2) + 0.93 \times MA(2)$$

（4）模型样本内检测

根据预测值与真实值的误差确定权重,具体方法见集成预测。

（5）模型样本外预测

见集成预测。

2. 趋势模型

（1）直线趋势预测模型

①模型参数估计

根据统计结果,我们可以得出直线趋势预测模型为:

$$CONS = -2935.38 + 1597.62 \times t$$

②模型样本内预测

我们用 2011~2012 年的 2 个数据,检测上一步中模型估计的准确性。根据预测值与真实值的误差确定权重,具体方法见集成预测。

③模型样本外预测

见集成预测。

（2）二次多项式预测模型

①模型估计参数

根据统计结果,我们可以得出二次多项式预测模型为:

$$LNCONS = 9932.4 - 1490.6 \times t + 118.8 \times t^2 + e_t$$

②模型样本内预测

我们用 2011~2012 年的 2 个数据,检测上一步中模型估计的准确性。根据预测值与真实值的误差确定权重,具体方法见集成预测。

③模型样本外预测

根据预测值与真实值的误差确定权重,具体方法见集成预测。

（3）指数趋势预测模型

①模型参数估计

根据表128，可以得出指数趋势预测模型，如下式：

$$LNCONS = 8.4 + 0.09 \times t$$

②模型样本内预测

我们用2010~2012年的2个数据，检测上一步中模型估计的准确性。根据预测值与真实值的误差确定权重，具体方法见集成预测。

③模型样本外预测

见集成预测。

3. 多元线性回归模型

（1）回归因素的选择

①人均GDP

经济增长往往是带动一个国家能源消费增长的最主要因素，特别是在能源密集和发展中经济体系影响更为强烈。人口是影响能源消费的重要变量。人口越多，能源消费量也越大，两者之间存在正相关关系。从图21可以看出，消费量跟人均GDP正相关。

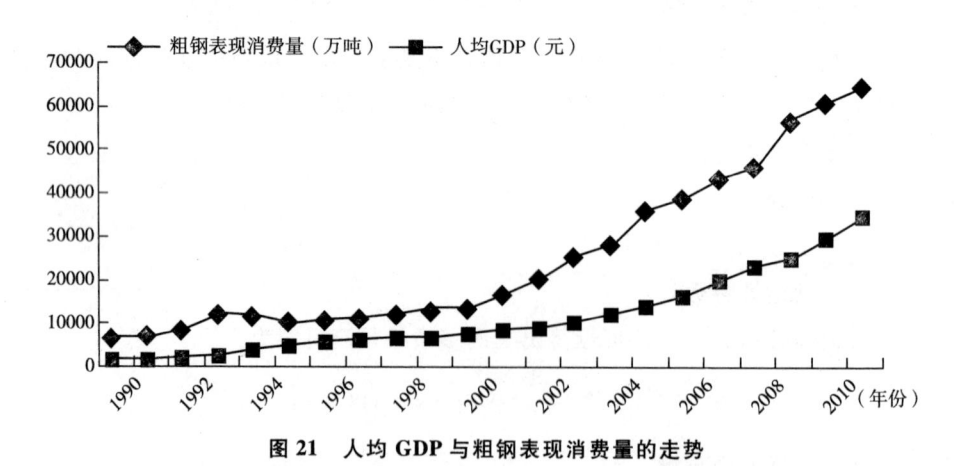

图21 人均GDP与粗钢表现消费量的走势

②新开工房屋面积

钢铁的需求量主要表现在钢铁行业上，而新开工房屋面积能很好地衡量钢铁行业的发展状况，新开工房屋面积的快速增长往往也会带动钢铁的消费需求增加。

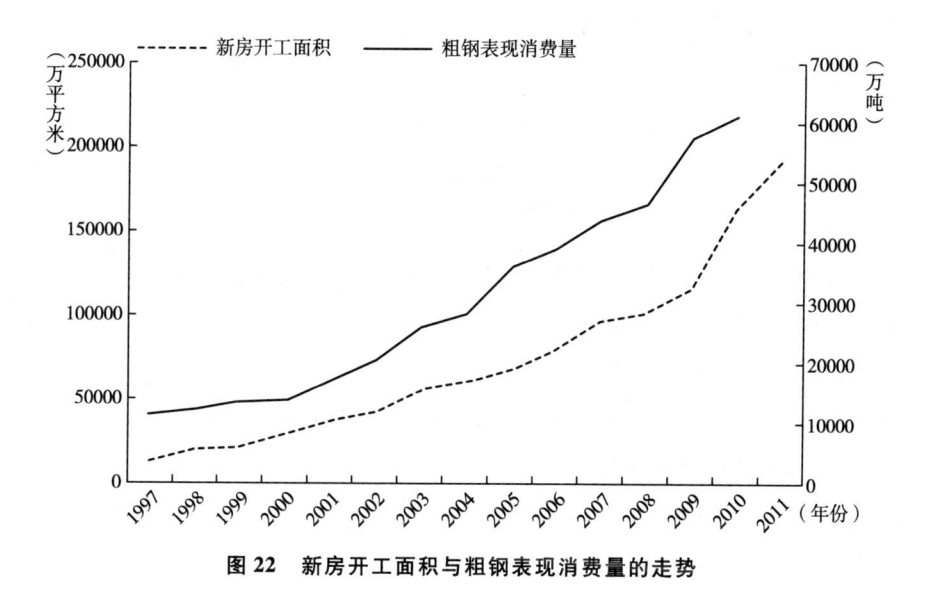

图 22　新房开工面积与粗钢表现消费量的走势

③建筑业总产值

从粗钢消费市场增长来分析，除基础设施建设外，我国粗钢消费主要集中在房地产、机械制造、汽车、船舶及集装箱、家用电器等行业，我们用建筑业的总产值来代表这一指标。可以看出，随着建筑业总产值的增加，钢铁的需求量也不断增加。

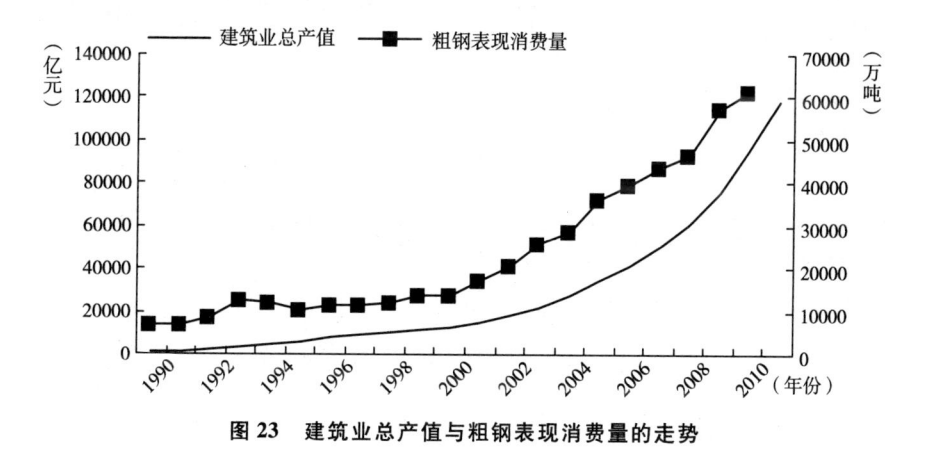

图 23　建筑业总产值与粗钢表现消费量的走势

（2）估计模型参数

以人均 GDP、新开工房屋面积、建筑业总产值为自变量，以粗钢的消费量为因变量建立模型。样本选取1995~2010年的数据,2011年、2012年数据留作检验。

建立模型得:

$$CONS = 9869.81279011 - 1.76662698464 \times AGDP + 0.375360377874 \times XFKG + 0.660918125533 \times BUILD$$

其中,AGDP为人均GDP,XFKG为新开工房屋面积,BUILD为建筑业总产值。

(3)模型样本内检测

根据预测值与真实值的误差确定权重,具体方法见集成预测。

4. 集成预测与情景分析

本部分将在分情形讨论的情况下,对以上几种预测结果进行集成预测。

(1)经济增速稳定

经济增速稳定体现在多元回归和趋势模型两个方面。

①多元回归

取适中的增长率,可以得到变量的预测结果为:

表129 多元回归预测

年 份	AGDP(元)	BUILD(亿元)	XFKG(万平方米)	CONS(万吨)
2013	42955.95	155598.84	177688.287	103518
2014	48119.26	178969.79	178043.664	109976
2015	53912.81	205886.84	178399.751	117665
2016	60414.70	236893.40	178756.551	126805
2017	67712.80	272616.93	179114.064	137656
2018	75906.04	313782.08	179472.292	150523
2019	85105.86	361225.93	179831.236	165762
2020	95437.71	415915.54	180190.899	183790
2021	107042.93	478968.34	180551.281	205096
2022	120080.76	551675.73	180912.383	230252
2023	134730.61	635530.44	181274.208	259928
2024	151194.69	732258.17	181636.756	294907

续表

年 份	AGDP（元）	BUILD（亿元）	XFKG（万平方米）	CONS（万吨）
2025	169700.93	843854.32	182000.03	336106
2026	190506.26	972626.49	182364.03	384595
2027	213900.43	1121243.81	182728.758	441627
2028	240210.18	1292794.12	183094.216	508665
2029	269804.07	1490850.18	183460.404	587420
2030	303097.90	1719546.59	183827.325	679890

②趋势模型

以前文中三种趋势模型预测结果中数值中等的结果为准，即使用二项式趋势模型。

③集成预测

集成预测基于经济增速稳定情况下多元回归预测值、二项式趋势模型预测值和 ARIMA 模型预测值为因子。初始权重以各个模型预测精度为基准，计算方法如下：

$$\frac{(1-e_i)}{\sum_{i=1}^{n}1-e_i}$$

其中，e_i 为预测误差，n 为模型的个数。确定的各模型权重如表 130 所示。

表 130　权重

单位：%

项　目	二项式趋势预测	ARIMA 预测	多元回归预测
初始权重	29.34	9.28	61.39
调整权重	60	20	20

预测结果如表 131 所示。

（2）经济增速快

经济增速快体现在多元回归和趋势模型两个方面。

①多元回归

以前文部分估计的参数为准，设定在经济增速快的情景下各个自变量的预测值，然后代入模型中，得出需求量的预测值，具体如表 132 所示。

表 131 集成预测

单位：万吨，%

年份	多元回归	Weight	二项式	Weight	ARIMA	Weight	集成预测
2013	103518	61.39	72114.54	29.34	82987	9.28	92401
2014	109976	59.74	77869.45	29.57	90617	10.69	98412
2015	117665	58.09	83861.91	29.81	98919	12.11	105320
2016	126805	56.44	90091.93	30.04	108938	13.52	113360
2017	137656	54.79	96559.52	30.28	120002	14.94	122577
2018	150523	53.14	103264.7	30.51	131244	16.35	132951
2019	165762	51.49	110207.4	30.75	143510	17.77	144727
2020	183790	49.84	117387.6	30.98	157842	19.18	158239
2021	205096	20.00	113067	60.00	157850	20.00	140429
2022	230252	20.00	119980	60.00	155373	20.00	149113
2023	259928	20.00	133731	60.00	170079	20.00	166240
2024	294907	20.00	134449	60.00	187066	20.00	177064
2025	336106	20.00	140371	60.00	182731	20.00	187990
2026	384595	20.00	135656	60.00	199962	20.00	198305
2027	441627	20.00	141210	60.00	219050	20.00	216861
2028	508665	20.00	139807	60.00	240815	20.00	233780
2029	587420	20.00	137686	60.00	231384	20.00	246372
2030	679890	20.00	144446	60.00	253317	20.00	273309

表 132 多元回归预测

年份	AGDP（元）	BUILD（亿元）	XFKG（万平方米）	CONS（万吨）
2013	43339.49	156951.87	177865.621	103801
2014	48982.29	182095.56	178399.218	110651
2015	55369.58	211303.69	178934.415	118872
2016	62600.84	245239.07	179471.219	128727
2017	70789.03	284673.51	180009.632	140526
2018	80062.40	330505.94	180549.661	154638
2019	90566.58	383783.50	181091.31	171496
2020	102467.03	445726.16	181634.584	191616

续表

年 份	AGDP（元）	BUILD（亿元）	XFKG（万平方米）	CONS（万吨）
2021	115951.69	517755.51	182179.488	215603
2022	131234.13	601528.35	182726.026	244177
2023	148557.03	698975.94	183274.204	278185
2024	168196.27	812349.84	183824.027	318627
2025	190465.46	944275.45	184375.499	366684
2026	215721.18	1097814.64	184928.626	423751
2027	244368.95	1276538.86	185483.411	491472
2028	276870.02	1484614.69	186039.862	571885
2029	313749.11	1726903.81	186597.981	666976
2030	355603.24	2009079.89	187157.775	779740

②趋势模型

以前文三种趋势模型预测结果中数值偏好的结果为准，即指数趋势模型。

③集成预测

集成预测基于经济增速快情况下多元回归预测值、指数趋势模型预测值和ARIMA模型预测值为因子。初始权重以各个模型预测精度为基准，计算方法如下：

$$\frac{(1-e_i)}{\sum_{i=1}^{n} 1-e_i}$$

其中，e_i 为预测误差，n 为模型的个数。确定的各模型权重如表133所示。

表133 权重

单位：%

项 目	指数趋势预测	ARIMA预测	多元回归预测
初始权重	19.31	10.59	70.10
调整权重	60	20	20

预测结果如表134所示。

表 134 集成预测

单位：万吨，%

年 份	多元回归模型	权 重	指数趋势模型	权 重	ARIMA模型	权 重	集成预测结果
2013	103801	70.10	59323	19.31	82987	10.59	93007
2014	110651	67.93	64678	20.14	90617	11.93	99003
2015	118872	65.77	70517	20.96	98919	13.27	106089
2016	128727	63.61	76883	21.79	108938	14.60	114542
2017	140526	61.45	83824	22.61	120002	15.94	124433
2018	154638	59.28	91391	23.44	131244	17.28	135773
2019	171496	57.12	99642	24.26	143510	18.62	148853
2020	191616	54.96	108637	25.09	157842	19.96	164060
2021	215603	20.00	96717	60.00	142066	20.00	129564
2022	244177	20.00	105448	60.00	138010	20.00	139706
2023	278185	20.00	102054	60.00	151069	20.00	147083
2024	318627	20.00	111267	60.00	166256	20.00	163737
2025	366684	20.00	105962	60.00	159862	20.00	168886
2026	423851	20.00	115527	60.00	174828	20.00	189032
2027	491472	20.00	125957	60.00	191513	20.00	212171
2028	571785	20.00	137328	60.00	210649	20.00	238883
2029	666976	20.00	149725	60.00	231384	20.00	269507
2030	779740	20.00	163242	60.00	253317	20.00	304557

（3）经济增速缓慢

经济增速缓慢体现在多元回归和趋势模型两个方面。

①多元回归

以前文部分估计的参数为准，设定在经济增速缓慢的情景下各个自变量的预测值，然后代入模型中，得出供给量的预测值，具体如表135所示。

②趋势模型

以前文三种趋势模型预测结果中数值偏小的结果为准，即直线趋势模型。

表 135 多元回归

年 份	AGDP（元）	BUILD（亿元）	XFKG（万平方米）	CONS（万吨）
2013	41766.99	152892.77	177510.95	103763
2014	45492.61	172799.41	177688.46	110405
2015	49559.65	195332.46	177866.15	118179
2016	54000.19	220842.88	178044.02	127261
2017	58849.41	249729.12	178222.06	137853
2018	64145.85	282443.64	178400.29	150185
2019	69931.81	319500.24	178578.69	164521
2020	76253.65	361482.58	178757.26	181167
2021	83162.23	409053.68	178936.02	200470
2022	90713.36	462966.96	179114.96	222829
2023	98968.27	524078.60	179294.07	248703
2024	107994.18	593361.79	179473.37	278615
2025	117864.85	671922.89	179652.84	313167
2026	128661.27	761019.86	179832.49	353047
2027	140472.37	862083.30	180012.33	399044
2028	153395.83	976740.38	180192.34	452059
2029	167538.92	1106842.20	180372.53	513128
2030	183019.52	1254494.95	180552.90	583433

③集成预测

集成预测基于经济增速缓慢情况下多元回归预测值、直线趋势模型预测值和 ARIMA 模型预测值为因子。初始权重以各个模型预测精度为基准，计算方法如下：

$$\frac{(1-e_i)}{\sum_{i=1}^{n} 1-e_i}$$

其中，e_i 为预测误差，n 为模型的个数。确定的各模型权重如表 136 所示。

表 136　权重

单位：%

项　目	直线趋势预测	ARIMA 预测	多元回归预测
初始权重	74.71	3.32	21.97
调整权重	60	20	20

具体预测结果如表 137 所示。

表 137　集成预测

单位：万吨，%

年　份	多元回归模型	权　重	直线趋势模型	权　重	ARIMA模型	权　重	集成预测结果
2013	103763	21.97	44993.21	74.71	82987	3.32	59164
2014	110405	22.63	46590.82	72.28	90617	5.08	63274
2015	118179	23.30	48188.44	69.85	98919	6.85	67974
2016	127261	23.97	49786.06	67.41	108938	8.62	73455
2017	137853	24.64	51383.68	64.98	120002	10.38	79814
2018	150185	25.31	52981.3	62.54	131244	12.15	87089
2019	164521	25.98	54578.92	60.11	143510	13.91	95512
2020	181167	26.65	56176.54	57.68	157842	15.68	105421
2021	200470	20.00	57774.16	60.00	142066	20.00	103172
2022	222829	20.00	59371.78	60.00	155373	20.00	111264
2023	248703	20.00	60969.4	60.00	151069	20.00	116536
2024	278615	20.00	62567.02	60.00	145446	20.00	122352
2025	313167	20.00	64164.64	60.00	136994	20.00	128531
2026	353047	20.00	65762.26	60.00	124561	20.00	134979
2027	399044	20.00	67359.88	60.00	108905	20.00	142006
2028	452059	20.00	68957.5	60.00	120152	20.00	155817
2029	513128	20.00	70555.12	60.00	131990	20.00	171357
2030	583433	20.00	72152.74	60.00	144144	20.00	188807

（4）情景分析总预测结果

分情景讨论总的预测结果如表 138 所示。

表 138 情景分析预测

单位：万吨

年　份	经济形势正常	经济形势好	经济形势差
2013	92401	93007	59164
2014	98412	99003	63274
2015	105320	106089	67974
2016	113360	114542	73455
2017	122577	124433	79814
2018	132951	135773	87089
2019	144727	148853	95512
2020	158239	164060	105421
2021	140429	129564	103172
2022	149113	139706	111264
2023	166240	147083	116536
2024	177064	163737	122352
2025	187990	168886	128531
2026	198305	189032	134979
2027	216861	212171	142006
2028	233780	238883	155817
2029	246372	269507	171357
2030	273309	304557	188807

八　煤炭供需预测

（一）数　据

本文数据中，煤炭消费量、煤炭产量、第二产业生产总值、原煤占能源生产的比重、发电量和钢铁产量均来自于国家统计局。第二产业生产总值使用的单位是亿元，钢铁产量、煤炭消费量、煤炭生产量单位是万吨，原煤占能源生产的比重单位是%，发电量的单位是亿千瓦时。

（二）供给预测

1. 单变量预测 ARIMA (p, d, q) 模型

（1）平稳性检验

对煤炭产量序列（MTCL）进行 ADF 单位根检验，检验表明，该序列不平稳，但为二阶单整序列，因此，建立 ARIMA 模型时，d=2，即对煤炭产量二阶差分序列建立 ARMA 模型。

（2）滞后阶数的确定

对 MTCL 一阶差分序列进行自相关偏自相关检验，判断 ARIMA 模型应选择的滞后阶数。根据对自相关系数和偏自相关系数的分析，得知模型中存在 ma (4) 项。因此，构建 ARIMA (0, 2, 4) 模型。

（3）估计模型参数

我们用 1993～2011 年的 19 个数据估计模型，回归结果为：

表 139　回归结果

Variable	Coefficient	Std. Error	t – Statistic	Prob.
MA (4)	-0.860540	0.069850	-12.31982	0.0000
R – squared	0.201795	Mean dependent var	1358.885	
Adjusted R – squared	0.201795	S. D. dependent var	12744.49	
S. E. of regression	11386.22	Akaike info criterion	21.57522	
Sum squared resid	2.07E + 09	Schwarz criterion	21.62423	
Log likelihood	-182.3893	Hannan – Quinn criter.	21.58009	
Durbin – Watson stat	2.378131			
Inverted MA Roots	.96	.00 – .96i		

（4）样本外预测

表 140　样本外预测

单位：万吨

年　份	预测值	年　份	预测值
2013	458341	2016	514801
2014	477161	2017	533621
2015	495981	2018	552441

续表

年　份	预测值	年　份	预测值
2019	571261	2025	684182
2020	590081	2026	703002
2021	608901	2027	721822
2022	627722	2028	740642
2023	646542	2029	759462
2024	665362	2030	778282

2. 趋势模型

（1）直线趋势模型预测

①模型参数估计

根据模型调试，我们可以得出直线趋势预测模型为：

$$MTCL = 74553.67 + 13000.25 \times t$$

②模型样本外预测

表141　样本外预测

单位：万吨

年　份	预测值	年　份	预测值
2013	334559	2022	451561
2014	347559	2023	464561
2015	360559	2024	477561
2016	373559	2025	490562
2017	386560	2026	503562
2018	399560	2027	516562
2019	412560	2028	529562
2020	425560	2029	542563
2021	438561	2030	555563

（2）二次多项式预测模型

①模型估计参数

根据模型调试，我们可以得出二次多项式预测模型为：

$$MTCL = 128462 - 6026.234 \times t + 1057.027 \times t^2$$

②模型样本外预测

表 142　样本外预测

单位：万吨

年　份	预测值	年　份	预测值
2013	430748	2022	842661
2014	468060	2023	898999
2015	507486	2024	957451
2016	549026	2025	1018018
2017	592680	2026	1080698
2018	638448	2027	1145493
2019	686330	2028	1212402
2020	736326	2029	1281424
2021	788436	2030	1352561

（3）指数趋势预测模型

①模型参数估计

根据模型调试，可以得出指数趋势预测模型，如下式：

$$\mathrm{Ln(MTCL)} = 11.49953 + 0.064994 \times t$$

②模型样本外预测

表 143　样本外预测

单位：万吨

年　份	预测值	年　份	预测值
2013	362006	2022	649763
2014	386316	2023	693396
2015	412258	2024	739960
2016	439942	2025	789650
2017	469485	2026	842677
2018	501012	2027	899265
2019	534657	2028	959654
2020	570561	2029	1024097
2021	608875	2030	1092868

3. 多元回归模型

（1）回归因素分析

①经济增长

经济增长往往是带动一个国家能源消费增长的最主要因素，特别是在能源密集和发展中经济体系影响更为强烈。由此，产生了能源产量的增加。衡量经济增长的指标有很多，如国内生产总值（GDP）、三次产业的生产总值、工业增加值等。我们将把这些因素考虑到模型中去。

②人口数量

人口是影响能源生产的重要变量。理论来讲，人口越多，在能源储备一定的情况下，能源消费量也越大，能源产能越多；然而能源产量也同生活水平有很大关系，因此，我们试图将人口因素考虑到模型中去。

③能源生产结构

在我国的能源生产中，原煤、原油、天然气和水电是四种原材料。能源生产的结构对于煤炭生产的影响很大，在我国的能源生产中，尤其是发电方面，煤炭是一个非常重要的材料，截至2012年底，原煤占能源生产总量的比重为76.6%，因此，原煤占能源生产总量的比重这一指标成为模型的重要参考。

④能源消费比重

我国的能源消费同样分为原煤、原油、天然气和水电，其中原煤消费量一直位居第一，截至2012年底，原煤消费量占能源消费量的比重为67.1%。因此，原煤占能源消费的比重成为进入模型的重要指标。

⑤主要产成品

我国煤炭主要用于中间消费，即用于加工转换，该部分占煤炭总消费的75%，而在煤炭的中间消费中，65%是用于火力发电，因而分析火力发电量对于煤炭供给的影响很有意义。同时，钢铁生产、水泥生产等都需要消耗大量煤炭，因此这些因素也都是我们考虑进模型的重要指标。

⑥投资

工业生产是资本密集型的，需要大量的设备投入，因此固定资产投资和固定资本形成总额是我们考虑进入模型的重要参考。

（2）估计模型参数

综上所述，我们将上述数十个指标进行分析建模，发现能够用计量经济模型合理解释并能够给出效果非常好的拟合结果的有三个重要数据：第二产业的生产总值（DECY）、原煤占能源生产的比重（YMBZ）、发电量（FDL）。这与我们的预期是相符的，由于模型的限制，我们不可能将所有指标都考虑到模型中去，但是我们发现上述三个指标不仅具有很好的经济意义，同时也能够非常好地刻画能源生产。数据区间为1990~2012年，数据来源于国家统计局。

通过模型调试，我们得出的多元回归方程为：

MTXFL = -441372.1 + 0.232344 × DECY + 6996.508 × YMBZ + 4.321355 × FDL

其中，MTXFL表示煤炭消费量，DECY表示第二产业生产总值，YMBZ表示原煤占能源生产的比重，FDL表示钢铁产量。

（3）模型样本内检测

我们用上述回归方程来根据三个自变量的历史数据来拟合因变量煤炭消费量，再将其和历史真实数据进行比对，结果如下：

表144　样本外预测

单位：万吨，%

年　份	真实值	预测值	预测误差
1990	108000	106406	1.48
1991	108700	108461	0.22
1992	111600	113765	1.94
1993	115000	116470	1.28
1994	124000	125889	1.52
1995	136100	135646	0.33
1996	139700	137955	1.25
1997	138800	136263	1.83
1998	133200	130965	1.68
1999	136400	138758	1.73
2000	138400	139937	1.11
2001	147200	144868	1.58
2002	155000	156869	1.21
2003	183500	188831	2.91
2004	212300	210443	0.87

续表

年　份	真实值	预测值	预测误差
2005	235000	229955	2.15
2006	252900	250893	0.79
2007	269200	273300	1.52
2008	280200	280396	0.07
2009	297300	296608	0.23
2010	323500	319904	1.11
2011	352000	357834	1.66
2012	365000	362577	0.66

(4) 模型样本外预测

为了预测 2013~2030 年我国煤炭供给量，我们需要对多元回归模型自变量的未来值进行预测，得出预测值之后，再代入上述多元线性回归模型，即可得出煤炭供给量预测值。

根据《煤炭工业发展"十二五"规划》，煤炭是我国的主体能源，在一次能源结构中占 70% 左右。在未来相当长时期内，煤炭作为主体能源的地位不会改变。煤炭产量和消费量在 2015 年要控制在 39 亿吨左右。2012 年 3 月煤炭行业"十二五"规划发布，2012 年当年煤炭消费量增速从 2011 年的 9.84% 下降到了 2012 年的 2.50%。根据这些数据以及当前中国宏观经济走势的情况，我们给出了各自变量在 2013~2030 年的预测值。

各自变量以及煤炭供给量的预测值如表 145 所示。

表 145　变量预测

年　份	DECY（万吨）	YMBZ（%）	FDL（亿千瓦时）	MTCL（万吨）
2013	263381	75.1	53328	375486
2014	294460	73.6	57381	389717
2015	328618	72.1	61512	405212
2016	364109	70.6	65695	420941
2017	400519	69.0	69900	436706
2018	437367	67.4	74094	452283
2019	474106	65.8	78243	467425
2020	510138	64.2	82311	481865

续表

年 份	DECY（万吨）	YMBZ（%）	FDL（亿千瓦时）	MTCL（万吨）
2021	546868	62.5	86262	495798
2022	584055	60.8	90058	509032
2023	621435	59.1	93660	521369
2024	658721	57.4	97032	532608
2025	695609	55.7	100137	542548
2026	731781	54.0	102941	550992
2027	766906	52.2	105411	557750
2028	800650	50.5	107520	562642
2029	832676	48.8	109240	565503
2030	862652	47.1	110551	566185

4．情景分析

根据"十二五"规划与我国经济发展情况，二项式趋势模型，指数趋势模型和 ARIMA 模型在远期预测结果远远大于可能的实际情况。并且这些样本，包括直线趋势模型，样本内拟合结果较好，但都没有多元回归的预测精度高。这些模型的预测精度分别为直线趋势模型：86.67%，二项式趋势模型：94.16%，指数趋势模型：91.52%，ARIMA：73.42%，而多元回归模型的预测精度达到了 98.64%。因此，综合考虑，我们认为应该对多元回归模型进行情景分析，放弃集成预测。

（1）经济增速稳定

经济增速稳定体现在多元回归的自变量上。以前文的预测值为基准。

（2）经济增速较快

在该情景模式下，各个变量及多元回归预测结果如下：

表 146　变量预测

年 份	DECY（万吨）	YMBZ（%）	FDL（亿千瓦时）	MTCL（万吨）
2013	265733	75.1	53822	378166
2014	299747	73.6	58450	395567
2015	337515	72.1	63243	414760
2016	377342	70.6	68176	434738

续表

年　份	DECY（万吨）	YMBZ（%）	FDL（亿千瓦时）	MTCL（万吨）
2017	418849	69.0	73221	455319
2018	461572	67.4	78347	476286
2019	504960	65.8	83518	497388
2020	548386	64.2	88696	518341
2021	593354	62.5	93840	539345
2022	639636	60.8	98908	560188
2023	686969	59.1	103853	580642
2024	735056	57.4	108630	600464
2025	783570	55.7	113193	619403
2026	832151	54.0	117494	637202
2027	880416	52.2	121489	653599
2028	927959	50.5	125133	668336
2029	974357	48.8	128387	681162
2030	1019177	47.1	131211	691834

（3）经济增速缓慢

以前文估计的参数为准，设定在经济增速缓慢的情景下各个自变量的预测值，然后再代入模型中，得出供给量的预测值，具体如表147所示。

表147　变量预测

年　份	DECY（万吨）	YMBZ（%）	FDL（万吨）	MTCL（万吨）
2013	261030	75.1	53081	373872
2014	289221	73.6	56850	386204
2015	319878	72.1	60659	399493
2016	351227	70.6	64480	412698
2017	382837	69.0	68285	425618
2018	414230	67.4	72040	438033
2019	444883	65.8	75714	449708
2020	474245	64.2	79273	460395
2021	503648	62.5	82682	470282
2022	532860	60.8	85906	479196

续表

年　份	DECY（万吨）	YMBZ（%）	FDL（万吨）	MTCL（万吨）
2023	561634	59.1	88913	486960
2024	589716	57.4	91669	493400
2025	616843	55.7	94144	498350
2026	642750	54.0	96310	501650
2027	667174	52.2	98236	503569
2028	689858	50.5	100200	505271
2029	710554	48.8	102204	506725
2030	729029	47.1	104249	507904

（4）情景分析总预测结果

分情景讨论总的预测结果如表148所示。

表 148　情景分析预测

单位：万吨

年　份	经济增速稳定	经济增速较快	经济增速缓慢
2013	375486	378166	373872
2014	389717	395567	386204
2015	405212	414760	399493
2016	420941	434738	412698
2017	436706	455319	425618
2018	452283	476286	438033
2019	467425	497388	449708
2020	481865	518341	460395
2021	495798	539345	470282
2022	509032	560188	479196
2023	521369	580642	486960
2024	532608	600464	493400
2025	542548	619403	498350
2026	550992	637202	501650
2027	557750	653599	503569
2028	562642	668336	505271
2029	565503	681162	506725
2030	566185	691834	507904

(三) 煤炭需求预测

1. 单变量预测 ARIMA (p, d, q) 模型

(1) 平稳性检验

对煤炭消费量序列（MTXFL）进行 ADF 单位根检验，检验表明，该序列不平稳，但为二阶单整序列，因此，建立 ARIMA 模型时，d = 2，即对精炼煤炭消费量二阶差分序列建立 ARMA 模型。

(2) 滞后阶数的确定

对 MTXFL 一阶差分序列进行自相关和偏自相关检验，判断 ARIMA 模型应选择的滞后阶数。根据对自相关系数和偏自相关系数的分析，得知模型中存在 ar (1) 和 ma (1) 项。即构造模型 ARIMA (1, 2, 1)。

(3) 估计模型参数

我们用 1993~2011 年的 19 个数据估计模型，回归结果为：

表 149 回归结果

Variable	Coefficient	Std. Error	t - Statistic	Prob.
AR (1)	0.525175	0.239843	2.189656	0.0460
MA (1)	-1.118030	0.030051	-37.20495	0.0000
R - squared	0.287471	Mean dependent var	1348.090	
Adjusted R - squared	0.236576	S. D. dependent var	13162.37	
S. E. of regression	11500.50	Akaike info criterion	21.65464	
Sum squared resid	1.85E+09	Schwarz criterion	21.75121	
Log likelihood	-171.2371	Hannan - Quinn criter.	21.65958	
Durbin - Watson stat	1.852879			

(4) 样本外预测

表 150 样本外预测

单位：万吨

年 份	预测值	年 份	预测值
2013	773025	2016	889256
2014	766636	2017	1030667
2015	901716	2018	1011605

续表

年 份	预测值	年 份	预测值
2019	1159901	2025	1549564
2020	1133659	2026	1497776
2021	1289444	2027	1680203
2022	1255391	2028	1618365
2023	1419322	2029	1811273
2024	1376773	2030	1738504

2. 趋势模型

（1）直线趋势模型预测

①模型参数估计

根据直线趋势模型的调试，我们得出直线趋势预测模型为：

$$MTXFL = 82729.54 + 12206.43 \times t$$

②样本外预测

表 151 样本外预测

单位：万吨

年 份	预测值	年 份	预测值
2013	326858	2022	436716
2014	339065	2023	448923
2015	351271	2024	461129
2016	363478	2025	473335
2017	375684	2026	485542
2018	387890	2027	497748
2019	400097	2028	509955
2020	412303	2029	522161
2021	424510	2030	534368

（2）多项式趋势模型

①模型参数估计

根据模型调试，我们得出直线趋势预测模型为：

$$MTXFL = 133340.8 - 5656.359 \times t + 992.3774 \times t^2$$

②样本外预测：

表152　样本外预测

单位：万吨

年　份	预测值	年　份	预测值
2013	417165	2022	803896
2014	452196	2023	856790
2015	489212	2024	911668
2016	528212	2025	968532
2017	569198	2026	1027380
2018	612168	2027	1088213
2019	657123	2028	1151031
2020	704062	2029	1215833
2021	752987	2030	1282620

（3）指数趋势模型

①模型参数估计

根据模型调试，我们得出直线趋势预测模型为：

$$LN(MTXFL) = 11.55769 + 0.060381 \times t$$

②样本外预测

表153　样本外预测

单位：万吨

年　份	预测值	年　份	预测值
2013	349867	2022	602434
2014	371643	2023	639930
2015	394774	2024	679760
2016	419345	2025	722068
2017	445445	2026	767011
2018	473170	2027	814750
2019	502621	2028	865461
2020	533904	2029	919328
2021	567135	2030	976547

3. 多元回归模型

(1) 回归因素分析

①经济增长

经济增长往往是带动一个国家能源消费增长的最主要因素，特别是在能源密集和发展中经济体系影响更为强烈。衡量经济增长的指标有很多，如国内生产总值（GDP）、三次产业的生产总值、工业增加值等。我们将把这些因素考虑到模型中去。

②人口数量

人口是影响能源消费的重要变量。理论来讲，人口越多，能源消费量也越大；然而能源消费量也同生活水平有很大关系，因此，我们试图将人口因素考虑到模型中去。

③能源生产结构

在我国的能源生产中，原煤、原油、天然气和水电是四种原材料。能源生产的结构对于煤炭消费的影响很大，在我国的能源生产中，尤其是发电方面，煤炭是一个非常重要的材料，截至2012年底，原煤占能源生产总量的比重为76.6%，因此，原煤占能源生产总量的比重这一指标会成为进入模型的重要参考。

④能源消费比重

我国的能源消费同样分为原煤、原油、天然气和水电，其中原煤消费量一直位于第一，截至2012年底，原煤消费量占能源消费量的比重为67.1%。因此，原煤占能源消费的比重成为进入模型的重要指标。

⑤主要产成品

我国煤炭主要用于中间消费，即用于加工转换，该部分比重大约占煤炭总消费的75%，而在煤炭的中间消费中，大约65%是用于火力发电，因而分析火力发电量对于煤炭需求的影响很有意义。同时，钢铁生产、水泥生产等都需要消耗大量煤炭，因此这些因素也都是我们考虑进模型的重要指标。

⑥投资

工业生产是资本密集型的，需要大量的设备投入，因此固定资产投资和固定资本形成总额是我们考虑进入模型的重要参考。

(2) 估计模型参数

综上所述，我们将上述数十个指标进行分析建模，发现能够用计量经济模型合理解释并能够给出效果非常好的拟合结果的有四个重要数据：第二产业的生产总值（DECY）、原煤占能源生产的比重（YMBZ）、原煤占能源消费的比重（YMXFBZ）、钢铁产量（GTCL）。这与我们的预期是相符的，由于模型的限制，我们不可能将所有指标都考虑到模型中去，但是我们发现上述四个指标不仅具有很好的经济意义，同时也能够非常好地刻画能源消费。数据区间为 1990~2012 年，数据来源于国家统计局。

通过模型调试，我们得出的多元回归方程为：

$$MTXFL = -548936.7 + 0.524947 \times DECY + 7490.778 \times YMBZ + 1.718398 \times GTCL + 1196.47 \times YMXFBZ$$

其中，MTXFL 表示煤炭消费量，DECY 表示第二产业生产总值，YMBZ 表示原煤占能源生产的比重，YMXFBZ 表示原煤占能源消费的比重，GTCL 表示钢铁产量。

(3) 模型样本内检测

我们用上述回归方程来根据四个自变量的历史数据来拟合因变量煤炭消费量，再将其和历史真实数据进行比对，结果如下：

表 154 预测比较

单位：万吨，%

年 份	真实值	预测值	预测误差
1990	105523	113435	7.50
1991	110432	114085	3.31
1992	114085	118096	3.52
1993	120920	118620	1.90
1994	128532	127398	0.88
1995	137677	135556	1.54
1996	144734	135768	6.20
1997	139248	131305	5.70
1998	129492	124923	3.53

续表

年 份	真实值	预测值	预测误差
1999	126365	131890	4.37
2000	132000	127805	3.18
2001	126211	130095	3.08
2002	141601	142170	0.40
2003	169232	175841	3.91
2004	193596	196828	1.67
2005	216723	222852	2.83
2006	255065	245785	3.64
2007	272746	268014	1.73
2008	274000	274244	0.09
2009	295833	294414	0.48
2010	312237	312241	0.00
2011	342950	348975	1.76
2012	351524	350385	0.32

(4) 模型样本外预测

为了预测 2013~2030 年我国煤炭供给量，我们需要对多元回归模型自变量的未来值进行预测，得出预测值之后，再代入上述多元线性回归模型，即可得出煤炭供给量预测值。

根据《煤炭工业发展"十二五"规划》，煤炭是我国的主体能源，在一次能源结构中占 70% 左右。在未来相当长时期内，煤炭作为主体能源的地位不会改变。煤炭产量和消费量在 2015 年要控制在 39 亿吨左右。2012 年 3 月煤炭行业"十二五"规划发布，2012 年当年煤炭消费量增速从 2011 年的 9.84% 下降到了 2012 年的 2.50%。根据这些数据以及当前中国宏观经济走势的情况，我们给出了各自变量在 2013~2030 年的预测值。

各自变量以及煤炭需求量的预测值如表 155 所示。

表 155 变量预测

年 份	DECY（万吨）	YMBZ（%）	GTCL（万吨）	YMXFBZ（%）	MTXFL（万吨）
2013	263381	75.1	75131	65.8	359425
2014	294460	73.6	79414	64.4	370279

续表

年 份	DECY（万吨）	YMBZ（%）	GTCL（万吨）	YMXFBZ（%）	MTXFL（万吨）
2015	328618	72.1	83702	63.2	383015
2016	364109	70.6	87971	61.8	396054
2017	400519	69.0	92193	60.5	409164
2018	437367	67.4	96342	59.1	422080
2019	474106	65.8	100388	57.7	434498
2020	510138	64.2	104304	56.2	446090
2021	546868	62.5	108058	54.8	457576
2022	584055	60.8	111624	53.3	468813
2023	621435	59.1	114973	51.8	479649
2024	658721	57.4	118077	50.3	489917
2025	695609	55.7	120911	48.8	499447
2026	731781	54.0	123450	47.3	508059
2027	766906	52.2	125672	45.8	515574
2028	800650	50.5	127558	44.2	521810
2029	832676	48.8	129088	42.7	526589
2030	862652	47.1	130250	41.2	529741

4. 情景分析

根据"十二五"规划与我国经济发展情况，二项式趋势模型，指数趋势模型和ARIMA模型在远期预测结果远远大于可能的实际情况。并且这些样本，包括直线趋势模型，样本内拟合结果较好，但都没有多元回归的预测精度高。这些模型的预测精度分别为直线趋势模型：83.01%，二项式趋势模型：93.17%，指数趋势模型：87.73%，ARIMA：59.20%，而多元回归模型的预测精度达到了97.53%。因此，综合考虑，我们认为应该对多元回归模型进行情景分析，放弃集成预测。

（1）经济增速稳定

经济增速稳定体现在多元回归的自变量上。以前文的预测值为基准。

（2）经济增速较快

在该情景模式下，各个变量及多元回归预测结果如下：

表 156 预测

年 份	DECY（万吨）	YMBZ（%）	GTCL（万吨）	YMXFBZ（%）	MTXFL（万吨）
2013	265733	75.1	75840	65.8	361877
2014	299747	73.6	80921	64.4	375645
2015	337515	72.1	86100	63.2	391807
2016	377342	70.6	91352	61.8	408811
2017	418849	69.0	96651	60.5	426446
2018	461572	67.4	101966	59.1	444451
2019	504960	65.8	107269	57.7	462518
2020	548386	64.2	112525	56.2	480296
2021	593354	62.5	117701	54.8	498548
2022	639636	60.8	122762	53.3	517129
2023	686969	59.1	127673	51.8	535873
2024	735056	57.4	132397	50.3	554595
2025	783570	55.7	136898	48.8	573093
2026	832151	54.0	141142	47.3	591149
2027	880416	52.2	145094	45.8	608534
2028	927959	50.5	148721	44.2	625008
2029	974357	48.8	151993	42.7	640324
2030	1019177	47.1	154881	41.2	654234

（3）经济增速缓慢

以前文估计的参数为准，设定在经济增速缓慢的情景下各个自变量的预测值，然后再代入模型中，得出供给量的预测值，具体如表 157 所示。

表 157 预测

年 份	DECY（万吨）	YMBZ（%）	GTCL（万吨）	YMXFBZ（%）	MTXFL（万吨）
2013	261030	75.1	74422	65.8	356972
2014	289221	73.6	77920	64.4	364962
2015	319878	72.1	81349	63.2	374384
2016	351227	70.6	84684	61.8	383643
2017	382837	69.0	87902	60.5	392508

续表

年份	DECY（万吨）	YMBZ（%）	GTCL（万吨）	YMXFBZ（%）	MTXFL（万吨）
2018	414230	67.4	90979	59.1	400717
2019	444883	65.8	93890	57.7	407990
2020	474245	64.2	96613	56.2	414032
2021	503648	62.5	99125	54.8	419535
2022	532860	60.8	101404	53.3	424376
2023	561634	59.1	103433	51.8	428425
2024	589716	57.4	105191	50.3	431549
2025	616843	55.7	106664	48.8	433615
2026	642750	54.0	107837	47.3	434492
2027	667174	52.2	108700	45.8	434054
2028	689858	50.5	109243	44.2	432178
2029	710554	48.8	109462	42.7	428755
2030	729029	47.1	109352	41.2	423685

（4）情景分析总预测结果

分情景讨论总的预测结果如表 158 所示。

表 158 情景分析预测

单位：万吨

年份	经济增速稳定	经济增速较快	经济增速缓慢
2013	359425	361877	356972
2014	370279	375645	364962
2015	383015	391807	374384
2016	396054	408811	383643
2017	409164	426446	392508
2018	422080	444451	400717
2019	434498	462518	407990
2020	446090	480296	414032
2021	457576	498548	419535
2022	468813	517129	424376

续表

年　份	经济增速稳定	经济增速较快	经济增速缓慢
2023	479649	535873	428425
2024	489917	554595	431549
2025	499447	573093	433615
2026	508059	591149	434492
2027	515574	608534	434054
2028	521810	625008	432178
2029	526589	640324	428755
2030	529741	654234	423685

图书在版编目(CIP)数据

中国大宗矿产品来源和应对策略/郭濂,陈文玲主编.
—北京:社会科学文献出版社,2014.8
(CCIEE智库丛书)
ISBN 978-7-5097-6239-4

Ⅰ.①中… Ⅱ.①郭… ②陈… Ⅲ.①矿产-工业产品-供需形势-研究-中国 Ⅳ.①F724.74

中国版本图书馆CIP数据核字(2014)第148050号

·CCIEE智库丛书·

中国大宗矿产品来源和应对策略

主　　编 / 郭　濂　陈文玲
执行主编 / 杜　帅　等

出 版 人 / 谢寿光
出 版 者 / 社会科学文献出版社
地　　址 / 北京市西城区北三环中路甲29号院3号楼华龙大厦
邮政编码 / 100029

责任部门 / 皮书出版分社　(010) 59367127　　责任编辑 / 郭　峰
电子信箱 / pishubu@ssap.cn　　　　　　　　责任校对 / 刘　青
项目统筹 / 邓泳红　吴　敏　　　　　　　　　责任印制 / 岳　阳
经　　销 / 社会科学文献出版社市场营销中心　(010) 59367081　59367089
读者服务 / 读者服务中心　(010) 59367028

印　　装 / 北京季蜂印刷有限公司
开　　本 / 787mm×1092mm　1/16　　　　　印　张 / 34
版　　次 / 2014年8月第1版　　　　　　　　字　数 / 552千字
印　　次 / 2014年8月第1次印刷
书　　号 / ISBN 978-7-5097-6239-4
定　　价 / 98.00元

本书如有破损、缺页、装订错误,请与本社读者服务中心联系更换
△ 版权所有　翻印必究